国家品牌生产力

主编：王培火

编著：蔡冬冬 韩世友

人民出版社

责任编辑:虞　晖　陈鹏鸣

封面设计:徐　晖

图书在版编目(CIP)数据

国家品牌生产力/王培火 主编　蔡冬冬 韩世友 编著.
　　-北京:人民出版社,2012.9
ISBN 978-7-01-011156-8

Ⅰ.①国…　Ⅱ.①王…②蔡…③韩…　Ⅲ.①品牌战略-研究-中国
　　Ⅳ.①F279.23

中国版本图书馆 CIP 数据核字(2012)第 197727 号

国家品牌生产力

GUOJIA PINPAI SHENGCHANLI

王培火　主编　蔡冬冬　韩世友　编著

人民出版社 出版发行

(100706　北京市东城区隆福寺街 99 号)

环球印刷(北京)有限公司印刷 新华书店经销

2012 年 9 月第 1 版　2012 年 9 月北京第 1 次印刷

开本:787 毫米×1092 毫米 1/16

印张:30.75　字数:510 千字

ISBN 978-7-01-011156-8　定价:68.00 元

邮购地址 100706　北京市东城区隆福寺街 99 号

人民东方图书销售中心　电话 (010)65250042　65289539

目　录

2

3

硬 件 篇

运 营 篇

代序一　坚持文化引领，创造新的辉煌

中国企业联合会执行副会长　尹援平

当前，我国企业面临着比以往更加复杂多变的经济环境。西方国家主权债务风险加大、新兴经济体通胀压力上升等不稳定、不确定因素都表明世界经济复苏的长期性、艰巨性、复杂性，同时也检验着我国企业调整结构、转型升级，实现更高水平、更好质量发展的能力和水平。在这当中，企业尤其重视企业文化建设。国务院国资委和我会对这项工作非常重视，王忠禹会长在听取推进企业文化建设工作汇报时指出：创建企业文化示范基地这一平台很好，要下工夫做好这项工作，发挥好示范作用。为此，我们成立了企业文化建设委员会，专门负责推进企业文化交流、服务、研究工作。在搭建交流平台的基础上，我们积极开展企业文化课题研究，与天津港、辽河油田、上海移动等数十家企业共同培育了一批高质量的文化建设成果，对提升其企业文化建设水平起到了重要的推动作用。

浙江省是我国经济最发达、最活跃的省份之一，也是我国大企业云集的重要地区之一。在中国企联刚刚发布的中国企业500强中，浙江省企业有44家，位列全国第四。在当前加快转变经济发展方式进入攻坚阶段的重要时刻，希望广大浙江省的优秀企业更加注重企业文化建设，用科学的发展理念引领、支撑企业由外延式增长向内涵式增长的转变，更好地发挥优秀企业的带动作用。浙江省在此时召开企业文化现场会，通过树立企业文化典范，搭建交流平台，总结推广太子龙控股集团企业文化建设的成功经验，对于提高省内企业文化建设的理论和实践发展水平具有积极的促进作用。

昨晚翻阅了太子龙15周年纪念册和王培火董事长主编的《科学品牌发展观》一书，了解到太子龙控股集团有着15年艰苦创业、发展成长的历史，你们获得了许多荣誉，但是最能让人记住，也是最能使你们企业持续健康发展的是你们在实践中创造培养的优秀的企业文化，特别是你们坚守多年的

"文化立企，品牌立国"的价值理念，指引支撑太子龙走在行业的前列。我十分庆幸发现了你们这样好的典型，作为民营企业家，既重视生产经营，又重视文化建设，还重视理论研究，实属珍贵。在这里，我代表中国企联感谢浙江企联所做的努力，衷心地祝愿太子龙集团，面对国内外复杂多变的经济环境，继续坚持企业文化引领，按照既定的企业发展战略，克服困难，创造新的辉煌；衷心地祝愿你们将来成为驰名全球的著名品牌。

我们知道，企业文化不是空洞的、口头的、表面的，企业文化是实实在在的，它是与企业的发展战略、经营管理、运营发展等紧密结合的，它有着自己的发展规律。以此为契机，中国企联愿意与浙江企联联手，深入研究太子龙控股集团的文化特色、内在规律，为你们提供更多、更好的服务，并把这样的典型推向全国，也希望与浙江企联一起，在浙江省委、省政府有关部门的支持下，努力为浙江省的企业提供企业文化建设方面的服务。

——作者在 2011 年浙江省企业文化示范基地现场会暨首届国家品牌生产力示范基地学术研讨会上的讲话

代序二　太子龙的品牌自觉、品牌自信、品牌自强

中国企业文化专家　贾春峰

　　首先我要祝贺太子龙集团荣获"浙江省企业文化示范基地"的称号。太子龙的经验介绍可以用六个字来形容：精彩、精辟、精准。我个人很受启发。对于太子龙控股集团荣获这样的称号，我用四个字来表达我的看法：当之无愧。

　　为什么说太子龙集团的企业文化建设搞的好？好在哪里？示范意义何在？我看至少有六点：

　　一是一个基本点。太子龙集团企业文化的发展表明，企业文化并不是一个封闭体系，而是一个动态开放的不断创新发展的过程，整个企业文化的创新发展，体现了一个基本点，这就是以科学发展观为指导，坚持以人为本，善于提升企业整体素质，勤于提升企业核心竞争力和综合竞争力。企业文化与企业核心行动力体系，两者不可分割，企业文化是企业核心竞争力的重要组成部分。

　　二是两个自觉。企业领导要有高度的文化自觉和品牌自觉。实践证明，企业领导是否具有文化自觉，是否重视企业文化建设，情况是大不一样的。从整个社会发展的角度来说，过去费孝通先生，再早一些的梁启超先生都讲过文化自觉；在这里，我们从企业角度讲。去年8月在上海，我讲到"现代企业应当具备哪些基本素质"，讲了18条，其中很重要的两条就是企业家的战略思维和文化自觉。从太子龙领导人的眼光、思路、创意来看，不仅有文化自觉，而且还有品牌自觉，而且把这两个自觉在企业发展运作中紧密地融为一体了。这很不简单！从文化自觉到文化自信再到文化自强，这在太子龙的发展实践中体现出来了。太子龙的成功实践表明，还有个品牌自觉、品牌自信、品牌自强的问题。太子龙发展中的文化自觉与品牌自觉的融合，是个很重要的值得肯定的发展思路，也可说是一种发展的新思维、新趋势。

　　我曾经建议召开以品牌文化建设为主题的全国企业文化年会。昨天晚上

拿到了太子龙集团的著作《科学品牌发展观》，使我认识到推动品牌文化建设的重大意义。今天让我产生这样一个惊喜：太子龙的发展可以成为中国企业发展史上企业文化与品牌文化建设两者结合取得成功的一个经典范例。让我们为浙江杭州出现这样一个范例而鼓掌！

三是三性。太子龙集团的企业文化并不是从别的地方套用过来的，而是在企业的经营管理实践中提炼、深化、积淀、创新、发展起来的，是具有鲜明的行业特点与企业个性，具有原创意义的，这也就是我们常常讲到的优秀企业文化的原创性、自由性和独特性。

四是四个体现。从企业文化建设本身来看，我们看到，太子龙集团有一个清晰的企业发展战略，与此相匹配的，有包括企业宗旨、企业愿景、企业使命、核心价值观、企业精神、经营理念在内的价值理念体系，并有一系列行为规范和实践操作措施。这里体现了理念与行为文化，也就是太子龙集团首席文化执行官刚才所讲到的价值观与方法论体系两者的统一。对企业文化定位和主要内涵的准确把握，体现了企业文化与企业发展战略、企业经营管理、品牌建设融为一体，体现了企业文化中价值理念与行为规范的有机统一，体现了领导力与执行力的相辅相成，或者说是"知行合一"。这就较好地解决了人们常讲的企业文化落地的问题。

五是五个不能。太子龙集团以优秀的企业文化发展告诉我们，不能把企业文化雷同化、模式化、玄虚化、烦琐化；不能使企业文化与企业发展战略目标相脱节，而必须是相辅相成的；不能使企业文化与企业经营管理相分割，而必须融为一体；不能使企业文化建设与企业品牌建设孤立推进，而应交互发展；不能使企业文化悬在空中，而必须扎根于员工的心中，变成行为准则和习惯。

六是全面发挥了企业文化的六大功能。一是导向功能，也叫导向力，导向功能包括价值导向功能与行为导向功能；二是凝聚功能，也叫凝聚力；三是激励功能，也叫激励力；四是约束功能，也叫约束力，也是免疫功能；五是纽带功能，也叫纽带力；六是辐射功能，也叫辐射力。

最后，衷心祝愿太子龙集团事业蒸蒸日上，更上一层楼，祝愿浙江的企业进一步开发文化力，再造新辉煌！

——作者在 2011 年浙江省企业文化示范基地现场会暨首届国家品牌生产力示范基地学术研讨会上的讲话

代序三　从太子龙看中国企业
文化建设新模式

浙江省企业联合会、浙江省企业家协会副会长　叶国坚

9月24日，我们在杭州召开2011年浙江省企业文化示范基地（太子龙）现场会，举行授予太子龙控股集团公司"浙江省企业文化示范基地"的揭牌仪式。以此树立起一块浙江企业文化建设新的里程碑。

党的十七届五中全会提出，文化是一个民族的精神和灵魂，是国家发展和民族振兴的强大力量。近年来，浙江企联在不断拓展服务领域、加大服务力度的过程中，积极致力于推进我省企业文化建设。其中，创建浙江省企业文化示范基地就是一项重要的服务工作。通过树立企业文化建设典范，为企业搭建交流平台，引导广大企业学习借鉴先进企业的成功经验，使企业界、学术界在观摩、学习和体验中拓展视野、丰富认知、提升水平，进一步推进企业文化创新，增强企业凝聚力和创造力。

当前，国际国内环境处在深刻复杂的变化之中，改革发展稳定的任务艰巨繁重，我省发展面临的新机遇、新挑战都很突出。一方面，金融危机爆发以来，世界经济跌宕起伏，形势愈加错综复杂，全球经济缓慢复苏，复苏的前景仍存在较大的不确定性，我国经济形势好转的外部环境不容乐观；另一方面，在综合国力竞争日趋激烈和世界经济格局深刻调整的形势下，我省发展不平衡、不协调、不可持续问题依旧突出，加快转变经济发展方式和调整经济结构的任务繁重。对此，我们企业要按照省委、省政府的要求，增强机遇意识和忧患意识，科学把握发展规律，主动适应环境变化，有效化解各种矛盾，更加奋力有为地推进企业的改革发展，从而使我省从经济大省走向经济强省。

事实上，在太子龙"浙江省企业文化示范基地"揭牌仪式上，我们不仅能见证浙江省企业文化示范基地的发展轨迹，也能从一个侧面揭秘太子龙品牌的跨越之谜。

那么，什么是太子龙之道？什么是太子龙三维一体的企业文化新体系？企业文化到底起什么作用？企业文化怎样才能落地生根？

第一，从太子龙企业文化的实践和发展成效，我们可以看到新一代中国企业文化建设的崭新特点。

他是一个什么样的新模式呢？简单地说，就是公司多年来设计了一整套企业文化体系，可以说一开始就有主动的、系统的设计。这个做法能够保障文化的一致性，这个一致性指的是企业的价值主张，能够通过一系列政策、制度和流程来转化，通过约束和激励来验证，而且还可以通过一种持续的创新来推动和强化，形成文化特定的语言。

前一代的企业往往经过多年的沉淀，形成自己的企业文化体系。而太子龙控股集团公司作为新一代企业的代表，十六年以来，始终走在中国企业文化的最前沿，用自身一以贯之的品牌风格，打造出了全球首部关于国际品牌科学发展的价值观专著《科学品牌发展观》，专著的核心思想"先做思想再做产品"、"国际品牌的本质是民族文化的国际化"、"太子龙让世界责任起来"的中国首个责任文化新体系，以及"文化立企，品牌立国"创新战略和四位一体品牌战略发展新模式，锻造出了一支卓绝而又平实、活力而又稳健的企业团队，为打造国家品牌生产力示范标杆，引领民族品牌全面走上可持续化发展道路探路。《科学品牌发展观》其实把企业使命、愿景、价值观和精神等核心理念讲清楚了，这是我们通常所说的价值系统。我们看到，太子龙控股集团说可以推迟开业，但是不能没有文化标准。他的分支机构的开业，还必须通过文化标准验收，这样的做法能够使文化建设本身形成一种制度化、规范化、标准化。

我们知道，文化不是战略，但它是战略选择的指南；文化不是制度，但它是制度设计的灵魂；文化不是政策，但它是制定政策的依据；文化不是经营，但它是经营评判的标准。

太子龙控股集团首先推进文化理念的"认知"建设，有很多的载体、很多的手段传播。文化倡导的东西需要去验证，我们看到在太子龙控股集团，他的验证有很多的手段，其中最有力的是约束和激励，包括人力资源管理，通过验证机制，由"先做思想"转化成自觉的行为。他的主要动力来自企业家的深刻思考、系统思考，以及强力推进。从另外一个角度也可以看到，员工在这样一个主动设计的文化体系里，能够找到相应的文化资源，而且通过一系列的培训、一系列的感受，可以形成心力的成长，能够把心打开，成为"太子龙人"的一员。

太子龙控股集团公司还注意到企业文化管理体系构建，有计划、有传播、有运行、有评估、有纠偏机制。这样一种文化建设模式很值得关注。文化落地很难，它需要一个条件，就是真想和真做。我们似乎从太子龙控股集团公司身上看到了这一点，他们是真的在做文化。

所以我有感触，当时太子龙控股集团公司把企业文化总结报告递交给了我，我就问他们，作为一个十六年的企业，凭什么提出打造国家品牌生产力示范基地、让一部分民族品牌先强大起来这样的高度？从今天太子龙控股集团公司的报告，还有跟太子龙人的深入交流，可以感受到太子龙人特有精神风貌和太子龙人的文化气质。

第二，从太子龙品牌脉络，我们可以透视太子龙品牌文化融入管理结构、融入经营的全过程。

德鲁克说使命决定远景，远景决定结构。就是说，文化作为一种指南，他要覆盖到公司的一切，进入到组织的所有层面。价值观决定决策和行动的优先顺序，尤其是处理重大问题的顺序。

我们看到，太子龙控股集团公司这几年的实践中，非常强调独有的精神和价值观，比如说注重速度、强调拼搏奉献，有一种很强烈的发展意识、超越意识和创新意识，这跟太子龙的使命感、责任感和愿景激励是相关的。

太子龙控股集团公司从绩效导向型向价值导向型发展，以价值和长期目标作为导向，非常注重管理、风险管理和成本控制。

太子龙控股集团公司的品牌文化非常发达，主张怎么样创造市场、怎么样创造客户、怎么样创造需求。从这个角度来看，他创新的源头是品牌文化。他还有非常强的执行文化，文化引领战略。有了战略以后，文化最重要的功能是培育战略执行力，这个战略执行力是指主动执行，是有价值观、有使命和愿景作为指引，保障正确方向下的执行。

第三，从太子龙企业文化实践，我们可以发现企业家是企业文化建设和品牌建设决定要件。

企业家的个性、企业家的境界、企业家强力的推进是企业文化落地的必要条件。企业领导人价值观能不能真正的转化成组织共享的价值观，是文化落地的关键。在企业创业前期要通过言传身教，有时候是身教重于言教，通过率先垂范，把企业家倡导的一系列理念转化成团队共识，通过团队的推进，一步步的传导给员工，形成共享价值观。

王培火董事长是一个个性鲜明、有思想的企业家，集团班子在他的带动下，以身作则，进而形成团队文化，时间长了，企业家从传道士变成精神导师和教练。在企业里形成一个企业家群体，有高度共识，对文化高度认同，企业领导人的价值观这时候就变成了企业的一种品德的力量。

我们经常说领导力就是不要管理，更多的是"思想"二字。企业要是能够形成这种"思想"，就能够产生人员的自觉行为。所以我们说企业文化集中起来就是"见—修—行"三字，种下思想，收获行动；种下行动，收获习惯；种下习惯，收获品格；种下品格，收获命运。

第四，从太子龙企业文化落地，我们可以看到，文化建设必须有一整套的文化管理手段、方法以及体系来保障。

从太子龙控股集团公司五大职能中心可以看到，它有组织架构、有专门的企业文化管理中心，这在集团的组织和职能里头非常重要。它是作为一种职能战略，也就是说把文化作为主要的战略之一，作为企业战略管理的核心环节。我们通常提"有规划、有组织、有队伍、有机制、有载体、有评估"，就是指用这样完整的体系来保障文化建设工程，它是制度化的。

第五，从太子龙文化前置，我们可以断言，只有用企业价值筛去选人、用人，才能真正以人为本。

太子龙控股集团公司文化建设为什么能够这么快？其中有一个做法值得其他企业借鉴：把文化工作前移。只有通过太子龙控股集团公司价值筛子筛选的人员，才能够成为太子龙人。这体现在它的招聘启事上，他要什么样的人，不要什么样的人，只有通过这个价值观口径的人，才能够进入到太子龙控股集团公司。我们看到联想也有一个价值筛，当然这是联想运行几年以后才形成的。

今天，思考新一代的企业应该奉行什么样的文化战略，我们在太子龙控股集团公司身上，受到了很多启发。

比如，太子龙控股集团公司人都要通过文化"入模"，从全员培训、组建文化宣讲团队和文化培训师队伍、制定管理办法的考核机制，可以看到，在文化建设前期要用强有力的手段，用刚性手段，来推行文化战略这种软的东西。作为文化建设基本原则，太子龙控股集团公司强调责任的力量，强调诚信。能不能真正的落到实处？这就要看有没有一个很好的文化，落实到每个环节。文化的本质在于以人为本，尊重和理解人性，营造人文环境，注重员工基本寻求和人性的渴望。所以我们可以看到，太子龙控股集团公司的文化路径，是从关注客户到关注员工，它有一个内在的逻辑。

第六，从太子龙的主体意识，我们能找到非常好地处理文化建设几大关系的法宝。

比如激情和理性的统一。使命般的激情，同时，理性的职业化、规范化、专业化，强调长期利益和短期利益统一、规模和效益的平衡，强调创新和执行的统一，强调团队价值和个体价值的统一。

太子龙控股集团公司文化建设是企业家来主导的，同时它也强调员工是文化建设的主体。

看太子龙文化建设实践，我有几点思考和建议：

第一，从文化的观点看，过了草创期的企业，往往从原来绩效导向转为价值导向，从原来简单的绩效中解放出来，平衡短期利益和长远发展，在企业内部则把素质和能力建设提到更高程度，以价值创造作为出发点和落脚点。

第二，坚守核心价值观，才能出奇守正，保证不跑偏。能不能把核心价值观作为行动指南，是企业健康的保障，可持续发展的根基。这需要清晰的排序。

第三，加强素质能力建设，尤其是文化能力建设。也就是说，个人的文化能力要转化成组织的文化能力，一是需要把文化渗透到企业战略、组织管理全过程，要对制度、流程有干预，定期进行文化审计；二是重点培养共享价值观；三是要建立价值分享机制和能力分享机制。

最后，我想把温家宝总理最近的一段话送给大家，他是这么说的：

"国家发展、民族振兴，不仅需要强大的经济力量，更需要强大的文化力量。文化是一个民族的精神和灵魂，是一个民族真正有力量的决定性因素，可以深刻影响一个国家发展的进程，改变一个民族的命运。"

一个国家，当文化表现出比物质和货币资本更强大力量的时候，当经济、产业和产品体现出文化品格的时候，这个国家的经济才能进入更高的发展阶段，才能具有可持续发展和持续创造财富的能力。

——作者在 2011 年浙江省企业文化示范基地现场会暨首届国家品牌生产力示范基地学术研讨会上的讲话

前　言

今后几年，中国将继续构建自己的道路，但是如果它希望继续繁荣，就需要解决缺少思想市场的问题。思想不受限制地流通是知识增长的前提条件，也是许多创新和可持续经济最重要的因素。现在世界上每个地方都可以找到"中国制造"，但是很少有西方消费者能够记住任何中国品牌。①

科斯教授是蜚声全球的市场经济权威，他对当今中国经济问题的把脉充分地印证了《国家品牌生产力》理论的核心主张——"文化立企，品牌立国"理论的前瞻性、科学性和高度性。因为，这个印证直接说明了中国要想实现可持续化发展，就必须通过解放思想，也就是用文化创新来实现企业的技术创新、管理创新和服务创新等，也只有通过这些要素的创新才能从根本上提升企业品牌的附加值，从而实现中国企业的转型升级。同时，国家也只有通过高附加值的民族文化性品牌的国际化输出，才能最终实现中国经济社会的可持续化发展，而不是永远依赖固定资产的投入和国家资源性产品的出口。因此，科斯教授的印证也是对《国家品牌生产力》理论的核心思想"文化立企，品牌立国"最直接、最科学、最高度的注解。

众所周知，任何一项世界冠军的比赛，都是由代表一个国家最高水平的国家队选手才能有资格参与世界比赛的。国家品牌生产力的本意就是指打造具有国家最高竞争力品牌的能力。所以，国家品牌生产力从本质上讲也就是打造民族品牌的"国家队"。之所以我们要在中国经济社会转型升级的关键时刻来谈国家品牌生产力，是因为直到今天，民族品牌在走国际化的道路上，也就是在实现民族品牌的可持续化发展上，仍然是前无系统科学的品牌

---

① 《参考消息》2012年4月9日转载美国《华尔街日报》2012年4月7日文章题：《中国是如何实现大跃进的》，作者是1991年诺贝尔经济学奖获得者、世界产权理论鼻祖、芝加哥大学法学院名誉教授罗纳德·科斯。

理论指引，后无真正意义上的国家品牌运营实践可作参照。因此，民族品牌一路走来总是跌倒再爬和遍体鳞伤。因为直到现在民族品牌仍然是在凭借自身的单打独斗和莽冲盲撞，所以不断地遭遇国际贸易诉讼而疲于奔命；因为直到现在我们的民族企业仍然还在出口低附加值的国家资源性产品，而非输出高附加值的民族文化性品牌。所以，中国才会有像科斯教授所言的"中国制造"遍地而"中国品牌"罕见的郁闷和尴尬。

值得民族品牌欣慰的是，党的十七届六中全会提出的《中共中央关于深化文化体制改革推动社会主义文化大发展大繁荣若干重大问题的决定》中指出了"文化建设是中国特色社会主义事业总体布局的重要组成部分。没有文化的积极引领，没有人民精神世界的极大丰富，没有全民族精神力量的充分发挥，一个国家、一个民族不可能屹立于世界民族之林。"与此相适应的是《国家"十二五"时期文化改革发展规划纲要》也明确指出"到2015年，文化产业增加值占国民经济比重显著提升，文化产业推动经济发展方式转变的作用显著加强，逐步成长为国民经济支柱性产业。"

《决定》和《纲要》已经为未来中国经济社会的科学发展提出了全面协调和可持续性的战略指引与科学主张。也就是说：

1. 未来中国的经济社会要想走上可持续化发展之路，就必须以民族文化性品牌输出来替代传统的国家资源性产品出口；

2. 民族品牌要想提升自身的文化附加值，就必须深刻地看到国际先进品牌文化的三个代表：企业理念—国家意志—民族信仰；

3. 中国品牌要想跻身国际先进品牌之列，就必须走和平崛起路线，也就是从"M"形自我封闭式的产业技术之路到"W"形自强包容式的品牌文化之路；

4. 中国企业核心价值体系的示范工程，必须符合三个一体化：

(1) 从价值观到方法论、再到实践载体的一体化；

(2) 从集团理念到企业内部管理、再到外部的品牌传播的一体化；

(3) 从职能指导思想到管理制度、再到运营流程的一体化。

5. 中国企业要想从内在上转型升级，就必须实施三步走战略，也就是：

(1) 树立"文化立企，品牌立国"的国家品牌经营理念；

(2) 创建民族文化性品牌输出替代国家资源性产品出口的经济模式；

(3) 打造国家品牌生产力示范基地。

绪论　文化立企　品牌立国

　　《中共中央关于深化文化体制改革、推动社会主义文化大发展大繁荣若干重大问题的决定》强调，中华民族伟大复兴必然伴随着中华文化繁荣兴盛，要更加自觉、更加主动地推动文化大发展大繁荣，在中国特色社会主义的伟大实践中进行文化创造。

　　当今世界，国家之间的竞争，讲的是硬实力、软实力、巧实力。从一定意义上说，谁占据了文化发展制高点，谁拥有了强大文化软实力，谁就能够在激烈的国际竞争中赢得主动。我们必须大力弘扬中华优秀传统文化，大力发展社会主义先进文化，不断扩大中华文化的国际影响力，牢牢掌握思想文化领域国际斗争的主动权，切实维护国家文化安全，在中国崛起过程中扎实加强文化软实力建设。

　　软实力建设的重要内容之一，就是"文化立企，品牌立国"。

　　"文化立企，品牌立国"，就是指企业必须以文化打造和科技创新为依托，民族的腾飞与崛起必须以国家品牌竞争力为标志。也就是说，一个离开文化打造和科技创新的企业就不是真正的现代企业，一个没有国家品牌竞争力的民族就谈不上是强大和辉煌的民族。

　　在促进社会主义文化大发展大繁荣的今天，建立与社会主义市场经济相适应、与现代企业制度相符合、与企业和职工共同发展需求相一致的企业文化体系，正当其时。

　　改革开放以来，文化在企业发展中的战略地位逐渐明确，企业文化体系不断完善，企业文化建设氛围更加浓厚，企业文化建设格局初步形成。优秀企业文化不断涌现，其中佼佼者已成为社会文化中的亮点，一些杰出品牌已成为国家品牌的代表。

　　在党的十七大提出的推动社会主义文化大发展大繁荣的良好环境影响下，国内企业文化建设面临着前所未有的大机遇：坚持中国特色社会主义道路和理论体系的决策，为企业文化大发展大繁荣提供了时代契机；社会主义文化建设呈现的新气象，为企业文化大发展大繁荣提供了气候条件；创新型企业和企业家队伍的茁壮成长，为企业文化大发展大繁荣提供了人才支持。

企业文化从微观上看似乎是企业的事；其实，从中观上看是一个行业或一个区域的事，从宏观上看是国家大事。

在经济建设中，企业是主体；在自主品牌建设和自主创新中，企业是主体；在文化大发展大繁荣中，企业仍然是主体。当今世界，企业文化越来越成为企业凝聚力和创造力的重要源泉，越来越成为国家综合国力的重要构成。在国家文化大发展大繁荣中，产业、企业层面的文化大发展大繁荣不可或缺。企业文化为国家文化大繁荣大发展作出贡献，义不容辞。

企业文化与品牌文化

国家标准《商业企业品牌评价与企业文化建设指南》指出，企业文化指"企业在长期生产经营活动中确立的，被内部认可和外部各方普遍认知的基本理念、价值观念、行为规范和道德、风尚、习俗等心理积淀的总和。"

通常意义上，文化包括一个国家或民族的历史、地理、风土人情、传统习俗、法律制度、生活方式、文学艺术、行为规范、思维方式、价值观念等。人类文化形态，包括可以用感官去感受的物质形态和用大脑和心灵去感知的精神形态，也就是物质文明和精神文明。在人类文明成果中，工商业文明占据了很大一块，如产业、企业、产品、服务、品牌。尤其是品牌，它的整合内外资源和替代其他要素的功能，全面满足人们的理性、感性、精神需求的特质，有效倡导和迅速推广先进价值观和先进生活方式的作用，是其他载体难以替代的。所以企业文化、品牌文化既是民族文化的载体，又是民族文化的主体，缺少了这一块，现代文明和当代文化就无从谈起。

品牌是一种世界性语言。当今时代，文化已经渗透到各国经济社会发展的各个方面。强大的品牌无不以深厚的本土文化作为支撑，强大的文化无不以自身的优势品牌作为标志。中国品牌要想跻身于世界品牌之林，除了讲求普世价值、遵循国际游戏规则外，更重要的是具备独立精神。这种精神，只能根植于深厚的传统文化积淀及其当代发展中，只能发轫于浩如烟海的民族文化宝库中，只能在自己的基础上提升，只能在共同游戏的前提下创新，离开这些，所有的拿来主义、西规中随、全盘西化，只能变成彻底丧失自己且永远不被别人认同的廉价仿制品。所谓"民族的就是世界的"，讲的就是民族的元素、世界的语言、共同的规则、共赢的利益。中国文化必须依赖包括品牌在内的物质与精神文化实体来承载，文化软实力必须通过产业和产品来体现，两者是灵与肉的关系。

关于企业文化与品牌文化的关系，说法很多。大体来说，企业文化是为大多数员工认可的一系列的企业理念和行为准则；品牌文化是企业构建的被目标消费者认可的一系列理念文化、行为文化和物质文化的总和。企业文化主要追求内部凝聚效应，强调以价值观为中心的理念和行为管理，达成内部认同；品牌文化主要追求外部认同效应，致力于品牌形象和品牌精神的推广。

品牌文化是企业文化的传播载体。企业文化支撑品牌文化，品牌文化提升企业文化，两种文化相辅相成，互为表里，是一个整体。品牌本身就具有文化属性。品牌文化是企业文化在品牌中的集中体现，是企业文化精华所在。文化竞争是企业竞争的更高层次。

中国企业文化专家贾春峰教授在 2011 年浙江省企业文化示范基地现场会暨首届国家品牌生产力示范基地学术研讨会上说，从文化自觉到文化自信再到文化自强，在太子龙的发展实践中体现出来了。太子龙的成功实践表明，还有个品牌自觉、品牌自信、品牌自强的问题。太子龙发展中的文化自觉与品牌自觉的融合，是个很重要的值得肯定的发展思路，也可说是一种发展的新思维、新趋势。太子龙的发展可以成为中国企业发展史上企业文化与品牌文化建设两者结合取得成功的一个经典范例。

从国际化门槛看民族品牌文化

半个多世纪以来的全球化竞争，可以用三个时代来概括。20 世纪下半叶以来，荷兰的飞利浦、德国的西门子、美国的通用和日本的松下的发展，带领世界步入"工业立国"的全球化时代；20 世纪末美国总统克林顿"电子政府"的号召，引导世界由"工业立国"时代驶入全球信息高速路的"科技立国"时代；而进入 21 世纪以来，世界又再一次刷新为"文化立企，品牌立国"的国际品牌竞争时代。

在中国，品牌的地位和价值已广为人知，企业做品牌的积极性也高。过去我们笼统地认为一个企业只要把企业文化做好，就高枕无忧了。但为什么很多企业文化做得很好的企业，品牌附加值怎么做也做不上去呢？原因很简单，因为我们民族品牌的文化内涵缺失、产品技术创新不足。很多知名品牌的操盘手错误地认为，只要把产品卖到境外去了就是品牌国际化了，所以不愿花大气力抓企业发展战略研究、品牌文化建设以及产品的技术创新。而这样做的结果必然导致民族品牌只会做产品、不会做品牌文化和技术创新，这样，在全球化的产业分工中自然居于低端末流。

也正是在这样严峻的历史背景下，党中央提出了"加快培育我国的跨国企业和国际知名品牌"的号召。2009 年工信部等七部委根据国务院颁布的《纺织工业调整和振兴规划》提出了《关于加快推进服装家纺自主品牌建设的指导意见》和《关于进一步加强纺织企业管理的指导意见》，指出，按照"扶优扶强"的原则，依托行业组织选择出"自主创新能力强、市场覆盖面广、市场占有率高、企业盈利能力强的 100 家服装家纺自主品牌企业进行重点跟踪和培育"，催生一批能代表民族品牌最高生产力水平，能加速推动整个民族品牌的国际化进程的示范企业。

所以，只有大力倡导普世性的责任文化，才可能从根本上消除西方民众对中国品牌的习惯性排斥，才可能让世界民众逐渐从心底信任中国品牌；只有大幅度地提升民族品牌的科技创新力，才可能有效改变民族品牌"出口总量多而单品价值低，外贸总额大而贸易诉讼多"的尴尬局面；只有依靠自主创新，打造出能够代表国家最高水平的自主品牌示范标杆，才可能引领和打造具有国际竞争力的民族品牌。

社会生产目的从满足物质
需求向满足精神需求转变

"文化立企，品牌立国"在观念层次上，是实现社会生产目的从满足物质需求向满足精神需求的转变。

人的需求分两大层次：一是物质上的需求；二是精神上的需求。物质需求是首要的，但它只是最基本的需求。无论物质多么丰富，它都无法代替精神，因为精神需求是更高层次的需要。人的精神需求包括很多方面，比如，精神的自由、人格的独立、身心的愉悦，等等。物质需求是人生存的前提，当物质需求得到满足之后，人对精神方面的需求就会越来越强烈。文明社会不仅要满足人们的物质需求，同时也应该满足人们精神上的需求。

进入商品经济时代，人们提出，优质的商品必须是满足物质和精神需求的统一体；到了品牌经济时代，人们又提出，品牌本身就是物质满足和精神满足的统一体。文化立企，品牌立国，要求企业生产出既能满足人们物质需求又能满足人们精神需求的产品，更要求企业打造品牌；要求不但打造产品品牌、企业品牌，更要打造产业品牌、行业品牌、区域品牌乃至国家品牌，整体品牌构成国家品牌生产力，这就是"文化立企，品牌立国"的理性愿景。

文化立企，品牌立国，在意识形态方面，要求政府、教育、文化舆论界发挥引导作用，倡导先进的生活方式。党的十七大报告提出建设社会主义核心价值体系，要把社会主义核心价值体系转化为人民的自觉追求，引领社会思潮，增强社会主义意识形态的吸引力和凝聚力。

文化立企，品牌立国，就是满足和引导人民的精神文化需求，推广国家文化核心价值，并将其贯穿到全局中去。

5

政府职能从管理向服务转变

"十二五"规划提出，要进一步转变政府职能，建设法治政府和服务型政府，完善机制，提高政府公信力。服务型政府，是相对于管理型、权力型、命令型政府而言的。"十二五"期间，面对新的形势，政府的职能转变要更有利于实现经济发展方式的转变，更有利于实现社会的公平正义。

由国务院新闻办公室发起的中国国家形象宣传片，一经推出，议论四起。这说明政府和人民都重视国家形象或国家品牌的宣传。国家必须是一个具有独特核心价值的品牌，这个品牌必须努力宣传并悉心保护。

政府作为国家品牌的总代表，它的核心价值是为人民服务。政府应该制订自己的品牌建设计划，采取综合性措施，切实改进工作，塑造良好的政府品牌形象。这是一个长期的任务，更是一个必须马上做起来的任务。过去政府教育学生和人民"从我做起，从现在做起"，现在也必须这样要求自己，像企业做品牌一样做政府品牌。

除了自身品牌建设，政府要做的大量工作是为品牌经济服务。如同社会主义市场经济的政府职能要与市场经济相适应一样，品牌经济时代的政府职能必须与品牌经济相适应。服务型政府的一个重要使命，就是"品牌立国"，不但做好国家品牌战略，还要在企业、产业、区域的品牌战略中找准政府的位置，发挥政府的作用。

政府应制定国家品牌发展战略，使其成为经济发展规划的核心组成部分，要致力于打造国家品牌生产力孵化基地，使品牌生产力逐步成为领导经济增长的第一生产力。

毫无疑问，政府在产业、区域的品牌战略中的位置是领导或引导作用。制定培育中小企业自主创新能力的政策措施，鼓励中小企业以委托开发等多种形式，与大学、科研院所开展技术合作，加快建立以企业为主体、市场为导向、产学研相结合的中小企业技术创新体系；鼓励中小企业增加研发投入，大力推进产品创新、技术创新、品牌创新；重视人才建设工作，大力引进科技项目和科技人才，制定并完善鼓励各类人才创新创业的优惠政策措施，促进创新要素加速集聚；完善技术要素参与分配的具体办法，引导企业进一步提高科技人才待遇，建立收入分配激励机制，增强人才对企业、产业的归属感、认同感、自豪感；扶持中小科技型企业发展，加快培育出一批具有自主知识产权的重大产品和掌握核心技术的创新型中小企业，扶优培强，不断增强有利于高新技术和特色产业发展要素快速集聚的整体配套功能，用创新和特色带动中小企业整体发展。政府可以利用自身地位优势，集合政府职能部门工作人员、专家、技术人员、企业管理专家、优秀技能工人等方面的人员组成企业辅导专家委员会，为企业生产、经营、管理以及技术创新、产品创新等方面的问题提出咨询意见和建议等，为中小企业答疑解惑，帮助中小企业走出发展困境。

企业使命从产业报国向品牌立国转变

什么叫产业报国？简单地说，就是企业家不单纯地把赚钱作为唯一目的，而要把企业发展和实现国家民族振兴的目标联系起来，做有利于企业并有利于国家之事。

产业报国，在中国历史上，一直是民族企业家的最高理想。一个多世纪前，外国侵略者因产业崛起而强盛，中国因外国产业入侵而贫弱。那时民族企业的理念和目标，就是产业报国。中国的民营企业家自清末诞生以来，其主流一直是以产业报国为己任的，这可以说是中国民族企业的一个优良传统。因此，虽然他们一直受到官僚买办和西方资本的挤压，但却受到社会的认同与尊重。

从世界范围内看，发达国家的民族企业能够自觉地为国家服务；反过来，强大的国家也为企业的发展提供了强有力的保护和支持，在一定意义上说，这正是发达国家之所以发达的原因。中国今天虽然已发生翻天覆地的变化，但产业报国仍然是民族企业家的传统理念。法国人写的《当中国改变世界》一书，把中国企业家"产业报国"提升到无以复加的高度，也正是因为把产业的发展与报国紧密地联系在一起，才激发了民众强烈的民族自豪感，形成了民族腾飞的凝聚力。

随着时代的变化，产业报国的内容有了变化，狭隘的民族意识变成了普世观念，对抗性、报复性的民族产业变成了竞合性的市场企业，对国家民族的责任变成了普世责任、生态责任、可持续发展责任，单纯的企业产业做大做强变成了对经济、社会、文化、环境的全方位贡献。这一切，不再由企业或产品承载，而变成了品牌行为。

品牌报国和品牌立国，是一个观念的两种视角。作为企业，搞好品牌建设，使自己成为区域名牌、国家品牌、国际品牌、全球品牌，是企业对国家的最大贡献；作为国家，把国家的强盛建立在企业、产业、区域和品牌的强盛上。经济强国，就是由相当数量、质量和级别的品牌支撑起来的国家。无品牌无以立国，无品牌无以强国。品牌立国，不容动摇。

温家宝总理说："一个企业家身上应该流着道德的血液。只有把看得见的企业技术、产品和管理，以及背后引导他们并受他们影响的理念、道德和责任，两者加在一起才能构成经济和企业的 DNA。"DNA，是个内在的概念，它的外化就是品牌。

联想并购 IBM 公司的 PC 业务后，原有的"产业报国"的企业使命被打上问号。因为在新联想的 1.9 万名员工中，有一半是原 IBM 的员工，如果新联想继续坚守"产业报国"的价值观，就是让外籍员工为"振兴中华民族"而奉献热情和智慧，这显然有问题。柳传志说，当你真正面对全球市场，再拿产业报国教育你的高管，恐怕会很不合适。今天的联想集团就已经不能叫美国 CEO 天天喊产业报国，让他产业报国，报的可能是美国。柳传志说：我至今也不反对产业报国，因为，这仍然是一个能让我们很多人激情燃烧的词汇和梦想，但中国将来的企业家会一步步淡化产业报国的理念，这不是说他们将来不爱国，而是他们超越了"爱国主义"，真正实现了企业家思维的国际化。①

产业报国不是终极目标，普世价值、普世责任、世界大同，境界更高。产业报国和这些更高目标并不相斥，不过是同一条道路的两个阶段。

企业目标从产品立企向文化立企转变

在营销经济时代，企业普遍遵循菲利普·科特勒教授的观点，"不断发掘并适时满足市场上尚未满足的需求"。但是，高新技术的飞速发展，使这个理论明显地滞后了。因为仅仅探索和满足当前市场上尚未饱和的需求，已经远远不能适应新经济时代日新月异的多元需求了，全球已经跨入全新的品牌价值理念和全新的运营模式引领的品牌经济时代。

填补和满足市场空缺的是产品，引领和创造市场存在的是品牌，提升和发展市场价值的是文化。填补和满足市场已有空缺的需求其实只是物质功能的需求。品牌是为了满足消费群体独特的生活方式和不同空间状态下的瞬时心情等更高级别的精神需求。

做品牌，首先必须研究出普世的价值观和最先进的生活方式；其次是用具象的产品来表现品牌思想的独特性和生活方式的先进性。这就要提早着手组建专业化的品牌运营团队，提早着手独特性思想和先进生活方式的研究，提早着手新品研发和生产作业等技术流程的再造与创新。

品牌创造了新的市场，正如革命打下了江山；文化提升和发展了品牌价值，正如建设提升了国家实力。

---

① 柳传志：《走过产业报国》，三联《竞争力》2009 年 1 月 15 日。

企业文化把最大限度调动起人的积极性放在管理目标的第一位。这种理论把人看成是生产力诸因素中最活跃的因素，从提高人的文化素质入手研究企业管理，打破了单纯用权力管人、用钱管人、用规章制度管人等老办法。企业发展的软环境本质上是人的素质问题，软环境的好坏影响到企业发展的可持续性。特定的文化类型决定了特定的企业组织形态。劳动者的文化水平、道德水平、个人爱好以及鉴赏能力，直接、间接地影响企业、行业的运行。

企业文化通过导向、规范、凝聚、激励作用，确立共同价值观念，达成组织利益与个人利益的一致、组织目标与个人目标的结合。在满足物质需要的同时，崇高的群体价值观带来的满足感、成就感和荣誉感，使组织成员的精神需要获得满足，从而产生深刻而持久的激励作用。企业文化有助于明确企业总体战略、经营战略和职能战略；有助于提高企业学习与创新能力，建设创新型企业，全面提升企业的技术创新、制度创新、管理创新和文化创新能力，为实现企业的持续健康发展创造条件；有助于积极推进国际化战略。

"人而无文，其心必愚；文而无武，其志必弱。"这就是软实力和硬实力都要有的道理。

9

文化、品牌、企业、国家四位一体

"文化立企，品牌立国"，涉及企业、国家、品牌、文化四个概念，它们是四位一体的。

约翰·奈斯比特在著名的《中国大趋势》一书中提出"中国新社会的八大支柱"理论，其中第二条是：自上而下和自下而上的政治模式。中国政府自上而下的指令与中国人民自下而上的参与正在形成一种新的政治模式，支撑新中国社会长治久安的最重要、最微妙也是最关键的支柱就是自上而下与自下而上力量的平衡。这是中国稳定的关键，也是理解中国独特的政治理念的关键。

这个模式在品牌建设领域同样有效。打造国家品牌生产力有两个积极性，上面是国家，下面是企业。国家除了打造国家品牌形象外，还要制定国家品牌发展战略，制定品牌政策，主导国家品牌生产力生成；企业要从国家全局出发，主动参与国家品牌生产力建设。在两个积极性之间，产业、城市、区域等中观领域，也有着积极主动的重要作用。

品牌是产品与文化之间的联系。产品的文化含量达到一定程度并持续下来，就是品牌的形成。文化与产品一旦发生联系，文化就物质化、商业化了，这对文化不一定是好事，但对产品绝对是好事，产品的附加值可以因此大幅提升。

品牌本身是一个文化现象。品牌与文化的联系，最直接的就是品牌文化，企业文化；再上一层是行业文化、区域文化。我们说的"文化立企，品牌立国"，其中"文化"指广义的文化，即民族文化、传统文化、地理文化的综合，并与普世文化兼容。文化是品牌的内涵和生命。

文化传统是品牌最宝贵的无形资产，是品牌发展的内在动力。但是，民族的、积淀的、传统的，不一定是国际的、时尚的、先进的。在这两者之间寻找一种联系，寻找一个沟通点、对话点，在特殊中分析普遍性，在差异中寻找共同点，美美与共，相反相成。

品牌，既是个人和集体的，也是国家和民族的。整体品牌的强大就是国家的强盛和民族伟大的体现。

在国家层面谈文化与品牌，实质上是一种软实力经营。随着社会经济和科学技术的突飞猛进，文化与经济相互交融的趋势也越来越明显，人们的文化消费需求迅速增长，文化经营就越来越重要。文化经营表现为两个方面，一方面是生产出更多的文化产品，以满足人们日益增长的精神需求；另一方面是不断提高物质产品中的文化含量，在满足人们日益增长的物质需求及同时存在的精神需求。

我们在《科学品牌发展观》中关于品牌文化做过这样的阐述：先进的品牌文化，不仅仅着眼于增进消费者对品牌的好感度和联想度，更致力于倡导新生活方式、推行普世价值观，使文化真正成为品牌的核心竞争力。品牌的物质基础是产品，品牌的精神力量是文化。先进品牌文化是开放、向上、兼容、普世的文化。

在"文化立企，品牌立国"中，企业、国家、品牌、文化是四位一体的关系。用一句话说，就是合力发展国家品牌生产力。

大力发展国家品牌生产力

21 世纪的世界，衡量一个国家综合竞争力的强弱，要看一国在全球范围内有多少知名的国际品牌；衡量一个民族品牌附加值的高低，主要是看该民族品牌文化和科技含量的高低。未来国家、区域、城市之间的竞争，主要表现为自主品牌影响力的强弱、高知名度商标群体的拥有量和自主知识产权方面的竞争。

太子龙企业集团通过自身多年的品牌运营实践和潜心研究发现，民族品牌在走向国际化的战略历程中之所以品牌附加值低下，归根结底是因为没有树立起"文化立企，品牌立国"的发展战略，没有打造出代表中国品牌最高生产力水平的"国家品牌"。

国家品牌生产力，是以科学品牌发展观为指导，以国家整体品牌为平台，以国际市场为目标的，整合生产力系统各种要素，主导品牌经济发展的物质力量。国家品牌生产力是品牌经济时代的新兴生产力，是社会生产力的一种整体状态，它从生产力系统的附着因素跃升为主要因素并迅速成为主导要素，已经显示出一种不可逆转的趋势：品牌生产力必将取代落后生产力成为推动经济社会发展的第一生产力。

太子龙集团认为，国家品牌生产力，从广义上讲，是指主动担负起"文化立企，品牌立国"的战略使命，打造国家品牌的先进生产力。从狭义上讲，是指在产业链中能整合行业内外优势资源的整合力；在产业的战略升级中能担当标杆的示范力；在国家的经济社会发展中，能支撑国家支柱产业发展的承载力；在国际经济一体化环境里，可带动民族品牌科学地走上国际化道路的引领力。

国家品牌生产力的核心思想是打造国家最高标准的品牌示范，核心作用是引领民族品牌走向国际化。

针对中国普遍的"三高一低"经济现状，如何快速地向投入少、自然资源消耗少、环境污染少、品牌附加值高的"三少一高"经济局面科学转型，乃是当今中国经济的当务之急。西方各国早期的经济转型实践研究启发我们，我们自身的教训提示我们：必须沉下心来，科学地打造出具有时代前瞻思维和能担当起国家品牌生产力示范标杆的民族品牌，引领中国经济社会全面走上"文化立企，品牌立国"的科学发展之路。

11

概　念　篇

第一章 定义国家品牌生产力

国家品牌生产力，是以科学品牌发展观为指导，以国家整体品牌为平台，以国际市场为目标的，整合生产力系统各种要素，主导品牌经济发展的物质力量。

国家品牌生产力是品牌经济时代的新兴生产力，是社会生产力的一种整体状态，它从生产力系统的其他要素的附着因素跃升为主要因素并迅速成为主导要素，已经显示出一种不可逆转的趋势：取代落后生产力成为推动经济社会发展的第一生产力。

在理论原创者太子龙集团发表的文本中，国家品牌生产力表述为：

国家品牌生产力，从广义上讲，是指主动担负起"文化立企，品牌立国"的战略使命，打造国家品牌的先进生产力。从狭义上讲，是指在产业链中能整合行业内外优势资源的整合力；在产业的战略升级中能担当标杆的示范力；在国家的经济社会发展中，能支撑国家支柱产业发展的承载力；在国际经济一体化环境里，可带动民族品牌科学地走上国际化道路的引领力。

国家品牌生产力的核心思想是打造国家最高标准的品牌示范，核心作用是引领民族品牌走向国际化。

第一节 品牌经济时代与国家品牌生产力

2011年5月27日，中国国家副主席习近平在中国科协第八次全国代表大会上的祝词中说："人类社会已进入21世纪第二个十年。综合判断国内外形势，这十年既是我国经济社会发展的重要战略机遇期，也是科学技术发展的重要战略机遇期。我们只有奋力抢占国际经济科技制高点、积极培育新的经济增长点，才能在综合国力竞争中赢得主动。"他号召全国的广大科技工作者"立足改革开放和社会主义现代化建设全局，着眼赢得未来国际科技竞争主动权，把服务经济发展方式转变和产业转型升级作为主攻方向，研究开发直接决定产业核心竞争力的关键技术，提高基础工艺、基础材料、基础元器件研发和系统集成水平，用先进技术改造提升传统产业。"

2011年5月，中共中央政治局委员、中央书记处书记、中宣部部长刘云山在深圳召开的文化产业座谈会上强调，"加快发展文化产业是党中央立足经济社会发展全局，着眼推动社会主义文化大发展大繁荣作出的重大战略部署"。他要求文化建设者们"一手抓公益性文化事业，一手抓经营性文化产业"，他指出："发展文化产业是满足群众精神文化需求、保障人民群众文化权益的重要内容，是推动科学发展、加快经济发展方式转变的重要途径，是提高国家文化软实力、增强中华文化竞争力的重要举措。"

2011年5月，中共中央政治局委员、国务委员刘延东在北京调研座谈时强调，"文化是民族凝聚力和国家综合国力的重要因素，文化建设在国家发展大格局中有举足轻重、不可替代的作用"。他在科技活动周开幕式上强调："大力提高原始创新、集成创新和引进消化吸收再创新能力，着力突破制约产业发展的核心关键技术，重点培育和发展战略性新兴产业，加快高新技术改造传统产业，使我国尽快走上创新驱动、内生增长的发展轨道。"

由于文化创意产业的渗透和介入，国际产业分工将重新洗牌。以文化为灵魂的文化创意产业，将在扭转国家文化贸易逆差、提升国家在全球价值链上的地位和作用、增强国民文化认同、提升国家文化软实力方面发挥重要作用。推动文化创意产业又好又快发展，需要实施品牌战略。这应该是"十二五"期间乃至以后相当长时期内国家的战略发展方向。

然而，由于中国品牌科学起步晚，品牌领域的基础性研究和创新性发展的理论欠缺，民族品牌的国际化道路刚刚起步，很多民族品牌操盘手认为，把产品卖到境外去就是国际化，专业的研究机构和企业也没有下大气力抓发展战略研究和品牌文化建设及产品创新和技术进步。在全球的文化含量和科技成分较高的高技术产业领域里，民族品牌要么是一片空白，要么是蹒跚多年却始终难有实质性的进展。特别是在国际金融危机以后，我们曾经赖以骄傲的人力成本和自然资源等比较优势已不复存在，传统的发展模式已经走到尽头，逼迫我们不得不正视的头等大事，就是民族经济到底该从何处突破的问题。

　　幸好，当今中国已就转型发展的关键问题达成了共识，那就是，未来中国必须以"品牌文化建设和科技创新"的品牌经济模式，替代传统的以"出口为导向的资源消耗"模式。当前，国家、区域、城市之间的竞争，主要表现为自主品牌影响力的强弱、高知名度商标群体的拥有量和自主知识产权方面的竞争。另外，那些国际上有影响力的大城市几乎无一例外都是创意产业集中且发达的地区。国际大都市的地位之所以与创意产业的繁荣有如此紧密的联系，是因为创意产业极大地促进了城市文化的创新。实际上，很多行业都可以借助创意产业的发展或应用其成果，来更新产品和服务的设计和策划，开辟新的"品牌战略"和"营销战略"。传统产业可以通过文化创意的融入附加更多的文化内涵，实现差异化的竞争，或塑造有特色的品牌，从而提升竞争力；在产品设计中融入文化创意，能有效地实现产品的价值创新；在营销中融入文化创意，能引起消费者的文化认同并产生共鸣，从而有助于拓展市场。①

　　换句话说，也就是未来的中国国家和民族品牌必须走以"文化立企，品牌立国"的科学发展之路。21世纪的世界经济已经完全步入到了"品牌立国"的大时代，世界各国都在积极地打造具有各国自身特色和能代表本国品牌最高水平的"国家品牌"。比如，以微软和苹果为代表的美国高新科技，以奔驰和宝马为代表的德国至尊品牌，以丰田和三菱为代表的日本节能环保工业，还有荷兰和瑞士的精工制作等蜚声国际的知名品牌，不仅成为该国政府重点保护和扶持的民族经济引擎，而且也成为该国民众的骄傲资本。它们事实上已经成为在全球范围内代表这些国家"品牌生产力"水平的示范标杆。

　　在全国落实党的十七大报告提出的"加快培育我国的跨国企业和国际知名品牌"和"加快民族自主品牌建设已经成为新时期事关经济社会发展的重要战略任务"的热潮中，2009年工信部联合国家发改委、中国人民银行等七部委，根据国务院颁布的《纺织工业调整和振兴规划》提出的《关于加快推进服装家纺自主品牌建设的指导意见》和《关于进一步加强纺织企业管理的指导意见》指出，要按照"扶优扶强"的原则，依托行业组织选择出"自主创新能力强、市场覆盖面广、市场占有率高、企业盈利能力强的100家服

17

　　① 《作好文化创意产业这篇大文章》，《经济日报》2011年6月13日。

装家纺自主品牌企业进行重点跟踪和培育"，要求广泛鼓励和支持这些代表民族自主创新力的 100 家企业品牌，走出国门与国际品牌同台竞争，为民族的纺织服装产业增光添彩。

太子龙集团认为，十八大以后，中国的战略发展将进入一个全新的经济形态——品牌经济时代，而品牌经济时代的关键任务，就是要倾举国之力来打造属于中华民族的品牌引擎——国家品牌生产力。只有大力发展国家品牌生产力，打造出一大批代表国家最高水平的自主品牌，形成强大的中国品牌阵容，才能在国际舞台上站稳脚跟，才能有中华民族的伟大复兴。

第二节　作为生产力要素的品牌

（一）生产力与生产力系统

生产力，也称社会生产力，是人们在生产过程中影响、改造和保护自然，获得物质资料的现实力量。生产力由多种要素按照一定的方式结合而成，这些要素一般可以分为两类：一类是独立的实体性基本要素，包括劳动对象、劳动资料和劳动者；另一类是体现并作用于生产力基本要素的非独立、非实体的渗透性要素，如科学技术、教育、信息、管理等。

生产力随着人的需要的变化和劳动的发展而不断变化，具有不断发展的内在动力和趋势，是社会发展中最主动、最活跃的因素。

系统论认为，任何系统中的各要素都不是孤立地存在着的，每个要素在系统中都处于一定的位置上，起着特定的作用；要素之间相互关联，构成了一个不可分割的整体；要素是整体中的要素，如果将要素从系统整体中割离出来，它将失去要素的作用；任何系统都不是各个部分的简单相加或机械组合，系统的整体功能是各要素在孤立状态下所没有的新质。

生产力是一个系统，由多种要素有机组合构成。

关于生产力的构成要素，众说纷纭。传统观点认为，生产力要素包括劳动者、劳动资料和劳动对象。随着经济理论的发展，科学技术、管理和信息也逐渐被列入生产力要素的内容。而西方经济学眼中，生产力要素则经历了从二要素、三要素到六要素论的发展过程。撮其要略，不外乎以下几种：资本、劳动力、技术、土地、信息、管理、环境。其中资本包括资本货物（机器设备、厂房建筑物和原材料等）和金融资产（股票、债券和借款等）；劳动力包括体力劳动者和脑力劳动者；技术包括文字、表格、数据、配方等有形形态，也包括实际生产经验、个人的专门技能等无形形态；土地不仅包括其本身，还包括地下的矿藏和地上的自然资源；经济信息要素是指与产品生产、销售和消费直接相关的消息、情报、数据和知识等；经济管理要素又称为生产组织要素或企业家才能要素。

（二）生产力八要素说

按照科学品牌发展观的思维方式，从系统论的观点出发，当我们面对"要素"这一概念时，首先要明确它不是孤立的概念，而是与其他概念共存的一个概念；如果把它放在一个结构中，它就是系统的有机构成中的一个概念。这时候，它既是一个具体化的概念，更是一个关系化的概念，即它的名称可以呈现为具体名称，但更恰当的是标明它和相关因素的关系的名称。经典生产力要素说的"劳动者、劳动资料和劳动对象"也是经典的要素关系化表述。

要素关系化思维，应该是这样一种思路：每一要素都是真正的"要"素——整体中的基本的、最主要的、不可再缩小的组成成分，不可或缺；每一要素都是系统结构中的要素——在系统层级结构中有一定位置，发挥一定作用，这种作用不可被替代；每一要素都是系统中互相关联的要素——纵横联系，相互作用，相反相成，相辅相成；每一要素都是系统动态运行中的要素——要素作用力是消长变化的，其兴衰时序影响其他要素，也受其他要素影响，这些影响进而引起系统反应。这样的要素，就是系统中的要素，就是关系化要素。

要素关系化表述，就是选用能表明关系的概念指称要素。

按照科学品牌发展观的思维方式，我们认为，从一般意义上说，构成社会生产力系统的要素有八个：主体、客体、工具、环境、时间、技术、管理、品牌。

八个要素按性质也可视为两类：实体要素与非实体要素。结构中主体、客体、工具、环境、时间这些实体要素，是基础性、支撑性要素，稳定性大于变动性；被承载的技术、管理、品牌三个要素是非实体的联系性、活跃性要素，变动性大于稳定性。实体要素承载非实体要素，非实体要素立足于实体要素。实体要素对非实体要素的作用以支持和制约为主，非实体要素对实体要素的作用以促变为主。实体要素在非实体要素的作用下发生变化。两者的对立统一和相互作用是生产力系统发展的动力。这些要素各自都处于发展变化之中，互相之间的关系亦即结构也处于变化之中。如果某些要素的急剧变化引起结构的急剧变化，就会导致生产力变革。先进生产力替代落后生产力就是变化的积极效果。

根据这些性质和特点，我们可以将八个要素放进一个模型中进行研究，这就是"生产力金字塔模型"。

在生产力金字塔结构中，八要素自上而下分为三层：第一层是标志层，一个要素，即品牌；第二层是联系层，由管理和技术两个要素组成；第三层是基础层，由主体、客体、环境、时间、工具五个要素组成。可以看出，在这个结构模型中，所有的实体要素汇集底层，构成最稳定的基础层，为整个结构提供坚实的硬件支撑；所有的非实体要素借助实体要素的支撑，活跃于结构的中上层；塔尖的品牌要素是组织性、拉动性、标志性要素，决定结构的性质和发展方向。自上而下看，塔尖部分是标志性要素品牌，第二层由品牌整合管理和技术组成，第三层由实体要素组成。管理和技术作为第二层，属于最活跃要素层，对于最稳定的基础层和较为稳定的标志层来说，联系层变量大、变速快，效果明显，其作用在于渗透和联系，连通基础要素支持，向上铺垫品牌，同时接传品牌意志，向下渗透主体、客体、环境、时间、工具，发挥着管理和技术的协调、创新、运营功能，使整个系统在品牌战略的主导下良好运营。

下面我们谈谈一下八要素的内涵。

1. 主体

生产力的主体永远是劳动者。这个主体可以是单个的自然人，也可以是由一定生产关系组织起来的人群。劳动者是生产力系统中活的和能动的因素，是起主导作用的要素，是影响和决定生产力发展的第一要素。

作为生产力的主体的劳动者，有这样一些特质：劳动者是具有一定的知识、生产经验和劳动技能的人；劳动者具有创造性，在劳动过程中把劳动资料和劳动对象有机结合起来，创造更大的价值和更新的产品；劳动者具有主观意识，在把劳动资料和劳动工具结合起来的过程中，创造出了生产关系和上层建筑。

2. 客体

即劳动对象，是劳动者把劳动施加其上的一切物质资料，包括没有经过人们加工的自然界物质和经过人们加工的原材料。劳动对象经劳动者的劳动作用后变成了人们所需要的东西。随着社会的发展，劳动对象的内容不断扩展，加工深度不断增加，选择余地越来越多，使得劳动对象在生产力体系中的地位愈加重要，与其他要素的结合日益密切。

3. 工具

即生产工具，也称劳动资料、生产手段、劳动手段。它包括：直接作用于劳动对象的生产工具的系统，用以发动生产工具的动力系统和能源系统、运输和辅助系统、信息传递系统等。其中最重要的是生产工具系统。可以说，生产工具囊括劳动过程中除劳动对象以外的一切相关物质条件。生产工具是劳动者与劳动对象之间的媒介物，是劳动借以实现的物质。生产工具也是过去劳动的物化产物，其先进程度反映或代表社会的生产水平。原始劳动工具是劳动者自身的体力和智力，所以人们一般认为劳动手段是劳动者体力和智力的延伸。现在，劳动资料的概念和含义仍在向深度和广度扩展，许多以知识形态创造出来的技术、方法和能力，也显示出劳动资料的社会经济属性。

4. 环境

社会生产力系统是一个开放系统，是在同外部环境不断地进行物质、能量、信息的交换中运行和发展的。社会生产力系统的外部条件包括三大部分：一是自然条件；二是生产关系方面的经济条件；三是非经济的社会条件，包括社会政治经济环境、社会人文环境即人口状况、上层建筑等。

5. 时间

空间与时间是物质固有的存在形式。一切客观事物都存在于三维空间和

21

一维时间之中。没有一定的时间和空间形式，物质就不能存在。空间标明物体的位置、规模和体积。时间标明物质运动的持续性和顺序性。所谓持续性，是指任何一个物体的运动都要经历一个或长或短的过程。所谓顺序性，是指不同事物之间运动过程的出现有前后联系和顺序更替的关系。时间的特性是一维性，只有一个方向，具有不可逆性，供给毫无弹性，不能储存，不能替代，不能失而复得。唯一可以发挥人的要素的地方是：通过时间组合变相调用时间，换取最大效益。

任何系统的发生、发展或走向都具有时间性和程序性。系统各要素都有自身的形成时间和形成过程；要素之间的结合，是在同一时间中的结合；在某一时段，各要素不同的自身状态、不同的层次地位、不同的作用发挥所形成的结构方式和运行态势，成为系统特定时段的特异结构。

时间要素始终存在于生产力系统中，只是容易被忽略。马克思说："时间的节约，以及劳动时间在不同生产部门之间有计划的分配，在共同生产的基础上仍然是首要的经济规律。这甚至在更高的程度上成为规律。"[①] 在现代生产力经济学中，生产力时序经济与生产力结构经济、生产力规模经济、生产力布局经济和生产力运营经济并列，已经成为重要的分支领域。

生产力诸因素组合规律之一——时序发展变化规律阐明：生产力诸因素在构成生产力系统时，必须同时进入运行过程，而诸因素各有不同的形成周期，从而产生了组合时间的一致性与形成时间的差异性的矛盾。解决这一矛盾的主要办法是按不同的时间起点、次第开始诸因素的形成过程，然后在统一的时间里开始诸因素的结合过程，这种时间组合状态称为生产力时序。时序变化最基本的规律是同步化规律，指生产力因素形成时间的差异性必须服从诸因素组合时间的统一性这样一种客观要求。

生产力要素时间组合的表现是：劳动者要素与生产资料要素的时间组合，劳动手段与劳动对象的时间组合，基础设施与制造设施的时间组合等。

在生产力系统的运行中，在三维空间不变的情况下，仅时间组合的变化，就会发生系统变化，甚至是翻天覆地的革命性变化。如改革开放以来的变化，被称为跨越式发展。跨越式发展是生产力大发展的直接体现。纵观生产力发展史上每一例跨越发展，可以看到，尽管实现跨越有多种途径，如内

---

① 《马克思恩格斯全集》第46卷，人民出版社2001年版。

源性创新、外源性引进、新资源获得，等等，但都离不开一条：对常规发展
时序的挪移。

6. 技术

科学技术是生产力系统中的非实体性要素，它不是以物质实体的形式独
立存在和起作用，而是以知识形态和技术形态存在，是潜在生产力、间接生
产力，它渗透于生产力的实体性要素，提高各个要素的性能和改进其组合关
系而转化为现实生产力。

科学技术是生产力的一个主要智能性要素，而不是实体性要素，它渗
透、应用于其他实体性要素而转化为生产力。这种转化的途径有：运用科学
技术制造或改进劳动资料；运用科学技术提高劳动对象的质量，扩大范围；
运用科学技术武装劳动者，提高其生产知识和劳动技能；运用科学技术组织
和管理生产，等等。

科学技术可以细分为"科学"和"技术"两个概念。科学主要表现为知
识形态，技术则具有物化形态。技术，指产生和运用于劳动生产中的经验、
知识和技巧。技术包括文字、表格、数据、配方等有形形态，也包括实际生
产经验、个人的专门技能等无形形态。现代科学与技术已经一体化，任何现
代技术都是科学的技术，而任何科学活动都要以现代技术为手段。

科学技术在当代被称为第一生产力，在生产力系统中具有一种乘数效
应，可以放大生产力各要素功能。科学技术发展了生产力系统中的基础性要
素，如劳动者的素质的提高、劳动资料的改革与创新、生产工具的变革、劳
动对象的扩大、劳动对象利用率的提高，等等。

在中国经济增长源中，总体技术进步贡献率已达 30%～50%。近 30 年
来，中国高新技术产业年增长率超过 25%，已发挥出越来越重要的作用，
成为国民经济新的增长点和支柱性产业。高科技是中国先进生产力的主导力
量，代表着中国先进生产力的发展前景和方向。

在本书中，我们不把信息作为一个独立要素，而把它视为科学技术要素
的子项。

在不少研究模型中把信息作为生产力要素，认为，信息已经成为是衡量
生产力水平高低的重要标志。信息作为生产力要素，既是一种有形的独立要
素，与其他要素共同构成现代生产力系统；又是一种无形的、渗透于其他要

素之中的组合要素，通过优化其他要素的结构和配置发挥作用。如，使劳动者与劳动对象通过信息技术工具使用构成一种新的生产方式；信息黏合社会生产力诸要素内部及各要素之间的协调，使之形成有机运动的整体；信息有效地调控生产力系统与外部环境之间的关系，使系统在变化的环境中有效、有序、合理地运行，最大限度地发挥整体功能；依托信息处理技术、信息传输技术和网络技术等现代信息工具构建网络生产、经营、管理、商务、金融与服务体系；改造传统产业促进了新兴产业的形成。

我们认为，"信息"与"科学技术"是两个不同的概念，但内涵和外延上有相当多的重合点。信息作为知识可以纳入科学，信息诉诸应用可以归于技术。信息要素说所举的例证，大部分可归入科学技术的应用。

7. 管理

管理，指在社会物质生产领域"从共同的劳动过程的性质产生的管理职能"，包括微观经济中谋划、经营、组织、协调、指挥、监督、决策和反馈调节等总体控制活动。在一切有分工协作劳动的场合中，管理都是劳动与劳动对象、劳动资料结合在一起形成现实生产力所不可缺少的要素。

管理是随着新的分工关系的出现才成为一个独立要素的。管理在运筹调控生产力系统的创新过程中发挥着三个基本效能：（1）联结效能，它不仅将基础性要素内部有机地联结在一起，而且把基础性要素与发展性要素耦合起来，创新成相应的整体功能。（2）调控效能，通过管理调控手段来不断地运筹、调节和控制生产力系统变化过程中的无序状态，使系统的整体功能向优化方向发展，促使生产力系统功能始终保持有效的、合理的运动状态和准平衡状态。（3）决策效能，管理决策的过程实质上也是社会生产力系统创新功能生成和运筹的过程，是贯穿于生成和运行全过程的创新手段。

生产力系统整体功能的形成和要素功能的发挥不但与系统的内在结构有关，而且也与管理的扩张作用有关。科学管理具有扩展生产力系统中各单个要素功能，从而形成大于它的各个单个要素功能之和的更大的整体功能的作用。一方面，管理运用科学技术所提供的物质技术手段和精神手段，有力地促进了管理的自动化和管理方法的科学化，使其真正有能力驾驭生产力诸要素，并成为这些要素中最富有活力的指挥者、协同者、运筹者和领导者；另一方面，科学技术又为管理提供了理论和方法，使其高层次的地位得到加强，例如系统工程学、运筹学等学科为生产管理提供了创新的理论和方法，提供了一种创新扩张生产力系统效能的内在活力。①

8. 品牌

品牌进入生产力系统要素行列，是一个颇有争议的问题。

"生产力系统八要素说"与其他说法的差异点，不是数量及排序，而是将品牌作为要素纳入生产力系统，并阐明品牌要素迅速成长的趋势及其在系统中的地位，论及生产力的本质及其发展变化的根本原因。

社会生产力，既是人类作用于自然的活动力量，也是人类改造人类社会的活动力量，这两者是有机统一的。如果仅仅把生产力理解为人与自然的物质互换关系，就会将国民经济中许多重要门类（如第三产业）和重要因素（知识、信息、管理、品牌等）排除在社会生产力之外。

在商品经济高度发达的今天，营销经济、服务经济、创意经济、体验经济、知识经济等经济形态层出不穷，但都少不了品牌支撑和品牌导引。在任何概念的经济形态中品牌因素达到举足轻重的程度时，品牌经济就脱壳而出。换句话说，品牌经济存在于商品经济的各种形态中，同时又引导各种经济形态最终演化为品牌经济形态。

对于经济形态来说，品牌是经济要素；对于生产力系统来说，品牌是生产力要素。当品牌要素在生产力系统中迅速成长起来时，就显示出新兴要素势不可挡的生命力和强大的整合力、导向力，这种力量导致品牌要素必然成为生产力系统第一要素。这时，生产力系统的性质就会发生改变，变成我们所说的"国家品牌生产力"。

对于品牌作为生产力要素的属性，我们将在第三节阐述。

（三）生产力八要素说的系统论解读

自从系统论出现以来，"系统与要素的关系"似乎渐渐取代了"整体和部分的关系"，其差异就是"动静"二字。传统的"整体和部分的关系"的

---

① 杨继瑞、黄善明、汪锐：《论生产力系统的要素层次结构》，《财经科学》2005 年第 5 期。

视点主要以静态的方式研究个别对象或简单问题，而"系统与要素的关系"则是以动态的方式研究共性对象和复杂问题。

我们可以从系统论的原则出发，分析一下"生产力八要素说"的原理与方法论意义。

1. 生产力八要素是一个整体

主体、客体、工具、环境、时间、技术、管理、品牌这八个要素，是主要元素，必不可少元素，缺了哪一个，系统就会有缺陷。

如环境是任何系统必须具备的要素，但在已知的生产力要素结构模型中，大多未将环境列为要素。有人说，土地本身就是生产要素，又是环境。把环境作为另一个要素，岂不是一身二任？其实，土地是个多属性的元素，它是基本的生产资料；在农业生产中，它既是劳动对象，又是劳动手段。在载体意义上，土地是地理环境的一部分，而地理环境只是自然环境的一部分，自然环境是环境的一部分，它与其他非自然环境共同构成生产力系统意义上的环境要素。环境，或载体，是系统得以存在的物质条件，随着发展观的进步，环境要素的承载意义越来越重要，在某些情况下，对生产力系统起决定性作用。回过头来，从根本上看，人类社会隶属于自然界，是自然界的一部分，人类社会的产生和发展都是由自然界决定的。没有环境，就没有人类的一切。这样的要素，是应该纳入生产力系统的。

系统论所说的系统，是由若干要素以一定结构形式联结成的具有某种功能的有机整体。系统是一种整体性的存在，不是组成它的各部分的机械组合，而是有机结合；合理的结构会增强系统整体的功能，使整体功能大于各部分功能之和；不合理的结构会削弱和破坏整体功能，使整体功能小于各部分功能之和。

品牌与其他要素的关系：一是重点与全面的关系；二是拉动与响应、主力与合力的同向互动关系；三是层级结构关系；四是系统整合关系。

品牌要素与系统的内在联系：第一，品牌要素与系统相互依赖，互为存在和发展的前提；第二，系统对品牌及其他要素起支配、统率、决定作用，协调各局部向着统一的方向发展；第三，品牌是系统核心要素，核心要素的变化直接导致系统的变化；第四，品牌在系统外单打独斗，或者在非"品牌生产力系统"中充当一般元素，只能发挥一般品牌功能，只有在"品牌生产

26

力系统"中，才能最大化发挥作用，并使系统其他要素也最大化发挥作用，从而使系统整体最大化发挥作用。

2. 生产力系统的结构是层级结构

社会生产力是一个多要素、多层次、多侧面的巨大系统。一般认为，社会生产力系统有四种基本的组合方式：（1）质态组合方式，指生产力诸要素在物质属性上互相适应的联系状态。（2）量态组合方式，指生产力诸要素构成系统时的数量配比。（3）时间组合方式，指生产力诸因素进入或退出生产力系统运行过程在客观上要求的先后顺序，以及它们在运行中所持续的时间长短。（4）空间组合方式，指生产力诸要素构成生产力系统时在地域上的分布和联系状态。

生产力系统是各要素相互作用的自组织系统，是一个动态过程，构成生产力各个层面的要素在不断变化中进行着复杂的排列组合，使其实现相对动态平衡。系统是结构和功能的统一体，因此系统既有结构上的层次性，又有功能上的等级性。在系统中，上一层次比下一层次复杂，大于下一层次的总和，同时又有下一层次所没有的某些特征。

关于生产力系统的层次结构，研究者们曾提出多种说法，如物质生产力和精神生产力说①，直接生产力和间接生产力说，实体性要素和附着性（渗透性、媒介性）要素说②，按照重要性排序的第一、第二、第三生产力说③，基础性、发展性、组合性三层次说④，等等。

科学品牌发展观关于的品牌层级模型是金字塔结构。塔尖部分是品牌，品牌整合管理和技术层次，管理和技术渗透主体、客体、环境、时间、工具。反过来说，主体、客体、环境、时间、工具是系统的硬件支持，它们的功能发挥由管理和技术协调，最后上升为品牌运营。

层级结构的研究，可以帮助我们更好的认识系统结构和运行规律，从而在尊重客观规律的前提下，适应必须适应的，改变允许改变的，选准层次，

---

① 参见昭明：《对社会生产力内涵的思考》，载《四川师范学院学报》1995 年第 2 期。
② 参见宋养琰：《"科学技术是第一生产力"之我见》，载《理论界》1992 年第 10 期。
③ 许明达：《对"生产力要求"的系统研究》，《南粤消息》2002 年 11 月 5 日。
④ 杨继瑞、黄善明、汪锐：《论生产力系统的要素层次结构》，《财经科学》2005 年第 5 期。

抓住节点，把握时序，掌控力度，最大化地发挥人的主观能动性，影响系统运行，求得最佳效益。

3. 生产力系统的平衡是动态中的平衡

生产力作为系统存在，必然按照系统规律运行。系统内部元素是相互作用的，内部摩擦必不可少；系统又是存在于一定的环境之中的，外部干扰势所难免。化解种种内外干扰和摩擦，系统才能正常运行，这就是系统通过平衡机制实现的整体稳定性。平衡和周期机制是系统整体稳定性两种重要表现形式。

系统在外部干扰和内部摩擦作用下也会局部改变，这就是系统的局部变异性。它包括了元素的局部更替、结构的局部改变以及功能的局部丧失。这些变异一般不影响系统的整体稳定。但局部变异积累下去，从量变到质变，系统的整体稳定就会被破坏，系统从而瓦解，新的系统随即产生。

系统的整体稳定性，使系统的性质得以延续，内外矛盾相对平缓，运行得以协调，即可持续发展；系统的局部变异性，使得系统能够成长演化，人为因素得以科学介入，即掌握或顺应规律。这两种对立的力持续互相作用，形成了"稳定——失稳——稳定"的结构平衡机制。

所以，生产力系统的结构平衡是动态中的平衡。有平衡无动态，系统是死的，没有成长发展功能；有动态无平衡，系统必然发生质变，生产力系统崩溃。

4. 生产力系统必须具备时序性

有序性原则和动态原则是系统论的核心原则。这两条原则最初来源于观察生物和生命现象。生物有一个遵循有目的地生长和演化规律的构造，生物死亡时，这个构造即开始破坏，生长和演化也立即停止，转入分解。一般系统论的创始者冯·贝塔朗菲等人，认识到这个生命所特有现象与物理学中热力学定律不同。热力学第二定律说认为，一个封闭系统的熵只能增加，越变越无序，而不是走向有序。而在一般系统论看来，系统是开放的，即系统要同周围环境有能量和物质的交换。于是，系统论研究便借用生命现象的有序性和目的性阐明系统的结构稳定性：一是有序，使系统结构稳定；二是有目的，使系统走向最稳定的系统结构。这两条原则连同整体关联性和等级结构性构成系统论的基本原则。

生产力八要素说把时间作为系统要素，是强调诸要素形成和运行的时间性、阶段性、不可逆性、类属性及其对系统的影响。

生产力诸因素的技术性质、社会经济条件、自然环境不同，形成时间也不同；但它们又是同时组合在一起形成生产力系统的，这就是要素的时差性与系统的同时性的矛盾。认识到这一点，就可以依照相关要素的形成时间、运行速度、运行时限及周期性、超前性、滞后性和同步性等要求，协调时序，科学组合，实现和保持结构运行的同一性。所谓"时序经济"，就是依据此规律通过调整生产要素形成过程的时序而获得经济效益。

品牌，作为一种新兴要素，在生产力系统的时间组合方面，既全面，又主动，它与劳动者要素组合为品牌领导及品牌关系人，与生产资料要素组合为品牌资本，与劳动手段组合为品牌生产线，与劳动对象组合为品牌载体，与管理组合为品牌战略及品牌运营管理，与信息组合为品牌网络及品牌理论和实务研究等。也就是说，以品牌为标志的新型生产力已经出现。按照生产力系统的有序性原则和动态原则，品牌是有生命的、有序的、有目的的，它使系统目标明确、方向准确、运行稳定、发展科学。

按照生产力要素时间组合方式的发展变化规律，系统各要素都有自身的形成时间和形成过程；要素之间的结合，是在同一时间中的结合；在某一时段，各要素不同的自身状态、不同的层次地位、不同的作用发挥所形成的结构方式和运行态势，成为系统特定时段的特异结构。品牌要素时序表现是，初始是新兴力量，继而成为中坚，最终成为主导。

从时序性上看，品牌要素进入生产力系统时间较短。从目前研究来看，品牌要素是永远不会退出生产力系统的，也就是说，它将同生产力系统的主体、客体、载体等基础要素一样，永远存在并作用于系统，发挥自身整合其他要素的作用，也为其他要素发挥作用提供条件，为整个系统发挥总体功能提供条件，这就是品牌生产力拉动的品牌经济的时代特征。

第三节　品牌生产力

（一）生产力发展规律

生产力发展的规律不止一个，除了众所周知的生产力与生产关系、经济基础与上层建筑这两对矛盾之间互动的基本规律外，还有生产力系统总体发展变化规律、生产力绝对发展规律等基本规律。社会生产力的发展变化，服从于自己的基本规律。社会生产力不断智能化，就是生产力系统总体的基本规律。这条基本规律，既是其余一切生产力规律的综合表现，同时又是它们的制约力量。在具体规律中，有生产力由低级向高级发展规律、生产力循序渐进的规律、生产力在某种条件下跳跃发展的规律、科学技术进步规律等。

生产力的绝对发展规律是指在任何现存的生产方式中，在任何现存的生产关系环境下，生产力总是处在发展之中，发展是绝对的，停滞和倒退是相对的、暂时的，停滞和倒退之后还是要发展的。

生产力的发展是在同生产关系和上层建筑的矛盾运动中实现的。生产力的发展，要求建立一定的制度、体制、政策，调整生产关系和上层建筑以适应生产力的发展。生产力的发展，还要求重视环境要素，从一味强调征服与单向索取转变到既维护又利用的合理开发手段和可持续发展战略。

生产力始终处于动态发展的过程中。生产力发展的动力来自系统内的先进生产力要素的带动。先进生产力与落后生产力是相对而言的。从时间上看，在一定历史时期的先进生产力，会随着社会的发展逐渐丧失其先进性，最终变为落后的生产力；从空间看，一个国家或地区的先进生产力，同一时间，在另一个国家或地区可能已经落后了。

先进生产力有这样几个特征：一是社会性。我们所说的生产力是社会生产力，现代生产是最有效益的社会化大生产。先进生产力与社会的联系有越来越广泛、越来越密切的趋势。先进生产力能有效促进生产力系统社会化发展进程。二是先导性。以新的生产工具使用为标志的先进生产力，对整个社会生产力发展起主导和带动作用，如青铜器取代石器，铁器取代青铜器，手工工具和机器生产代替人手和人力操作，电脑代替人脑对生产过程实行控制和信息化处理，这一系列变革都带动和代表了当时整个社会生产力的发展趋势。三是高效性。集中体现当代先进生产力的高科技及其产业，大幅度提高了生产效率和经济效益。四是革命性。先进生产力的发展必然导致社会生产方式和整个社会关系的革命性变革。

邓小平提出"科学技术是第一生产力"，是他看到当代科技作为生产力的内在要素直接影响生产力的其他要素，其发展水平制约着整个生产力的发展水平，决定着生产力发展的方向、速度和规模，已经成为决定生产力发展的最重要因素。科学技术的每一次重大突破，都引起了社会生产方式、生活方式以及人们的社会关系的深刻变革，从而推动整个社会的巨大进步。

（二）新兴生产力

马克思曾经研究了多种工具或设施的发展过程，从中寻找生产力发展的脉络。比如磨。磨的用处是把谷物研碎。"起先是用石头把谷物砸碎。以后，开始采用容器或臼，把谷物放在里面用杵捣碎。后来人们发现研碎比捣碎更好。因此，人们使臼内的杵作旋转运动。这最好是用一个手柄来完成，手磨就是这样发明的。以后，人们把杵做得更重，用辕杆代替手柄，把马、犍牛以及驴子套在辕杆上。这些牲畜被蒙上眼睛不断地转圈，以转动磨碎谷物的杵。这样，就有了马拉磨，其效率比手推磨高。以后，人们把杵改成大而重的圆柱形石块，它在另一大石块上转动，以磨碎谷物。上面的石块称为上磨盘，下面的石块称为下磨盘。在圆柱形的上磨盘中央有一个孔，谷物从孔倒入，在上磨盘与下磨盘的表面之间磨成粉……水磨是密斯腊达特、尤利乌斯·恺撒、西塞罗时代发明的（这些水磨是从亚洲传入罗马的）。"磨可以被看作是最先应用机器原理的劳动工具。在这里，我们可以找到按一定顺序相继采用的、而在很长时间内又是同时并用的所有种类的动力：人力、畜力、水力、船磨、风磨、马车磨，最后是蒸汽磨。马克思说"手推磨产生的是封建主为首的社会，蒸汽磨产生的是工业资本家为首的社会。"①

前面谈到过中国的四大发明，为什么他们没有使中国率先获得西方那样的辉煌呢？答案是：中国当时的生产力系统，适应于当时的封建主义生产关系。四大发明尽管在经济、军事、文化等方面发生过较大的作用，而这些作用对于尚在上升期的封建主义生产关系，是促进、巩固，而不是破坏。西方就不同了，那里正在从封建社会向资本主义社会过渡，就是说，欧洲资产阶级发展的必要前提已经具备了，当新兴生产力要素出现时，就整合所有积蓄力量，冲击旧的生产关系。马克思说火药把骑士阶层炸得粉碎，指南针打开了世界市场并建立了殖民地，而印刷术则变成新教的工具，它们的矛头所

31

---

① 《马克思恩格斯选集》第 1 卷，人民出版社 2001 年版。

指，正是封建主义的上层建筑。

所以，新兴生产力并不是凭空出现的。一样的东西，在不一样的内外环境中，会是性质完全不同的两样东西。

有什么样的生产力，就要求有什么样的生产关系与之相适应。生产力发展了，生产关系就要相应地发生变化，于是新的生产关系代替旧的生产关系，较高的社会发展阶段代替较低的社会发展阶段。没有新兴的生产力，就没有冲破旧有生产关系束缚的动力，新型生产关系就不可能凭空诞生。

新兴生产力指生产力系统中新兴的要素。所谓新兴，指该要素通过一段时间的演化上升，显示出从一般要素上升为主要要素、从附着要素演变为独立要素、从被组合要素演变为主导要素的明显趋势，且动力强劲，成长迅速，发展空间大。新兴生产力在系统中呈现主导性、拉动性、融合性、创新性、高成长性特点，从而影响系统结构，打破系统的原有平衡并主导系统走向新的动态平衡，是系统的标志性要素。

（三）从科学技术第一生产力看新兴要素成长

新兴生产力、先进生产力、第一生产力，都是对生产力系统某一要素的标识性称谓。三者在性质上含义相近，都是现在进行时，内有生长动力，外有环境助力，方兴未艾，必成气候。

我们可以从科学技术成长为第一生产力的过程，探讨其中的规律性。

从"科学技术是生产力"到"科学技术是第一生产力"的发展变化，不是一个简单排序的数量变化，而是一种深刻的质的变化。它意味着科学技术在生产力要素中的地位发生了根本性变化，意味着科学技术对经济发展的推动作用、科学技术与经济的关系的内涵发生了根本性的变化。

首先从科学技术是生产力说起。马克思曾分析过科学技术与经济的关系：第一，科学技术与经济之间存在着密切的相互作用关系。科学的发生和发展一开始就是由生产决定的；而当科学确立后它就把物质生产过程变成科学在生产中的应用，改变了生产的性质。第二，经济中包含着科学的因素，"生产力中也包括科学"。第三，科学技术转化为经济领域的某种东西，物化在物质条件上。如马克思所说，固定资本的发展表明，一般社会知识，已经变成了直接的生产力。

20世纪以来，随着科学技术的发展，科技经济一体化进程不断深入，出现了一系列新的重要特征，最终引发了一次质的飞跃。在这种背景下，关于科技经济一体化的理论研究也不断地发展和深化，最终形成了"科学技术是第一生产力"的命题。这一发展过程可以从四个密切相关的逻辑环节来看：1. 科学技术成为经济发展中不断增长的"独立变量"，科学技术在经济领域的量的扩张已经改变了经济系统的宏观性状，也改变了科学技术本身的社会功能。科学技术作为经济增长的内生变量，直接体现为巨大的经济效益。2. 科学技术与经济的一体化在发展机制方面臻于成熟，科学技术向经济领域转化的微观与宏观机制的一般形式已经确立，这在创新理论中得到了反映。这一理论从转化机制方面动态地说明了科学技术与经济一体化的进程。3. 科学技术与经济发展在时间周期方面呈现"一体化"的特点。科学迅速的技术化、技术迅速的经济化，这是实现科学技术是第一生产力的时间条件。这一条件现在已经成为现实，并已在有关定律的表述中得到反映。4. 科学技术与经济一体化发展的现代结果是出现了新的经济形态——网络经济或知识经济。它是科学技术与经济一体化的一次质的飞跃。在这种进程中，科学技术与经济发展的关系内涵发生了根本性的变化，科学技术作为第一生产力的地位得以确立和完全实现。

20世纪60年代哈贝马斯提出，以电子计算机和原子能的发明使用为主要标志的第三次科学技术革命，实现了科学、技术和生产的一体化，丰富和优化了生产力的基本要素，使得技术和科学成为"第一位的生产力"。我国在开创社会主义现代化建设新时期的20世纪80年代，邓小平通观世界大势，敏锐地提出"科学技术是第一生产力"的论断，并密切联系中国现代化建设的实际，阐明了一系列相关的重要思想，作出了一系列重大决策，从而形成了具有中国特色的邓小平科技经济理论，丰富和发展了马克思主义的理论。①

科学技术成长为第一生产力的过程告诉我们，新兴生产力要素是从新兴生产力因素成长蜕变而来的。新兴生产力因素的成长有这样几个特点：

第一，新兴生产力因素在显示兴起状况之前就存在于生产过程之中，存

---

① 参见段培君：《从生产力到第一生产力》，《哲学热点问题释疑》，中国城市出版社2002年版。

在于生产力系统中。

第二，新兴生产力因素与经济之间存在着密切的相互作用关系。新兴生产力因素的发生和发展是由生产决定的；新兴生产力因素在成长中会在物质生产过程中发挥自己的作用，从而改变生产的性质。

第三，经济运行中包含着新兴生产力因素，新兴生产力因素与经济的一体化趋势明显。新兴因素的独特性和生命力为生产力系统结构增添了动力，或者说，生产力系统中已经显现新兴生产力因素的作用。这种作用显示的越明显，该因素的地位就越重要，先进性就越突出。

第四，新兴生产力因素能够转化为经济领域的物质。这时候，新兴生产力因素就演进为生产力要素，独立性逐步增强，影响力逐渐增大，变成了直接生产力、先进生产力，代表着生产力进一步发展的方向。

第五，新兴生产力要素与经济一体化发展机制成熟，出现了新的经济形态，新兴生产力也同时成为主要生产力，或称为第一生产力。

在社会经济发展的历史过程中，生产要素的内涵日益丰富，不断地有新兴生产要素如科学技术、管理、信息、资源等进入生产过程，在现代化大生产中发挥重大作用。生产力越发达，这些因素的作用越大。

34

（四）新兴生产力要素的属性

新兴生产力要素的属性有：成长性、耦合性、替代性、主导性、冲突性、国际性。

成长性

成长性是指某一要素由小变大、由弱变强的持续生命力。新兴要素一般处于自身生命周期的萌芽期和成长期，动力强劲，活力踊跃，潜能显化快，成长迅速，发展空间大，是系统的标志性要素。生产力的发展具有连续性、顺序性、速度性等特点。其中速度性特点，主要是由生产力新兴要素具备并传递到整个系统的。

新兴要素从萌芽期到成长期过渡时间短，成长迅速；新兴要素转化为实际生产力的速度越来越快，转化时间越来越短。新兴生产力要素一旦启动，就会呈现越来越快的趋势。马克思、恩格斯说过："资产阶级在它的不到一百年的阶级统治中所创造的生产力，比过去一切世代所创造的全部生产力还要多，还要大。自然力的征服，机器的采用，化学在工业和农业中的应用，轮船的行驶，铁路的通行，电报的使用，整个大陆的开垦，河川的通航，仿佛用法术从地下呼唤出来的大量人口，——过去哪一个世纪能够料想到有这样的生产力潜伏在社会劳动里呢？"①

耦合性

耦合效应，是指一个系统中两个或两个以上要素之间发生关联的现象。系统中的要素通过中介环节发生相互作用时，通过作用与反作用、吸引和排斥，影响系统的运行。所谓系统的动态平衡，在很大程度上与耦合效应相关。在群体心理学中，耦合效应也称为互动效应，或联动效应。在一个群体中，个体之间耦合的越紧密，联动的作用就越大。

新兴生产力要素耦合性强，耦合效应显著，且居于主要矛盾或矛盾的主要方面，起主导作用。科学技术要素是诸要素中耦合性强的要素，它与劳动者的结合，使劳动者成为人化了的科学技术；与生产资料结合，使生产工具、劳动手段、劳动对象成为物化了的科学技术。

新兴生产力要素的耦合性，附着于生产力系统中的实体要素并渗透其中，提高实体要素的素质，强化实体要素的功能，加速实体要素的能量转换，使实体要素在生产过程中发挥更大的作用。

新兴生产力要素的耦合性，还表现在耦合并联动与其他新兴要素。世纪之交的信息技术革命，引发了生物基因技术和纳米材料与技术等多种要素成为新兴要素，这些新兴要素的同时作用引发了整个社会生产力的质变。新兴要素的合力几乎难以区分主次，致使人们把 21 世纪称为信息时代、生物基因时代或纳米时代，说明处在这样一个多种技术大面积变革的年代，已经很难用单一的要素特征来称呼我们的时代了。

新兴要素的耦合性还表现为杂交融合。比如作为新兴要素的信息、数字、网络、知识的融合，成为社会经济活动的主要工具与基本方式，使时代呈现信息化、数字化、网络化、知识化形态。有人说，大的经济形态、小的经济模式，终将实现一体化，如全球经济一体化，区域经济一体化，第一、

35

① 《马克思恩格斯选集》第 1 卷，人民出版社 2001 年版。

第二、第三产业的融合，社会生产、流通、交换和消费环节的融合等，新兴要素都是融合过程中的主要动力或媒介。

替代性

替代性指基于系统构成要素之间相互补偿、相互依赖的机制，在一要素短缺的情况下，另一种要素有能力弥补这种短缺，使整个系统运行不受影响。

主导性

主导性，指居于主动引领地位，其性质影响系统性质，其发展方向代表系统的发展方向。主导性可表现为乘数效应：该要素的量或质的变化，会引起连锁反应，导致其他要素、其他层次和环节随之变化，从而影响到系统整体功能的强弱变化。这种影响呈放大趋势，这种放大是倍速放大。

冲突性

冲突性，指与前述耦合性、替代性、主导性等其他属性同在的相反属性。新兴要素自身内部的冲突、与其他要素的冲突、与系统的冲突，无处不在，无时不在。只看到耦合性、替代性、主导性等积极作用而忽略冲突，既不符合唯物辩证法，也不符合要素运动实际。在某种意义上说，冲突性才是新兴要素的本质。

社会生产力的发展是在一定的生产方式下进行的，它同这种生产方式既可能是协调的，也可能是尖锐冲突的。当生产方式完成一次新的调整时，社会生产力就会获得飞跃的发展。而新兴生产力要素同原有的生产方式发生激烈冲突时，原有生产方式就会受到冲击，甚至被冲破，生产方式的变革就成为必然。

生产力的进步，都是新兴要素的冲突性引起的。这种冲突，从生产力新兴要素的介入就开始了。历史上不同时代的生产力新兴要素，比如单一生产工具如蒸汽机、计算机等，劳动资料如电力、原子能等，一经投入生产经济活动，立即同原有的生产秩序发生冲突。新兴要素在冲突中占据上风，迅速胜出，不断推广应用，扩大效应，引起生产力从量变到质变，进而使生产关系相应改变，使人类社会进入一个新的时代。

这时候，新兴生产力要素就变为第一生产力要素，或成为新生产力的标志，如"科学技术是第一生产力"。

国际性

新兴生产力要素是生产力国际属性的标志性要素。新兴生产力要素不但代表一国的生产力发展的最高水平，往往也代表了世界生产力发展的最高层次或较高层次。

生产力的国际属性，即国际性发展，是社会生产力发展的一种要求，是社会生产力和科技进步的客观要求和必然结果。当今世界，生产国际化已是一个现实，生产国际化的程度不断提高是一个必然的趋势。生产国际化反映了生产力发展的国际性要求。生产力发展的国际性不仅表现在生产的国际联系方面，也表现在重大的生产和科学实验活动的国际联合。马克思在谈到纺纱机的发明时说"十八世纪的任何发明，很少是属于某一个人的"。[①] 生产力发展的国际性表明生产力的发展没有国家界限和民族界限。

生产力国际性发展，表现为经济全球化化，而经济全球化，就是生产要素全球化。新兴生产力要素必须具备比其他要素更突出的国际性属性。我们可以看一下后工业时代的新兴生产力要素。从世界史看，农业社会的主导生产要素是土地和劳动，谈不上什么国际性；工业社会的主导生产要素是资本，已经产生了生产力国际性要求；后工业社会的第一个阶段服务社会主导生产要素是技术和管理，后工业社会第二个阶段信息社会主导生产要素是信息技术或知识，这些主导要素在成长期，即新兴生产力要素阶段，已经显示出强劲的国际性特征，在成熟阶段即成为主导要素后，其国际性特征越发固化和放大，持续发挥对生产力系统其他要素的整合作用，推动经济全球化长足进展。

（五）品牌是新兴生产力

比照新兴生产力要素的属性，我们可以看到，品牌具有新兴生产力要素的高成长性、耦合性、替代性、主导性、冲突性、国际性等属性。

---

① 马克思：《资本论》第1卷，人民出版社2001年版。

品牌生产力要素的成长性

成长性首先是个时空问题。资料显示，世界上发达国家的品牌价值均高于 GDP 总额，美国的国家品牌价值是 GDP 总额的 143％，日本是 224％。我国 GDP 为世界第二，但国家品牌价值仅为美国的 1/5。而时间坐标显示，中国改革开放 30 多年的发展，相当于发达国家一二百年的发展，这种对比，也投影在品牌领域。时间空间都有相当大的客观预留，这个巨大的成长空间既是中国品牌发展的利好背景，又是国际品牌激烈争夺的市场平台。当我们从品牌经济的角度看待经济发展问题时，就会倍加珍惜机遇，做好从国家到企业的各级品牌发展战略规划并具体落实。这就是品牌成长的内在动力。

中国品牌成长性最可量化的表现是商标注册增长。截至 2012 年 3 月 29 日，我国累计商标注册申请量已突破千万大关，累计商标注册量 6892999 件，位居世界第一。近年来，我国商标注册申请量持续快速增长，年申请量已连续两年超过百万件，2011 年达到 141.68 万件，比 2010 年增长 32％，比 2008 年翻一番，创历史新高，连续 10 年位居世界第一；2012 年前 3 个月达到 28.89 万件，同比增长 7.7％[①]。世界知识产权组织《2009 年世界知识产权指标》的报告显示，由于经济衰退的全面影响，近年来的商标注册的新申请趋于零增长，甚至可能是负增长。世界知识产权组织马德里体系商标国际注册申请 2009 年比 2008 年下降了 12.3％，欧盟商标注册申请近三年基本是零增长，日本商标注册申请 2008 年比 2007 年下降了 16.8％，韩国商标注册申请 2009 年比 2008 年下降了 3.4％。而我国商标注册申请 2009 年比 2008 年增加了 19％，2010 年比 2009 年增加了 21％。国家商标局局长李建昌在谈中国商标战略时说，中国商标事业已经走到了一个从量变到质变的重要阶段。

成长性还表现为品牌竞争力。品牌竞争力是其他要素不能替代的独特能力，是竞争对手不具备的差异化能力，是持续盈利能力、溢价能力。这些能力是持续性和非偶然性的。

经济主体现有的所有竞争优势如资源优势、技术优势、人才优势、管理优势、营销优势最终都会转化为品牌竞争力。一个整合所有竞争优势的汇集

① 《我国累计商标注册申请量突破千万》，新华网，2012 年 4 月 12 日。

点，就是核心竞争力所在。对于生产力系统来说，它就是生长点；对于国民经济来说，它就是增长点。

品牌生产力要素的耦合性

品牌与生产力系统诸要素的耦合是全方位的。

1. 品牌与生产力主体

作为生产力的主体的劳动者，是具有一定的知识、生产经验和劳动技能的人。这样的人，本身就需要品牌化。美国管理学家汤姆·彼得斯指出："21世纪的工作生存法则，就是建立个人品牌。"个人品牌就是个人在特定工作中显示出的独特的、不同一般的价值。

劳动者在劳动过程中把劳动资料和劳动对象有机结合起来，创造更大的价值和更新的产品，也创造了品牌。劳动者还创造出了生产关系和上层建筑，这是更大、更重要的品牌。

世界上所有的品牌活动，都是人的活动；世界上所有的品牌价值，都是人的创造价值。在现代社会，品牌与生产力主体已密不可分。

2. 品牌与生产力客体

生产力客体即劳动对象，是劳动者把劳动施加其上的一切物质资料，包括没有经过人们加工的自然界物质和经过人们加工的原材料。劳动对象经劳动者的劳动作用后变成了人们所需要的东西，这些东西不仅是产品、商品，还是服务、品牌。也就是说，生产力主体改造生产力客体的过程，就是生产产品和品牌的过程。

另外，生产资料品牌化也是商品经济的重要构成。

从经济形态演化来看，劳动者通过体力劳动和脑力劳动将物质资料变为品牌，是品牌经济时代生产的本质。

3. 品牌与生产工具

工具有品牌工具，有非品牌工具，选择前者是一种趋势。劳动资料同理。劳动资料包括劳动过程中除劳动对象以外所必需的一切物质条件，如直接的工具，间接的土地、道路、管道、生产建筑物等。产业革命以前，劳动资料以手工工具为主体；产业革命以来，劳动资料以机器为主体；在当代，劳动资料中的动力系统、运输系统和信息系统的作用越来越大。这些劳动资料，大都通过品牌表现出来。

4. 品牌与环境

社会生产力系统的环境即外部条件包括自然条件、经济条件、社会条件，品牌环境状况就在其中。

品牌与环境的耦合表现在：从广义上说，品牌是一定文化环境中的产物，同时，又是一定经济、政治、社会环境中的产物，当然也是自然环境、生态环境中的产物。具体来看，品牌与产品一样，都依托一定的生产环境：品牌的行销，依托一定的消费环境；品牌化，依托一定的产业环境；品牌维护，依托一定的运行环境……总之，没有环境就没有品牌。

反过来说，环境也是品牌。改革开放以来，各地所谓打造良好的投资环境，所谓招商引资、筑巢引凤，都是把环境做成品牌；把这些环境放大，就成了区域品牌、国家品牌。

品牌与环境的耦合，是生产力发展的载体支持和动力牵引，是国家品牌生产力体系中的要素绝配。放眼大中小环境，立足品牌化高度，把环境和品牌作为生产力要素纳入系统，是其他种种生产力要素模式中从来没有提到过的，是国家品牌生产力的概念基础，是科学品牌发展观的独步境界。

5. 品牌与时间

首先，品牌是时序中的品牌。品牌生命的全程都有时序问题，品牌运行的一大原则是时序原则，品牌计划实质上就是时序计划，品牌战略很大程度上是时序安排……

其次，生产力时序可以品牌化。所谓生产力时序，无非劳动者要素与生产资料要素的时间组合、劳动手段与劳动对象的时间组合、基础设施与制造设施的时间组合等，这些都可以模式化。只要模式化，就会品牌化。

6. 品牌与技术

科学技术被称为第一生产力，在生产力系统中具有一种乘数效应，可以放大生产力各要素功能。科学技术与品牌的结合，是从根本上提升了的品牌力，品牌化的科学技术附加值更高。

7. 品牌与管理

品牌需要管理。品牌管理已形成学科。

管理的品牌化输出，已成为世界性经济运营模式。

通过上面的逐条分析，我们可以看到，品牌和生产力系统各因素的耦合是全方位互相渗透的、一体化的有机结合。耦合还表现为融合、联动，拉动、整合；前两者是互动，后两者是带动。

品牌生产力要素的替代性

在《科学品牌发展观》一书中，我们曾用一个章的篇幅讲"品牌替代力"。科学品牌发展观认为：经营要素之间是可以相互替代的；品牌往往可以替代其他经营要素。品牌作为巨大的无形资产，其重要性已超过土地、资金、技术和人力资本等诸多要素的总和。品牌是具有"最大替代力"的要素。

"替代力"是指某一经营要素替代其他要素的能力。毫无疑问，"替代力"的大小取决于该经营要素"满足消费者需求"的程度，它包括了满足消费者的辨识需求、购买交易需求、实用需求、社会心理需求等。在品牌经营的各种要素中，最可能具有"最大替代力"的要素只有"品牌"本身。因为"品牌"这一要素，是物质和精神要素的综合体，可以使消费者在交易中最大限度地降低成本，在消费中具有安全感、品位感、荣耀感、地位感，在消费后有留恋感等精神感受。而这些又是品牌经营中的其他单一要素所不能提供的，却又是综合了其他所有单一要素才能实现的；品牌使命般的成了它们的代表，也就理所当然地具备替代它们的功能。[1]

品牌作为生产力要素，它的替代性是其他要素不具备或不充分具备的。当一个要素可以替代其他要素而不可能被其他要素所替代的独特属性被发现时，这一要素无疑是新兴要素、主导要素。

品牌生产力要素的主导性

继科学技术生产力之后的品牌生产力，主导要素性质已经十分清楚。与

---

[1]　王培火、蔡冬冬、韩世友：《科学品牌发展观》，人民出版社 2009 年版。

科学技术相比,品牌的主导性更为全面深入,因为它是文化力主导。同"先做思想,再做产品"一样,品牌要素在生产力系统中的作用是:先做文化主导,再做功能主导。

在《科学品牌发展观》一书中,我们以《品牌文化力——科学品牌的核心竞争力》为题,用一个章的篇幅做了详尽阐述。我们归纳出了品牌文化力九大法则:品牌文化体现全新价值观——21世纪赚时间;品牌文化符合人类最高层次的需求——梦幻需求;品牌文化符合可持续化发展战略;品牌文化具备独特的个性;品牌文化引领积极健康的时尚文化;品牌文化倡导全新的生活方式;品牌文化体现民族文化特点;品牌文化契合本国经济发展趋势;品牌文化担当民族富强责任。

联合国教科文组织在《文化政策促进发展行动计划》指出:"发展可以最终以文化概念来定义,文化的繁荣是发展的最高目标。"这种说法,用在生产力系统上也十分贴切。

品牌生产力要素的冲突性

冲突与协调是一块金币的两面,在生产力体系中尤其如此。所谓系统的动态平衡,指的就是由新兴要素的加入而打破旧的平衡,经过主要矛盾或矛盾的主要方面的协调和系统的调节,减少摩擦,消解矛盾,达到新的更高层次的平衡,从而提高系统效率,实现生产力的发展进步。

品牌是一个渗透力极强、影响面极广的要素。在品牌要素与其他要素发生的种种联系中,首先是冲突。品牌总是要把无品牌的要素或者品牌性质不强的要素,全都按照品牌要素的属性加以改造。这种改造是性质改造,必然受到惯性运转的诸要素的抵制。这时候,品牌要素的耦合力、联动力、整合力开始发挥作用,系统的自调节功能开始启动,新的平衡在旧的平衡被打破的同时就开始建立。

品牌生产力要素的国际性

我们在《科学品牌发展观》中分析过品牌经济国际背景,指出:世界经济的竞争已经进入品牌竞争的时代。经济全球化的加速发展使国际市场竞争的进一步加剧。品牌购买与品牌的使用权交易,已成为重要产权交易的一部分,品牌的扩张与全球化已成为不可阻挡的趋势。品牌在国际市场竞争中的作用进一步突出，世界经济的竞争已经进入品牌竞争的时代。当今世界，最富有国家的经济都是建立在品牌之上，而非产品之上。一个国家品牌是否强盛，可以反映这个国家是否强盛；一个国家拥有多少个世界级品牌，已经成为衡量一个国家经济实力和国际竞争力的重要标志。

跨国强势品牌谋求战略垄断。在全球化推动下，竞争品牌将呈现数量锐减和相对集中趋势。当今全球性市场垄断或品牌垄断的基础虽已不复存在，但一些行业或产业群体中的核心品牌往往通过实行重组联合或结盟，既保持了品牌各自独立性，又增强了彼此的互补性，形成一个相对稳固的战略伙伴关系或利益共同体，从而在全球竞争市场中保持优势地位。跨国强势品牌的联合，旨在构建一个近乎全球垄断性的品牌战略联盟，且以各自独立品牌分治天下，如此适应并主导全球化进程的某一趋势，进而实现各自的全球化战略目标。

国家品牌竞争力趋于整体化。美国不仅拥有苹果、可口可乐、IBM、微软等为数众多的世界名牌，而且拥有发达的装备制造业以及航空运输业、金融服务业、现代农业和高科技产业等，整体构成其国家品牌竞争力的优势基础。一国拥有的国际品牌及其优势产业群在全球市场的总体评价相当于该国国家品牌的整体竞争力，国家品牌竞争力整体化趋势已成为全球化推进的显著征兆。

品牌竞争呈现非对称性趋势。发达国家品牌竞争力具有先天优势，发展中国家因先天不足则处于劣势。美国在今天的品牌竞争时代已经抢得先机，已将技术、管理与战略思维等巨大优势外化为国际品牌和品牌竞争力，并在经济全球化的浪潮中，利用品牌优势，积极扩张，多年来保持强劲的增长势头。而品牌竞争力弱势的国家，在经济全球化的博弈中则处于弱势的地位。据联合国工业计划署统计，国际知名品牌占全球品牌总量不到3％，可销售额却占了全球的60％以上。

竞争重心本土化。国际品牌竞争市场的重心加速向发展中国家本土渗透或移植，与此同时，跨国品牌将主要展开于异地本土市场的竞争。

这些都可以视为品牌生产力要素国际性的体现。

（六）品牌将成为第一生产力

综上所述，我们可以断定：品牌必然成为第一生产力。这个论断有多方面的论据支持：

1. 品牌成为第一生产力，是生产力发展规律所要求的。

2. 品牌成为第一生产力，是经济形态发展规律所要求的。

3. 品牌成为第一生产力，是品牌自身发展规律所决定的。品牌的新兴要素身份毋庸置疑。新兴要素发展的下一步就是生产力第一要素。品牌成为生产力第一要素的时候，该阶段的生产力性质就是品牌生产力。

4. 品牌成为第一生产力，已在发达国家实现。

5. 品牌成为第一生产力，是国家发展战略的必然选择。

6. 品牌成为第一生产力，是中国制造业发展的唯一出路。

7. 品牌成为第一生产力，是科学品牌发展观的研究结论。

生产力的发展是在同生产关系和上层建筑的矛盾运动中实现的，是在一定的社会组织形式中进行的。生产力的发展，要求一种能够为新兴生产力成长提供有效帮助的社会组织形式和开辟广阔空间的社会关系。而构建这种社会关系特别是生产关系的主要途径就是建立一定的制度、体制，实施一定的政策。这些制度、体制和政策制约、规范和影响着人们的生产行为和相互关系，影响着人们的生产积极性和能动性，推动生产力向前发展。

我们所要做的，就是顺应客观规律，发展国家品牌生产力，促使品牌经济早日成熟，推动中国经济更好更快地发展。

44

第四节 定义"国家品牌生产力"

（一）什么是国家品牌

国家形象与国家品牌

泛泛而论，国家品牌就是代表国家形象的东西。这个东西，或大或小，或有形或无形；这个代表，或正或反，或有意或无意。在相当长的历史阶段中，中国人在很多西方人眼里，男的留辫子，女的缠小脚，辫子与小脚，再加上一个被西方龙恶化了的中国人的概念，便是中国的国家形象。我们的一再解释、驳斥或抗议，声音太弱，也没人要听。先前的遥遥领先的文明和近世的巨大落后，催生了中国国家品牌的另一元素：神秘。神秘的反义是普通、正常、现实。这就是我们被视为另类的原因之一。在这种情况下，我们很难获得正常评价。现在好多了，我们有李娜、姚明、刘翔，有成龙、李小龙，有海尔、联想，有孔子学院，有北京奥运，有无处不在的中国制造。元素越多，信息越全面，形象越客观。这些元素和先前人们了解的元素结合，离真正的中国就接近了。在这个意义上，国家品牌与国家形象、文化软实力，是相近的概念。

由此可见，国家品牌指的是一个国家在其他国家公民心目中的形象。国家品牌的构成要素，主要由地理位置、自然环境、经济、政治、文化状况、历史状况和发展前景等决定，也包括自然物、文化产物、名人、大事等标志性符号。

我们在《科学品牌发展观》中谈到，当今世界，最富有国家的经济都是建立在品牌之上，而非产品之上。一个国家品牌是否强盛，可以反映这个国家是否强盛；一个国家拥有多少个世界级品牌，已经成为衡量一个国家经济实力和国际竞争力的重要标志。品牌在国际市场竞争中的作用进一步突出，世界经济的竞争已经进入品牌竞争的时代。重视和研究这个问题，明确提出国家品牌战略，是国家品牌生产力得以形成和壮大的前提。

地理品牌与国家品牌

在世贸组织与贸易有关的知识产权协定中，地理标志的定义是"识别一货物来源于一成员领土或该领土内一地区或地方的标识，该货物的特定质量、声誉或其他特性主要归因于其地理来源。"中国《地理标志产品保护规定》将地理标志产品定义为：来自本地区的种植、养殖产品；原材料全部来自本地区或部分来自其他地区，并在本地区按照特定工艺生产和加工的产品。地理标志还可突出显示因与产品产地有关的人的因素（例如特定的生产技术和传统）而具有的产品品质。产地可以是一个村庄或城镇，也可以是一个地区或国家。换句话说，地理标志产品就是有历史文化积累、有一定的生产规模、有一定影响力的地方特殊产品。

地理标志产品与商标、专利、著作权都是知识产权的重要组成部分，成为一种受法律保护的独特资源。这种独特资源在市场上具有很强的"比较优势"，一旦与产品相结合，能够有效地提升产品的附加值，提高产品在国内外市场的竞争力和价格水平。

地理品牌是地理标志产品品牌化的形态。

国家品牌始于地理品牌。20 世纪 90 年代，国家被纳入地理品牌范围，出现了"品牌国家"、"国家品牌化"、"国家品牌资产"、"像营销耐克鞋那样来营销美国"等概念和提法。英国西蒙·安霍特最早提出了"国家品牌"和"区域品牌"的概念，认为品牌是人们对出口、文化传统、旅游、人民、政府管理以及投资与移民六个领域的国家竞争力理解的总和。基于这种定义，研究者又将范围扩大为包括自然资源、特产、民族精神、该国的全球公司、国家品牌象征等。

国家软实力与国家品牌

"软实力"概念最早由美国学者约瑟夫·奈提出的，认为软实力来源于一个国家的文化、政治观念和政策的吸引力。国内学者认为，软实力包括文化、观念、发展模式、国际制度和国际形象五个核心要素。

国家品牌与国家软实力两者的关系是相辅相成的，利用软实力打造国家品牌和利用国家品牌提高国家软实力，是一个问题的两个侧面。提升国家软实力，从根本上说就是要树立独特鲜明而富有魅力的国家形象。

实际上，国家品牌不但与软实力同义，更与硬实力密不可分。国家品牌软硬兼备。只有具备了硬实力的国家才配说软实力。实力只有现在时。如同弱国无外交一样，积贫积弱的国家尽管也许有先前阔过的记忆，但没有实力。先前的阔过，是软力，但不是软实力，充其量可以叫潜力、借力、资源力。发展软实力与发展硬实力，是迈左脚还是迈右脚的问题，不是双脚跳，更不是单腿蹦。

现在我们心态好多了，不再老是计较别人的说法，开始懂得说法来自心里的看法，而要求别人改变看法不如自己改变做法。于是我们开始做自己的品牌。曾经有西方人来中国找小脚老太太，千辛万苦也找到了一个。但他的结论是：小脚妇女在中国已成为过去时，不是当代中国女人的代表。

谈到 2011 年中国的国家形象片，有国外媒体载文说："你会仅仅因为一群你不认识的人在你面前晃一眼就改变你对一个国家的印象吗？当然不会。这其实还是以中国人自己的角度去拍摄广告，你要让西方人了解，就要选择西方人的角度。与其请这么一大群中国人自己眼中的名人在台上走秀，还不如放一张以前长江大洪水时，一位涉着齐胸深水的解放军士兵用头顶着一个塑料盆，而盆中的婴儿正在安然酣睡的照片。或者哪怕是普通一家人的平常生活，一张辛苦工作一天后回家时绽放的真诚笑脸，也会让没有来过中国的欧美人知道，可能政治制度不同，但那里生活的并不是一群异类，而是同样有血有肉的活生生的人。"①

国家品牌是一个国家的整体品牌形象

国家品牌又是一个国家的整体品牌形象。它是国家全部品牌的总体形象，由地方级品牌、地区级品牌、国家级品牌、国际性品牌和全球级品牌构成。

一个国家的品牌形象是这个国家政府及所有企业的品牌形象长期共同作用的结果。国家品牌形象并不是企业品牌形象的简单迭加，它反映国家意志，并反映国家历史、文化等有关信息。国家整体品牌是一个体系，它由国家品牌战略协调，通过自上而下和自下而上的联系增强整体性。

从上而下的联系，即国家品牌效应。国家品牌效应是一个国家的国家品牌对本国品牌形象（包括整体品牌、品类品牌、行业品牌乃至企业品牌、产品品牌）的品牌形象产生的影响。有研究称，"国家品牌"对一个企业或产品品牌的贡献率达到了 29.8%。国家品牌与某一具体公司品牌形象相联系，其内涵比原产地概述更加丰富，特别是在全球营销的条件下，某一品牌的产品的原产地已很难识别，但品牌作为一种无形资产却可以相对容易地识别其所属公司或所属国家。国家品牌形象是具体品牌的依托，没有强大的国家品牌，难有强大的自主品牌。

自下而上的联系，指所有品牌对国家品牌的支撑。品牌效应是带动效应，包括品牌对企业的带动，品牌企业对行业、产业的带动，品牌企业对城市经济、地区经济，甚至国家经济的带动。国家品牌离不开个体和层级品牌组成的整体品牌的支持。

国家品牌与企业品牌在国家品牌体系中既是上下两端，又是密不可分的一体。企业品牌是国家品牌的基础。一个国家的全球商业品牌就是该国国家品牌的代表。奇瑞副总经理李峰认为："当今世界，一国对另一国的经济渗透和控制影响能力成为国与国竞争的关键。而经济渗透和控制影响能力需要

47

① 《中国国家形象宣传片说明中国还不了解世界》，新加坡《联合早报》2011 年 1 月 26 日。

依托两个主要手段：一个是资本；另一个也是更为犀利、更加彻底的手段——就是品牌，通常是通过控制作为市场存在基础的消费者意志来发挥作用。资本的影响力往往短暂而不稳定，而品牌的影响力则可以长期存在，在好几代人的周期中发挥作用。"

定义国家品牌

国家品牌有广义和狭义之分。

第一，国家品牌指的是一个国家在其他国家公民心目中的形象。国家品牌的构成要素主要由地理位置、自然环境、经济、政治、文化状况、历史状况和发展前景等决定，也包括自然物、文化产物、名人、大事等标志性符号。这是国家品牌概念的第一层意思。

第二，国家品牌又是一个国家的整体品牌的形象。它是国家全部品牌的总体形象，由地方级品牌、地区级品牌、国家级品牌、国际性品牌和全球级品牌构成。

第三，国家品牌也指能代表国家综合水平的具体品牌如产品品牌、企业品牌、个人品牌等。

（二）什么是品牌生产力

"品牌生产力"有多重含义：

1. 品牌对经济社会的拉动和贡献。
2. 打造、复制、生产品牌的能力。
3. 品牌是新兴生产力；品牌是生产力第一要素，或曰品牌是第一生产力。
4. 泛指品牌立企、品牌兴国等品牌战略。

本书对以上几种含义都展开论述，在概念理解上偏重于广义。

（三）定义"国家品牌生产力"

我们对"国家品牌生产力"的定义是：国家品牌生产力，是以科学品牌发展观为指导，以国家整体品牌为平台，以国际市场为目标的，整合生产力系统各种要素，主导品牌经济发展的物质力量。

国家品牌生产力是品牌经济时代的新兴生产力，是社会生产力的一种整体状态，它从生产力系统的其他要素的附着因素跃升为主要因素并迅速成为主导要素，已经显示出一种不可逆转的趋势：取代落后生产力成为推动经济社会发展的第一生产力。

在理论原创者太子龙集团发表的文本中，国家品牌生产力表述为：国家品牌生产力，从广义上讲，是指主动担负起"文化立企，品牌立国"的战略使命，打造国家品牌的先进生产力。从狭义上讲，是指在产业链中能整合行业内外的优势资源的整合力；在产业的战略升级中能担当标杆的示范力；在国家的经济社会发展中，能支撑国家支柱产业发展的承载力；在国际经济一体化环境里，可引领民族品牌科学地迈进国际化道路的引领力。

国家品牌生产力的核心思想是打造国家最高标准的品牌示范，核心作用是强力引领和推动民族品牌走向国际化。

49

第二章　国家品牌安全

　　2011年，是世界与中国经济环境发生深刻变化的一年，国际市场竞争已进入"国际品牌运营时代"，呈现品牌文化多元化、品牌战略前瞻化、品牌功能科技化、品牌运营创意化、品牌管理卓越化的发展趋势。与此相对应，国内同业品牌间也加快了品牌战略、品牌市场结构与管理升级等核心能力的建设步伐。可以说，品牌之争已经进入残酷角逐时代，即便是驰名全球的百年品牌，也都如履薄冰，稍有不慎，百年品牌就可能毁于一旦。

第一节　我们的品牌安全吗

　　"日本有索尼，墨西哥有科罗娜啤酒，德国有宝马，韩国有三星，中国呢？"这是2010年夏天被疯炒的华盛顿邮报文章的话。文章说，缺少知名品牌意味着中国只能从事制造工厂的低端劳动，而海外设计商和工程师则获取大头利润；中国缺乏创新，只能拼接别人想象、发明和设计的产品，导致中国的品牌问题严峻；不能创新就意味着中国只能落入向外国人支付高额专利费和许可证费用的陷阱。

　　其实，这些问题并不是外国人突然发现的。从象牙塔中专家学者的深度思索，到产品线上普通工人的切身感受，要求变"中国制造"为"中国创造"的呼声从未中断过。直到现在，中国仍然只是一个贴牌大国，而不是品牌大国。资料显示，当今世界共有名牌商品约8.5万种，其中90%以上的名牌归属于工业发达国家和亚太新兴工业国家或地区；这些世界名牌占全球品牌总量不到3%，销售额却占到60%以上。

　　2011年，中国虽然有69家企业进入了全球财富500强，却很难找到几个全球叫得响的品牌。中国有200多种工业产品产量位居世界第一，但中国制造的产品中，拥有核心专利技术和自主知识产权的比重很低，"中国制造"往往被视作缺少技术含量的廉价品。

还有那根"微笑曲线"，发达国家高踞两端高地，而中国则身处中间洼地。在这样一个位置上，不仅拿不到高额利润，而且外界一旦有风吹草动，总是最先被挤压，大量廉价劳动力成为代工企业拼命压缩成本的受害者。

从 2005 年下半年开始，中国企业多数因为民族品牌的文化内涵缺位和产品技术创新不足遭到市场冷遇的问题，开始集中显现出来。2008 年的全球金融危机爆发以后，中国商品对外出口受到的冷遇可以说前所未有。接连不断的国际反倾销诉讼事件和纠缠不休的人民币汇率问题，使中国企业疲于招架，也使中国政府颇感头痛。雪上加霜的 2009 年春节，中国下岗返乡的农民工就达 2000 多万人，仅广东一个省一个月内就倒闭了出口企业 4000 多家，经济形势异常严峻。

到了 2010 年，更大的忧虑笼罩在国人心头。仅第一季度，外资并购案已多达 22 起，披露金额合计 27.50 亿美元。2011 年 7 月，国际食品巨头雀巢以 110 亿元人民币洽购中国第一大糖果公司"徐福记"60% 的股份。前一年，雀巢已收购了中国十大饮用水企业之一的云南山泉矿泉水、植物蛋白饮料企业厦门银鹭饮料公司 60% 的控股权。这表明，又一轮外资并购潮已经到来。商务部在 2008 年对中国钢铁、石化等十个重点行业产业安全进行的评估显示，外资并购正从一般消费品行业向装备制造业、原材料等基础性行业拓展，并购中国知名和规模企业甚至龙头企业现象增多。在此过程中，外资的独资化倾向日趋明显。从 1984～2008 年，外商在华投资中，外商独资企业所占比重已从 3.8% 上升到 78.3%。

商务部部长陈德铭 2009 年在一次谈话中指出：在中国汽车、化妆品和家电等消费品领域，外国品牌和进口产品分别占据了中国市场的 70%、75% 和 50% 的份额。2009 年北京交通大学发表的外资控制状况报告指出：近十年来，外资对中国制造业的市场平均控制率已接近 1/3，超过一般行业市场控制度的警戒线。据《国际先驱导报》2010 年 3 月调查显示，工业分类中第一大产业装备制造业大装备总产值已超过 10 万亿元，但行业的垄断地位被外资企业占据。

国务院研究室副司长叶兴庆 2011 年 4 月 8 日在光明日报社主办的"国家品牌战略高峰论坛"上说："我国因为品牌建设滞后，确确实实吃了大亏。

51

过去 30 多年，年均 GDP 增长 9.9%，应该说创造了大国经济持续增长的纪录，但是现在反思一下，我们得到了很多，也失去了很多：我们得到了 GDP，失去了生态环境；我们得到了'世界工厂'这个名头，失去了自主知识产权；我们得到了加工费，失去了附加值；我们得到了外商投资，失去了国内市场和民族品牌。"

中国古语"警钟长鸣"，用在品牌反思上恰如其分。

1. 反倾销——非关税壁垒多多

据《华盛顿邮报》报道，美国商务部 2012 年 5 月 17 日公布对中国太阳能电池征收 31.14%～249.96% 不等的临时反倾销税率，并将征税措施向前追溯 90 天。如果终裁结果不变，这将是迄今为止中国企业被征收惩罚性关税最高的一次。2012 年，美国对中国产品多次发起"双反"调查和"337 调查"，贸易保护主义明显升温。除个别产业免遭制裁外，几乎所有受调查的产品都被施以贸易制裁。

我国已经连续多年成为遭遇美国"337 调查"案件数量最多的国家。所谓"337 调查"最早得名于《1930 年美国关税法》第 337 条。如果涉案企业被裁定违反了这一条款，该委员会将发布相关产品的排除令和禁止进口令，这意味着产品将彻底被赶出美国市场。相关数据显示，2006～2010 年，共有 56 起关于中国企业遭遇美国"337 调查"的案例，5 年时间案例总数就超过前 20 年的总和。2011 年，美国共发起"337 调查"69 起，比 2010 年增长 23.2%，其中涉华数量继续维持高位。

商务部的数据显示：加入世界贸易组织（WTO）以来，中国共遭受国外贸易救济调查 602 起，合计金额 389.8 亿美元。中国已成为国际贸易保护主义的最大受害者和首要目标国。截至 2010 年，中国已经连续 16 年成为全球遭受反倾销调查最多的国家，连续 5 年成为全球遭遇反补贴最多的国家。世界贸易组织有 1/3 的反倾销案件是针对中国的。[①]

反倾销给中国企业带来的困难甚至灾难，不胜枚举。

---

① 《商务部：中国成贸易保护主义最大受害者和首要目标国》，《扬子晚报》2011 年 9 月 11 日。

国际金融危机以来，中外贸易摩擦开始从低附加值产品如纺织品、轻工产品等，迅速扩大到机电、医疗保健品、化工产品、微电子产品、食品土畜产品等高附加值产品，从发达国家向发展中国家蔓延，从产品层面向产业政策层面蔓延，中国出口企业面临反倾销的态势将呈现常态化、复杂化和多样化。

其实，反倾销只是十八般兵器之一，属于非关税壁垒。非关税壁垒指除关税之外所有的进口限制措施，最常见的有：进口配额、有序营销协议（OMA）或自愿出口限制（VER）、国产化要求、反倾销、反补贴、技术性贸易壁垒（TBT）、政府采购限制措施，等等。美国是其中不少壁垒措施的发明者，同时更是各种非关税壁垒最积极的使用者。

2. 绿色壁垒——门槛越来越高

欧盟单方面规定：2012年1月1日起，航空公司免费排放额度为其原排放量的85%，到2013年，这一比例将进一步降至82%，也就是说，全球4000多家经营欧洲航线的航空公司将为碳排放掏"绿色买路钱"，其中中国航空公司33家，中国民航业2012年将为此支付约8亿元人民币。

2011年1月生效的美国《复合木制品甲醛标准法案》，将甲醛限量标准大幅度提高，比世界通用标准严格1000倍。中国业内人士说，能达标的国内生产企业不足1/3。该法案的实施将导致中国输美木制品制造企业的成本至少增加两成。对此，国内相关企业叫苦不迭，他们将被迫掏腰包为美国新标准买单。

绿色壁垒是一些发达国家凭借科技优势，制定繁杂的环保公约、法律、法规和标准、标志等形式对国外商品进行准入限制。它属于一种新的非关税壁垒形式，已经逐步成为国际贸易政策措施的重要组成部分。它的特征是：名义上的合理性、形式上的合法性、较强的技术性、技术要求的相对性、保护内容的广泛性、保护方式的巧妙性和隐蔽性、保护技术上的歧视性。绿色壁垒主要针对新兴的发展中国家。

绿色贸易壁垒对我国出口市场份额、贸易机会、企业和商品信誉等方面都产生了不利影响，导致国外消费者对我国部分产品信心下降，对我国出口造成长期的负面影响。绿色壁垒不断影响农产品、畜产品、水产品、纺织品、机电产品以及医药产品的出口，并呈逐年加重趋势。

绿色贸易壁垒对发展中国家极为不利，逼迫我们采取诸多措施来突破绿色贸易壁垒。但是，绿色贸易壁垒本身是一把"双刃剑"，它具有双重性质。一方面，它被一些发达国家用来作为限制或屏障他国的产品和服务进入的门槛；另一方面，它在客观上确有保护全球的生态环境，保护人的生命和健康，保护人和其他动物的生态安全的作用。发展中国家突破绿色贸易壁垒的根本出路，在于依靠科学技术的进步，实施清洁生产，提高了自身的环境保护水平。同时，积极建立绿色贸易法律制度，突破绿色贸易壁垒，同时构筑起自己的绿色贸易保障体系，保护本国的产品和市场。

3. 海外并购受阻——非经贸壁垒森严

普华永道 2012 年 1 月 13 日发布《2011 年中国企业并购回顾与前瞻》报告称，中国相关并购交易活动持续活跃，2011 年并购交易总量同比增长 5%，总计披露了 5364 宗并购交易。前一年，这一对数字是 16%、4251 宗。摩根大通大中华区并购部门负责人估计，中国企业并购活动在全球并购总规模当中占 8%～9%的比重。

与大幅增长的并购数据比肩上升的是海外并购流产数字。2011 年，中石油加拿大天然气扩张项目、中国庞大集团收购萨博案、五矿集团收购伊奎诺克斯铜矿案相继流产。五矿集团 65 亿美元收购铜矿案流产的原因是被戴上了"敌意收购"的帽子；庞大集团收购萨博案流产是通用汽车明确表示，若中方成功并购萨博，通用汽车则将停止向萨博供应 9—4 车型所需零部件和技术。此前一个统计数字说明，海外并购成败比为 6：10。近年来并购成功的案例有：吉利收购沃尔沃、中国蓝星收购法国安迪苏集团、中航收购奥地利 FACC、海南航空购买澳大利亚 allco 飞机租赁业务、温州西京集团收购英国一家卫星电视台、中石化收购 Addax，共六宗；失败的案例有：中海油收购优尼科、华为收购 3Com 公司、中铝收购力拓、腾讯竞购 ICQ、华为竞购摩托罗拉、腾冲收购悍马等十宗。其中中国华为 2010 年 5 月斥资 200 万美元收购了美国三叶公司后，美国外国投资委员会出面建议撤销交易，还有 5 位国会议员致信美国的财政部部长盖特纳和商务部部长骆家辉，认为这一收购直接危害到了美国的国家安全。2011 年 2 月 11 日，美国国会小组以安全考虑为由，要求中国华为剥离已收购所获得的科技资产。华为公司曾一度拒绝撤销交易，希望等待美国总统奥巴马作出最终决定，但随后又宣布接受美国外国投资委员会的建议，撤销对美国三叶公司技术资产的收购，这意味着华为第二次进军北美市场的尝试再次失败。2009 年 7 月，中国西色国际与美国内华达州的一家金矿公司达成收购协议，出资 2650 万美元，收购其 51％的股份，从而获得内华达州 4 座金矿的开采权。但 12 月美国外资审查委员会以这些金矿靠近美国重要军事基地、威胁美国国家安全为由，对项目进行了否决。"国家安全门"又一次阻碍了中国企业海外收购的步伐。最后，在美国政府和媒体的双重压力下，西色国际主动撤销交易。

据德勤 2010 年并购报告统计，超过 50％的中国企业的海外并购交易未取得成功，其中不少是由于"非经贸壁垒"。[①]

海外并购败多胜少的原因，首先在于无法打消所在国政府的担忧。由于担忧中国的崛起，美国对中国企业在美并购设置了多重防线，特别是在高科技领域，在传统手段无法奏效的情况下，已上升到采取"国家安全审查"手段来打压中国企业；一些国家担心本国资源被中国控制，也有些国家对中国国企的国资背景不放心，担心中国企业代表中国政府进行并购。

55

4. "屠鲸行动"——用"信用"猎杀中国概念股

中国概念股是个品牌。概念股是与业绩股相对而言的。概念股不一定需要有良好的业绩支撑，而必须是依靠某种题材概念支撑价格。中国概念股是外资看好中国经济成长而对所有在海外上市的中国股票的称呼，现在，也有称中国概念股是"就是为了使人相信其谎言而编造的一切谎言"。

2011 年中国概念股的三大关键词是：做空、破发、摘牌。这一年，中国企业既有在一个月里 5 家企业成功登陆美国纳斯达克市场的辉煌，也有 46 家已经上市的中国概念股因为遭到第三方空头机构的猎杀被迫退市或停牌的沉沦。

一年之内，78 家中国公司在美国借壳蜂拥上市。由于经过复杂的财务

① 《华为美国并购受阻，非贸易壁垒困扰中企海外布局》，《中华工商时报》2011 年 2 月 25 日。

包装，这些借壳上市的企业成为美国证券交易委员会（SEC）调查的重点，而紧跟在 SEC 之后的，就是做空机构。2010 年 7 月，美国浑水公司指责东方纸业存在欺诈行为，将其评级调低至强力卖出，目标价 1 美元以下。东方纸业一周蒸发 50% 的市值，并成为做空浪潮中的溺死者。随后，浑水又在 23 天之内成功做空绿诺科技。另外一家研究机构香橼则在成功做空中国生物、中国阀门后，又狙击了市值超过 10 亿美元的东南融通。一时间，大量中国概念股人心惶惶，生怕被浑水和香橼等做空机构瞄上。在这次中国概念股做空潮中，有 67 家公司遭到做空组织的公开质疑，其中有 46 家被长期停牌和已经退市。疯狂的"上市战"变成悲催的"猎杀战"。

中国企业进入美国市场后才发现，自己处在多角度聚光灯的照射之下。企业一旦有违规动作，监管机构立即出击，毫不手软。这些企业赴美上市所遭遇的问题，大都不是刻意欺诈，更多地是因为对海外资本市场规则的不熟悉、上市匆忙、准备不足以及上市之后的松懈。[1]

可以这样说，这是一条由国际人脉编织起来的产业链，大家聚在利益的大旗之下，一荣俱荣，一损俱损，共同诱惑、放纵甚至助力中国企业在与诚信相反的方向上越走越远。一些熟悉中美两地国情的"业内人士"，首先在中国成立财务顾问公司，然后忽悠中国大量的中小型公司到美国上市，他们几乎包揽联系券商、找会计师事务所、律师事务所等所有业务，而且洽谈的初期往往不收取费用，诱取企业信任。企业往往会同意转让 20% 的股权给财务顾问公司。于是，中国企业赴美上市，就成为这些财务顾问公司"生产线"上的速成品。殊不知，这些公司只能在三板甚至四板上市，那里交易量小，还要不断支付上市后的维护成本，对企业的战略配合毫无益处。

壳公司则位居这个产业链的一端，赚取着更为丰厚的利润。在美国有一些从大投行出来的专业人士，利用更为知名的人士作为幌子，在市场上募集资金成立壳公司，也就是那些只有资金而没有实体业务的公司，然后出售给准备上市的中国公司。一旦操作成功，壳公司往往能赚到几百万美元的收入，所以，经营壳公司也成了近几年美国资本市场上一项不错的业务。在壳公司之下，又有几百家机构在中国充当买壳中介，这些中介经常采用游击战术，专门帮助中国企业以借壳上市（也叫反向收购）的方式登陆美国资本市场。

---

① 《回顾：2011 年中国概念股走过的风雨历程》，《证券日报》2011 年 12 月 7 日。

中国公司上市时的高市盈率给对冲基金们提供了极好的做空局面。这是另一个层面上的利益盛宴，研究机构、对冲基金、律师成为这一产业链上的新的获利者。做空机构甚至毫不避讳其流程：预先布局，先做空股票，然后发布负面消息，再然后抛出研究报告，随着股价大跌，卖出股票，获利出局。

随着做空风波愈演愈烈，中国企业不断被破发、腰斩，甚至被摘牌，进入退市程序。一条退市产业链正在油然而生。有专家指出，目前在美国退市比上市还热，资金方、中介机构、财务顾问公司、律师，甚至包括一些投行，再次结成一条新的退市产业链，从中谋利。

中国概念股在美国爆出问题以来，风暴的中心在从美国迅速向全球偏移。有着多年海外资本操作经验的加拿大律师辜勤华认为，"信用是中国企业在海外生存的最重要的生命线，信用一旦崩溃，意味着中国企业将遭遇灭顶之灾。"

5. "斩首行动"——外企控制行业品牌

斩首行动——外国企业选择中国弱势行业里的龙头企业，通过并购获得其控制权，成为该行业在某一地区甚至全中国的霸主。在选择并购方式的过程中，外资逐渐形成了三个"必须"的并购习惯，即必须绝对控股、收购对象必须是行业龙头企业、预期收益必须超过 15％。有专家认为，从目前外资企业在华的动向来看，一些外资并购我国企业，不完全是出于商业目的，而是具有明确的战略意图。跨国公司在华并购的意图，正在发生"三大转变"：一是从获取利润转向垄断某一产业；二是从弱化竞争转向消灭竞争对手；三是从局部控制转向全面控制。导致的后果是，外商通过并购我国重点领域的大型骨干企业和龙头企业，获取后者的优质资产及营销体系，并以此为基础，打垮其他企业，控制全行业。之后，外资企业会将并购的中国企业纳入其全球产业链，实现对我国战略产业和重点领域的控制。当我国企业变成跨国公司全球生产链上的加工厂时，既没有知识产权，也没有核心技术，整个产业生态都会被破坏，影响长远发展。[1]

---

[1]　参见白菊梅：《外资并购威胁我经济安全，中国品牌多数会"消失"》，《环球人物》2011 年 6 月 9 日。

中国品牌被并购后，多数都会"消失"，市场被外国企业占领。在饮料市场，曾控制国内市场的"八大名牌"已有七家被可口可乐或百事"收编"，之后，无一例外地在市场上消失；在化妆品市场，国外品牌已占据75%的市场份额；在啤酒行业，年产5万吨以上的60家企业中有72%被合资；在感光行业，除乐凯一家外，其余的全部被柯达囊括。曾占据一半中国市场的南孚电池被竞争对手金霸王收购；中国厨具行业标兵苏泊尔被法国收购；金龙鱼、胡姬花等早就不姓"中"了……法国达能、美国卡夫、德芙、箭牌、菲律宾上好佳等外资品牌占据了中国市场份额的50%以上。美国宝洁挤垮了中国洗涤品企业，国内十大民用洗涤剂品牌几乎全军覆没。仅飘柔、海飞丝、潘婷、沙宣四个品牌，就占有60%以上的国内市场，超过了国际公认的垄断线。

早在2006年国务院发展研究中心发表的一份研究报告显示：在中国已开放的产业中，每个产业排名前5位的企业几乎都由外资控制；中国28个主要产业中，外资在21个产业中拥有多数资产控制权。另据国家工商总局一份题为《在华跨国公司限制竞争行为表现及对策》的调查报告指出，近年来，跨国公司在中国的垄断状况非常突出。跨国公司正在利用其技术优势、品牌优势和规模优势，扩大垄断地位。电脑操作系统、软包装产品、感光材料、子午线轮胎、手机等行业，外资品牌均占有绝对垄断地位。而在轻工、化工、医药、机械、电子等行业，外资公司的产品品牌已占据1/3以上的市场份额……①

自2003年以来，我国工业总体上反映外资控制度的指标在20%以上。其中，市场控制度约30%，达到国际警戒线水平；技术控制中的新产品产值控制度约为40%，控制度极高。近十年来，工业外资控制度总体上表现为一个上升的趋势。外资对我国装备制造业和高技术产业等战略产业的控制情况超过对我国工业总体的控制情况，这将严重影响我国战略产业的自主创新能力建设。自主创新的根本内涵是强调摆脱对技术输出国的技术依附性，打破技术依附性主要表现在对核心技术的控制以及在新的技术轨道上能够凭借自身力量进行持续研发。战略产业被外资控制，外资企业将核心技术、关键技术的研发仍留在母国，作为东道国的我国仍无法获取这些技术，从而使

① 王永：《打造"中国品牌"当需自信和自强》，《人民日报》2011年5月24日。

我国在这些领域失去自主创新和自主发展能力，对我国产生不利影响。①

6. 域外抢注——通过合法程序侵权

《财经早报》2011 年 1 月报道，镇江香醋品牌在韩国遭抢注，历时半年申诉终于获胜。此前，慕尼黑高等法院裁决德国欧凯公司抢注"王致和"案中方胜诉，国人称为"中华老字号海外维权胜诉第一案"。

这些报道之所以引人关注，是因为此类官司中方胜诉的少之又少，而抢注情势愈演愈烈。"康佳"在美国被抢注，"科龙"在新加坡被抢注；"嘉陵"摩托在澳大利亚被抢注，白酒"杜康"在日本被抢注，云南卷烟品牌"阿诗玛"、"红塔山"在菲律宾被抢注，"五粮液"在韩国被抢注，天津麻花"桂发祥十八街"在加拿大被抢注，北京酱菜"六必居"在加拿大被抢注，河南"少林功夫"被美国、日本和欧洲一些国家大量抢注，百年老字号"同仁堂"在日本被抢注，在我国被列为"国宝级"保护的"一得阁"墨汁被日本人抢注。连古典名著"水浒传"和"西游记"商标也被日本企业在中国抢注。

有法律人士指出，国际炒家、自然人、国外代理商，是我国品牌在海外的三大抢注者。国外代理商最清楚品牌在国外的商业价值，容易在代理的过程中起意抢注，抢注之后，往往要求取得该国独家代理权。国际上有一批境外商标注册公司蓄意抢注我国商标特别是知名商标，随后进行商标倒卖或者以侵权之名收取佣金，侵害了我国企业权益。在加拿大多伦多，甚至有一个叫做"中华老字号抢注公司"的网站以此为生。

维权机构认为，抢注商标行为，是一种市场化的竞争行为。这种行为，受到目前国际通行的市场规则的保护，也就是说，只要抢注人按照一定的程序，遵循一定的法规取得了某种权利或认可，他就是合法的。被侵权方即使通过法律渠道，也未必都能讨还公道。许多企业最终不是放弃经营多年的驰名商标，就是被不法商贩大敲一笔竹杠。在这种情况下，只能由政府出面干预斡旋，才可能解决问题。海信集团的商标侵权案，持续了五六年之久，最终还是靠政府的协助，才与西门子公司达成协议。

---

① 卜伟：《战略产业外资控制对自主创新的影响》，《光明日报》2011 年 6 月 10 日。

7. 品牌山寨——我们自己的胎里病

从"赶集网"到"赶驴网",200多元的域名注册费带来4亿元央视广告效果。这就是山寨效益。

假冒伪劣被人深恶痛绝,可从来未被斩草除根。不但除不了根,还转型升级,如剽窃论文、盗版盗印、傍名牌、恶意抢注商标,山寨风起,四海嘘声。这种风不是一股风、一阵风,而是时不时一只蜂带来一窝蜂。一只蜂要不了命,一窝蜂就可怕了。一窝蜂带来的恐惧直接颠覆国民的安全感。

可口可乐/可日可乐,雪碧/雲碧,王老吉/王老古,康师傅/康帅傅,蒙牛纯牛奶/蒙奶纯牛奶,伊利优酸乳/伊列酸酸乳;"六个核桃"刚火,七个、八个、九个核桃接踵而至;五粮液更全,下有二、三、四粮液,上有六、七、八、九、十粮液,一个不缺。国内"老人头"品牌有100多个。北京市集佳律师事务所律师认为,类似于抢注域名、商标或者说是"傍名牌"已经形成了由单一个体到有组织、有完整涉及的产业链化发展,而且全国"傍名牌"产业链近年来每年产生的利益已超过百亿。①

网上傍名牌更甚,知名服装品牌网址被群起抢注,如"红豆"、"金利来"、"三枪"等知名品牌,首屈一指的是"绿洲"品牌,有121家使用。中国政法大学知识产权中心《知名企业品牌重复率调查报告》显示,服装行业以83%的"品牌重复率"成为国内品牌重复率最高的行业。而服装行业是互联网网址资源争夺最为激烈的领域。

2010年11月,《国家工商行政管理总局打击侵犯知识产权和制售假冒伪劣商品专项行动方案》,部署扼制恶意商标抢注行为、涉外商标和驰名商标违法案件、打击违法印制商标标识及仿冒知名商品包装装潢的不正当竞争行为,要求严肃查处恶意注册商标的案件,曝光恶意抢注他人商标的个人、企业以及代理机构;积极履行我国已加入的国际知识产权公约或协定的承诺,严厉查处影响较大的涉外商标案件,切实扼制侵权假冒商品流入欧美、非洲等国外市场;严厉打击仿冒知名商品包装装潢的不正当竞争行为,维护公平竞争的市场秩序,重点查处违法印制出售商标标识的行为,从源头上防

---

① 田勇、仓一荣:《"傍名牌"产业链利益年超百亿》,《时代商报》2011年4月26日。

范商标侵权违法行为的发生。

2011年5月，美国国际贸易委员会发布《关于中国知识产权侵权和促进本土创新政策的报告》。报告称，2009年，美国企业因中国知识产权侵权而遭受的损失达482亿美元；如果中国加强知识产权保护，将使得美国对华出口及其相关销售增加1070亿美元，并为这些美国公司带来约92.3万个新就业岗位。商务部研究院研究员白明在接受《经济参考报》记者采访时指出，知识产权开始成为美国在贸易平衡问题上的新"借口"。这份知识产权报告的根本目的还是服务于美国出口倍增计划，用知识产权来"敲打"中国，意在实现其出口和就业增长目标。但事实上，知识产权未见得像报告中所说的那样可以显著提升美国的出口和就业，中美贸易不平衡的根本是经济发展模式问题。①

美国国家公共广播电台2011年8月3日报道：如瘟疫般的剽窃阻碍中国的科技雄心。近两年来，有约31％的论文存在不合常理的抄袭和剽窃行为。2012年，中国被预测将成头号创新国家，在专利申请量上超过美日。中国的科研论文数量比美国之外的任何国家都多，北京誓言2020年前中国要变成研发超级大国。然而，一再发生的学术欺骗丑闻继续玷污着中国作为创新国家的声誉。②

61

8. 集体无意识——不把"中国制造"当品牌

中国人的集体无意识在市场领域的最大表现是在品牌方面。

品牌方面的集体无意识表现在：把"中国制造"不当品牌看，不当品牌做，不当品牌用，不当品牌保护。没有品牌观念，永远的廉价劳动力变廉价产品，多卖一两厘便暗自窃喜；只讲产品，只看眼下，做一单是一单，赚一笔是一笔；不谈生产环境改善，不谈人的素质提高，不顾环境污染、生态破坏；只求数量、不求质量，只讲产品、不讲服务，忽视技术含量，缺乏责任感；不认为自己的产品有什么高附加值，更不想创造和实现品牌价值。

把"中国制造"不当品牌保护，就是上述行为的直接后果。

---

① 孙韶华：《美国密集调查我知识产权侵权，矛头对准新兴产业》，《经济参考报》2011年5月30日。

② 路易莎·列姆：《剽窃瘟疫阻碍中国的科技雄心》，《环球时报》2011年8月7日。

其实，"中国制造"本身就是品牌，是个最大的品牌。打着"中国制造"字样的产品，本身就是中国品牌。宽泛地讲，一切出自中国的东西，物质产品与精神产品，都是中国的品牌。

2000年，中国制造有83种产品位居世界第一，到了2010年，"中国制造"世界第一的产品超过220种。"中国制造"是全球经济增长的关键引擎之一。

"中国制造"在逐渐占领国际市场的同时，也在不断提升自己在产品结构上的地位。"中国制造"的技术含量在逐步提高，中国制造在国际的形象也在一步步地提高。

"中国制造"与"中国创造"并不对立。

国际营销大师菲利普·科特勒2011年6月来华演讲时说，他认为中国制造已经具备相当的实力立足于世界市场，但是要打破目前中国制造给人的低廉的、大批量的劣质制造的印象，就必须要成为一个品牌。换句话说，中国制造需要有自身的价值。中国优质制造企业只有通过建立自己的品牌，发展成为世界级水平，才能保住本土市场份额，实现规模效应，在新的市场谋求发展。①

第二节　品牌与三级领土安全

"世界信用经济学教父"澳籍华人郭生祥说，"在全球一体化背景下，更高层次的博弈失败体现在，国家是完好的，领土还是那片领土，却没有自己的特征，完全是复制别人模式；人民还是黄皮肤黑眼睛的人民，但是灵魂却是别人的；领土还是写着自己的名字，但是权利却是流向别人的。这是一个看不见硝烟的战场，我们必须塑造自己民族灵魂的东西。"②

什么是领土？《辞海》的解释是：一国主权下的区域，包括一国的陆地、河流、湖泊、内海以及它们的底床、底土和上空（领空）。这是地域领土，或曰第一领土。

---

① 菲利普·科特勒：《中国制造将在五年之内赶超德日》，中国经济网，2011年7月1日。

② 郭生祥和讯微博，http://t.hexun.com/17219224，2011年6月24日。

第二领土是市场领土。对于一个现代国家来说，培育市场领土比守住地域领土更重要，失去市场领土比失去地域领土的后果可能更严重。领土的地域概念正逐渐向市场概念转化。在经济活动中，"市场领土"重于"地域领土"。

第三领土是文化领土。随着现代经济的发展，经济活动中渗透着越来越多的文化内涵，经济竞争越来越依赖于文化、科技、信息、人才等因素的竞争。"文化领土"重于"市场领土"已成必然趋势。

从地域领土、市场领土到文化领土，发生了从有形到无形的变化。三级领土都分别依靠上一级领土，但在重要性上又超越上一级领土。

国家品牌标示市场领土与文化领土。

●国家安全，不限于领土主权安全

当代国家安全问题，早已不限于领土安全和主权安全了，它涉及的领域极宽。凡是对主体国家的存在和发展构成威胁的因素，都被提高到国家安全的高度来对待，如经济安全、金融安全、生态环境安全、信息安全、资源安全、能源安全……

安全问题源于利益的冲突，而利益冲突又源于资源的相对稀缺和人们占有资源的无尽欲望引起的竞争。国家安全依赖于强大的综合国力。在综合国力的诸项构成中，经济和科技是最核心的内容。

国家有三大利益：安全利益、经济利益、政治利益。国家经济安全是指国民经济的发展和国家经济实力处于不受威胁的状态。它包括两个方面的含义：一是指经济内部的机体安全，即一国经济免于金融危机、失业、生态灾难、通货膨胀、大规模的贫困、外来人口冲击等，处于稳定、均衡和持续发展的正常状态；二是指经济的国际环境安全，即一国经济发展所依赖的国外资源和市场的稳定与持续，免于供给中断或价格剧烈波动而产生的突然打击，以及一国散布于世界各地的市场和投资等商业利益不受威胁。为了达到这种状态，国家既要保护、调节和控制国内市场，又要维护全球化了的民族利益，保证全球经济的自由和有序。经济安全的获得是长期努力的结果，但它的失去却可能产生于长期因素的积累，也可能是偶然的突发事件。[1]

63

---

[1] 国家安全公民手册编写委员会：《国家安全公民手册》，时事出版社 2003 年版。

● "第二领土"上的市场竞争

随着文明进步，经济的目的也越来越多的用经济的手段解决。第二次世界大战以后，资本输出出现新的变化，从过去那种赤裸裸地侵占、掠夺殖民地国家资源的尖锐对抗状况，转变为缓和的掠夺形式。在资本输出国与输入国之间，政治上有一定程度的平等，经济上有一定的互利关系，其对象也可以自由选择。发达国家可以在不发达国家投资，不发达国家也可以在发达国家投资。而许多国家对外来投资，都持欢迎态度，甚至主动地引进外资。这种资本输出，同样在一定程度实现了对其资源的控制。但是，如同政治手段不能完全取代军事手段一样，使用经济手段达不到目的时，政治军事冲突只是迟早的事。

有学者提出"市场领土论"一说，认为在当代条件下，领土的地域概念正逐渐向市场概念转化。经济强大才是国家安全中带有根本性质的影响因素。地域领土固然重要，但现时"市场领土"已更为重要。市场是人类第一位的生存空间和发展空间。对于一个现代国家来说，培育市场领土比守住地域领土更重要，失去市场领土比失去地域领土的后果可能更严重。"市场领土"是无国界的、全球性的、有扩展弹性的。

历史已经无数次证明，在当今世界，用军事手段占领别国的地域领土不但不会迅速获利，还会背上沉重的政治、经济包袱，一时占有的别国领土也迟早会失去。而靠经济上的市场开拓则可使自身领土获得经济意义上的延伸，获取很多经济利益，并且很受别国欢迎。如近代日本经济的发展，存在着两个带根本性的、互相矛盾的制约条件：一是在十分狭小的领土上，聚集着相当多的人口；二是十分缺乏经济发展所必需的天然资源、资金和技术。在这两个条件制约下，日本自明治维新以来，以殖产兴业赶超欧美工业强国，强行加速资本积累，推行战争扩张政策，谋求在远东建立类似大英帝国那样的亚洲殖民主义大帝国，以此确保海外市场，结果在第二次世界大战中惨败。战败的日本并没有打消赶超欧美的念头，但是换了思路。他们决意以经济复兴为目标，运用"市场领土论"原理，将出口提到"是发展出口还是等待死亡"的高度予以重视，使得出口发展很快，以致在当今地球上，人们很难忽视日本的经济存在。国际市场是日本主要的生存和发展空间，它是日本的"生命线"。战后初期，这条"生命线"是靠"贸易立国"方针维系的。现在则更侧重"海外投资立国"的方针，而海外投资、跨国经营较之对外贸易则是"市场领土论"的更形象、更具体的表现。①

眼下冠以"石油战争"、"粮食战争"、"能源战争"的书比比皆是，他们都是写第二领土攻防战的。我们来看一下郭生祥描写的粮食战争：

2007 年 12 月 18 日，美国众议院通过了自 1975 年以来的首个能源法案，该法案要求减少石油进口，大幅增加乙醇等生物燃料的添加比例，实质是把出口的粮食转化为乙醇燃料。由于粮食是生活的必需品，美国又是世界上最主要的粮食生产出口国，这一变化对世界发生了重大影响。

粮食被大量用于生物能源，那么粮食价格肯定上涨，粮食价格上涨肯定会引起与工业品价格的竞争。农产品价格的上涨，必然会吸引更多的资金投向农业，这样工业品的价格也必然会提高。在这一轮涨价之中，许多国家都露出了自己最脆弱的短板。

此前美国采取两手策略：先是大量买入工业品，库存增加以防工业品涨价；同时廉价出口粮食，把各国农业挤垮，进一步让农业上的主动权掌握在自己手中。

目前农产品出口占美国农业总销售量的比例高达 25%。各国农业受美国廉价农产品冲击，很多已经崩塌。1995 年以前，中国一直是大豆净出口国，此后美国靠巨额财政补贴生产的大豆进入中国市场。2000 年，中国大豆年进口量首次突破 1000 万吨，成为世界上最大的大豆进口国。此后几年，中国的大豆进口额连续攀升，而中国大豆生产却没有补贴，这种不公平竞争的结果使中国农民生产大豆越多赔得越多。结果本土的大豆生产逐步萎缩，2006 年黑龙江省大豆种植面积比 2005 年减少了 25%，而 2007 年大豆种植面积比 2005 年减少 40%左右。最近 10 多年里，中国大豆产量由原来的世界第一，退居为继美国、巴西和阿根廷之后的世界第四。每多进口 100 万吨大豆，就可能造成 130 万农民"失业"。②

2011 年底，国家发改委农经司在东北进行农作物调研，发现东北种植国产大豆的面积比 2010 年减少了 1400 万亩，比 2009 年国产大豆的种植面

65

---

① 廖进中：《市场领土论》，湖南大学出版社 2003 年版。

② 郭生祥：《这是一场什么样的战争》，见［英］拉吉·帕特尔著，郭国玺、程剑峰译，《粮食战争：市场、权力和世界食物体系的隐形战争·序》，东方出版社 2008 年版。

积减少了 2000 万亩。农业部门数据显示，近两年来国内 80％的大豆需求依赖进口。大豆成为被外资攻占的第一批农作物。

从净出口国到世界上最大的进口国，中国仅用了短短 5 年时间。

一个拥有着五千多年大豆栽培史的国家，市场就这样被国外的转基因大豆所取代。据国际农业生物技术应用服务组织（ISAAA）调查，80％以上进口大豆都是转基因大豆，俗称"洋豆"。而这些"洋豆"已成为中国的"豆殇"。

中华粮网信息事业部主编郭清保称，在国内油脂原料进口上，跨国粮商利用其丰富的国际贸易经验和资金优势，已基本完成对中国大宗食用油压榨原料的采购控制，国内压榨企业都在以进口大豆作为食用油压榨的原料。在投资建厂方面，ADM、邦吉、嘉吉、丰益国际等跨国粮商在全国近百家大型油脂企业中的 64 家企业持有股份，控制了国内 60％以上的大豆压榨能力。

国际大公司建立了从种植农场、贸易公司、港口、船队、加工厂甚至期货公司等覆盖"全产业链"的商业体系，占有明显的市场优势。

与国外转基因大豆相比，中国大豆生产不具备成本优势；国产大豆的出油率较低，种植大豆收益较少；与外资"航空母舰"般的产业链相比，中国一家一户的小农生产和散兵游勇似的油脂加工企业，形同"小舢板"。黑龙江省农科院前院长刘忠堂指出，国产大豆的困局已经不仅仅是行业性危机，已经通过数量方面的极高进口依存度、质量方面的转基因隐患和产业结构的外资高度垄断三管齐下，引发对中国粮食安全的担忧。如果国内大豆产量越来越少，甚至完全依赖进口大豆，中国的大豆供应及饲料工业、畜禽、水产养殖业的发展将面临不利局面，中国食品营养所需植物蛋白和动物蛋白来源也将存在受制于人的风险。[①]

●稀土战争能避免吗

日本科学家曾夸口说，如果不用日本芯片，美国巡航导弹的精度就不是10 米，而是 50 米。可要是缺少了稀土日本就造不出这种芯片。

---

① 张彬：《大豆之殇："洋豆"驱逐中国良豆》，人民网，2012 年 4 月 13 日。

二十多年来，美国、欧洲、日本、韩国从我国进口了大量廉价稀土作为自己的战略储备。稀土储量位居世界第二的美国，早早便封存了国内最大的稀土矿，钼的生产也已停止，转而每年从我国大量进口。

而我国绝大多数稀土企业生产经营却举步维艰，产品价格持续低迷；一些稀土企业仍在付出高能耗、资源过量消耗和生态环境破坏的代价；稀土市场严重供过于求。统计资料表明，目前我国稀土的实际年产量超过世界市场需求10万吨，过剩量超过80%；多年来的滥挖滥采已使稀土的可开采储量从十多年前的占世界80%多，降到了如今的52%；中国是世界上唯一大量供应不同等级、不同品种稀土产品的国家；中国稀土在世界市场上却不具有定价权，我国稀土产品价格一直受到国外商家的控制，国内企业也竞相降价出售。全国人大代表周洪宇指出，"按照目前的开发速度，再过二三十年，中国就会成为稀土小国或者是无稀土的国家。二三十年之后，我们将不得不花费巨资从外国进口稀土，西方国家就会牢牢掐着中国的脖子，遏止中国的发展。如果任这种趋势发展，中国出口的稀土有朝一日将构成对中国国家安全的严重威胁，我们将为其短视以及不负责任的生产开发付出代价。"

这就是"比较优势陷阱"。一国（尤其是发展中国家）陶醉于自己比较丰富的自然资源、低成本或既有能力的比较优势假象而不能自拔，完全按照比较优势，生产并出口初级产品和劳动密集型产品，虽然能获得利益，但贸易结构不稳定，总是处于不利地位。

为了保护环境，整顿国内无序的稀土市场，中国政府于1998年开始实施稀土产品出口配额许可证制度，并将稀土原料列入加工贸易禁止类商品目录。2006年，中国开始停发新的稀土矿开采许可证，对稀土开采实行指令性计划，并逐步减少出口配额。2010年5月，工业和信息化部起草《稀土行业准入条件》，为稀土矿开采、冶炼设置了高门槛。同年7月8日，商务部下达2010年第二批稀土一般贸易出口配额。12月，财政部发布通知，提高了部分稀土产品出口关税。这些政策的出台，一方面提高了国内对稀土资源的保护，另一方面也大大牵动了过于依赖中国稀土资源的美国等国的神经。美国方面认为，中国针对稀土出口的限制和措施，损害了美国本国工人和制造商的利益。"由于中国在生产这些材料方面处于全球领先的地位，这些政策让中国有能力显著地影响这些材料的全球供应与定价。这些政策为中

67

国工人和厂商提供明显的优势。也给美国和其他非中国下游生产商施以实质性的压力，让他们把运营、工作和技术通通转移到中国去。"USTR 发言人哈蒙表示，"中国在这块领域的限制政策已经损害了上千种类的产品制造，美国的工人和制造商们深受这样的出口限制之苦。"

日本和欧盟方面也持有类似的看法。

于是，国际市场躁动不已，"中国对西方发动稀土战"的论调甚嚣尘上。2010 年，美国贸易代表办公室放话说，中国限制稀土出口等政策可能会对美国新能源相关产业造成不良影响，已基于《美国贸易法》第 301 条款展开调查；日本也指责中国限制稀土出口涉嫌违反世界贸易组织协议。大名鼎鼎的诺贝尔经济学奖获得者的保罗·克鲁格曼在《纽约时报》发表了一篇名为《从稀土出口看中国流氓经济》的评论，指责中国是一个不肯遵守游戏规则的流氓经济超强，甚至称中国的稀土政策是"无赖国家"的表现。

●制裁中国是"全球的胜利"吗

2011 年 7 月 5 日，世界贸易组织宣布，裁定中国限制出口铝土、焦炭、镁、锰与金属硅等九种原材料违反规定，世贸组织支持美国、欧盟与墨西哥对中国的投诉。美国贸易代表柯克当天表示，裁决是全球的重大胜利。据外媒报道，这次欧美国家"投石问路"的举动得到世界贸易组织支持后，很有可能将下一个目标锁定稀土。

果不其然，2012 年 3 月，美国联合欧盟和日本，就中国对稀土等部分原材料的出口限制向世界贸易组织提起了贸易申诉。美国驻华使团副团长王晓岷说："稀土一案已经酝酿了好几年，从 2005 年、2006 年起就有美国公司向美国贸易委员会投诉，只是现在我们有了足够的证据。我们启动这样一个 WTO 行动并不是出于政治的原因，我们希望通过这些行动来引起 WTO 对这些事件的关注，我们并非一定会赢，但中国的行为违反了 WTO 的规则。"

国内专家均表示，在世界贸易组织面具的背后，实际上是欧美等国家对我赤裸裸的利益争夺。所谓的关心环保和公平贸易都是借口，核心还是利益，即希望从中国继续以低廉的价格获得大量的稀有资源供应。

●文化领土重于市场领土

文化领土，通常被叫做文化版图。有人说它指国家或民族文化的完整性与延续性；有人说它指文化覆盖面；有人说它是文化影响力、文化软实力；也有干脆说它就是国家品牌力。

在本书中，我们是在第三领土的意义上讲文化领土，它的背景是经济全球化。经济全球化的直接后果是文化全球化。如果说，经济全球化有个谁来化谁、谁在多大程度上化谁的问题，这个问题在文化领土上同样存在。当人们意识到文化全球化已经成为资本掠夺的一种新形态时，文化意义上的"守土之责"和"弘扬之任"便成为国家安全的题中之意。

文化安全是一种特殊的安全，其目的是要维护本国文化主权，防止他国文化对本国民族文化的侵蚀，以及抵制相对立的意识形态和价值观念、行为方式的渗透与影响。它没有直接的武力冲突或直接的对抗，是一场没有硝烟的战争。经济领土之争，越来越多地深化为文化领土之争。

文化领土的突出代表是知识领土。知识领土的突出代表是品牌。

知识领土不是按照国家主权划分的，而是依据知识创造的先占性和市场占领的范围来确定的。知识创造的先占权也被称为知识产权，知识占领的市场范围被称为"知识领土"。一个国家如果在知识方面没有创造，或者在时间上落后，那么无论这个国家主权领土的面积多么辽阔，人口多么众多，也不能拥有知识领土。中国的科学技术史如果不是由中国人来写，而只是剑桥大学的李约瑟教授写，那么中国人就不拥有这个知识领土，因为这部分知识领土的权利只属于英国人。如果我们自己不研究敦煌，而日本人的研究比我们更深、更广的话，那么也会出现"敦煌在中国，敦煌学在日本"的知识领土转移现象。中国虽然是东方文明的大国，但却不是全球文化创意产业大国；中国虽然是使用汉字的大国，但除了王选发明的激光照排技术以外，汉字印刷电子设备的许多核心技术还要依赖外国。中国是中药大国，但是，全球中药产业产值最大的国家却不是中国。日本和德国的中成药汉方占据了中药领域第一大和第二大的知识领土。在中国的西南地区，日本人要买酿酒剩下的酒糟。这些垃圾，日本人运回国去做什么呢？当地的中国人都不知道，只有日本人知道。以酒糟为原料进行深加工的技术我们不掌握，这片知识领

69

土不属于我们，被日本的知识拥有者占有了。

全球知识领土面积最大的，大概要属美国人比尔·盖茨。这位 50 岁的美国男子拥有的知识领土范围，超过了整个俄罗斯。不仅是因他的"视窗"覆盖了使用计算机的所有人类，还在于他有权要求所有国家法院的法官们作为"国防军"，维护他的知识领土。有哪个国家和地区的"国防军"，敢于在守卫盖茨的知识领土时不尽力？后果就是国家和地区的法制，连同那里的商业信誉，遭受国际社会严厉谴责、无比蔑视、贸易制裁，甚至报复惩罚。当然，守卫尽职尽责的外国军队，也得不到盖茨的任何奖励和赞扬，他更不支付"军饷"。[1]

联合国教科文组织在《文化政策促进发展行动计划》指出：发展可以最终以文化概念来定义，文化的繁荣是发展的最高目标。

当今世界，国家与国家之间的界线日渐模糊，国家与国家间的分野，在一定程度上依靠的是各自的文化。下一个世纪的竞争，不是产品与产品的竞争，而是文化体系与文化体系的竞争。在产品和文化体系之间，有一座桥梁叫品牌。品牌是具体产品的升级版，是所有产品的聚合版；产品如果被承认是文化体系的载体，它就具有象征性，这就是品牌的功能。倒过来看，文化体系必须找到载体和标示体，一切标示体都相当于品牌。

文化战略已经成为一种国家战略需求。文化本身不再是手段，而是一种目的，所以全球性的文化竞争不可避免。文化的两大载体一个是文化产业，另一个是品牌。前者是把文化做成产业，后者是把产业做成文化。这便是第三领土竞争的主战场之一。

●国家品牌标示市场领土与文化领土

四大发明，我们引以为豪的国家品牌，其实也是值得我们引以为耻的文化领土流失。

马克思曾高度评价"预告资产阶级社会到来的三大发明"。这三大发明是火药、指南针、印刷术。马克思说："火药把骑士阶层炸得粉碎，指南针打开了世界市场并建立了殖民地，而印刷术则变成新教的工具，总的来说变

---

① 方承：《"知识领土"中国能占领多少？》，《青年参考》2006 年 5 月 18 日。

成科学复兴的手段，变成对精神发展创造必要前提的最强大的杠杆。"① 马克思没有说这三大发明出自中国，因为那时候他不知道。他认为"中国根本就没有科学和哲学"。他引用的是培根的资料，培根在《新工具》一书中写道："如果想看看各种发明的力量、作用，最显著的例子就是新近发明的印刷术、火药、指南针。因为这三种东西曾改变了整个世界的面貌。第一种在文学上，第二种在战争中，第三种在航海上。从那里接着产生了无数的变化、变化是这么之大，以至没有一个帝国，没有一个学派，没有一个赫赫有名的人物能比这三种发明在人类事业中产生更大的力量和影响。"而培根没弄清这些发明的来路，说"它们的起源模糊不清"。

指南针在我们手里，至今还是一些风水先生的道具；火箭最早是中国人放上天的，但被美苏抢先用于占领太空领土，我们只好远远地苦苦追赶；印刷术，还不错，始终用着，也算是书籍出版大国，但不是图书贸易大国……

英国科技史专家李约瑟写了《中国科学技术史》，并提出了有名的"李约瑟难题"："如果我的中国朋友们在智力上和我完全一样，那为什么像伽利略、拓利拆利、斯蒂文、牛顿这样的伟大人物都是欧洲人，而不是中国人或印度人呢？为什么近代科学和科学革命只产生在欧洲呢？……为什么直到中世纪中国还比欧洲先进，后来却会让欧洲人领了先呢？怎么会产生这样的转变呢？"

思想家爱默生的一段话则更直接："当我们居高临下对这个愚昧国家思考得越仔细，它就越显得令人作呕。中华帝国所享有的声誉正是木乃伊的声誉，它把世界上最丑恶的形貌一丝不变地保存了三四千年……甚至悲惨的非洲都可以说我曾经伐木、引水、推动了其他国土的文化。但是中国，它那令人敬仰的单调！它那古老的痴呆！在各国群集的会议上，它所能说得最多只是——我酿制了茶叶。"

苏颂，这个名字熟悉吗？瑞士一本世界钟表界的权威书刊上写道："现代机械钟表中使用的擒纵器源自中国古代苏颂的发明。"苏颂的发明比西方早了6个世纪。但是造出好表、名表、品牌表的是瑞士人，世界上第一个登记在册的钟表品牌在瑞士，将钟表业从"匠人时代"带入"品牌时代"的是瑞士人，"瑞士制造"就理所当然是世界钟表业的最好技术、最佳质量、最

71

---

① 《马克思恩格斯全集》第47卷，人民出版社1979年版。

大品牌、最高标准，无可置疑的成为瑞士的国家品牌。

发明来自中国，专利属于瑞士；技术源于中国，产业盛于瑞士；中国人用它观天，瑞士人用它计时；器用始于中国，品牌创于瑞士。

知识领土的扩张不是拍脑瓜，必须依靠经济形态，这样就是说只有在一级领土安全的前提下，才可能发展二级领土；二级领土巩固扩张了，三级领土的扩张随之而来。工业不发达的中国，对于绝大多数人来说，时间并不重要，计时精确到分秒也没必要，产品、产业无由形成，品牌就更不用奢谈了。

让我们对本节做一个小结：

第二领土与第三领土都是用品牌来标示的。

文化领土，就是国家品牌力。

文化领土的突出代表是知识领土。知识领土的突出代表是品牌。下一个世纪的竞争，不是产品与产品的竞争，而是文化体系与文化体系的竞争。在产品和文化体系之间，有一座桥梁叫品牌。品牌是具体产品的升级版，是所有产品的聚合版；产品如果被承认是文化体系的载体，它就具有象征性，这就是品牌的功能。倒过来看，文化体系必须找到载体和标示体，一切标示体都相当于品牌。

在全球性的文化竞争中，文化的两大载体一个是文化产业，另一个是品牌。前者是把文化做成产业，后者是把产业做成文化。这便是第三领土竞争的主战场之一。

一个国家的国力在冷兵器时代由军队代表，在热兵器时代由科技代表，在经济全球化时代由品牌代表。

●中国和平崛起改写三级领土战例

《中国震撼：一个"文明型国家"的崛起》写道："从世界历史的角度看，中国崛起的最大特点就是和平，对外没有发动战争，对内保持了安定团结，这是人类历史上的一个非同寻常的奇迹。回顾世界历史，西方崛起的过程几乎就是一部动荡与战争的历史。"史实确实如此。美国、英国、法国、意大利、日本等国家的崛起哪一个不是充满侵略、战争、屠杀、征服、奴役，是不光彩的、血与火崛起的历史。中国的发展和崛起则完全不同。中国的改革开放和现代化建设、中华民族的振兴和复兴走的是和平发展的道路，对外是推动和谐世界建设，对内是倾力建设和谐社会，这不就是当代文明的最重要内涵和标志！和平发展的道路是文明发展的道路，这取决于中国的国策方针、取决于中国的社会主义制度、取决于当今以和平发展为主题的国际环境，但也取决于中国几千年热爱和平的文明历史传统。显而易见，中国作为文明型国家的崛起是和平发展的崛起，是一种发展文明的崛起。[①]

中国和平崛起不否认、不回避三级领土战争。战争本身就是一种竞争。竞争可以被竞合取代，战争也可以被竞合取代。你死我活之外，还可以选择并存、互利、合作、双赢。很多抱着冷战思维不放的西方人士，其盲点就在这里：人与团体直至国家天经地义都是自私的；人间只有永远的利益，没有永远的朋友；利益之争最后解决手段只能是战争。

当代人类可以思考循环经济，可以思考可持续发展，可以思考人与自然和谐共处，为什么不可以思考人与人的和平共处呢？对一国来说，跨越发展选择和平崛起，对世界来说，国际秩序指向和谐世界，这就是中国模式对三级领土战争的重新定义。

73

第三节 从服装业看中国品牌生存发展之路

1. 男装背后折射出民族品牌的深层次问题

中国服装业经过二十多年的发展，虽然出口量很大，但处于廉价劣势的被动地位，始终是卖产品而不是卖品牌。

首先，民族品牌起步晚，缺乏先进的品牌理念的指导。

国内男装还处在行业急功近利阶段，很多品牌名冠以莫名其妙的洋中文，有的直接打着洋旗号卖国内品牌，这些问题的出现，是由于民族品牌严重缺乏先进科学的文化内涵和独特的产品特色。

其次，市场形势严峻，中国品牌市场已沦落成为国际强势品牌的殖民地。

[①] 张晓林：《新书〈中国震撼〉探究中国崛起之谜》，《人民日报》2011 年 4 月 11 日。

因为国内的男装品牌不论是在产品工艺面料上，还是在品牌文化积淀上，都远远比不上国外知名品牌，还达不到国际化品牌层次。因此，国内的中高端市场也就一直被国外品牌占据着。

最后，传统文化的劣根性难去，急功近利，不愿意在品牌文化和产品技术创新上下工夫，导致民族品牌止步不前；品牌文化还沉浸在广告语的作秀阶段，还不知道品牌文化就是先进科学的思想体系；宣传推广还在依赖于电视报纸等大牌媒体和明星代言人的呐喊炒作阶段；销售策略还处在吆喝降价层次，还没有上升到视觉营销和理念认知层次；产品自主研发少，模仿抄袭泛滥，贴牌生产现象普遍，导致产品的同质化严重；盲目跟风国外强势品牌，缺少民族文化特色，导致民族品牌竞争力始终难以提升。

总而言之，国内男装市场暴露出了我国品牌意识落后，还没有真正形成科学长远的品牌战略，品牌的文化含金量严重不足等问题，这对国内民族品牌的文化创新和长远发展都是很不利的。

2. 品牌科学是先进的思想体系和前瞻生活方式的有机整合

随着市场经济的快速发展，消费者的品牌意识越来越强烈，中国的市场经济早已由"使用功能性的产品经济时代"上升到"以价值观和生活方式为导向的品牌文化时代"。服装在最初诞生时只是为了御寒遮羞，到后来则成为消费者的价值观和生活方式的彰显载体。

品牌的核心竞争力

品牌的核心竞争力，归根结底是企业实力持久的外在体现，也是企业品牌领先于其他竞争品牌的独特能力。具体表现在：

（1）品牌的市场扩张力——占有率；

（2）品牌的差异化表现力——市场影响力；

（3）品牌的溢价能力——附加值；

（4）品牌的销售力——销售增长率。

前瞻科学的品牌战略

企业要想在新一轮的市场竞争中科学获胜，就必须深度导入科学的品牌战略规划：

（1）发掘科学的品牌理念——确立科学的价值观体系及先进的生活方式；

（2）明确品牌的市场定位——消费群体定位；

（3）建立清晰的品牌 CIS 系统——品牌形象系统；

（4）打造科学的产品载体——研发承载本品牌先进理念的产品；

（5）品牌形象的整合传播与推广——渠道建设、广告宣传和终端运营；

（6）确立品牌延伸方向和策略等；

（7）品牌创新是提升品牌竞争力的关键。

3. 中国男装步入创新的深水区

当今中国乃至全球男装服饰的市场消费和产品锻造正处于一个前所未有的革命期：

（1）消费周期日益缩短。产品消费由过去的 3 年消费期，已经缩短到年度消费、季度消费或月度消费；

（2）产品的功能性革命。产品开发模式由"先做产品，再做口号"变为"先做思想，再做产品"；品牌产品由过去单一化的物质功能向多元化的精神功能延伸。比如，过去是一个品牌只做商务类产品，而现在则延伸到休闲、居家、户外、交友、学习等多种生活空间下的多元品牌产品。

（3）销售策略的革命。由过去的比作业质量、比购买价格，提升到比款式格调、比面料工艺，再到比理念科学和生活方式先进，最后提升到比社会尊荣和地位的骄傲。

（4）通路模式的革命。正在经历橄榄形回归：由早期的批发，到代理专卖制，再到代理、联营、自营，最后到自营。

4. 品牌中国会笑到最后

一位业内人士说，世界服装业已经形成了相对稳定的格局，中国服装业如果不能给世界服装业带来新思维与新观念，人家就不会认可你。

中国能够提供什么新思维与新观念？那就是由"中国制造"向"中国创

造"、"中国服务"乃至"中国意识"的转变。中国除了要在全球的经济领域里发挥作用，还应该在全球的价值观等意识形态领域里唱响自己的主张。因为，一个标准化的国际品牌除了产品本身具有的物质使用功能以外，还肩负着精神功能的传导任务。

国际时尚界认为"越是民族的就越是世界的"，品牌世界也是如此。中国民族源远流长的人文历史，积累下了丰富的哲学内涵和大量的文化元素，已经成为国际时尚界的新宠。有专家称，未来的中国必将成为全球时尚设计的源泉和新动力。所以，怎样在时尚国际化的服装设计中融入中国的传统文化元素，也就成了中国服装思考的首要问题，而要解决这些问题必须分两步走：

第一步，先做思想。依托民族强大悠久的文化思想体系和教育传播优势，迅速打造出诸多前瞻科学的品牌文化体系和创新运营模式，抢先占领国内市场，为最终把国际品牌挤出去打下基础。

20世纪80年代后，中国人从迷恋国外电器到主要买国产品牌，说明中国人并不缺乏先进科学的思想理念，只要民族意识苏醒并带动创意与产业链快速反应，就一定会用具有民族特色的品牌对垒和战胜独霸一时的国际品牌。

第二步，再做产品。在做透民族品牌科学发展理念和差异化的品牌文化思想体系的基础上，迅速提升品牌产品的创新水平和科技含量，确保产品硬件有效支持品牌文化软件，从而全面实现科学的文化软件和先进的产品硬件一肩挑的民族品牌大整合，真正担当起"文化立企，品牌立国"的时代使命。

第四节　品牌安全，从国家品牌生产力做起

近年来，关于中国制造的争议，关于国家品牌的讨论，已经超越具体品牌研究层次，上升到经济形态和国家战略的高度。我们来看看几段文章。

●今天，强大的中国品牌尚不真正存在

乔·巴拉迪在其新书《亚洲品牌的残酷现实：如何打破恶性循环》中指

出，对西方消费者而言，"中国制造"代表了许多，其中之一便是质量低劣。中国政府明白这点，这也是为何北京在纽约时报广场和电视台投放宣传广告的部分原因。这不仅表明祛除外界对中国政治危险性的担忧的必要性，也表明了重塑中国品牌的必要性。今天，强大的中国品牌尚不真正存在。

但是，巴拉迪也认为，一个名副其实的亚洲或中国世纪几乎是板上钉钉的事……如果西方公司不喜欢与中国的制造力竞争，日后它们将更不愿意与中国的品牌建设能力竞争。[①]

●所有带中国商标的产品，都是国家形象的缩影

中国企业联合会会长王忠禹 2010 年 3 月在全国企业管理创新大会上指出：英国布鲁耐尔大学教授尼古拉斯·欧尚那西为中国的国家品牌支招——"在目前的全球分工中，有一种成见是中国是'体力劳动者'，而西方是'脑力劳动者'，但这种成见将会随着中国开发与知识相关的功能如设计、品牌和营销而逐渐被改变。"世界品牌实验室研究发现，"国家品牌"对一个企业或产品品牌的贡献率达到了 29.8％，可谓至关重要。因此，应该大力培育、扶持中国企业品牌的发展，以中国商业品牌的兴起为突破口，逐步通过原产国效应的传递提高中国产品的国际影响力和吸引力。中国企业应该以国家的责任使命要求自己，自觉拒绝任何伤害国家形象的短视行为发生。在全球市场上每一件标有"中国制造"或带有中国商标的产品，在当地消费者的心目中，都是中国国家形象的一个缩影。这直接关系到了中国国家品牌和软实力的提升。[②]

●国家品牌建设必须依靠自主创新

国家发改委新闻办主任文步高认为，国际知名品牌的产生，往往要经过较长时间的市场竞争和考验，并具有自己的核心优势，这种优势既包括企业

———————————

① 本杰明·舒伯特：《中国品牌面临残酷挑战》，王晓雄译，《环球时报》2011 年 4 月 4 日。

② 杨志勇：《基于国家品牌视角的中国国家软实力提升策略》，人民网，2010 年 7 月 6 日。

产品商业文化的内涵，更依托自主创新的核心技术，同时要具备比较完善的知识产权的保护机制。创新是品牌建设的生命，而品牌建设则是创新的客观需要和有力支撑，目前我们不但要完善相应的法律法规和政策，采取激励和引导创新的措施，并且要切实做好知识产权保护等工作，为创新营造良好的氛围。企业作为自主创新的主体，要强化创新意识、完善创新机制、培育创新的人才、加大创新的投入和支持力度，努力掌握有自主知识产权的核心技术和关键技术，并善于将有价值的科技成果转化为新产品，促进企业跨越式发展。在国家品牌的建设过程中，必须依靠自主创新，不断推动创新产品的出现，才能真正实现基于自主创新能力的品牌建设，这样的国家品牌在国际市场上才更有竞争力。

●一个强大的品牌背后，有着强有力的国家品牌形象

世界营销大师米尔顿·科特勒认为：中国有企业品牌，但无产品品牌。没有产品品牌的存在，企业品牌只不过是一个空壳。生产加工企业的工业产品出口利润正在不断下降，而外国品牌在中国的市场份额正在增加。大品牌的企业在设计、质量、产品特点、促销和品牌管理上，都会投入巨额的投资，以确保在顾客心目中构建一个高的感知价值，这些投资将会获得高价格和收益率作为回报。但是中国的企业大多不愿做这些投资，因此，它们也就丧失了获得更高利润的机会。这些企业是以新兴的工业为导向，而不是以消费者为导向。它们认为自己没有足够的品牌管理经验，去确保高额投资后能获得回报。于是，它们选择投放广告来代替品牌打造。

对于中国品牌和外国品牌这两种不平衡的发展状态，没有一个快速的解决方法。在长期的解决方案中，最重要的是，一个强大的品牌必须具备该品牌原产国深刻的烙印。恰如法国红酒代表着法国感性的形象，意大利时装代表着意大利的优雅。

品牌并不只代表着它自己。在每个强大的品牌背后，都有着深厚的内涵。在每个基础市场背后，都有一个品牌的原产国。原产国必须有一种独一无二的力量去支持企业和该国的品牌。国家品牌的力量可能是该国的财务实力、吸引人的文化、生活方式、教育、国家修养和历史。

中国的品牌要成功，并不仅仅取决于品牌本身，以及它背后的企业，还

取决于原产国和基础市场的价值，即中国品牌的形象。中国并没有把自己打造成一个具有新事物的品牌，它仍然沿用着旧中国历史文化悠久的品牌形象，而与新技术、生活质量、娱乐和时尚脱节。[①]

●我们还没有成熟的品牌战略

品牌是企业在激烈的市场竞争中生存与发展的根本要素，是产业甚至一个国家提升核心竞争力的关键环节。

培育品牌的过程是提升国家经济实力的过程。表面来看，品牌是企业产品和形象的展示，实际上是企业自主创新能力的体现。当前，中国经济大而不强的主要原因，就是低端产品多，名牌产品少。50多年来，我国GDP虽然增长了近10倍，但获取的产品附加值与溢出价却未呈同比例增长，这已成为中国经济可持续发展的主要制约。因此，要下大气力创造出更多具有自主知识产权的产品，尽快实现由中国制造向中国创造的转变，从而实现产业结构高端化，发展方式集约化。

培育品牌的过程是提升企业竞争力的过程。改革开放30多年来，我国制造业取得了长足进步，在许多常规产业中，我们的产品质量与洋品牌已区别不大，但销售价格却相去甚远。其原因就在于我们的产品缺乏品牌效应和品牌价值。要突破这一困境，关键在于大力发展品牌经济，最大限度地将真金白银留下，以实现国民经济的可持续发展。

培育品牌的过程是做精产品、做强企业、做大产业的过程。经过改革开放30多年的历练，我国一些常规产业领域的制造能力已相当成熟，完全具备了问鼎世界顶级品牌的能力，关键在于我们还没有成熟的品牌战略，经营品牌的能力还不强。因此，我们要尽快制定品牌发展战略，推动中国经济早日进入品牌经济时代。[②]

●培育自主品牌应上升为国家战略

在市场经济环境下，品牌对于一个企业来说，代表着企业产品的市场占

---

① 米尔顿·科特勒：《中国国家品牌缺失的原因》，《IT时代周刊》2009年3月24日。
② 刘瑞旗：《实施品牌战略刻不容缓》，《求是》杂志2011年3月16日。

有率。如果说计划经济是以行政权力在划分市场，那么市场经济就是以品牌划分市场。我们要参与国际市场的划分和竞争，就必须创出一大批自己的品牌来。中国产品品牌知名度越大，市场占有份额就越大。

对一个国家来讲，其品牌集合代表着一个国家经济的综合实力。品牌背后是人力、物力、智力、财力，以及文化、教育等综合实力的较量，所以全世界的主要品牌多集中在经济高度发达的西方国家，而经济落后地区几乎没有大的世界知名品牌。一个国家经济实力的体现，多表现为一个国家国际知名品牌的多少，拥有大批自主品牌会让中国更受全球尊敬。

有品牌才能让我们掌握经济主动权，没有品牌的营销是被动的。一旦我们拥有强大的品牌集群，我们就掌握了经济的主动权和国际分工的主导权，就能从根本上扭转被动局面。

"自主品牌"是"自主创新"实现价值最大化的有效载体和推进器。在那些技术创新要求不高的大众消费品领域，"自主品牌"比"自主创新"来得更为重要。品牌的一半是技术，一半是文化，从这个角度来讲，技术创新还仅仅是支撑品牌的组成部分。①

●提升"中国制造"含金量，加快国家品牌战略体系建设

2012年"两会"期间，全国人大代表、志高控股董事局主席李兴浩做客中国网视频访谈时表示，中国这个大品牌在世界上的地位不是很高，建议中国的企业联合一起来打"中国制造"的牌子，让老百姓认知，这样品牌就会慢慢地提升。2011年他提出，自主品牌走出去须借力打力。在国际市场，再强大的企业发出的声音也是弱小的。国家应当对拥有专利技术、超高性能指数的产品给予政策、税收方面的支持；国家应当组织"中国创造"高科技产品展览、经贸洽谈等活动，推动其在国际市场的销量；国家还应当在欧美地区设立商贸中心或物流中心，以共享资源支持高端产品出口等。自主品牌走出去要善于借国家之力，国家也应当为自主品牌国际化提供便利。

他在2010年"两会"上提案：加快国家品牌战略体系建设。

由于核心技术的缺失，"中国制造"一度成为廉价品的代名词。在全球

---

① 周海江：《培育自主品牌应是国家战略》，《环球时报》2011年3月31日。

制造业产业链上，中国企业基本上都处于中低端，含金量普遍偏低。据数据统计，"中国制造"的利润，中间商分得 60%，品牌商占到 30%，而中国制造商仅得 10%。政府应积极运用软实力推广国家品牌，使中国民众的劳动不再廉价，促经济发展方式的转变，这也是中国经济转型和富民强国的必由之路。

推动中国经济起飞并使全世界受益的"中国制造"，正面临全球贸易保护主义层层壁垒的围堵。近两三年来，中国也已成为世贸组织中遭受反倾销和反补贴调查最多的成员国。相比中国制造的廉价，日本、韩国的产品都比中国产品贵，被别国反倾销的机会反而少，可见国家品牌的建设至关重要。中国政府应积极扶持中国企业开发和发展核心技术，提升中国制造的竞争力，从而开拓更多的海外和内销市场。

当前，中国的发展理念、发展模式、外交、文化等都在不同的侧面增强了中国的软实力，成为塑造国家品牌的有利条件。只有通过国家品牌的推广，才能真正树立国家的新形象，确立中国世界强国的地位并进一步提升中国在全球的话语权。①

81

●制定"品牌促进法"，成立"国家品牌委员会"

云南工商联副主席、云南盘龙云海药业集团董事长焦家良认为，目前的品牌管理主体包括政府、政府有关职能部门、行业组织、企业和个人五类，职责各不相同，这五大主体之间存在着结构、管理失衡的矛盾。如政府对国家、城市和产业等公共品牌的宏观管理职能较弱，缺乏应有的国家组织和规章制度；一些企业虽然日益重视品牌，但视野较窄；宏观经济领域中一些公共品牌的建设明显滞后，严重制约了微观经济领域中个人、产品和企业等私有品牌的发展及其附加值的提升。

他建议，尽快成立直属国务院的"国家品牌委员会"，负责建设国家和产业品牌，以及统筹、指导和监控其他品牌的发展；制定并颁布《中华人民共和国品牌促进法》，通过立法和政府行为，把统筹公司品牌发展的意识和要求明确传递给上述五类主体；在人才上，可以借鉴英国等国家的做法，加

___
① 《李兴浩代表：加快国家品牌战略体系建设》，腾讯科技，2010 年 3 月 4 日。

强并加快有关品牌管理的高等学历教育和职业技术教育，从而解决我国品牌经营管理人才严重缺乏的瓶颈问题；在经济上，可以借鉴日本的经验和做法，募集和挑选具有中国文化特色和地域特色的品牌，为其承担部分研发、宣传和推广经费，最终打造成国际品牌。①

加快自主创新，提升产品技术含量和价值量，提升中国在世界产业链中的位置，是我们在严峻形势下的唯一选择。

要想顺利完成从"中国制造"向"中国创造"的过渡，必须加快培育我国的跨国公司和国际知名品牌，并上升到"中国品牌"的层次；必须把自主品牌的塑造和提升置于国家发展战略的高度，通过品牌的力量展现中国的国家形象和综合实力，推动中国的发展和复兴。

所有带中国商标的产品，都是国家形象的缩影；国家品牌建设必须依靠自主创新；一个强大的品牌背后，有着强有力的国家品牌形象；培育自主品牌应上升为国家战略；提升"中国制造"含金量，加快国家品牌战略体系建设；制定"品牌促进法"，成立"国家品牌委员会"。

英雄所见略同：品牌安全，从国家品牌生产力做起。

---

① 焦家良：《呼吁成立国家品牌委员会》，中国质量新闻网，2011 年 4 月 8 日。

第三章　中国品牌和平崛起路线图

"中国品牌和平崛起路线图"是太子龙集团提出的品牌国际化模型。

这个图呈"W"形，五个端点代表品牌和平崛起的五个阶段：阶段1：外向型产品出口──→阶段2：内生型品牌培育──→阶段3：品牌内向国际化──→阶段4：计划性品牌输出──→阶段5：内外向国际化品牌竞合。

这个模型可以表述如下：外向型产品出口是我国改革开放初期经济模式起点──→这种现状必须改变，重要途径是品牌培育：建立国家品牌生产力示范基地，发展中华民族文化创意产业──→品牌内向国际化：优先满足民族内需，首先在国内市场打败国际品牌──→计划性品牌输出：即国家品牌、区域品牌、产业品牌有计划、有预案的输出，其重点是国家品牌战略实施、普世价值观念融通、民族品牌文化国际化──→内外向国际化品牌竞合：在站稳国内市场的同时，与国际品牌竞合互动，共享国际品牌市场，实现全面意义的民族品牌国际化，即中国品牌全面和平崛起。

第一节　三驾马车，谁作辕马

德国前总理施密特说：品牌是中国在下一个"文化革命"当中取得成功的唯一之道，它将征服世界，它将会是中国的一个销售机器，这场21世纪的中国企业的品牌经营战略革命，会对世界秩序产生大的影响。

把轰轰烈烈的"文化革命"与中国品牌崛起联系在一起，外国人自有外国人的思维方式。但是，在中国人心目中，中国品牌会是怎样的一种崛起呢？官方民间的回答可能会相当一致：和平崛起。

出口、投资、消费被喻为拉动经济的"三驾马车"。在中国改革开放的30多年历史中，"三驾马车"拉着中国经济连续多年保持着两位数以上的高增长，但同时也在这几十年来的长途奔波中形成了畸形的合力作用——以投资作为主力，在出口贸易满足外需的背后，拖着长期刺激不足的内需市场。作为第一轮经济的扩张，这个周期从2000年开始，2008年转入回落。

2008年的数据，将一个严峻的现实摆在面前，出口熄火、投资减速、通胀笼罩、动力不足，在转型中的中国经济面临一个新的"怪圈"：在出口及投资转弱下，只能寄望于消费，而消费不振又将打击投资。

我们的"三驾马车"怎么啦？

让我们读一篇美国《世界日报》2008年的文章：长期以来，中国大陆经济是靠"三驾马车"，即投资、进出口和消费拉动。但"三驾拉车"之马，步伐不那么一致。现在面对金融危机和全球市场的大变，投资和进出口的拉动力度，正在减缓，而消费的拉动力，多年来就有积弱之弊。因此，要稳定经济，确保一定的增长，必须对"三驾马车"重整。在"三驾马车"中，由于全球经济衰退似成定局，国际市场不是一时半会儿可以复苏，对进出口只能实施保守疗法，以提供宽松的金融环境，放松银根，辅之以税务宽减等政策，以帮助企业渡过难关。现在尤其要预作安排的，是外资企业可能出现的破产清盘潮。中共领导层定的经济对应之策，主要是拉动内需，促进消费。当局预期将提出一系列措施来刺激内需。表面看来，中国经济和社会发展的调控取向，已经十分明确，但具体政策调整，不会那么轻松，这是因为"三驾马车"去向不一，地区行业千差万别，再加上这些年来利益格局多元化、博弈复杂化，"三驾马车"重整的过程，还不是那么容易。①

中国社科院财贸所副所长荆林波认为：横向比较，我国消费率明显偏低，居民消费率自1978年以来一直在53％以下，2008年和2009年连续下降到35％左右，而且情况仍然有恶化的倾向。"在国际经济形势不确定因素日益增多、国际需求不稳的情况下，未来我国的经济发展动力绝不能像过去那样过度地、单纯地依靠粗放式的外贸，要重建经济发展动力结构，内外需并重，稳外需与扩内需相结合，稳增长与调结构相结合，促进国民经济持续、稳定地增长。这是加快经济结构战略性调整、增强经济发展协调性和竞争力的重要方面。"②

---

① 《中国经济三驾马车重整上路》，《美国世界日报》2008年10月28日。
② 杨威：《2011："三驾马车"拉动经济更给力》，《人民日报》2010年12月20日。

"十二五"规划，第一次对拉动经济的"三驾马车"重新排序——消费、投资、出口，协调拉动经济。"消费"成了辕马。

"十二五"规划提出"要坚持扩大内需战略，保持经济平稳较快增长"，把扩大内需提升到了一个战略的高度。所谓转变经济发展方式，指三个转变：由主要依靠投资、出口拉动，向依靠消费、投资、出口协调拉动转变；由主要依靠第二产业带动，向依靠第一、第二、第三产业协同带动转变；由主要依靠增加物质资源消耗，向主要依靠科技进步、劳动者素质提高、管理创新转变。三个转变可以归结到一点：由出口导向型转变为内需导向型。其实，发展战略的转型也好，经济发展方式的转变也好，一句话：就是如何扩大消费。

据 2010 年中国统计年鉴披露，国家统计局公布 2009 年消费、投资和出口对 GDP 增长的贡献：2009 年，最终消费对 GDP 的贡献率 52.5%，拉动 GDP4.6 个百分点；投资对 GDP 的贡献率 92.3%，拉动 GDP 8.0 个百分点；净出口对 GDP 的贡献率－44.8%，拉动 GDP－3.9 个百分点。

2009 年，国内市场持续旺盛，消费马车稳步快跑，成为我国应对国际金融危机冲击、保持经济平稳较快发展的一大亮点。一年来，国家密集出台家电、汽车、摩托车下乡，补贴节能产品等促消费政策，着实烧旺了城乡消费这把"火"。2009 年，农村消费潜力得到更大释放。据商务部预计，2009 年农村消费增速首次快于城市，消费对经济增长的贡献率达 50% 以上，创下历史新高，比 2008 年提高 6 个百分点，不仅增加了税收、带动了投资、扩大了就业，更使"三驾马车"比例进一步优化，经济发展的内生动力趋强。

同时，进口的大幅增长，说明经济刺激政策的效果显现，内需比较强劲，这也有利于拉动世界经济的恢复。

国际金融危机以来，在"4 万亿元投资"、"十大产业振兴规划"、"积极的财政政策和适度宽松的货币政策"等的共同作用下，我国投资实现了大幅的增长。4 万亿元投资成为扭转中国经济下行的主要动力，可以说"4 万亿元"计划，扭转了 2009 年的经济下滑后，在 2010 年如何安排也将成为影响中国经济走向的关键。

国家统计局公布 2011 年上半年"三驾马车"对经济增长的贡献率是：消费对 GDP 的贡献率为 47.5%；资本形成总额对 GDP 的贡献率为 53.2%；

货物和服务进出口对 GDP 的贡献率为−0.7%。"三大需求"对经济增长的拉动点数分别是 4.6%、5.1 和−0.1 个百分点。从 2002～2010 年，中国进口规模 8 年来增长 3.7 倍，由全球第 6 位跃居第 2 位，成为世界上举足轻重的进口贸易大国，也成为欧美日等主要贸易大国的重要出口市场。

从 2011 年全年来看，投资、消费和净出口三大需求在 2011 年增速都有所减缓，但仍然处在平稳较快的增长区间。2011 年我国的 GDP 增长及消费与可支配收入增长再一次赶不上我国的财政收入增长。2011 年，社会消费品零售总额增长率比起 2007 年和 2008 年的 18.2% 和 22.7% 还低，但比 2009 年的 15.5% 略高。值得注意的是，2011 年的社会消费增长率比起 2010 年的 18.3% 有明显的下降。① 这说明，"三驾马车"仍在调整中。

第二节 产业结构调整的战略实质是品牌化

在"十二五"规划中，"品牌"一词出现 10 次，而"自主创新"6 次、"创意"4 次、"国际化"5 次。也就是说，规划中到处闪烁着品牌的光辉。

"十二五"产业结构调整战略是为了从产业链、价值链的角度，突破关键环节、提高加工深度和附加值，表现为三大格局的形成：一是传统产业新型化和新兴产业规模化的产业结构优化格局——亦即品牌化的产业结构格局；二是促进工业新型化和服务化、农业产业化、服务业知识化，形成三次产业相互支撑、共同促进的融合化发展格局——亦即品牌化的产业融合格局；三是培育具有国际竞争力、拥有自主知识产权和自有品牌的大型企业与中小企业协调配套、共同发展的企业组织合理化格局——亦即品牌化的企业组织格局。

用品牌化解读"十二五"规划，是否有些牵强附会呢？

我们可以把格局规划中描述"高端"的词组罗列出来："传统产业新型化"，"新兴产业规模化"，"工业新型化和服务化"，"农业产业化"，"服务业知识化"，"具有国际竞争力、拥有自主知识产权和自有品牌的大型企业"，

---

① 陈海玲：《GDP 增长、消费收入增长赶不上财政增长》，《广州日报》2012 年 2 月 23 日。

"企业组织合理化"，这些"化"，都可以用"品牌化"替代。也就是说，"十二五"规划的产业结构由价值链中低端向中高端提升的三大格局，就是一个全面品牌化格局。

国家发改委宏观经济研究院课题组在《"十二五"时期我国产业结构调整战略与对策研究》课题中指出了产业结构调整的四项战略任务：

（1）加快从价值链低端向价值链中高端转变。解决我国产业发展中的结构性矛盾，就是首先要改变过度偏重加工制造并处于价值链低端，以及由此带来的产能过剩、过度竞争和对能源、资源、环境沉重压力的状况。因此，一方面，应通过提高研发、设计和加工制造水平，强化加工制造环节的核心竞争能力；另一方面，着力向研发、设计、营销、供应链管理、品牌和专业化服务等价值链两端的关键环节延伸，促进向产业链高端发展，增加在全球产业链中高附加值产品和环节的比重。

（2）促进由以价格竞争为主向以非价格竞争为主转变。从全球来看，随着信息技术的发展和装备的现代化，出现了柔性生产、及时生产、敏捷生产体制，使得按个性化定制成为可能，产品的竞争也更多地由过去的价格和品质竞争，转向价格、品质、个性化、响应速度和服务的竞争。是普遍采取价格竞争战略还是普遍采取非价格竞争战略，在很大程度上决定了我国生产性服务业的发展、产业结构的转型升级，也决定了发展方式的转变和走新型工业化道路能否实现。因此，应该从战略的高度，完善竞争环境，促进我国企业由以价格竞争为主向以非价格竞争为主的转变，以改变传统发展方式、分工方式和技术进步对大量使用低廉要素投入的路径依赖。

（3）促进企业间的无序竞争向有效竞争转变。促进产业组织结构的合理化对改善国民福利具有战略意义。既要解决制造行业过度竞争和集中度不够的问题，也要解决一些服务行业的垄断性问题，应坚持"内外有别"的方针，促进有效竞争。对外，要尽量打破跨国公司的垄断，实施战略性进入及提高产业集中度，努力形成与跨国公司相抗衡的能力；对内，要促进形成经济规模和适度竞争。

（4）加快由"高投入、高排放"向"高效益、低排放"的可持续、低碳化发展模式转变。"十二五"时期将是我国资源能源消耗比较多、环境问题比较突出的时期，而由于能源、资源的不可再生性，对能源、资源的争夺将异常激烈；并且，随着人民生活水平提高，对环境要求也越来越高。同时，国际上对气候变化和环境的关注度日益增加，新能源和气候变化将成为未来国际关系和国际经济竞争的重点。因此，无论是应对国内结构性矛盾带来的资源、环境问题，还是适应全球发展理念和发展趋势的变化，都要求我国坚持可持续发展战略，着力推进节能减排，着力推进能源、原材料等传统重化工业的高新化、集约化、清洁化和循环化，把握以低碳经济为核心的绿色能源革命带来的机遇和挑战，抢占新一轮科技革命和产业发展的制高点，积极发展低碳型产业，加快推进经济增长由传统的"高投入、高排放"模式向"高效益、低排放"的可持续发展模式转变，促进经济发展的低碳化。①

这四项任务，正是品牌化的题中之意。

●品牌化的六个阶段

关于品牌化的概念，一般认为：企业为其产品规定品牌名称、品牌标志，并向政府有关主管部门注册登记的一切业务活动，叫做品牌化。

品牌化其实是对某一类或一系列产品的认知标准化、宣传标准化处理，以达到市场突出和市场区别的作用。品牌意味着市场定位，意味着产品质量、性能、技术、装备和服务等的价值，它最终体现了企业的经营理念。品牌化是赋予产品和服务一种品牌所具有的能力。品牌化的根本是创造差别，使自己与众不同。品牌化的要点：不能只强调品牌的属性、利益，品牌的实质应包含其价值、文化和个性。品牌无国籍。在世界范围内，品牌化对于商家和消费者来说是一种互利双赢的模式，消费者认准品牌，商家全面实现品牌化效应。在一些场合，品牌化也被广泛应用到有关品牌的一切运作上。

其实，品牌化的概念内涵值得好好研究。我们认为，它的含义在不断深化中，起码可以分为六个阶段：

（1）产品的品牌符号化

品牌化最初的意思是在产品上使用品牌，可称为产品的品牌化。品牌化决策就是决定要不要品牌，还有以谁的名义使用品牌的品牌决策、使用哪一级质量的品牌质量决策，以及家族品牌决策、品牌扩展决策、多品牌决策

---

① 《"十二五"时期我国产业结构调整战略与对策研究》，国家发改委宏观经济研究院课题组，2011年2月11日。

等，都是围绕品牌名称的使用进行决策。

这种品牌化的意义在于把具体产品同品牌符号结合起来，并以符号为标志，区隔竞争对手的产品。这个阶段的品牌概念主要表现为商标。

产品品牌化的发展非常迅速。今天，已经很少有产品不使用品牌了。

（2）品牌运营技术化

指在战术、策略、局部技术意义上使用品牌，可称为营销的品牌化。

随着品牌的使用，企业与策划公司、营销公司开始在操作层面，对从品牌定位到市场细分、目标市场定位、产品策略、广告诉求主题定位、电视广告创意、媒介选择、公关活动、新闻软性宣传、终端陈列等一系列环节拆零研究，从点子到策划，从手法到策略，从战术到战略，五花八门，层出不穷。由于立足于市场打拼，计较于一城一地的得失，市场反馈迅速，企业调整频繁，指导理论多变，如同春秋战国，整个一个混战场面。

这个阶段的成熟，表现为品牌战术管理的观念树立和理论运用，尤其在营销管理上，直接引进国际现成模式，使品牌营销和营销品牌迅速主导市场，规范了市场行为。

（3）品牌管理战略化

与品牌战术管理共生的概念是品牌战略管理。

所谓品牌战略就是真正将品牌作为核心竞争力，打造企业的产品、技术核心专长，做到品牌管理工具化、制度化、流程化、标准化，可谓管理的品牌化。

品牌战略规划制定以品牌核心价值为中心的品牌识别系统，并以之统率和整合企业的传播、营销等一切活动，同时优化品牌架构，合理利用品牌资产，使品牌附加值在企业利润中的比重越来越大。

（4）品牌战略人文化

与全球化并行的观念，最重要的就是地球村。一个讲发展的极大化，一个讲约束的紧迫感。其本质差异是人的地位。当各种意义的"以人为本"在"明天"这个概念上一致起来时，全球化和地球村难得地找到了交合点——品牌价值观。于是，产品、质量、服务、营销、公关等技术战术层面和小战略层面的概念，让位于以顾客为核心的品牌关系立场、低碳观念、可持续发展原则和责任文化，品牌终于把人的今天和明天的精神文化需求作为终极目标，重新调整企业、产业的文化、价值观定位和生活方式贡献，并寻求一定程度上的民族文化支撑。

品牌战略人文化可视为品牌化的质变。

（5）品牌行为国际化

品牌要进入国际市场，就得接受国际规则，取得通行证。当一个企业用相同的品牌名称进入一个新的国家，开展品牌营销，就是品牌国际化。通常，品牌国际化的目的是在异国他乡建立起本品牌的强势地位。因此，品牌国际化简单地说就是品牌的跨国营销。

品牌的国际化行为就是品牌输出。品牌输出的初级形式是品牌随产品或服务通过国际贸易输出；中级形式是品牌随资本输出，通过投资使品牌根植于当地；高级形式是通过品牌的特许使用而获取品牌收益。

（6）品牌标准全球化

品牌全球化，是指将同一品牌以相同的名称、相同的包装、相同的广告等向不同的国家、不同的区域延伸扩张的品牌经营模式，以实现统一化和标准化带来的规模经济效益和低成本运营。实质是企业产品以全球接受的标准化模式进行全球营销。

能够制定和规范国际规则的品牌，才是无国界品牌，才是有全球话语权的品牌。此为品牌化最高境界。

●产业结构调整的目的是打造品牌

产业结构调整和产业升级的根本目的是打造优良的民族品牌。

实践证明，在以结构调整、技术进步为主要内涵的经济发展阶段，品牌企业，尤其是大型品牌企业和企业集团在国民经济发展中发挥着特殊的作用。品牌企业技术实力雄厚，产品适销对路，市场信誉度高，可持续发展能力强，能够承担起对产业发展具有重大带动作用的资金数额大、技术含量高、建设周期长的项目的建设。而这是众多中小企业所无法企及的。品牌企业是产业结构高级化的支撑。品牌企业是产业技术进步的策源地，是推动产业技术进步和科研成果转化的主体，是产业结构高级化的标杆。大型品牌企业具有促进产业结构升级的重要作用。品牌企业经过发展，组建成大型品牌企业集团，并形成本企业与中小企业的共生关系，可以将品牌企业的人员、技术、管理和产品优势通过其产业链传递到关联企业，从而带动大批企业迅速提高经营效益，为经济发展增加新的动力。

推进产业结构优化升级，对于区域来说就是大力发展名牌产品、品牌企业，将其做大做强，以带动整个区域企业水平的提高和经济社会协调发展；对于产业来说，就是大力发展名牌产品、品牌企业，将其做大做强，以带动整个产业的发展；对于国家来说，就是大力发展名牌产品、品牌企业、品牌城市、品牌产业、品牌区域，将其做大做强，做到能代表国家参与国际竞争的层次。可以说，产业结构调整和产业升级，是国家品牌战略的基础表述；而国家品牌战略，则是产业结构调整和产业升级的归宿。所以说，产业结构调整和产业升级的根本目的是打造优良的民族品牌。

产业结构调整，是为了使其合理化。合理化以什么为标准呢？众说不一。概括一下，大致上有单一标准说、三标准说、四标准说、六标准说和七标准说等。其中被普遍认可的要素有：资源合理利用标准、适应需求结构标准、产业协调标准和结构效应标准。

资源合理利用标准，对任何意义上的品牌来说，都是基本功，安身立命之所。从微观上的产品品牌、企业品牌，中观上的产业品牌、城市品牌、区域品牌，到宏观上的国家品牌、国际品牌、全球品牌，所谓可持续发展，首先是资源允许。

适应需求结构标准，这也是品牌基本功。品牌对市场的反应，要比管理部门灵敏得多，调整适应也快。而且从微观到宏观，整体反应。

产业协调标准和结构效应标准，要用一大堆报表和统计说话，这些数字，一部分由产品表达，一部分由产业表达，一部分由品牌表达；由品牌表达的部分市场信息反应灵敏，人为因素影响小，可靠度大；品牌表达部分比重越大，统计越真实，越容易与国际接轨，因为品牌是国际化语言。

所以，如果建立一套以品牌为基准的指标作为产业结构调整合理化指标，用品牌标准作为产业结构调整合理化标准，我们的产业结构调整将更加科学、更加客观，也更容易把国内的政策调整色彩改进为有国际化色彩的市场加政策调整。这样，一来在国际交往中减少疑虑猜测，方便对话；二来丰富中国特色的社会主义或社会主义的市场经济内涵，体现计划加市场的混合型体制的优越性。

91

第三节　中国品牌和平崛起路线图阶段分解

●阶段一：外向型产品出口——中国经济模式起点

外向型产品出口即通常所说的出口创汇式外向型经济。外向型经济泛指与国际市场紧密联系的国内经济体系，广义的外向型经济是指在世界范围内进行贸易、资本、技术、劳动力等方面的经济交流活动；狭义的外向型经济是指以国际市场为导向，以出口创汇为主要目标的经济活动。

外向型经济模式的基本特点是：积极参与国际分工，把重点放在发展出口产品的生产上；以国际市场为目标，发挥自己的比较优势；生产要素通过国际、国内的双向流动，达到优化组合，提高其使用效率；对国际市场依赖性大，风险也大。

中国外向型经济的特征是：

1. 政府主导型经济；

2. 沿海地区率先发展外向型经济的同时，发挥全国各地产业优势，共同推进外向型经济的发展；

3. 以"三来一补"为起点，从贸易为主转为国际经济经济技术合作；

4. 以重点出口产业群体作为产业外向化发展的中坚力量，形成大中小企业相结合的协作体系；

5. 以产品输出为主，很少品牌输出。

为什么美国金融危机对中国金融机构影响相当有限，却对中国的实体经济造成巨大冲击呢？原因是经济全球化使世界成了连为一体的大市场。结果是：第一，中国外向型经济发展模式把命运交给了买方市场；第二，中国在国际产业分工中的低端地位难以改变。

我国的出口导向的外向型经济，使我们很快融入世界经济体系。中国的出口依存度也不断上升，从 1994 年的 21.6% 上升为 2007 年的 37.1%，而国内消费却持续低迷，2007 年只有 30% 左右。这种经济结构导致国民经济严重的内外失衡。所谓内部失衡就是储蓄率和投资率过高、消费率过低；外部失衡则是国际收支盈余过大、贸易摩擦和人民币升值压力增加。

　　出口导向的外向型经济还使我们对美国经济高度依赖，至今难以自拔。中国依存度已达60%，成为世界上贸易依存度最高的国家。外贸依存度是我国与其他贸易伙伴及整个世界的"双向依存"，双方的经济政策和贸易政策在一定程度上互为影响、互为牵制。也就是说，随着我国外贸依存度提高，我国经济增长对国际环境的依赖程度加深，与此同时也意味着我国经济活动存在的风险日益增加。中国社会科学院世界经济研究所做过一个分析，认为美国经济增长率下降1%，中国的出口增长率就会下降5.2%，从而将影响中国1.3%的经济成长率。

　　出口导向的外向型经济是我们适应国际生产转移与国际分工深化的结果，它有一个发展过程，一旦成型，必然运行一个不短的阶段，所以，中国在国际产业分工中的过低地位一时难以改变。第二次世界大战后国际产业转移在东亚地区演变的结构是形成了美国（基础研究）——日、韩、新、中国台湾（应用开发）——中国和东盟（制造生产）的典型产品内分工格局。中国对美出口70%属于加工贸易，美国为技术研发方，东亚为原材料和零部件供应商，而中国从东亚进口原材料在本土加工装配后再出口到美国，形成美东亚、中国、美欧的三角贸易。在这一国际分工体系中中国处于最底层，由于利润过低，只能以规模取胜，从而形成国内市场无法消化的庞大产能。所以当外需不足时，企业倒闭与外资撤离也就在所难免。

　　中国总理温家宝2009年1月28日在世界经济论坛年会上说，坦率地说，这场危机对中国经济也造成较大冲击，我们正面临严峻挑战。主要是：外部需求明显收缩，部分行业产能过剩，企业生产经营困难，城镇失业人员增多，经济增长下行的压力明显加大。

　　沿袭过去的出口导向战略，已经走不下去了。所以，我们只能在扩大开放的同时更强调扩大内需，扩大内需已经成为"十二五"提出的国家战略。

　　胡鞍钢在《21世纪商业评论》撰文说，到2020年，中国将取代美国成为世界上最大的消费市场。中国消费黄金时期由四大支柱支撑：居民收入快速增长，实际消费能力明显增强；消费结构加快升级，进入全面消费时代；居民边际消费倾向呈上升趋势；私人消费与公共消费相互促进形成新格局。

　　从国际比较看，我国的消费率也将趋于提高。我国消费率远低于世界平均水平，有很大的提升空间。从国际经验来看，随着我国的人均收入向更高收入阶段迈进，消费率也将进一步上升。到2030年，仅中国的城市人口总规模将达到 10 亿人，相当于美国总人口的 2 倍之多。中国即将成为世界进口第一大国。2006~2010 年，中国进口贸易累计为 5.78 万亿美元；2010 年中国进口贸易达到 1.39 万亿美元，占世界总额比重的 9.1%，已经是世界第二大进口国；2011~2015 年累计进口额再翻一番，在 10 万亿美元以上，2012 年或 2013 年中国进口额就会超过美国，位居世界第一。①

●阶段二：内生型品牌培育——国家品牌生产力孵化

内生型品牌培育是随着经济模式转型而出现的整体品牌建设现象，它以打造国家品牌生产力为宗旨，针对企业、产业高度化发展阶段的自主品牌建设和品牌化需求，提供从产品品牌、企业品牌、产业品牌、城市品牌、区域品牌的孵化服务；它一改自发的品牌外向国际化为有序的品牌的内向国际化，是国家品牌战略总目标及细分目标和阶段目标的流程化、标准化品牌蓝图，它的载体是国家品牌生产力基地等品牌孵化器，以及行业、产业组织和集团企业。

简言之，内生型品牌培育前提是满足国家品牌经济的内在需求，路径是从品牌的内向国际化做起，关键是打造民族品牌国际化流程，目的是培育国家品牌生产力。

内生型品牌培育是与外向型品牌现象相对而言的。外向型品牌现象指伴生于外向型经济模式的品牌行为，多为产品品牌、企业品牌，多呈自发、散在状态；随着外向型经济模式的成熟，品牌的整体有序发展在中观层次有所改善，产业品牌、城市品牌乃至区域品牌开始出现，但互相之间缺乏联系。

依赖出口的外向型经济现状必须改变的话题已经讨论了十多年，其中提法应有尽有，从中国制造到中国创造、中国创意、中国设计、中国智造、中国智慧、中国价值，囊括了所有的升级路径和发展可能。

十七大报告指出，要提高自主创新的能力，建设创新型国家，加快培育我国的跨国公司和国际的知名品牌。"十二五"规划纲要明确提出，要发展拥有国际知名品牌和核心竞争力的大中型企业，实施"走出去"战略。塑造一批具有国际竞争力的自主品牌企业，分享国际产业价值链中的高附加值成

① 胡鞍钢：《"中国奇迹"是否可续?》，《21 世纪商业评论》第 84 期，2011 年 8 月。

果，成为我国实现由"经济大国"向"经济强国"转变的必要条件。

要加强品牌建设，建立培育自主品牌支持体系。鼓励企业依靠科技进步和加强质量管理，争创名牌，走名牌兴企的道路。完善法规，加强政策引导和扶持。加快推进国家标准化工作，开展"国家品牌计划"，完善中国名牌产品评价机制。鼓励各地政府加强组织领导，制订名牌发展和培育规划。充分发挥行业协会和社会中介组织在实施名牌战略中的作用，提高专业化服务水平。建立质量诚信体系，提高名牌产品的质量信用。加强服务，对信誉良好的名牌产品实行出口免验和便捷通关。努力营造有利于自主品牌成长发展的环境。加大打击假冒伪劣产品和保护自主知识产权的力度，营造公平竞争的市场环境。加强舆论宣传，增强全社会品牌意识，努力营造有利于品牌成长的环境。①

内生型品牌培育是随着经济模式转型而出现的整体品牌建设现象，它所要改变的，是伴生于外向型经济模式的产品品牌、企业品牌自发状态的外向型品牌现象。产品品牌、企业品牌的外向型品牌化，多为单打独斗，其竞争力的微弱不言自明。

民族品牌要想可持续发展的最终出路就是走国际化道路，而要成为国际品牌的前提是成为该国最高级别的品牌，而不是国内某个区域的品牌级别，就好比是要想成为世界冠军的选手，前提必须是亚洲小组出线者，要想成为亚洲小组出线者必须是本国冠军。品牌也是一样，各层次的品牌冠军，代表国家品牌生产力，具备品牌世界竞争的资格。

李宁是业内佼佼者，但李宁奋斗多年要成为国际品牌，却没有得到普遍承认。道理很简单，虽然产品卖到国外了，但只是亚非拉非发达地区或者发达国家的穷人在买，这些消费者穿得越多证明我们的品牌不值钱。而有钱的外国人从来就没有把李宁看作是最高水平的国际品牌，不过是个有牌子的产品罢了。产品和品牌的本质区别在于一个有附加值，一个没附加值。附加高低一方面取决于该品牌文化和科技的含量，另一方面则是看你在本国的品牌位置。

这么多年来中国品牌出口老是低端的原因就在于中国品牌本身一没实力

95

---

① 国家发改委宏观经济研究院课题组王岳平：《十二五时期我国产业结构调整战略与对策研究》，《经济研究参考》2010 年第 43 期。

二没身价，因为中国缺少达到世界最高水平的品牌。品牌专家们以为是中国的产业平台没搭建好，所以一直讲产业振兴和产业升级。其实，平台要讲，重点品牌培育更要讲。

产业打造是一个面，而国家品牌打造是一个点。从点到面，向来是辩证法和中国式思维的看家本领。邓小平思想的颠覆性观点是——让一部分人先富起来，先富带动后富，最终达到共同富裕。民族品牌国际化道理也是一样的，只有先扶持那些最有实力、最有发展前景的民族品牌，让它们代表国家品牌去征战世界，不失为后发国家首选的发展战略。假若一些聪明人自顾自单打独斗，或者大家都一窝蜂地去拼世界，其结果肯定是谁都拿不到世界冠军奖牌。好比戏台子搭建好了，是不是所有人都要上去演戏呢？个个品牌都想出头，可谁都出不了头，今天的中国品牌出口正是这样。所以品牌要做精的，要做到国家品牌层次。这不是企业问题，而是国家战略问题。

建立国家品牌生产力基地等品牌孵化器就是为解决这些问题而提出来的。

内生型品牌培育以打造国家品牌生产力为宗旨，而不是传统的技术化品牌塑造和具体化品牌维护。国家品牌生产力的核心思想是打造国家最高标准的品牌示范，核心作用是强力引领和推动民族品牌走向国际化。

内生型品牌培育针对的是企业、产业高度化发展阶段的自主品牌建设和品牌化需求。计世资讯曾做过调研，近年来，由代工生产到想做自主品牌的企业家比例，从开始转型的40%多上升为60%～70%；要求从低端制造升级高端制造的也有70%～80%的比例。2011年6月《世界经理人》一项调查显示中国企业的品牌意识在不断提升，70%的受访企业认为，树立自有品牌对"中国制造"未来发展至关重要；58%的受访企业有计划在短期内采取品牌策略。[①] 但是，在实际运作中，这种需求往往表现为具体的品牌打造，如技术化品牌塑造和具体化品牌资产管理及品牌维护等，我们必须将这种需求引导到国家品牌战略的高度，从国家品牌生产力建设出发，提升和规范企业和产业的品牌行为。

内生型品牌培育提供从产品品牌、企业品牌到产业品牌、城市品牌、区域品牌的孵化服务，提供品牌立足于国内并适应于国际的标准化、流程化运

---

① 《如何从"中国制造"到"中国品牌"》，新浪厦门，2011年7月15日。

行程序，提供民族品牌国际化路径，提供立足于国内的国际化品牌竞争合作机制和策略，这就是品牌的内向国际化。

内生型品牌培育的载体是国家品牌生产力基地等品牌孵化器。

上述内生型品牌培育内容，一改自发的品牌外向国际化的盲目、无序状况，规范了品牌的内向国际化内涵，提出了有国家品牌战略总目标及细分目标和阶段目标的流程化、标准化品牌蓝图，是迄今为止最完善的内生型品牌培育战略设想。

2011年9月，商务部新闻发言人表示，中国现在的品牌产品已经在大幅提升，中国产品的价格也在大幅提升；种种迹象表明我国的"转方式、调结构"取得了明显的成效。企业的出口竞争力或者说是议价能力提升了。对于中国出口的产品，过去大家印象中总是物美价廉，或者是价低、物也不美。但是通过几年来的促进，过去更多是促进规模的增长，现在是促进质量、水平和价格的提升。中国现在的品牌产品已经在大幅提升，中国产品的价格也在大幅提升。从贸易结构上可以看到，过去是加工贸易比较多，大家常说加工贸易是两头在外，微笑曲线的两端，更大的利益在国外；但是现在一般贸易已经上升为贸易方式中的第一位，8月已经超过50％，这是多年来没有过的。一般贸易出口中，很多的原材料、产品加工都是在国内，包括研发和营销都是中国企业自己来做的，而且这部分企业中有相当大部分是中小企业，许多是民营企业。如果从结构上分析会发现，一般贸易上升了，而且这部分产品大部分是销售到新兴国家和发展中国家。从出口的所有者结构来看是民营企业比重提升了，从产品结构来讲是品牌产品的结构提升了，种种迹象都表明我国的"转方式、调结构"取得了明显的成效。[①]

中国纺织行业是技术创新和内生型品牌培育的典范。中国纺织工业协会副会长张莉2011年7月在全国纺织新产品开发研讨会上表示，"十一五"纺织科技创新取得了明显的进步，纺织品服装出口增长80.4％，价格贡献率从"十五"末的12.5％上升到55.5％，反映了我国纺织出口以量取胜的增长方式发生了根本转变，产品附加值大大提高。"十一五"期间，纺织行业大中型企业研发经费投入、规模以上企业新产品产值均增加了近2倍；多项高新技术取得实质性突破，一批自主研发的科技成果和先进装备在行业中得

---

① 《商务部："转方式调结构"成效明显》，中国网，2011年9月20日。

到广泛应用，碳纤维 T300 等高性能纤维实现了产业化突破；全行业有 22 项科技成果获得国家科学技术奖，其中两项获一等奖；国产纺织机械产品市场份额由 2005 年的 62% 提高到 78%；2010 年底纺织行业国家认定企业技术中心达到 38 个。技术装备更新速度加快，落后产能在市场机制作用下加速退出，全行业工艺技术装备水平和生产效率稳步提高。1/3 规模以上企业的技术装备达到国际先进水平；全员劳动生产率达到 11 万元/人·年，比 2005 年增长 1.1 倍。纺织行业创新体系逐步形成，产学研合作创新加强，近 80% 获得国家科学技术进步奖和 1/3 获得行业科技奖励的项目是产学研结合的成果。产业联盟成为集成创新的重要组织形式，加强了企业间合作和跨产业链合作，有效促进了技术研发和应用能力的提升。创新平台建设得到进一步推进，"国家纺织产品开发基地"建设得到迅速发展，目前已经发展到 100 多家，成为纺织产品产业链集成创新、协同开发的典范，为提高行业创新能力提供了有力的公共服务支撑。①

●阶段三：品牌内向国际化——国内市场的民族品牌覆盖

品牌内向国际化，就是国家整体品牌在已经国际化的国内市场占据优势份额。其前提是企业产业的充分品牌化；其标志是产品品牌、企业品牌、产业品牌、城市品牌、区域品牌乃至国家品牌的层级品牌体系良性运行，国内市场的民族品牌优势确立。品牌的内向国际化，是国内品牌经济发展成熟的标志，是走向整体品牌外向国际化的基础。

已经国际化的国内市场，指在经济全球化的今天，在中国这么大的市场中，国内市场与国际市场接轨程度越来越高，几乎很少有企业能够脱离国际市场而生存。企业国际化是经济全球化的必然趋势。中国市场本身就是一个国际化的市场，世界 500 大的企业有 400 多个在中国淘金，应算是国际化程度非常高的市场。它们中有很多企业设立了不同形式的分支机构和合作模式，到任何一个国家都不能像中国这样，同时与这么多的世界大企业同场竞争。

---

① 《"十一五"期间我国纺织出口增长方式发生根本转变，产品附加值大大提高》，中国第一纺织网，2011 年 7 月 5 日。

企业国际化是企业融入世界经济，在国际范围内配置产品、资本、技术等生产要素，实现可持续发展的经济行为。内向国际化是内部需求促进的国际化，主要包括进口资源、从外企取得许可证、在国内与外国企业合建公司；通过引进先进产品、领先技术、管理经验等方式，提升企业的整体技术水平，增强企业的核心竞争能力。内向国际化在观念、产品、技术、资本、人才和游戏规则方面与外向国际化没有本质区别，等于内部实战演练。

品牌的内向国际化的前提是企业、产业的充分品牌化。企业品牌化，指企业基于自身的财力、规模与发展阶段、产品的特点、消费者心理、竞争格局与品牌推广能力等实际情况制定的品牌战略和品牌架构模式及品牌关系处理、品牌战略管理、品牌运营管理、品牌资产管理等。产业品牌化，指产业的品牌结构、品牌规划及战略。从上下条状结构看，产业品牌即产业的国家品牌；从产业集群结构看，产业品牌即区域品牌。产业品牌是中观意义上的品牌化。

品牌的内向国际化的标志是产品品牌、企业品牌、产业品牌、城市品牌、区域品牌乃至国家品牌的层级品牌体系良性运行。国家品牌的构成要素，主要由地理位置、自然环境、经济、政治、文化状况、历史状况和发展前景等决定，也包括自然物、文化产物、名人、大事等标志性符号；国家品牌又是一个国家的整体品牌形象。它是国家全部品牌的总体形象，由地方级品牌、地区级品牌、国家级品牌、国际性品牌和全球级品牌构成；国家品牌也指能代表国家水平的具体品牌如产品品牌、企业品牌、个人品牌等。所以不能只在具体意义上谈品牌，国家品牌是一个整体概念。只有整体结构和层级结构完整有序，运转良好，国家品牌体系才算真正建立。品牌的内向国际化的标志，就是国家品牌体系建立。

中国国家品牌体系的建立，就是国内市场的民族品牌优势的确立。所谓优势，指主要产业的民族品牌在排名、市场份额、绝对销售量和销售额等主要指标上居首或居前。

品牌的内向国际化的另一个表现是外资企业的看重。2010年9月，国务院发展研究中心副主任卢中原在一个论坛上说，"国务院发展中心去年年底对1500家在华外资企业做问卷调查，问，你们下一步在中国继续投资还是转出中国，绝大多数回答继续向中国投资，而且是高端制造业和现代服务业要继续转移到中国来。这意味着什么呢？背后的原因是什么呢？问卷调查分析列了五六个原因，我概括出三个本土化，第一市场本土化，第二研发本土化，第三制造本土化。就是为了谋求三个本土化，外资要把地区研发中心、地区总部这样的高端制造业和服务业转移到中国大陆来。这要看各个地区有没有吸引他们来的综合竞争优势，而不是低成本的区位优势。如果我们的技术信息、管理软环境没有这样的优势他们是不会来的，而且会转移走，我们的低成本丧失了没有关系，低成本制造业转移走了也没有关系，我们何乐而不为，我们孜孜以求的就是这样的结果。中国创造远了去了，我们中国有这么强大的制造业，这么完善的体系和强大的配套能力，这是非常好的产业生态环境，为什么不当产业制造中心而拱手让人？我们要抓好高端制造业和服务业向中国转移的机遇。"

品牌的内向国际化，是国内品牌经济发展成熟的标志，是走向整体品牌外向国际化的基础。

品牌的内向国际化的目标是：优先满足民族内需；在国内市场打败国际品牌。

●阶段四：计划性品牌输出——中国品牌经济国际化战略初阶

"计划"不是"计划经济"的专用词。任何战略规划都是由目标、政策和计划三部分构成的。品牌和平崛起是一个战略规划，它要由计划来量化落实。当代管理学中管理职能四大要素，首先是计划，其后是组织、领导、控制。计划的流程是：设定目标、明确政策、规定时间、列出步骤、指定责任人、交代细分、备案、检查、调整。计划的意义是：指明方向，预见效果，预测变数，减少重复性与浪费性活动，反馈，调整；进入下一循环。

计划性品牌输出，是与自发性品牌输出相对而言的，即国家品牌、区域品牌、产业品牌有计划、有预案的输出。

计划性品牌输出是国家品牌国际化发展战略的初阶。

计划性品牌输出的内容是：

第一，政府、行业协会、企业都要树立"品牌立国"理念，在微观、中观、宏观层次上全面贯彻品牌运营理念，以品牌国际化统领产品、企业、产业国际化。

第二，政府层面要制定中国品牌输出即国际化经营的国家战略；制定国家、区域、城市、产业整体品牌国际化规划，要在科学考察和研究的基础上制定品牌外销指标、时间表和路线图。

第三，做好品牌国际化、标准化、流程化三位一体。制定各级品牌强制认证体系，加强出口企业资质管理；规范品牌出口秩序；建立品牌国际化战略公共信息平台，为品牌企业提供信息和咨询服务。

第四，要在不违反世界贸易组织等国际规则的前提下，制定国家、区域、城市三级整体品牌国际化优惠政策，扶持民族品牌国际化发展。

第五，政府、行业协会、企业联手，积极应对贸易摩擦；保持与国际商标组织沟通的常态化。

第六，品牌孵化器与中介服务机构，要以贯彻国家品牌国际化发展战略为己任，改变模式化服务习惯，为企业提供个性化、定制化、战略性服务。

第七，国家品牌国际化发展战略排头兵是企业。企业品牌外销有试点性质，这也是中国特色模式之一。试点是全局、整体、系统、战略的试点。企业必须改变单打独斗习惯，服从于产业、城市、区域、国家品牌国际化规划，每一企业的品牌外销行为，都是国家品牌发展大局的有机构成。

第八，对于企业来说，要将国家品牌国际化发展战略落实为操盘技术和策略。如在经营模式的选择上，是贸易型进入模式、契约型进入模式、投资型进入模式，还是战略联盟进入模式；在进入方式的选择上，是完全按照国际化流程逐阶行进，还是通过直接投资进入国际市场，或者采取阶段式渐进模式，先合资，后独资；先劳动密集型产业，后技术密集型产业；先发展中国家，后发达国家。不但考虑自身，还要左顾右盼，在产业、城市、区域、国家品牌国际化规划中找到自己的位置。

国家品牌国际化发展战略的实质内容，是普世价值观念融通、民族品牌文化国际化。

据英国《金融时报》报道，2011年1月，中国蓝星收购了艾肯，后者是一家用于太阳能发电行业的高纯度硅供应商，总部位于挪威。据银行家和业内专家称，为了寻找新市场、并在全球供应链中获得更大的控制权，中国公司正准备在欧洲工程和技术领域掀起一轮投资热潮。中国政府正鼓励中国公司"走出去"，在海外扎根，而不是单纯依赖出口。中国企业正把目标锁定在那些拥有专业技术的行业——机械、材料和特种零部件业。在这些领域，很多欧洲公司占据优势地位。中国公司认为，要获得价值链更高端的技

101

术，以此作为其低附加值制造业方面专长的补充，收购这些（欧洲）公司是一个好办法。截至 2011 年 3 月底的 6 个月，中国公司在欧洲的收购交易、贸易协议和贷款协定方面投入了 643 亿美元。这一数字比之前 11 个季度的可比数据高出了一倍多。

这种收购是"走出去"战略的升级版。

城市之窗家具董事长王东升说："中国家具已经到了从产品输出向品牌输出转移的阶段，相当一部分企业已经有了这个能力，大家应该有这个底气，不要一味地做 OEM。现在我们成本确实在增加，还继续做 OEM，利润很低的话，我们支撑不了这个费用。这是很现实的问题，所以我们要做品牌，而且我们现在有机会，因为世界大部分的市场对欧美的顶级家具需求量是很有限的，反而对中国家具高性价比的定位，包括中国家具做的产品、价格、品牌形象、设计理念，我认为已经广泛地被世界的消费者所接受，所以我们可以理直气壮打出自己的品牌，比如说 Made in China、城市之窗。在沙特的经历告诉我们，我们的家具销售比欧美家具销售不知道好多少，我们的店也比他们大，整体环境做得更好，因为我们生意好，有资本可以投入进来扩大店面和进行形象包装。我认为现在，世界新的经济格局变化以后，发展中国家扮演着更重要的角色，它的市场也越发显的重要，所以这个时候我们有这样的机遇可以开自己的中国品牌家具店，这个可以规避一些高成本的问题。应该让营销走出去，深入进市场，在国外设立我们的营销分部。但是大部分的企业还没有采取这样的动作，还是盲目在中国等。"

其实，品牌输出已成为普遍行为。让我们输入"品牌输出"在网上搜索一下：中国网《汽车出口将成中国自主品牌车企新兴盈利点》；南方都市报《手机出口爆炸性增长，品牌输出比例大幅上升》；中国企业报《转变品牌输出，中国家电企业海外扩张谋变》；国际商报《中国酒店服务业品牌输出迈大步》；中国箱包门户网《广州包包强势转变品牌输出策略》；中国路面机械网《中联重科，从海外并购到品牌输出》；创意世界《深圳设计之都：输出中国设计品牌》；中国童装品牌网《泉州服企拓展品牌输出通道》；深圳商报《深圳手机企业抢占印度市场，输出自主品牌》；中国文化报《民族品牌江苏卡龙动画缘何连续成功输出海外》；南方都市报《草根小厂跻身行业老大，品牌输出创造兼并传奇》……

　　从这些标题可以看出，积极性很高，计划性不足。这种积极性，使计划性呼之欲出。它为品牌输出做了前期铺垫，是中国品牌国际化的第一个台阶。但是它必须升级为"计划性品牌输出"，才能成为国家品牌战略的有机构成，成为中国品牌和平崛起的主要步骤。

●阶段五：内外向国际化品牌竞合——中国品牌的全面崛起

　　内外向国际化品牌竞合，就是在站稳国内市场的同时，与国际品牌竞合互动，共享国际品牌市场，实现全面意义的民族品牌国际化，即中国品牌全面的和平崛起。

　　经济全球化与世界经济一体化使世界性的社会化大生产网络迅速形成，传统的以自然资源、产品为基础的分工格局被打破，跨国公司在世界经济活动中的突出作用日益明显，品牌的跨国家和跨文化传播风行雨施，国际化的企业和全球化的品牌成了一块金币的两面。

　　我们早已知晓，作为发展中国家，我们的品牌是成形中的品牌。在全球化气候下，中国品牌不可能偏安一隅，必须参与国际竞争，于是"品牌国际化战略"成了许多企业的时代口号。"国内市场国际化、国际竞争国内化"不但可以用来形容新的竞争格局，更可以用来指导企业发展思路。这一点本无争议，问题在于对这句话的理解是在战略层面，还是在战役层面；是做现象解释，还是做战略解读。

　　中国品牌的全面和平崛起，首先要有高度。品牌和平崛起体现国家和平崛起，或者说，国家和平崛起离不开品牌和平崛起，这是一个观念问题，也是一个现实问题。

　　中国品牌的全面和平崛起，要有总目标，这个总目标是国家崛起。

　　中国品牌的全面和平崛起，要有动力，这个动力就是国家品牌生产力。

　　中国品牌的全面和平崛起，要有国家战略，这个战略国家品牌战略。

　　中国品牌的全面和平崛起，要有国家机制，这个机制叫民族品牌发展的举国体制。

第四节　品牌和平崛起九大要领

●要领一：品牌形而下，淡化意识形态色彩

过去，我们曾刻板理解"政治是经济的集中表现"，凡事讲个上纲上线，现在仍有遗存。如把外企来华并购都看作国家民族利益流失的大事，把中企海外并购受阻，一律看作遏制中国崛起，这就妨碍了我们自己从具体中外企业利益的博弈层面理解和处理问题。商务部研究院跨国公司研究中心主任王志乐说过："品牌都是某个企业注册和拥有的，没有一个品牌是以国家和民族来注册和支配使用的。因此我们在并购事件中要保持平和的心态，不要把并购意识形态化。"

中国品牌和平崛起，首先放平心态，就事论事，就品牌做品牌，不附加政治色彩。

●要领二：不强行输出文化，提倡文化兼容，保持低调

在品牌输出等品牌国际化运作中，始终要把文化整合放在重要位置，认真对待。

首先要提高品牌输出者的跨文化意识：树立对不同文化的理解和尊重意识；提高管理者的跨文化沟通技能；借鉴其他先行者的文化整合经验。

国家文化作为文化的核心层次，是不可能改变的。商业文化处于文化的中间层，也是很难改变的，对它应该"了解差异，适应对方与坚持自我相平衡"。被并购企业本身的企业文化处于文化的表层，应该"在了解、尊重的基础上建立共同的文化体系"。所以事先要做好文化差异评估，找出双方国家文化的共同点和差异点，衡量差异度及其融合难度，提出解决方法；做好双方商业文化差异的评估，文化整合的关键是寻找双方商业文化的差异，通过双方都能接受的行为方式来尽可能的消除双方之间的差异；了解对方企业的特殊文化。

●要领三：加入俱乐部，而非颠覆俱乐部

我们曾引进很多西方观念，如"三流企业做产品、二流企业做品牌、一流企业做标准"，"只做第一，不做第二"，等等。作为奋斗目标或励志口号，都不错。但不要喊过头了。"中国威胁论"的出现多少与我们的自我膨胀有关，"中国和平崛起"则是消毒和澄清。品牌输出尤其要不得胡吹。谦虚也没必要。实事求是用在这里很合适。我们现在是刚刚加入俱乐部，必须按人家现行游戏规则做游戏，没资格也没必要先喊出打破规矩的口号。

●要领四：以加入利益链为目标。互补互益互动，对当地有贡献

品牌输出等品牌国际化运作，是利益驱动，市场行为，不用唱高调。企业责任和品牌道义，是题中之意，本该做到的。利益不是单方享受的，不是一个环节受益的，品牌关系诸要素均在受益之列，所谓互利多赢，就在这里表现。我们的品牌输出，本土化了，为当地带来就业、利润和税收，品牌也就融入当地了。

105

●要领五：弱化对抗性，提倡竞合性

品牌输出，对抗性是必然存在的。与文化整合一样，必须研究它、评估它、弱化它，而以竞合关系化解它。

●要领六：加大透明度，破除种种阴谋论

透明度是国际社会对中国意见最大的一个焦点。除了政府、政治、军事、财政、统计外，企业透明度、产业透明度、市场透明度、品牌透明度、交易透明度等，都是指责点。

透明度是世界贸易组织三个主要目标（贸易自由化、透明度和稳定性）之一。也是我们加入世界贸易组织后要求自己努力做好的工作。根据仲量联

行及领盛投资管理联合发布的《2010年全球房地产市场透明度指数》，中国由于政府提供更多相关市场数据信息以及不断改进的监管力度，成为全球透明度提升幅度最大的国家之一。首先，中国政府对政策的把控和市场监管方面做出了很大的努力，市场逐渐走向公平、公开；其次，税制政策的执行也渐趋透明化；另外，法律法规、金融机构对行业的监管也逐渐完善；还有物业背景、价格、成交等展示体系比之前的效率和更新时间都有了提高。就房地产市场而言，中国目前的透明度指数为3～3.5分，属于半透明的阶段，两年前，中国还是处于3.5～4分，低透明的阶段。这说明中国市场还具有继续提升的趋势和空间。

此前中国企业的品牌输出、品牌国际化经营、海外并购等往往受阻，透明度是一大障碍。只有提高透明度到国际水平，才能最大限度地消解阴谋论，顺利推行我们的品牌国际化战略。

●要领七：以跨国公司为师为盟

跨国公司就是指具有全球性经营动机和一体化的经营战略，在多个国家拥有从事生产经营活动的分支机构，并将它们置于统一的全球性经营计划之下的大型企业。

跨国公司的特点是：具有全球战略目标和高度集中统一的经营管理；以开发新技术推动跨国公司的发展；以品牌竞争为代表的非价格竞争越来越成为主要手段；跨国公司是国家品牌；跨国公司代表品牌经济时代的先进生产力。用通俗的话说，跨国公司就是玩品牌的，也是玩得最好的。

跨国公司是母国实力的象征以及母国利益的代言人。世界经济强国有两个标志：一是拥有多少世界级的跨国公司；二是拥有多少世界级品牌。没有这两条，在国际经济事务中就没有发言权，甚至连国家经济主权也无法守护。值得注意的是，这两条正加速合二为一。

在品牌和平崛起路线图中，有一条隐线贯穿全程，就是跨国公司对我们的引路作用。在我们的"走出去、请进来"的内外向国际化过程中，跨国公司扮演了主要角色，是我们的家教老师、身教老师、手把手老师。

对跨国公司的正向学习、借鉴、联合、竞合，是中国品牌和平崛起的必由之路。

●要领八：内外市场并重，进出口平衡

所谓内向、外向两种国际化，是一个问题的两个方面，或者一件事情的两个阶段，它们是密切相关的。不平衡发展总是初期行为，平衡发展是常态。所谓协调发展、和平崛起，都是讲动态平衡，可持续发展。

●要领九：勇于承担责任

在责任问题上毫不含糊，一是勇于担当；二是建立责任预警预案体系，做好危机处理。

企业责任意识和责任文化已成共识，在品牌和平崛起路线图中，它是另一条隐线：底线。应该说，我们在这方面才起步，很多灾难都由责任疏失引起。品牌和平崛起是从企业到国家的任务，责任亦应是从企业到国家的责任。

做好品牌输出即品牌国际化经营的公关事务和危机处理，是品牌和平崛起的运行保障；建立责任预警预案体系，则是品牌和平崛起的机制保障。

2011年夏天，发生在中国的两件国家品牌事件搅动世界：高铁追尾、航母亮相。前者是动摇品牌根基的事故，后者是品牌刚刚开讲的故事。两者一个道理：高速成长只是产品亮点，整体跟进才是品牌机制；航母形体只是产品商标，航母战力才是品牌实质。崛起不是异军突起的爆发力，而是体系建设的整合力。和平崛起，必须内外兼修，于外竞合互利，多交师友不树敌；于内协调发展，统筹兼顾不偏倚。国家和平崛起，品牌和平崛起，都是一个道理。

环 境 篇

第四章　国家品牌市场论

从 2000 年以后，不论是阿迪达斯或耐克运动装备、皮尔卡丹或金利来服饰、德国大众或克莱斯勒汽车，昔日的国际大牌，都无一例外地实施起了"满铺式产品战略"，令人沮丧的是，这些品牌已经不能代表最前沿的时尚生活和国际高端的品牌形象了，他们现在给人的感觉就是大众品牌。如果单从品牌的市场收益来讲，很难说他们的战略是对还是错；如果要从一个百年品牌的可持续发展战略高度出发，向下走究竟能走多远，更是谁也说不清。

纵观世界品牌发展史，可以发现，除了特色的大众品牌食品和高端的耐用消费品品牌，比如全聚德烤鸭、张裕葡萄酒、徐福记等食品，劳斯莱斯和宾利汽车、杰尼亚和阿玛尼品牌服饰、五粮液和茅台酒等高端品牌外，大众消费品品牌很难长盛不衰。

当今代表中国品牌服饰的标志性品牌，如从二、三线市场起家的广州女装、福建的运动装、浙江的男装和江苏的御寒保暖服饰等，如何制定品牌发展战略，不但是企业生存大计，也是民族品牌的生存与发展的重要问题。目前几乎所有的民族品牌服饰，都在十字路口徘徊，需要有前瞻科学的战略理论来指引方向，迈进产业发展新格局。

国际营销学"市场定位理论"认为，可以用一种品牌文化来逐步引领和培育多个阶梯性市场，但是却不能用一个品牌的产品体系来同时满足所有的市场需求。个性化的民族文化和差异化的经济水平，是导致多极世界格局存在的原因。正如普世文化一样，可以用它来逐步培育出相对统一的价值观，引导世界潮流和审美观，但却不能用它来统治和管理世界所有的民族和国家。因为个性化的民族文化和差异化的经济水平，是导致多极世界格局的根本原因。

第一节　830万主力市场论

中国民族品牌从诞生到现在走过了产品功能化竞争、价格优势化竞争、广告知名度竞争和品牌文化竞争几个阶段。与此相应，品牌满足对象也从二线城市的时尚消费层到一线城市的大众消费层，再到一线城市的亚高端消费层，以及进军国际化几个阶段。

在这个慢步爬坡的艰辛过程中有两个值得注意的现象，就是在二线城市的高端消费层和一线城市的亚高端消费层向国际化进军时（民族品牌多半会绕过一线高端消费层次的竞争阶段直接进军所谓的"国际化"，这个现象是违背国际品牌一般性升级规律的），都有一段较长时间的停留。但是这两个停留的结果却绝对不相同，前者是获利的资本积累阶段，后者是拼实力的消耗阶段。

由于民族品牌操盘手们对于这些市场现象缺乏科学的认识能力，从而导致大批的企业在长时间的消耗战中，要么一蹶不振，要么就是从"进军国际化"退回到一线城市的大众消费层次，有的甚至再回到二线城市的消费群体中去。

●绕过国内一线高端消费群体的品牌战略注定失败

前几年民族品牌也学习过中国影视明星的炒作套路，认为只要在国外哪怕是给国际巨星提鞋当配角也行，也有人把粗糙片子拿到国外混个什么"奖"回来炒作成国际大片或国际巨星。在电器和拖鞋行业里，有很多品牌企业自我宣传"我们已成功地打进法兰西"或"每6个美国人就有一人穿我们××鞋"，等等。根本不管人家是在消费你的品牌文化，还是消费你的产品使用功能。总之大家都在糊里糊涂地大喊进军国际市场，可是一阵风过后，我们发现这些品牌还是在国内市场上转悠。

从表面上看，民族品牌没有获得国内一线群体和国际市场认可似乎是市场定位问题，其实则不然，原因是人们的潜意识里高端品牌市场是国际一线品牌的天下，不是一般民族品牌所能攻下的。

其实，国内一线消费群体恰恰是民族品牌的主力消费群体，因为他们有很强的消费能力，有很前卫的文化接受力和非常广泛的市场倡导力。只有获得这些消费群体的认可，才可能把一个区域品牌上升成为民族品牌，继而成为国际品牌。这是品牌升级的一般规律。在品牌升级过程中打跳跃战注定要失败。

也许有人说，我们也知道中国一线消费群体是中国品牌的主力消费群体，可是这些高端市场一直被国际品牌占据，我们民族品牌没实力进入。那我们更要问，既然你连民族消费的主力阵地都占据不了，又有什么实力登陆纽约和巴黎，去和国际品牌一争高下呢？如果你只想首先占领发展中国家的消费群体，那又和你做国内的二、三线市场有什么区别呢？因为即使你全部占领了那些发展中国家的消费市场，也依然不能说明你就是国际品牌。因为你仅仅是在出卖产品的物质功能。真正的国际品牌不是卖出物质功能，而是卖出品牌的精神功能，也就是通常人们所说的品牌文化。比如服装如果是单靠卖产品的御寒和遮羞功能，则无高低档次之分了，因为几乎所有衣服都具有这种功能。国际品牌值得自豪的地方，是品牌文化所倡导的差异化思想和独特的行为。经常有人说"品牌就是出卖生活方式"或"品牌彰显的就是个性"，可是如果这些品牌的核心文化不能成为世界大多数人都认可的文化的话，那么你永远都不是国际品牌。

113

●中国品牌的主力消费群体到底是哪些人？

《国际商业年鉴》、《中国中高档消费群体探求》及相关调查资料显示，中国平均月薪万元以上的消费阶层大约有 830 万之多，在这个庞大的消费群体里，消费高端民族品牌的大约有 500 多万人，其余 300 多万人主要消费的是国际品牌。并且这 500 万消费群体主要是中小企事业单位的白领、普通公务员和庞大的教师队伍等，真正的大型企事业单位的领导则属于 300 万之列的高端消费群体。这 500 万消费群体的年度总消费占品牌消费总额将近 50%。

这 830 万消费群之所以是国内的主力消费群体，首先是因为他们的消费额占国民品牌消费总额的 60% 以上；其次是因为他们有很前卫的文化接受力和非常强的市场倡导力，是引领大众消费群体的"楷模团"，他们左右着大众消费群体的价值观和审美观、流行趋势和生活方式。那些跨国公司正是因为看到了这一市场玄机，才美其名曰"21世纪的希望在中国"，其实，他们不过是把中国的主力市场当作他们最大的提款机而已。可惜的是，在我们的民族品牌热衷于舍近求远和走那些自欺欺人所谓的"国际化"道路时，人家西方真正的国际大牌却在抄我们民族品牌的老底。①

因此，当我们深层次地理解"国际品牌的本质是民族文化的国际化"后，我们的思路就清晰了，那就是紧紧抓住国内二、三线发源地市场，并全力突破国内一线主力消费市场上西方独霸的壁垒；依靠我们的自主创新并紧紧抓住主力市场消费群体的眼球，引领他们的消费意识并长期坚持下去，那么，民族品牌最终走遍全球只是个时间问题。②

●二、三线城市经济发展形势分析

"二、三线市场"是一个非常本土化的营销概念。这个概念既融和了20年来中国营销人对西方营销的理解，又结合了中国营销人对中国市场的认识。可以说，"二、三线市场"是中国营销界多年来基于对本土区域市场的认识而形成的一种概念。我国是一个典型的二元经济体。有学者甚至细分出三元、四元经济体。这与发达国家高度一体化的市场有很大的区别。营销实践人员通常将省会城市和直辖市看作一线市场，将地级市场看作二线市场，将县城及其乡镇市场、经济相对发达地区的农村市场看作三线市场。

国际经验表明，城市化率30%～70%是城市化速度最快的时期。目前国内一线城市大多超过了70%，而二、三线城市还不足40%，发展空间巨大。不仅如此，从成本来看，二线城市的诱惑力不容忽视。据分析，在北京、上海等一线城市，投资房地产回报率仅在7%～8%，而在二线城市则有可能达到30%。无论从哪一方面考虑，二、三线城市普遍具有广阔的市场空间和发展潜力。

中国产业研究报告网分析2010年我国二、三线城市经济发展情况，认

① 《中国二、三线市场，国际品牌shopping mall的蓝海》，《21世纪经济报导》2009年3月2日。

② 蔡冬冬：《服装操盘手之思：如何超越铁达尼克经济悲剧》，《服装时报》2009年3月9日。

为亮点有二：二、三线城市 GDP 增速普遍高于一线城市；二、三线城市人均可支配收入增长快于一线城市。

随着经济水平的不断提高，GDP 的增长幅度渐趋平缓，对比一线城市与二、三线城市 2009 年的 GDP 增长率，"北上广深"的增速明显低于部分二、三线城市，尤其是上海 GDP 增速 8.2%，处于较低水平。二、三线城市 GDP 总量虽不及一线城市，但近几年城市化水平不断提高，经济正处于快速增长期，城市规模及经济水平随之迅速提高。

2001～2005 年间，一线城市 GDP 占全国 GDP 比重的增长幅度相对较大；2005 年，该比重开始下滑，至 2009 年占比 13.1%，较 2005 年下降了 1.2 个百分点；而 35 个大中城市中，二、三线城市 GDP 占全国比重保持在 25%左右，2009 年为 27.4%，与 2005 年相比上升 1.2 个百分点，发展速度快于一线城市。[1]

仲量联行 2007 年《中国新兴城市 30 强》报告指出，随着人们对国内二、三线城市关注度的日益升温，市场的目光已经从人们熟知的一线沿海城市，逐步转向二、三线城市。这 30 个国内二、三线城市，将成为衡量今后十年内中国房地产市场表现的风向标。仲量联行上海研究部主管何恩凯指出："尽管目前国内的核心一线城市依然有大量的商机，但随着这些地区房地产价格的日益上涨、市场竞争的加剧，以及在这些高端市场经营难度相对提高，越来越多的企业和房地产开发商已开始考虑选择去那些房地产价格相对较低，并且潜在市场回报更为巨大的新兴市场发展。由京、穗、沪、深这些一线城市房地产市场所带动的经济发展热潮已开始进入国内新兴城市。"[2]

2010 年《城市竞争力蓝皮书》评定 24 个城市在未来比较有竞争力城市，其中一线城市四个、二线城市十个、三线城市十个。

《2012 年中国城市竞争力蓝皮书：中国城市竞争力报告》显示：2011 年城市综合竞争力排名前 50 名中，东部沿海占据七成，其中三成多为地级城市。这个报告还指出：2010 年，我国地级及以上城市的地区生产总值占全国 GDP 的比重为 65.81%，比 2001 年提高了 15.6 个百分点。大型城市仍占主导，中小城市竞争激烈；地级市提升领先于全国更高行政级别的城市。

① 《我国二三线城市宏观经济发展情况分析》，中国产业研究报告网，2010 年 12 月 10 日。

② 周雪松：《中国新兴城市 30 强出炉》，《中国经济时报》2007 年 5 月 16 日。

城市竞争力课题组倪鹏飞博士说：由于全球经济的变化，中国经济增长方式的变化，内需的扩大，加上产业转移的趋势，中心城市的优势，再加上城市集群发展的特点，预计这些城市会像前十年沿海城市那样有一个跨越式发展。这些城市在过去五年表现得都非常好，发展得非常快速，未来十年预计也是非常有潜力的。这些城市的未来在一定程度上决定中国的未来。

●产业动态：发展战略倚重二、三线城市

中国产经新闻报 2011 年 11 月报道《中国百货业瞄准二三线城市》，随着百货商场一线城市渐趋饱和市场竞争激烈，已在一线城市树立品牌的零售商都把视线扩展到二、三线城市，寻求更大发展空间。中国商业联合会副会长王耀认为，百货业集团意识到未来的市场增长潜力在北上之外，已陆续开始二、三级城市的布局，并将继续以此作为未来 10 年的重点开拓市场。相关数据表明，在 2005 年以后，二、三线城市建立相应商业模式的速度明显加快，且占比提高。与一线城市相比，二、三线城市的百货业态并未成为主导。中国纺织品商会常务副会长彭桂福认为，随着互联网的普及和交通设施的持续改善，消费者对品牌的信息接受程度得到迅速增长，以百货业为载体的百货业进军二、三级城市成为必然趋势，百货业集团在二、三级城市的布局与战略也将面临很大的机遇与挑战。

中商情报网《2011 年中国经济型酒店投资格局趋势分析》：酒店行业在一线城市"跑马圈地"之后，不约而同地把目光瞄向了二、三线城市。一线市场的相对饱和，二、三线城市的潜在商机，酒店大佬们自然不会错过这个机会。一时间，二、三线城市群星闪耀。虽然有电子商务资深人士坚持认为目前的电子购物市场主要集中在一线城市。但纵观电子商务市场，主要是以大众产品为主，有关资料显示，像北京、上海这种一线城市，大众消费比例仅占 50％。国内著名 IDC 服务商时代互联负责人指出，中国的大众市场主要集中在国内的二、三线城市，消费潜力巨大；面对市场已趋于饱和的大城市，企业加紧向二、三城市转移也是寻求新发展的突破口。①

《国际商报》报道，2011 年匹克将继续把营销重点放在国内二、三线城

---

① 《电子商务将重点拓展二三线城市的业务》，华信报告网，2010 年 8 月 10 日。

市，并加强对于高增长潜力地段的渗透，更好地把握城市化及国民工资上升等带来的机遇，不断优化店铺面积和地段，以此提升零售表现和品牌形象。此外，匹克还将加强与淘宝等高人气的电子商务平台合作，以全面吸纳网购消费者。

新华网 2010 年 9 月报道，《零售巨头沃尔玛布局中国二三线城市》：未来沃尔玛有意多业态规划中国二、三线城市，而多个二、三线城市的市长对沃尔玛喜爱有加，将助推沃尔玛规划步伐。沃尔玛在中国运营多种业态，包括购物广场、山姆会员商店、社区店等，截至 2010 年 8 月，在全国 103 个城市开设了 191 家商场。与目前沃尔玛在全球 15 个国度开设的逾 8400 家商场的总数比起来，这一数目还有很大提升潜力。

最近还有大批此类报道：《一线城市市场低迷，房企拿地青睐二三线》，《自主车企集体瞄准二三线市场，暂缓一线脚步》，《浙江民资"瞄准"中西部二三线城市》，《外资基金暗战国内楼市，瞄准二三线城市零售地产》，《进军二三线城市，珠宝企业瞄准大众消费》，《一线家居卖场压力大，成熟品牌涌向二三线市场》，《定制橱柜进军二三线城市》，《渠道下沉至二三线市场，地板企业任重而道远》，《资生堂宝洁"渠道下沉"，战略直指二三线市场》，《二三线区域将成为中国网购市场主要推动力》……趋势所向，一清二楚。

117

第二节　做大国内消费市场

商务部部长陈德铭说，近年来中国国内消费以每年 17%～18% 的速度增长，超过 GDP 增速。中国将逐步建立常规、持久的国内消费市场。预计中国国内消费市场的规模将在 2015 年超过日本，并在 2020 年取代美国，成为全球最大的消费市场。

中国纺织工业协会会长杜钰洲说，我国"十二五"转变发展方式一个重要的原则就是扩大内需，而扩大内需是纺织工业过去几年比较快走出金融危机冲击的一个重要的因素。中国的内需和国际的需求是互动的，不是孤立的，是互利的。我们希望两个市场接轨，我们不怕竞争，只有融入全球化，我们才有机会用国际的先进技术来提高自己。"衣着消费持续大幅增长，这是我们最主要的内需。目前，全国城乡人均衣着支出增长已经超过了 GDP

的增长，而全国人均全部消费水平的增长仍低于 GDP 增长。20 世纪 90 年代到 2000 年这十年间 GDP 增长很快，年均增长 10.66％，而我们的衣着消费年均增长 14.64％，超过 GDP 的增长，其中 2006 年到 2010 年的'十一五'期间，城乡家庭平均的衣着支出，年均增长 15.22％，这五年翻了一番多，增长了 1.1 倍。"面对当前更为复杂的国内外经济与行业环境，中国纺织行业需做好调整，继续融入全球化、开拓新市场、把握新技术革命机遇，深化行业体制机制改革。①

●着眼于国内市场

站在"中国就是全球"的角度考虑，如果中国本身就是全球，中国会怎么发展？如果中国就是全球，中国的各个地区之间，如此巨大的差异，相互之间发展贸易潜力有多大？实际上，国际贸易和国内贸易的唯一差别就是由于主权所引起的交易成本的不同，比如护照、关税以及其他的限制，等等。否则，国际贸易与国内贸易本身是没有什么大差异的。就像欧盟搞一体化、东亚要一体化一样。一体化主要就是指国际贸易和国内贸易一样。

中国在过去 30 年里，有一个很奇怪的现象：有时国际贸易比国内贸易交易成本还要低。同样的生意，和外国企业做，费用、交易成本比国内还要低。如果我们地区相互间的贸易发展很好的话，国际贸易不顺所带来的负面影响，就完全可以靠中国自身的努力来弥补。所以下一步我们应该着眼于如何来开拓国内市场。开拓国内市场和扩大内需是不一样的。扩大内需是宏观经济学的概念，用货币、财税政策来增加需求、增加投资、增加消费。这里所说的开拓国内市场，更多的是制度性和微观经济学的概念，是如何使中国经济的每个细胞都变得自由起来，创造力充分发挥出来，让每个人、每一个企业在中华大地可以自由地迁移，自由地做生意。这样，中国作为一个全球本身，它的潜力就是无比巨大的。

法国著名经济学家魁奈说过："整个中国相当于所有的欧洲统一在一个主权之下的规模。"亚当·斯密写《国富论》的时候，也曾惊叹道："中国市场规模不亚于欧洲所有不同国家加在一起的规模。"可惜的是，我们过去没

① 刘战红：《"扩内需"成纺织业重要机遇》，《中华工商时报》2011 年 11 月 14 日。

有很好地发掘国内市场规模的优势，这应当是我们下一步需要完成的重要任务。[①]

●13亿人的中国市场一定能出世界500强

"他改变了数亿计中国消费者购买家电的方式，甚至影响到中国家庭的生活方式"，这是全球知名财经杂志《财富》对"2010年度中国商人"苏宁电器董事长张近东的评价。2010年，世界经济仍未彻底摆脱金融危机的阴影，中国经济在快速复苏中面临经济结构调整、发展方式转型的变革期，零售行业在消费日益凸显的中国经济中迎来更大的发展机遇。创立20年的苏宁电器实现了行业全方位领跑，重构了中国家电零售市场的格局，改变了家电制造业、销售渠道和消费者之间的商业规则。苏宁电器门店总数2011年超过1700家，极有可能跻身《财富》世界500强。苏宁电器董事长张近东多次在政协会议上提出"壮大中国现代零售业"的提案，坚信13亿人的中国市场一定能够培育出世界500强的现代零售企业。苏宁在品牌宣传方面有非常严格的要求，在企业发展初期就高度重视品牌建设问题，始终以信誉度为最高标准和核心来做这个工作，甚至提出"把品牌建设当做政治来对待"。苏宁把品牌建设落实到服务消费者和供应商的实际工作中，切实通过提升能力来提升整体品牌。

坚持"以国内市场为核心的国际化战略"，是苏宁电器的海外拓展整体发展思路。苏宁电器经过十几年的扩张，对国内市场早已驾轻就熟；同时，国际市场上先进的理念、经营模式和市场发展趋势对中国企业发展具有十分重要的借鉴和预见意义。苏宁电器的国际化并不是简单意义上的"去海外开店"，主战场还是在中国。因此，苏宁电器在国际化方面，确立了"以国内市场为核心的国际化战略"整体发展思路，这种战略规划看似矛盾，实际暗藏深意。

为何立足国内市场？从市场份额上看，根据中怡康时代市场研究公司的研究数据表明，2008年中国家电和消费电子市场的总价值是7920亿元，而

---

① 张维迎：《中国本身就是全球　未来应着眼于开拓国内市场》，《人民日报》海外版，2009年12月24日。

苏宁和国美的总收入是 1000 亿元, 仅占整个市场份额的 1/8, 因此, 苏宁电器在整合市场方面仍有较大的提升空间。从市场容量上看, 中国拥有2800 多个县级城市、300 多个地级城市、30 多个省会城市。过去十年中, 从苏宁电器在全国范围内的门店布局上看, 以进入大中城市为主, 而在县级城市层面上只进入了 10% 的地区。随着中国经济的发展、城市化进程的推进, 以及社会福利保障体系的进一步完善, 进入县级城市及乡镇地区是必然趋势, 因此, 在市场容量方面仍有极大的空间。中国市场蕴涵的巨大潜力, 印证了苏宁电器把国内市场作为主战场的战略预见。《财富》杂志认为, 苏宁将成为未来十年影响中国及至全球商业零售格局的重要力量。

●内需市场将成为抵御外部经济风险的风雨墙

要提高本国经济对外部经济风险的承受力和消化力, 就必须依靠扩大内需来保持经济的长期稳定和发展。首先, 要做好对农村市场的开发。忽略农村市场开发是长期存在的问题, 往往是在国内市场不景气的时候强调开发农村市场, 周期一过, 农村市场就又无人问津了。其次, 做好城市市场的细分化, 这也是扩大内需的基础工作。这样才能使内需具有长期的良性循环和扩张机制, 即使外部经济不景气, 我们也可以保持经济持续稳定发展。另外, 就是要大力发展第三产业和金融服务业, 特别要注意保持金融市场的健康发展, 保持汇率稳定, 以此来增强和提高我们的经济实力, 在改善经济结构的同时相对降低依存度, 降低外部经济风险的影响程度。作为发展中国家, 必须将扩大内需作为我国经济发展的长期战略方针和基本立足点, 这是维护我国经济安全的一个重大战略问题。

●世界关注中国成长为最大市场

用"最大市场"搜索网页, 满目皆是《中国将成全球最大 IT 市场》、《中国将成奔驰全球最大市场》、《中国或成全球最大化工市场》、《中国成全球最大液晶电视市场》、《中国或成全球最大碳交易市场》、《中国 10 年后成全球最大时装市场》、《中国 5 年后成最大奢侈品消费市场》……

世行首席经济学家林毅夫在香港"中国发展经济"论坛上说"中国可能

在 2030 年成为世界最大经济体"。他说，按照购买力评价，到时中国的经济
规模可能将是美国的两倍。中国经济在 2010 年增长 10.3％，为全球金融危
机爆发后的最快年度增长。中国计划 2011～2015 年年均增长率达到 7％。①

美国 2010 年的 GDP 仍然是中国的两倍还多，中国人也早过了为这类超
越信息激动的年代，但它却成了西方"类似赛马赌注般的嗜好"。实际上，
对于中国成为经济"老大"，世界无论政治上还是资源上，都没有做好准备。
"被中国的追赶步伐搞得心烦意乱的美国"如何对待中国？世界资源将以什
么形式满足中国经济的持续增长？这些问题还没人做过认真的系统计算，中
国继续追赶的过程很可能是一个充满风险的过程。

《爱尔兰独立报》2011 年 2 月 15 日称，依照中国人民币汇率的增长速
度，中国肯定会超过美国，时间大概是 2025 年，世界银行、高盛公司都作
出了类似的时间判断。美国《西雅图时报》预测中国将在 2030 年超过美国，
并认为中国经济的好消息将有助于中国国内政治和社会的稳定。纽约每日新
闻网的网络投票中，46％的人认为中国将在 2030 年超越美国，17％认为中
国将重蹈日本、德国的覆辙，在经济竞争中掉队，37％的人认为来日方长，
无法预测。②

121

●国际化经营与本国经营在本质上是相同的

中粮集团党组书记、董事长宁高宁说，在全球一体化条件下，国际化竞
争已经到了家门口，中国企业不去国外，也躲不开国际化竞争。并不是去哪
个国家设立一个公司才是国际化，在中国照样可以参与国际化竞争，作为一
个企业关键在于是否选取一个最有利的位置来竞争。

但是，中国企业成为真正的国际化企业需要很漫长的道路。目前，我们
讲国际化有很多定义要分开，比如出口算不算国际化？去国外采购算不算国
际化？输出劳务算不算国际化？我们去买一个森林，买一个矿山，买一个油
田回来能不能称为国际化？我们去国外生产、去国外销售，雇用国外的工人
能不能称为国际化？有的国际化经营是为了创汇、创品牌，有的国际化经营

① 《中国 2030 年超美国，按购买力评价经济规模是美国两倍》，2011 年 3 月 24 日。
② 《英国博彩公司奇怪赌博应运而生，赌中国十年超美国》，人民网，2011 年 2 月 18 日。

是希望在海外得到技术，有的国际化经营是希望能学到管理，也有的国际化经营希望得到市场，它的真正价值在哪儿是比较混淆的。实际上，企业国际化经营的基本点与在国内经营是相同的，不需要太远的国际化。

中国企业国际化走了大概 20 年，在这个过程中，并没有真正地形成国际化经营的企业，特别是在第三国也没有经营得很好的处于领导地位的商品。

真正的国际化经营的高层次应该是价值链的组织者，而不应该是一个单纯的工厂。为什么是价值链的组织者呢？它应该是在国际化眼光之下的、在全球视野范围内的、在选取不同的最优的资源来组合的，而不是跑到美国去就是国际化了。笔者去美国，在超市里面看到让笔者非常吃惊的一个现象，就是在美国的市场里面卖的中国造的三样小东西：一个是运动鞋，一样是小电器，一样是蜡烛，都比在中国便宜，这是百分之百中国造的东西。后来笔者就琢磨为什么会比中国便宜？它的生产成本是一样的，但是中国的分销成本比较高。比如，广州的鞋卖到北京是很复杂的事，从整个的分销系统到零售店的系统，包括税收系统整个都比较复杂，费用比较高。而他们则整合了全球的系统，用了马来西亚的橡胶、欧洲的设计、中国的劳动力、韩国的布料做这个东西，是一个所谓的全球价值链的组合，这个是比较高级的全球化。因为他们是在一个非常困难的企业里，做衣服、玩具，就是做供应链时也基本上是扮演买手的角色，在国内都很难做，但他居然做到了，连哈佛案例都写进两次了，这个企业运营得就这么好。再拿迪斯尼来讲，迪斯尼开店已经不做供应链了，自然有人把所有的生产和物流全部都送过来。TONY也是这样做的，他们组织全球最好的资源来做这个东西，笔者觉得这是全球化经营的一个很典型的成功的例子。

国际化经营与本国经营在本质上是相同的。如果说你把在本国经营过程中竞争实力的建立考虑得再周全些，应用到国际上去，它本身就已经是一个很成功的案例。比如说在国内你有成本领先，你有品牌定位，营销系统，你的公司文化、激励机制、评价系统，全都做这么好是一样的，到国外经营企业也能够成功。国际化经营是一个系统，不能单独强调国际化经营。只有把整个系统运用到国际上才行，不能没有相关的配套措施，只强调国际化经营。必须具备的企业核心能力，主要包括产品及定位、营销能力及品牌、资本及规模、组织管理及组织能力、思维及文化。产品及定位事实上是战略思考本身的问题。你应该对你的竞争对手有清晰的认识，对你的竞争环境有独到的理解，你是能够成本领先，还是能够差异化经营，还是通过与本国企业的联系来获得竞争优势？这是一个系统性的问题，需要系统的理解和思考。关于营销能力及品牌、资本和市场规模、组织管理和组织能力、思维和文化都应该系统思考。战略和执行必须进行很好的互补才能提高企业成功的概率。①

●国际市场国内化、国内市场国际化

根据产品市场定位不同，企业国际化可分为内向国际化和外向国际化两个层次。内向国际化指以国内市场为基地，通过引进产品、技术、管理经验等提升企业的整体技术水平和竞争能力，获得持续发展的动力，俗称"引进来"战略。外向国际化则指企业向国际市场提供产品、技术、资金等一揽子生产要素，以实现生产过程的国际化，它是企业国际化的高级阶段，俗称"走出去"战略。

从另一种角度，它也可以表述为"国际市场国内化、国内市场国际化"。

国际市场国内化指由于企业外向国际化，以本国市场为基础，通过出口、对外投资、建销售公司、研发中心和生产基地的方式，拓宽国内市场，使国际市场为本国服务。其标准之一是有相当数量的中国商品进入国际市场。

国内市场国际化是指国内市场与国际市场的一体化关系。国内市场国际化的标准有三个：一是作为国内市场主体的企业及其生产经营行为必须国际标准化；二是国内市场要有相当数量的外国商品进入以及使其成为国际市场的重要组成部分；三是国内市场的管理方式必须国际规范化。

我们将在第五章详述国际市场国内化、国内市场国际化问题。

123

---

① 《国资委机关专题报告·中国企业国际化经营的观察和思考》，2007 年。

第三节 "十二五"国家扩大内需战略

"牢牢把握扩大内需这一战略基点，把扩大内需的重点更多放在保障和改善民生、加快发展服务业、提高中等收入者比重上来"。这是中央经济工作会议部署 2012 年经济工作的重要内容。

进入"十二五"后，国家把扩大消费需求作为扩大内需的战略重点，致力于建立扩大消费需求长效机制上，充分挖掘和释放国内需求的潜力。"坚持扩大内需战略，保持经济平稳较快发展"的方针包括：

坚持扩大内需特别是消费需求的战略，必须充分挖掘我国内需的巨大潜力，着力破解制约扩大内需的体制机制障碍，加快形成消费、投资、出口协调拉动经济增长新局面。

加强和改善宏观调控。巩固和扩大应对国际金融危机冲击成果是"十二五"时期的重要任务。要处理好保持经济平稳较快发展、调整经济结构和管理通胀预期的关系，保持宏观经济政策的连续性和稳定性，增强针对性和灵活性，提高宏观调控的科学性和预见性，防范各类潜在风险，避免经济大的起落。把短期调控政策和长期发展政策有机结合起来，加强各项政策协调配合，促进经济平稳较快发展。

建立扩大消费需求的长效机制。把扩大消费需求作为扩大内需的战略重点，进一步释放城乡居民消费潜力，逐步使我国国内市场总体规模位居世界前列。要积极稳妥推进城镇化，大力发展服务业和中小企业，增加就业创业机会。要完善收入分配制度，合理调整国民收入分配格局，着力提高城乡中低收入居民收入，增强居民消费能力。要增加政府支出用于改善民生和社会事业比重，扩大社会保障制度覆盖面，逐步完善基本公共服务体系，形成良好的居民消费预期。要加强市场流通体系建设，发展新型消费业态，拓展新兴服务消费，完善鼓励消费的政策，改善消费环境，保护消费者权益，积极促进消费结构升级。要合理引导消费行为，发展节能环保型消费品，倡导与我国国情相适应的文明、节约、绿色、低碳消费模式。

在国务院发展研究中心举办的中国发展高层论坛上，国家发展和改革委员会主任张平指出，目前，中国的最终消费率还不到 50%。这与国际上

70%左右的平均水平存在着较大的差距。为了挖掘居民的消费需求，中国政府将多策并举，包括实施就业发展优先的战略，积极稳妥地推进城镇化；深化收入分配制度的改革，健全社会保障体系，增强居民的消费能力；积极发展新兴的消费业态，促进文化、旅游、建设等消费，加强市场流通体系的建设，营造良好的消费环境，逐步使中国国内市场的总规模能够位居世界前列。

中共中央政治局常委、国务院副总理李克强 2011 年 12 月 15 日在全国发展和改革工作座谈会上强调指出，扩大内需的最大潜力在城镇化。城镇化既可增加投资，又能拉动消费，是中国经济发展的重要引擎。要抓紧研究制定中长期城镇化发展规划和政策措施，协调发展不同规模和类型的城镇。

由于当前世界经济增长动力明显减弱，外部需求的减弱将对我国保持经济平稳较快增长构成挑战，积极扩大内需的意义更为重要。对此，国务院参事室特约研究员姚景源认为，我国出口面临的困难不是我们能够左右的。我国要善于把外部需求的减弱变成推动发展方式转变、推动结构调整的动力。一定要扩大内需，用内需的扩大补上外需的减弱和下降。出口企业要努力研究扩大内需市场，有相当数量的企业在研究如何扩大国内市场，加强国内市场营销。

扩大消费，不但要让老百姓有钱，还要让老百姓敢于花钱。国家增加投入完善社会保障，有利于消除消费者的后顾之忧。中央经济工作会议提出稳中求进，就是为了稳住经济，稳住了经济就能稳住就业。这直接关系到稳定和提高老百姓的购买力。

让我们对本章做个小结：

国家品牌之市场定位应该是这样的："十二五"提出"坚持扩大内需战略，保持经济平稳较快发展"方针为我们确定了目标；企业外向国际化始于内向国际化为我们确认了市场方向；"国际品牌的本质是民族文化的国际化"原则清晰了我们的思路，那就是紧紧抓住国内二、三线市场，并全力突破国内一线主力消费市场上西方独霸的壁垒，依靠自主创新并紧紧抓住主力市场消费群体的眼球，引领消费意识并长期坚持下去，那么，民族品牌走遍全球只是个时间问题。

第五章　民族品牌国际化

国际化是实现民族品牌持续成长的重要途径。

国际化是企业的文化、组织结构与技术在全球范围内成长为消费者乐意接受的国际化、全球化品牌的过程。国际化也是企业内部化过程超越国界的表现。

民族品牌国际化是一个双向过程，它包括内向国际化和外向国际化两个方面。另外，还有一些内向和外向兼备的国际化活动，如战略联盟、对销贸易、合作生产等。

第一节　品牌国际化的含义

关于品牌国际化的含义问题，胡定平、张明认为，品牌国际化是一个隐含时间与空间的动态营销和品牌输出的过程，该过程将企业的品牌推向国际市场并期望达到广泛认可以实现企业特定的利益。[①] 这个概念包含六层含义：

1. 时间含义。品牌的输出有一个时间过程。品牌的国际化是一个系统工程，不仅需要企业有强大的实力（经济实力、技术实力、管理实力和文化实力等）作后盾，还需要一个良好的品牌国际化经营战略并且能够得到有效实施。纵观全球国际化品牌，没有一个是一蹴而就的，而是几年、几十年甚至上百年长期积累的结果，可口可乐这个世界顶级品牌上百年的历史就是一个明证。即使在新兴的 IT 行业，像微软、戴尔、英特尔等这些世界级公司，也是具有十几年的历史，更不用说惠普、IBM 了。

---

① 胡定平、张明：《品牌国际化的含义阐述》，产业与科技论坛，2006 年第 8 期。

2. 空间含义。指品牌输出的国际市场。很明显，品牌国际化含有很强的国别信息，至少走出国门才有可能是国际品牌。国际市场按不同的标准有不同的分类方法，如按发达的程度，可以分为发达国家市场、发展中国家市场和欠发达国家市场。品牌的国际化从空间来看，至少应在某一类市场有知名度。上汽集团 2004 年入选财富 500 强，但很少有人认为其品牌已经走出国门。

3. 动态营销。首先是指品牌的国际化过程中需要因地制宜，适应当地的政治、经济、技术、社会和文化环境，"全球化策略、当地化实施"是其关键内容，也即是品牌形象、品牌个性和品牌定位应该全球统一考虑，而具体实施时需要根据当地的情况进行灵活调整；其次是指品牌的国际化经营也要与时俱进，要随着外界环境的变化及时作出响应和维护，保持与环境的动态适应性。伊莱克斯集团总裁麦克特莱斯科在做中国市场调查时说，在开拓任何一个国家的市场时，我们都相当重视当地的民俗风情、生活习惯、消费方式等文化差异，只有尊重这些差异，充分了解、发现消费者对我们产品的认识，才可能赢得他们的信赖。

4. 品牌输出。国际化的品牌输出一般有三种方式：初级形式是品牌随产品或服务向国际市场输出，国际贸易是其实现手段；中级形式是品牌随资本输出，对东道国进行投资，使得品牌根植于当地；高级形式是品牌的直接输出，通过品牌的特许使用而获取品牌收益。很明显，这三种方式成递进关系，也是品牌国际化程度逐步加大的过程，其高级形式表示品牌已成为公认的国际品牌。东芝、宝马、诺基亚等跨国巨头都是经历了从产品输出到资本输出的过程，在中国实现销地产，而麦当劳、肯德基等快餐巨头早已在我国推出加盟店计划，进行品牌的授权经营。

5. 广泛认可。品牌的认可度包含品牌的认知度和美誉度，仅有认知还不够，还必须要有美誉、信任的内容（至少不含反感、诋毁等贬义）才能成为"认可"。品牌的国际认可度是品牌国际化的基本标准和前提，没有广泛的国际认可，品牌是无法成为国际品牌的。广泛的国际认可度不仅是企业国际化实力的体现，也是检验品牌国际化运作成效的指标。

6. 特定利益。品牌的国际化是一个具有特定的国际化目标的行为：或是提高国际认可度、美誉度，或是谋取国际订单，等等，不具任何利益的纯粹的国际化对于企业来说毫无意义。品牌国际化的实质是利益的国际化。因此，企业在进行品牌的国际营销时务必考虑其国际利益之所在。科健公司"赞助＋球员"的科健模式用 200 万英镑在英国做中文标识的广告给国内的英超球迷看，以获取国内用户的忠诚度，显然不是品牌国际化行为。

●物质功能多元化不是国际品牌的价值核心

2010 年 5 月 26 日《参考消息》的《缺少品牌，中国只能做"世界工厂"》和《环球时报》的《品牌匮乏阻碍中国超级大国梦》等文章都揭示，中国严重缺乏创新能力导致整体经济问题突出，这一问题最终将归结到中国品牌能否真正成为国际品牌上，也就是民族品牌如何国际化的问题。

"国际化"一词最近几年间在中国所有的行业里屡被谈起，特别是当中国的服装产业还没有系统品牌理论和科学的品牌国际化运作模式时，很多的民族服装企业为了加快国际化步伐，按捺不住扩张心理，纷纷请来意大利、法国的设计师或在国外设立工作室为自身的品牌担纲，企望以此说明自己踏上了国际化征程。可是，企业花费了巨大的代价以后，不要说在国外畅销了，即使在本土照样卖不上价钱。我们的品牌附加值依然很低，这又是为什么呢？

其实，早在 2005 年下半年开始，中国的服装市场就已经呈现产品消费品牌化、品牌消费国际化的趋势了。但是，由于民族品牌文化内涵普遍不足，一开始就遭到市场冷遇。金融危机以后，民族经济又不断地遭遇反倾销诉讼、环保限制等，民族品牌的国际化进程步步受挫。全球服装产业竞争的层级也越来越高，竞争的手段花样迭出，西方国家除了惯用的政治和经济手段以外，还使出了包括外交、金融、文化、政治等诸多手段，以阻止民族品牌进入国际市场而保护本国的利益。

由于民族品牌文化积淀时间短、产业机制不完善、品牌运营技术等要素与西方相比严重不对称，只在产品创意化、技术卓越化、节能环保化、营销精细化等硬件上用功是远远不够的。可以说品牌的物质功能只是品牌的组成要素，而不是品牌附加值的核心要素。

●普世文化才是国际品牌的核心价值

国际品牌之所以能获得国际大多数民众的认可，不仅仅是产品高档、国际知名度高，而是国际品牌所倡导的价值观和行为方式易于被受众接受。

首先是品牌文化的普世性。普世性，就是国际上大多数人都可以接受的。如果你的本民族文化只是你本民族自身喜欢而不是世界大多数人都喜欢的，那么就不一定能顺利走出国门。比如，含咖啡因的饮料是不会被绿色环保人士接受的，白酒文化是融不进阿拉伯世界的，日本的和服、阿拉伯长袍头巾和中国汉服是很难成为世界服装的。西装为什么普天之下都喜欢呢？就是因为它体现了庄重得体、简洁利落、开放包容的国际普世价值观。

在这里有一个值得注意的问题，就是近几年流行的一个说法"民族的才是国际的"。很多人错误地认为越是具有民族个性的品牌，就越是有国际市场空间。其实他们并不明白，民族个性只是你进入国际通道的文化符号，而不是你进入国际化的准入条件，进入国际化的准入条件是国际通行的普世价值观。这就好比是中国人想出国去旅游，你是黄皮肤、黑眼睛，这个是中华民族的基本特色和标志，但是如果你没有护照和签证照样是出不了境的，因为只有拥有普世性的护照才是出境的合法证件。这又是为什么呢？因为你在取得护照前后通过了身份审查和领使馆签证，这个过程就是你认同国际价值准则的法律过程。也就是说你有什么样的外在特征并不重要，重要的是你得遵循国际通行的游戏准则，这个规则就是国际普世性价值准则。

其次是品牌文化广泛的价值引领。因为仅仅具有文化的普世性还不能算是国际化文化，如同原料、半成品与产品的区别一样。而普世性文化的深加工也就是广泛地引领和号召，或者说是完成核心思想与受众的对接。

最后才是由内及外的价值认同和物质接受。从广泛普及性的基础价值符合，到思想体系的深度展开与意识融合，再到物质功能的感受和完全接受。这个过程是人类接受一切事物的基本过程，民族品牌的国际化过程也是一样。

我们拿手机市场上的两大对手——诺基亚和摩托罗拉来说，诺基亚之所以能战胜摩托罗拉，并不是因为诺基亚手机的历史或功能质量好过摩托罗拉手机。摩托罗拉早在第二次世界大战期间就为盟军立下了汗马功劳，论辈分它还是诺基亚手机的前辈呢！诺基亚战胜摩托罗拉，理由很简单，就是诺基亚手机推行的以消费者为核心的"科技以人为本"的品牌价值理念，战胜了摩托罗拉的以自我价值为中心的"飞跃无限"思想。长期以来，摩托罗拉手机在称雄全球市场时，始终坚持它自第二次世界大战以来以胜利者自居的民族优越感和霸权心理,这就是它的核心价值理念——美国至上,老子第一。因为两次世界大战都没有在美国本土上爆发,所以美国经济在得到空前发展的同时,美国人和企业良好的自我感觉快速膨胀。突出的典型是美国福特汽车的口号"无论客户需要什么颜色的汽车,福特只有黑色的"。其他诸如银行业、食品业、百货业都一样,膨胀心态一样,膨胀程度不同。摩托罗拉手机只是美国若干个自我膨胀的企业组织之一,所以他也推出了具有自我膨胀标志的品牌理念——"飞跃无限"这个极端强调自我意识的品牌主张。对于不了解国际品牌运营规律和美国企业文化特点的人来说,还真的以为他们要永保摩托罗拉手机世界第一的品质形象或者客户服务水平呢?其实他们的目的是要称霸世界品牌市场,他们怎么做,全世界的消费者就应该怎么用。20世纪90年代早期,摩托罗拉手机在进入中国和阿拉伯市场时,他们就不考虑这些国家民众的英语水平如何,反而认为全世界发达国家都讲英文,你中国和阿拉伯国家也应该讲英文,所以他们始终坚持只配置英文输入法,这样的后果是极大地挫伤了大多数英文水平不高的国际消费者的消费欲望和消费热情。

而诺基亚手机从中发现了巨大的商机,迅速提出与摩托罗拉理念完全相反的服务化理念——科技以人为本,并且大力推行国际品牌的本土化,全面启用适宜于非英语国家民众使用的本土化语言输入法。这样一来,极大地方便了全球的手机消费者,所以才有了后来诺基亚手机的"你每眨一下眼睛,全球即卖出四部诺基亚手机"这样的辉煌战果。问题很清楚,摩托罗拉想代表美国把自身的霸气文化强加给全球的消费者,以永远主宰全球市场。但是,正因为霸权文化与国际普世文化格格不入,所以失败的结局早已注定。

因此,民族品牌要想真正地走上国际化道路,最科学、最根本的前提就是首先要把民族品牌所秉承的核心文化理念,锻造成为国际大多数民众都认可的普世文化,因为只有世界民众认可了你的品牌倡导的价值理念,才会最终认可你的品牌价值和接受你的品牌本身。所以我们说"国际品牌的本质是民族文化的国际化",就是基于对国际化品牌运营正反案例的科学分析而提出的。

●文化创新是品牌国际化的前提

众所周知,要建设好一个科学的文化系统不是件容易的事,特别是对于正欲迈进国际化道路的当代民族企业而言。

中国有五千年的历史传承和文化习惯。对于未来的中国市场而言，究竟是思想意识统领物质功能为市场消费导航，还是资本主义"经济人"的利益主宰世界市场？究竟是提炼和发展我们自己的科学品牌发展观，还是亦步亦趋地跟在别人后面用西方文化背景下的物质利益观来运营品牌？正是因为中国乃至全球的品牌企业没有更多地思考到这些具有国际性、深层次的关于人类生存与发展的哲学思想探求，所以众多品牌在关于企业文化思想的锻造上，依然如老虎吃天无从下爪。但也正因为如此，等于给了民族品牌和国际品牌难得的同等机遇——谁锻造好了自身的品牌文化，谁就会夺得先筹。

第二节 品牌的内向国际化

●内向国际化的概念

品牌的内向国际化，指品牌通过各种形式在其所在国境内将自身融入国际市场竞争的行为。内向国际化是初级阶段的国际化，适用于力量较为薄弱的、对于实施国际化缺乏经验的品牌。企业通过引进外国企业的产品、服务、资本、技术和人才等要素，不断学习和积累国际经营经验，逐步实现企业的国际化。

芬兰学者威尔什和罗斯坦瑞尼认为：企业内向国际化的发展及效果将决定其外向国际化的成功。我国学者梁能和鲁桐也指出，企业走向世界，在某种程度上更多地意味着如何在本地市场迎接国际化竞争的问题。内向国际化对企业品牌的国际化进程的影响，在国际化的开始阶段尤为显著。许多企业的国际化进程是从内向国际化开始的。在这些企业的国际化早期阶段，如果企业在引资、进口、合作等内向国际化中得到了外向国际化的启示，或者企业认识到在内向国际化的经营中得到的经验可以应用于国内市场之外的其他市场，而这些启示和经验与企业自身其他的一些条件结合在一起而最终形成了企业进入国外市场的推动力时，企业的外向国际化行为有可能被触发。

企业在内向国际化的过程中，无论是进口原材料、设备或是技术，还是与跨国公司进行合资合作，都可以有机会增加对国际化经营的学习，增进对

131

海外市场的了解，建立未来进行外向国际化的知识基础。例如，在我国东南沿海地区出现了一种新型贴牌形式，在生产过程某一环节或多个环节拥有自有技术，在接受贴牌生产时，注入一些自主设计、自主创新的元素。用技术做 OEM，不单纯依靠劳动力优势赚取少许的加工费，注重技术创新和产品研发增加做 OEM 的附加价值，叫 OBM（Own Brand Manufacture），就是在 OEM 中经营自有品牌或注入自主创新元素。我国的服装企业目前要在做 OEM 的过程中积蓄能量，为 OBM 经营创造条件，依照企业情景和资源的不同，可选择先贴牌后创牌或边贴牌边创牌的发展道路。具体来说，也可分为三种基本情形：一是在国外做 OEM，在国内做 OBM，与国际品牌在本土作战；二是在欧美发达国家做 OEM，在发展中国家做 OBM；三是在某国或某国的某一区域 OBM，其他区域市场做 OEM。都是为了减少贴牌的比例，提升自主品牌的比重。

内向国际化通过知识的获取与利用对外向国际化起到推动作用。缺乏对当地市场的特定条件、结构特征以及市场参与者（包括顾客、竞争者、供应商）特点的了解，往往是一个公司在海外市场经营失败的重要原因。无疑，企业在内向国际化过程中获取和积累的知识可以给企业的外向国际化带来很大的优势。

内向国际化是品牌发展的基石，也是品牌国际化的必要准备，如果说品牌国际化是远方的灯塔，那么内向国际化便是通往灯塔的一条最近、最安全的路。

●内向国际化的策略

（一）合资企业的兴办

无论对于一个企业还是整个行业来说，内向国际化引进外资，可以从资金角度推动这个企业或行业的发展，进而对中国企业走出去产生影响。这里的资金角度一方面是从数量方面来讲，即对于资金短缺的发展中国家企业家来说，外商投资作为外部资金来源，是外商对东道国经济增长所作出的主要贡献；另一方面，外资的作用可以改善我国总体的投资质量，外资可以提高资金的配置效率和促进资产质量的改善。这是因为提高资产质量所需的创造性资源如人力资本、技术水平、技术开发与使用能力、国际市场开拓能力、管理技术水平、技术开发与使用能力、国际市场开拓能力、管理能力、对客户需求的理解能力等，都会随着跨国公司的投资一同进入国内。

（二）与外国公司建立战略联盟

通过战略联盟可以获得先进技术，迅速拓展国际市场，分摊企业经营风险。

国际战略联盟可分为内向型和外向型两种，前者主要指本国企业与跨国公司在本土建立的合资或合作企业；后者则是指本国企业与外国企业或跨国公司在对方国家或第三国建立的战略联盟。我国企业在发展国际战略联盟方面"内向型"战略联盟比较多。改革开放以来，我国企业建立了大批的国际战略联盟，通过与跨国公司在我国本土建立合资、合作企业，以开放市场和廉价劳动力换取对方的资金和技术推动我国经济发展。对于一国企业来说，所建立的外向型战略联盟越多，表明该国企业的国际化程度越高，而且往往企业的资源能力也越雄厚。目前，我国正在大力支持中国企业"走出去"，参与国际竞争。

在啤酒行业竞争充分的国内市场，青啤选择了联盟借力。2005年4月，美国啤酒巨头AB公司完成对青啤的增持，成为青啤最大的非政府股东。直到今天，外界仍然认为这是一次非常危险的交易。但事实证明，青啤与AB合资之后，在资本市场获得了青睐。AB公司按照20％的股权派驻的董事、监事进入了青啤董事会下设的委员会后，为公司的运作更加规范、法人治理结构的进一步提升提供了很好的资源保证。青啤联盟在国内市场站稳脚，国外市场也就自然而然地打开了。青岛啤酒的品牌价值逐年递增，连续两届入选英国《金融时报》发布的"中国十大世界级品牌"。其中2008年在单项排名中，青岛啤酒还囊括了品牌价值、优质品牌、产品与服务、品牌价值海外榜四项榜单之冠。2007年，在咨询公司Interbrand和美国《商业周刊》联手进行的中国品牌调查中，通过了解500多名营销和商务专家对中国品牌的认识，并分析了公司的财务状况和战略后，评出5家"已获得相当认可"的全球企业，青岛啤酒位列第二。2010年，由中国酒类流通协会和中华品牌战略研究院共同主办的"华樽杯"第二届中国酒类品牌价值评议中，青岛啤酒股份有限公司在中国酒类企业中名列第三位，品牌价值为278.74亿元，在中国啤酒行业中名列第一。

（三）关系网络的建立与技术外溢

在企业开始外向国际化后，此前的内向国际化经营关系网络会起到非常重要的作用。例如，从国外购买原料或设备的进口商，进行的是内向国际化。在其内向国际化中与国外供应商形成的关系网络，可以成为一个重要的资源，应用到其外向国际化进程中。关系网络的重要作用之一，是其可以成为联系潜在客户的桥梁。当进口商想把自己的产品打入外国市场时，就可以利用其与国外供应商形成的关系网络，请进口商帮助在该国市场寻找和联系潜在客户。关系网络是一个企业想进入国外的一个必要条件。

此外，可以通过技术外溢提高中国企业的技术水平。技术外溢的途径通常包括：逆向设计、技术工人的流动、示范效应和供应商与客户关系。逆向设计是指通过对进口制成品或中间品的研究、学习和模仿，可以开发出具有竞争性的相似产品；技术人员的流动是指外资企业对员工的培训力度通常大于内资企业，从而造就一大批熟练工人和高级管理人才，一旦他们跳槽到东道国内资企业或自主创业，就会产生由于"员工流动"带来的技术外溢；示范效应是指 FDI 在给内资企业带来更大的竞争压力的同时也为其树立了学习的标杆；供应商与客户关系是指作为跨国公司的供应商为了满足客户的质量需求，国内企业会迫使自己改善产品性能、提高产品质量，出现"向客户学习"效应；而作为跨国公司的客户，为了保证产品质量，外资方通常会演示和说明其新产品的质量、特点、功能、使用方法，并提供安装及售后服务，这同样有助于实现技术外溢。

第三节　品牌的外向国际化

●外向国际化的概念

品牌的外向国际化指采取"走出去"的方式参与国际竞争与国际经济循环，即通过本国企业产品、服务、资本、技术和人才等优质要素走向国际市场并导致国内市场向国际市场延伸，最终实现企业的国际化。品牌的外向国际化是按照品牌的对外控制程度、利润及国际化程度来判断的，这是国际化的高级阶段。

国际化进程是一个以知识的持续积累和根据反馈进行调整为核心的动态过程。在制定关于国际化经营的决策时，知识和组织学习是一个重要的因素。不断地获取和应用关于国外的市场和经营方法的知识，是国际化进程的核心环节，也是企业进行国际化的基础。

●品牌的外向国际化要略

（一）知识产权保护

商标是用于区别商品或者服务来源的标志。品牌要进入国际市场，首先要进行商标注册，以取得法律上的保护。然而，中国商标国际注册意识淡薄，不懂得保护自己的商标，近年来中国知名商标境外被抢注事件频发，使得这些企业无法用自己苦心经营的品牌向海外进军，阻碍了企业进入国际市场的步伐。

（二）产品定位

在海外市场的产品研发要紧密与相应的市场对接，而不是单纯地将国内的产品推销出去。面对国外诸多高中端的品牌，如何求得生存并获取一席之地，产品的定位在其中起到了关键性的作用。

作为高端消费品的酒柜产品是海尔 10 年前推出的。海尔在美国销售的产品大多是专门针对美国市场设计的。美国市场各类饮品消费很高，海尔洛杉矶设计中心从中看到了商机：啤酒要冰镇才好喝，那么葡萄酒、白酒呢？什么条件下这些酒冰镇的口感最好、营养最佳呢？他们迅速投入研制开发，2001 年投放市场，产品一炮打响，各大商场争相经销，美国市场占有率达 90％以上。该产品从构思、设计到投放市场，只用了不到一年时间。好饮的美国人惊喜万分地发现，葡萄酒原来可以这么喝。纽约华尔街股票经纪人戴恩先生这样描述他的感觉："原汁原味的葡萄酒让我每一个毛孔都张开，细腻婉转的甜蜜回味无穷，就像啤酒只喝冰镇的一样，我现在再也不喝未经海尔酒柜冷藏过的酒，无论是什么名酒。"

2010 年 12 月，世界权威市场调查机构欧睿国际发布了最新市场调研结果显示：海尔酒柜 2010 年制造商及品牌零售量占全球市场份额的 14.8％，成功超越博世、美晶等酒柜品牌，稳居全球第一。据称，这也是继海尔冰箱和洗衣机之后，海尔集团创下的又一个"全球第一"，同时也标志着海尔酒柜已赢得全球高端群体的认可，引领行业的发展趋势。

事实上，海尔酒柜的全球第一并非偶然。在德国，海尔双温区酒柜获得了德国 Plus X 大奖，产品设计深得欧洲家电技术专业组织的认可；在美国，海尔的每一款酒柜新品都成为美国酒类器具专营连锁店"酒疯子"的主推产品，并很快引来其他连锁渠道的跟风模仿；在捷克，海尔酒柜获得了网友"最满意"的五颗星评价。同时，海尔酒柜还进入了欧洲最著名的两大销售渠道，并连续六年蝉联欧洲酒柜市场份额第一。

在国内的市场，海尔酒柜表现同样不同凡响。2010 年，由海尔酒柜牵头制定的 GB/T23777—2009《葡萄酒储藏柜》国家标准正式发布，这是我国首个专门针对葡萄酒储藏柜而制定的国家标准，体现了海尔对规范葡萄酒储藏柜行业健康有序发展的深入思考。在中国，具有专业储酒功能的冰吧产品，占据了整体酒柜市场 85％以上的份额。在上海、广州、北京等经济发达地区，海尔酒柜已经成为商务人士的储酒首选，是品质生活不可或缺的必需品。同时，因其独特的专属式设计，它还深受法国教皇新堡的欢迎，双方携手开展的"中国之旅"也令海尔酒柜荣登其首席储酒管家之列。

如今，凭借海尔集团分布于全球的 61 个营销中心和 29 个制造基地，海尔酒柜已经形成了自己庞大的全球资源，形成了包含企划、研发、设计、生产、服务等全流程于一体的创新体系，以确保更加精准的引领行业发展。

（三）并购

随着跨国公司把更多的制造和部分研发业务放到中国，国内企业依靠廉价劳动力产生的成本优势日渐削弱，在核心技术、管理能力、资金实力、规模效益等方面的劣势却日益明显。在此情形下，中国企业如果仅仅局限在国内单一市场，就难以进一步成长，也难以进一步抗衡跨国企业。怎样通过全球资源的有效整合和配置，把中国的比较优势转变为单个企业的竞争优势，这是中国企业真正崛起的基础问题。

并购，就是一个企业购买另外一个企业的部分或者全部股权，或者一个企业购买另外一个企业的部分或者全部资产及其关联性资产。企业之间的并购是当下一种企业级的普遍商业行为。美国三大管理咨询公司之一贝恩管理咨询公司的全球并购主管山姆·若维特指出，无论是在中国的跨国公司，还是中国本土企业，都在寻求一个增长点。并购对他们来讲都是非常有益的工具。但是，需要强调的是，并购并不是可以替代战略的。企业必须能够制定自己的战略，比如目标客户是什么、市场在哪里等。在他看来，关键的一个问题是很多企业没有想清楚自己要并购的这家企业能不能让自己的企业变得更强大。

第四节　品牌的文化融合

当《变形金刚3》在国内上映时，我们被这样的一幕场景所吸引：穿着美特斯·邦威的 T 恤，喝着伊利营养舒化奶，用着联想笔记本电脑，看着 TCL 的 3D 智能化电视，全方位地展示了一群世界机器人的中国式生活。这是一个品牌文化高度融合的绝佳标本。

●民族文化的国际化

民族品牌的战略核心是文化的本土化，品牌影响力的扩展是通过品牌文化的本土化来完成的。一个民族的文化包含了种族、宗教、生活习惯、禁忌、偏好，等等，这是在长期的历史过程当中形成的一个民族的标志。当一种包含着自身民族文化特征的品牌进入国际市场竞争时，所要面对的便是民族文化的国际化。

美国有一条以中国企业名称命名的道路——"海尔路"。这条路是 2000 年命名的。当时，南卡罗来纳州参议院隆重举行揭牌仪式，坎姆顿市市长向张瑞敏授予该市金钥匙和荣誉市民称号。市长玛丽女士说，正值当地一些大企业大幅度裁员之际，海尔却在高速发展，非常令人赞赏。快速发展的海尔，不仅为当地政府增加了税收，更重要的是为当地居民创造了可观的就业机会。张瑞敏接受当地新闻媒体采访时说："海尔路的命名标志着海尔及其产品已经得到当地人民和政府的肯定。海尔在美国和其他国家建厂，不仅要生产销售产品，还要使海尔文化，尤其是中国文化与当地文化融合在一起，这样，它才有持久旺盛的生命力和强劲的发展潜力。"

海尔生产中心的美国员工们起初都认为海尔管理太严：要求统一着装、工作时间不许听音乐、厂区内不得吸烟等，而美国当地和其他国家来此投资的工厂并无类似规定。如今，美国员工已完全接受了海尔文化。班前会制度、6S优秀典型讲评、评选优秀海尔员工活动，等等，让美国人感到既新奇又有活力。尤其是让他们感动的是，海尔还给了他们一个家的温暖：每当员工过生日，管理人员总会送上鲜花和贺卡；有的员工表现突出，他家人的照片会被挂到车间；哪位员工生病了，管理人员就会带礼物去看望他。这种在美国企业没有的温情，让美国员工感到了东方文化独有的人情味儿，它打破了不同民族、语言的屏障，融入美国员工的心中。

●普世即普适——品牌的文化融合

文化差异是影响品牌国际化成败的重要因素。文化对品牌国际化影响主要表现在品牌命名、品牌包装、品牌定位、品牌营销、管理沟通等方面。作为儒家文化的发源地，我国与基督教传统的欧美国家在语言、宗教信仰、教育水平、审美观、价值观、风俗习惯等方面存在巨大的差异。要让中国品牌为欧美国家的消费者认知、了解和接受，必须全方位地研究文化对品牌的影响，想方设法克服巨大的文化障碍。

民族品牌的国际化需要的是消费者的认同，虽然民族文化的发展变迁是一个漫长的过程，但是对于普通的消费者而言，其消费行为可以在较短的时间内发生重大变化。对于有民族特色的产品营销，可以通过与消费者的信息交流，对其文化价值观进行调整，达到文化融合。

品牌不仅仅代表了其产品，它还代表着一种本国本民族的文化。品牌不仅反映着其产品的优劣，更象征一种文化的传播。代表国家形象的民族品牌肩负着传播中国文化、树立国家品牌形象的重任。在品牌的文化融合上，品牌的本土化是企业国际化进程的必然阶段，是企业在人员、生产、销售和研发几个重要方面实现国际化转变的必由之路，是企业发展成跨国公司，顺利进入全球化经营阶段，在全球范围内配置和使用资源，并最终在全球范围内实现企业利润最大化的基础。我国企业只有顺应国际形势发展的需要，转变经营方式和经营思路，走"本土化"经营的道路，才能在国际竞争中稳操胜券。

品牌本土化遵从普适原则。如果品牌本身包含的民族特色能够很好地与东道国的文化、习俗、价值观相融合，那么，这样的品牌便易于被接受。

本土化应当遵循适应市场环境的原则，不同国家或地区消费者因民族文化、宗教信仰、风俗习惯、语言文字等差异，对同一品牌名称的认知和联想是截然不同的。因此，品牌名称要适应目标市场的文化价值观念。南京长江机器厂生产的"蝙蝠"牌电扇，虽然在国内叫得很响，但只因蝙蝠在许多国家被视为邪恶和不洁的同义词，所以在进入国际市场时就改为"美佳乐"。在国内著名的"大象"牌电池，在欧美国家却受到了冷落，其原因并不在于本身的质量，而仅仅是因为欧美人常把大象看作是蠢笨的化身。"帆船"地毯，起初译为"Junk"，产品在国外推向市场却无人问津，原因是"Junk"除了帆船的意思之外，还有"垃圾、破烂"的意思，最后改译为"Junco"才摆脱困境。

● 《哈利·波特》背后的文化共存法则

说《哈利·波特》是一个成功品牌，恐怕没有一个人反对。但是要问这个品牌的核心价值是什么，就会有多种答案，一般看法无非是变现实为神秘、变说教为好玩、变上帝统治为巫师横行，等等。有人说，哈利所展现的价值观很简单，那就是勇敢、友善和进取。这些人类的简单价值观通过魔法的形式表现出来，就是《哈利·波特》的品牌魅力所在。

其实，这些只是表层观察。《哈利·波特》的成功，是民族传统文化与西方主流文化竞合的产物，是不同价值观、生活方式通过文化品牌传播实现和平共处乃至在摩擦中融合的绝妙注脚，是"民族的就是世界的"的经典示范。

叶舒宪在多篇文章中说到，20 世纪后期西方社会文化变迁的重要标志就是异教思想和相关知识的全面复兴。所谓"新时代"信仰在欧洲和北美迅速发展，其价值观念也在社会上深入人心。借助印刷、影视、音乐和文学等现代传播手段，新时代运动如今已经广泛普及到民间，并对文化、政治、经济和流行时尚产生巨大的影响。新时代人打破基督教神学正统的束缚，重新复兴在历史上长久被压抑和忽略的各种异教观念及知识体系，并在反叛资本主义和现代生活方式方面，引发出极大的共鸣。新时代信仰者推崇的基督教教堂以外的"异教观念及知识体系"，主要包括巫术—魔法、以萨满教为代表的原始信仰和身心治疗术、女神崇拜和大自然崇拜、占星术、炼金术和风水等准宗教实践。《哈利·波特》系列就是一例。

自近代以来，英伦三岛文化成为工业革命和全球贸易的重要策源地，在世界的殖民化进程中扮演着主角。但是，英伦内部的文化冲突一直没有得到解决，这就是与英格兰貌合神离的苏格兰国家和北爱尔兰共和国三足鼎立格局的由来。

当今的苏格兰不仅有自己独立的国家议会、银行、《苏格兰人报》、电视台、博物馆、图书馆，还发行与英镑并行的苏格兰货币。所有这些显示独立性的方面都表明了族群认同与文化认同的一致性。其学术上的主要表现则是强调和重新发掘被压抑的凯尔特文化传统，甚至把凯尔特传统抬升到足以同西方文明两大源头相提并论的高度去认识。20 世纪后半叶在英格兰、爱尔兰和北美出版了大量有关凯尔特人及其文化、艺术的书刊，研究者从考古、历史、地理、民族、宗教、艺术、文学、社会、习俗等各个方面探讨该文化与盎格鲁文化的不同之处，从而为确立苏格兰人文化身份的独立性提供佐证。这就是《哈利·波特》的文化土壤。

与基督教文化不同的是，凯尔特文化的宗教倾向较为古朴，保留着很多原始宗教的特征，尤其是在巫术传统方面异常深厚。魔法巫术传统比救世主基督降生以来的历史还要久远得多。凯尔特人对魔法的信仰就是当时的科学——洞察自然的奥秘，发现其规律和力量。

《哈利·波特》不讲基督教的那一套，没有西方文学常见的上帝、牧师、教堂与《圣经》。《哈利·波特》闭口不提上帝之爱，不谈耶稣基督的仁爱精神，却强烈地渲染出女巫伟大的爱心，以此作为人的一种超越所有法力和功夫的最强大的防卫力量。这就清楚地表明了作者在文化认同方面的另类立场。在政治倾向上，魔幻主题的弘扬主要体现着对现代社会的反叛，对片面发展高科技和市场社会的不满。《哈利·波特》通过对主人公亲戚一家平庸而冷酷的刻画，表达了对市场社会金钱至上价值及其人性扭曲作用的强烈批判。从这个意义上看，魔幻想象的复兴不只是儿童文学上的事件，其现实社会批判的倾向也值得深思。《哈利·波特》是要用魔幻想象的世界来抗衡物欲横流的金钱世界。①

---

① 摘自叶舒宪：《凯尔特文化复兴与〈哈利·波特旋风〉》，2005 年 9 月 6 日。

反观自身，我们的中华文化与西方文化的差异程度，不比苏格兰大。我们的文化融通就做得没有这么好。

品牌要走出去，必须有文化。品牌要有文化，核心是自己的文化，而不是别人的文化。别人的文化你张扬了充其量是个好的附和者，而自己的文化丢失了总有一天被别人拾起一两块碎片，简单拼凑一下或精心包装一番再卖给你，让你再感叹一次"外国造的'中国月亮'比中国的圆"，感叹完了后，继续帮别人造"外国造的中国月亮"。再说深一点，品牌要有文化只是一种文化现象，而现象下面的本质是中国文化走出去。文化走出去是观念、理念、战略、规划、国家安全层面的事，一般品牌和普通企业无法在这一层次发挥作用。所以话又说回来，企业也好，品牌也好，尽力在自己能尽力的范围内，做品牌，做品牌文化，民族品牌国际化就是民族文化走出去，先做思想再做产品，这样下去，我们品牌的国际日子也许会慢慢好过起来。

第五节 中国企业国际化经营基本模式

国务院发展研究中心"中国企业国际化研究"课题组将中国企业国际化经营归纳为4大类22种基本模式。

一是市场国际化战略（主要为获得市场）的基本模式，包括10种模式，分别是：①国内名牌自建销售网络走出国门；②收购企业获得海外销售渠道；③国内优势企业先建销售网络、再建生产基地，开拓国际市场；④自建研发基地，开发适合当地市场的产品；⑤国内领先企业并购重组跨国公司业务，全球资源整合，成为跨国公司；⑥全球专业化的OEM制造商；⑦工程承包和劳务输出；⑧跨境服务——全球化视角下的业务拓展；⑨外贸新做法——全球采购与销售；⑩应对贸易壁垒的新举措——境外设厂。

二是技术国际化战略（主要为获得技术）的基本模式。过去，中国企业多通过在国内合资、合作，以"市场换技术"的方式获得技术。随着中国企业参与国际分工的逐步深入，一些企业，尤其是高新技术类企业，开始通过主动走出去的国际化方式获得技术。包括：①高新技术企业通过跨国购并获得技术进入新领域；②传统企业通过跨国购并获得技术提高国内市场竞争力；③技术型企业境外建立研发机构不断引进新技术和新产品；④高新技术

141

优势企业境外建立研发机构，实行研发业务的全球化运作。

三是资源国际化战略（主要为获得资源）的基本模式。这类企业国际化的主要内容是获得或控制境外自然资源，战略目的是满足国内市场需求，提高企业在国内的资源供给能力；引进海外资源，利用国内生产能力，满足国际市场的需求；利用海外资源和海外生产能力，开拓海外市场。此类国际化主要有五种基本模式：①国家能源公司收购海外油气资源满足国内需求；②国家能源公司收购海外石油公司获取系统性资源；③能源外贸企业收购海外炼油资产实现业务转型；④国内优势资源型企业利用海外资源开拓资源所在国市场；⑤国内优势企业利用海外资源和国内生产能力满足国际需求。

四是资本国际化战略（主要为获得国外资金）的基本模式。根据企业背景和上市目的不同，中国企业资本国际化的主要模式有三种：①大型国企海外上市融资；②民企绕道海外上市融资；③新技术公司：与海外资本共成长。[①]

第六节　民族品牌国际化的条件和标准

民族品牌国际化，是有其条件和标准要求的。

民族品牌国际化的三个条件是：国家品牌生产力的载体——全孵化的运营环境；国家品牌生产力的核心——至尊化的产品硬件；国家品牌生产力的制胜要略——艺术化的操盘艺术。民族品牌国际化的标准是：代表国家最高的品牌打造水平——文化内涵的深度和技术创新的力度。

●条件一：国家品牌生产力的载体——全孵化的运营环境

所谓全孵化的运营环境，就是国家、区域、城市、产业、企业等各级经济管理协调层，都要有品牌战略、品牌发展规划，健全品牌发展政策，增强

---

① "中国企业国际化战略"课题组：《中国企业国际化战略报告 2007 蓝皮书》，2007 年 11 月 19 日。

品牌孵化能力，使所有以"文化立企，品牌立国"为己任的初创民族品牌和提升已有品牌的企业家和企业，在初创学步阶段及成长发展的任何一个阶段，都能得到政策、资金、经验、技术、战略、策略等各方面全方位的帮助与支持，也就是说，所有的环境因素构成了一个适宜于品牌产生、成长、走上市场、走出国门的全程孵化器。在品牌经济时代，企业环境典型化地表现为品牌环境。因此，我们已经相当重视的企业孵化器应该向品牌孵化方向调整，新的专业的品牌孵化器应该迅速建立并形成规模和制度、体制，这样，中国民族品牌的春天就来到了。

构成品牌经营环境的政治经济环境、产业环境、技术环境、人口自然环境，是由各种复杂的因素与力量共同作用构成，是一个动态平衡过程。品牌经营环境就是在旧的均衡不断被打破、新的平衡不断形成的过程中发展变化的。

环境的变化往往会为品牌带来新的机遇与挑战。环境的改变导致了市场需求的变化，新的市场需求诞生了，传统市场需求在萎缩，产业内更加灵活多变的品牌就会及时检测到这一变化，并针对新的市场需求特点推出新的产品线以争夺新的市场份额，从而得到发展壮大；而僵化落后的品牌仍然迷恋于过去的辉煌与成功模式，拒绝对变化做出反应，从而丧失了发展的机遇，成为衰弱的品牌。

自然界"优胜劣汰，适者生存"的基本规律也存在于环境与品牌的关系中。

任何品牌都经历着残酷的生存竞争，各品牌为有限的生存资源而发展各自的品牌能力，以获取最大可能的市场份额。在不加限制的情况下，各品牌都存在着无限发展壮大的冲动性。而由于市场份额是有限的，于是最终在各品牌之间、品牌与环境之间各种因素相互作用的复杂系统中，会根据"优胜劣汰，适者生存"的基本规律，将不能适应环境变化的品牌淘汰，而保留那些改变自身适应环境的品牌，从而达成短期的均衡状态。

生产关系对于生产力的反作用，是通过政策环境的改善扶持产业和品牌发展。品牌政策是指国家、地区或行业对于产业、企业和品牌的法规、政策、策略体系。品牌政策能否与品牌经营环境相协调是品牌未来能否发展壮大的关键。

143

●条件二：国家品牌生产力的核心——至尊化的产品硬件

所谓至尊化的产品硬件，指品牌所依附的产品和服务。所谓至尊化，就是做到极致。

产品是指能够提供给市场，被人们使用和消费，并能满足人们某种需求的任何东西，包括有形的物品、无形的服务、组织、观念或它们的组合。

按照科学品牌发展观的原则，品牌文化决策先于产品决策。企业价值链的起点不是物质产品，而是品牌文化。物质产品及经营要素，都是在先进品牌文化的旗帜下整合创新、协调运行的。品牌文化决策决定了品牌发展的通道和前景，是品牌战略决策的重中之重。

按照科学品牌发展观的要求，做品牌首先不是研究产品，而是探索国际上的前沿思想，比如责任文化等普世价值观，定格最先进的生活方式。

在这样的前提下，产品决策就是在探索普世价值观和先进的生活方式的基础上，研究市场上对应的物质空白以及能够填补这些空白的品牌或产品载体，就是用特色化品牌特征和差异化的产品类别，来承载这些价值观或生活方式。企业根据市场预测的结果，在企业经营战略的指导下，结合企业自身的具体条件，确定在未来一段时间里以什么样的产品满足目标市场需要及如何推出该产品。

接下来，才是产品与服务的细节运作。

没有品牌文化统领的产品，是没有灵魂的产品。而没有至尊化产品硬件的品牌，是没有躯壳的游魂。至尊化的产品硬件，是品牌文化的物质阐释，是品牌运营的基础支撑，是国家品牌生产力的核心要素。

●条件三：国家品牌生产力的制胜要略——艺术化的操盘艺术

所谓艺术化的操盘艺术，指品牌运营的市场方略。

如果说，品牌环境是品牌理想的孵化器，产品是品牌至尊化的必备硬件，那么，市场方略就是企业家纵横驰骋千变万化的天地大舞台了。

市场方略的模式化，是品牌运营的结晶。如太子龙集团提出的"四大"前沿专业运营模式：文化领航、科技添彩、产品搭台、品牌唱戏的四维一体

144

的品牌战略新模式；品牌文化、产品研发、形象传播、至尊服务的四维一体品牌运营新模式；因店组货，特色陈列，人文促销，精准导购的四维终端运营新模式；品牌主题开发模式。

上述民族品牌国际化的三个条件，就是本书的主体内容。我们将在后文专章详述。

●民族品牌国际化的标准：代表国家最高的品牌打造水平

太子龙集团认为，国家品牌生产力，从广义上讲，是指主动担负起"文化立企，品牌立国"的战略使命，打造国家品牌的先进生产力。从狭义上讲，是指在产业链中能整合行业内外优势资源的整合力；在产业的战略升级中能担当标杆的示范力；在国家的经济社会发展中，能支撑国家支柱产业发展的承载力；在国际经济一体化环境里，可带动民族品牌科学地走上国际化道路的引领力。

国家品牌生产力的核心思想是打造国家最高标准的品牌示范，核心作用是强力引领和推动民族品牌走向国际化。

民族品牌国际化要解决文化内涵的深度和技术创新的力度问题。

品牌附加值的核心要素只有一个，这就是品牌的精神功能。所谓品牌的精神功能是指该品牌所倡导的独特人生观、价值观和前沿科学的行为方式。

国家"十二五"科技发展的总体目标是：自主创新能力大幅提升，科技竞争力和国际影响力显著增强，重点领域核心关键技术取得重大突破，为加快经济发展方式转变提供有力支撑。基本建成功能明确、结构合理、良性互动、运行高效的国家创新体系，国家综合创新能力世界排名由目前第21位上升至前18位，科技进步贡献率力争达到55％，创新型国家建设取得实质性进展。

在激烈的世界经济竞争中，站在竞争第一线的，是企业；决定竞争成败的，是我国企业整体的核心竞争力，其决定性因素在于自主创新能力；而这种竞争的晴雨表就是品牌表现。

提高自主创新能力，培育自主知识产权产业，目的是提高企业核心竞争力，提升国家竞争力，最终要以市场占有率和经济回报率来评价。最成功的技术创新，是开辟、带动和占领大片市场的创新；最具竞争力的知识产权产业，是真正把技术优势转化为产品优势、服务优势、产业优势，主导国内、国际市场的产业。成功的创新型企业，必须通过实施品牌战略，创建、维持和提升具有知名度和信誉度的自主品牌。

企业仅有一般的技术和产品远远不够，还要开发具有知识产权、能够代表企业形象、体现企业经济实力的知名品牌，将自主创新与自主品牌紧密联系起来，努力在价值链高端寻求高利润，打造更多具有竞争力的知识产权和知名品牌，形成若干著名品牌集聚、各具特色的品牌企业或产业集群。逐步走上品牌运营和自主创新的发展轨道，把自主品牌作为企业重要的资产来经营，创造和掌握更多的自主知识产权，在品牌经营中不断增强自主创新能力和国际竞争力，使企业在日趋激烈的国际竞争中逐步占据主动地位，不但在国内有较高知名度，而且积极走向世界，为企业获得更多利润。

为了实现这一目标，必须明确，在品牌经济时代，政府职能要从管理向服务转变，社会生产的目的要从满足物质需求向满足精神需求转变，企业使命要从产业报国向品牌立国转变。文化、品牌、企业、国家四位一体，合力发展国家品牌生产力。

第六章　国家品牌生产力之环境体系

随着新经济时代的来临，世界范围内的经济竞争越来越体现为品牌之间的竞争，国家形象与自主品牌之间的关联越来越紧密。在这样的背景之下，各国都在充分利用"看得见的手"和"看不见的手"，积极扶持本国的自主品牌参与国际竞争，而各个企业也同样在日趋激烈的国际竞争中积极寻找自己的位置，力图为自己的品牌贴上更好的价值标签，展现品牌的持久影响力。然而，品牌的树立和发展不是一蹴而就的，在激烈的国内外市场竞争中，一个国家品牌的孕育、诞生、成长、成熟，都必然经历一段复杂而艰难的过程。在这个过程中，无论是国际经济政治风云的变幻、国内经济政治社会的改革，还是社会消费群体价值观念的变化、文化心理的调整等，都对品牌的形成发展以及品牌生产力的实现产生着极其重要的影响，这些因素共同构成了国家品牌生产力的发展环境。

第一节　国家品牌生产力的环境要素

●环境对于国家品牌生产力的意义

环境是一切实践活动的基础，任何实践活动都离不开环境的制约和影响，国家品牌生产力的发展也是如此。一个品牌从诞生、成长到不断走向成熟，每一个过程都是在一定的环境条件下完成的。营造品牌发展的良好环境，对于国家品牌生产力发展来说至关重要。

环境因素是国家品牌生产力形成的资源基础。品牌环境，是指与品牌生产经营有关的所有外界事物的总和，其中既包括生产品牌产品所需要的设备、厂房、人员、土地和资金等有形资源，也包括品牌生产企业的形象、人才、文化、组织结构等无形资源，还包括品牌企业所在地的经济发展水平、科技创新能力、政策支持力度、社会文化氛围等外部资源。这些资源的存在和积累是品牌企业生存的基础，也是其保持生命力和竞争力的关键。对于一个品牌的形成和发展而言，这些环境要素的优劣，在很大程度上决定了品牌的成长空间。如果没有或者不能把这些资源整合配置，就无法形成品牌实力。

环境因素是制定国家品牌生产力发展战略的基本依据。战略决策离不开环境的制约，品牌战略的施行是否能够畅通无阻，在很大程度上取决于环境对品牌生长发展的支持和参与程度。外部环境的支持，可以使品牌战略的实施得以顺利实现；而外部环境的消极或反对，则会阻碍品牌战略的实施，从而影响品牌生产效能的提高。因而在制定品牌发展战略时，必须充分考虑到环境因素的作用，才能使决策方案具有现实性和可能性。另外，品牌战略也会随着环境的变化而不断调整变化。在现代市场经济环境下，随着消费水平的不断提高，市场对产品的质量、功能、款式、包装等方面的要求也不断提高。同时，随着现代科技的发展，新技术的发明和使用，信息产业的迅速兴起，市场周期和产品生命周期不断缩短，新产品层出不穷，新竞争者日趋增多。在这样一种复杂的动态环境下，更需要将战略的制订融于对环境的认识和适应之中。

环境因素是国家品牌生产力发展的重要条件。一个国家的经济实力，是其国家品牌成长的首要条件。与经济实力密切相关的是国家的科技水平，这也是国家品牌成长的必备条件之一。国家品牌，从体现高科技的计算机、飞机、汽车，到简单的生活用品，都离不开科技实力支持下的产品创新。雄厚的基础研究实力和实用技术开发能力，能够为品牌成长提供科技依托，使品牌获得持久发展力。

环境因素是国家品牌生产力发展的有力保障。品牌是竞争的结果。竞争促进产品成本下降、质量提高，经过多次竞争优胜劣汰，一直坚持到最后者即为优胜品牌。老品牌是如此，新品牌也是如此。但这种竞争必须是有秩序的。无序的竞争，绝不可能造就世界品牌。从欧美发达国家的很多高端品牌的发展历程可以看出，有秩序的竞争环境和完善的市场规则是品牌健康成长的重要因素。为了促进品牌的成长，各国政府不仅通过创造良好市场环境为品牌发展铺路架桥，而且还通过它的科技政策、税收政策、外贸政策，以及一定的"政治营销"手段，大力支持品牌的发展。

●国家品牌生产力之国际环境

进入 20 世纪 80 年代以来，国际资本、信息、技术流动不断升温，经济全球化浪潮席卷而来。经济全球化的结果，必然是企业和品牌的国际化、全球化，国家与国家之间的竞争也越来越集中表现为自主品牌影响力的强弱、高知名度商标群体的拥有量和自主知识产权方面的竞争。在"品牌立国"理念的推动下，各个国家都在积极打造能代表本国生产力最高水平的国家品牌生产力，并积极地参与国际市场竞争。从将国家形象与品牌形象打包行销，到为企业提供合适的环境与保护，都充分地昭示国际经济已经完全步入到了"品牌立国"的全球化大时代。在这样的国际环境影响下，这种"品牌立国"的全球化理念正逐渐成为我国国家品牌生产力发展的立足点。

另外，"品牌立国"的全球化理念对于我国国家品牌生产力发展也带来了冲击。从我国改革开放伊始，许多世界名牌纷纷抢滩中国市场，它们凭借雄厚的资本和强大的品牌竞争力，在中国市场上攻城略地，迅速扩张，其至控制和垄断了国内某些行业。它们的强势发展向中国企业昭示了国家品牌的重要性，也反衬出了我国的品牌弱势。这充分表明，我国国家品牌生产力的发展将面临严峻的竞争和挑战。这就要求我们顺应"品牌立国"的全球化理念，积极采取应对措施，化挑战为动力，让中国品牌屹立于世界品牌之林。

●国家品牌生产力之政治环境

在商言商，在商也要言政。长期以来，很多人以"在商言商"为由，要与政治划清界限。事实上，政治是经济的集中体现，任何经济活动的开展都是在一定的政治环境中进行的，都要受到政治环境的影响。同样，任何国家品牌的运营与发展也都脱离不开政治环境的制约和影响。

20 世纪后半叶，世界从战争与革命的时代，逐渐进入了以和平与发展为主题的时代，国际政治关系中的制度之争、价值观之争、发展理念之争、软实力之争、话语权之争渐趋主流。国家品牌作为国际市场的通用语言，是国家综合实力的体现，也是构成国家竞争力的核心组成部分，是今天这场没有硝烟的世界商战中决定胜负的关键所在。从国家战略安全角度上讲，一个没有国家品牌生产力的国家，肯定也是没有国家经济安全保障力的。邓小平在 1992 年就指出，"我们一定有自己的拳头产品，要创出中国自己的名牌，否则就要受人欺负"。江泽民在 1994 年题词："立民族志气，创世界名牌"。温家宝总理也曾在 2004 年视察海尔的时候语重心长地说："品牌对于一个国家的竞争力来说是非常重要的，将来衡量一个国家在世界上竞争力的重要的指标，是他拥有多少个在国际上知名的品牌。"可见，品牌形象代表国家形象，品牌战略也已经成为世界各国参与全球化竞争的政治战略。

在品牌战略的实施中，政治环境作为重要的国家品牌生产力外部环境因素，发挥着重要的作用。国家政局的稳定与动荡，宏观经济的景气循环、金融体制的现状与变动趋势、法制环境的健全程度、国家对经济的干涉程度等无不对品牌资产运营产生重要影响。因而，优化政治环境，也是品牌发展的内在要求。

●国家品牌生产力之市场环境

品牌是现代经济市场的产物，品牌最大的特点，是产生在市场最为活跃的地方。从 18 世纪工业革命以来，世界的品牌秩序重组从来没有停止过。我国社会主义市场经济体制初步建立，为经济发展创造了更好的市场基础和体制环境，也为国家品牌生产力的生长提供了一个基本的平台。

市场经济的实质是竞争，一是价格竞争，二是质量竞争。价格竞争是最初级的也是最普遍的竞争方式。价格竞争的基础是成本，成本低才能价格低。中国目前企业的主要竞争手段还是价格。但在国际金融危机以后，中国人曾经赖以骄傲的人力成本和自然资源等比较优势正在逐渐丧失，这种以价格竞争为主的方式也将失去资源支持，市场竞争将主要体现为质量竞争。质量竞争主要不是靠价格便宜，而是靠东西好，靠比较高的"性价比"。有了品牌，好质量才容易被确认，没有好品牌，即使有好质量，也难以被确认。所以，质量竞争常常是通过品牌竞争来实现。品牌竞争成为当代市场竞争的主要表现形式。在我国社会主义市场经济日臻成熟的环境之下，企业要想获得持续稳定的发展，就必须重视对国家品牌生产力的打造，从而能参与到高层次的品牌竞争的行列。

既然品牌建设是当代市场经济发展的重中之重，营造一个良好的市场氛围，建立有序的市场竞争机制也就成为发展品牌经济、打造国家品牌生产力的必然要求。

●国家品牌之科技环境

现代品牌是人类智慧和科学技术的结晶。一个品牌中凝结着直接生产者的独具匠心的设计，也凝结着大量科学技术的成果。以科技为先导，品牌才能顺利成长，才能具有较长的生命周期。有些品牌历经百年甚至几百年长盛不衰，是以巨大的科技投入为支撑的。杜邦每年耗资数十几亿美元维持有200多年历史的化学王国的生命力，通用的研究开发中心经费占公司销售收入的9％，奔驰傲视全球，也与它每年高达14亿马克的科研投入分不开。

品牌质量也需要依靠科技来保证。品牌卓越的品质、优良的性能，与科技的投入有直接的关系。高技术品牌自不待言，仅就一般品牌而言，对科技的依赖性也非常明显。"吉列"剃须刀，产品虽小，但拥有23项世界专利，被誉为"面颊上的革命"。靠1000美元起家的"耐克"，赋予鞋子极高的科技含量，起用近100名研究人员专门从生物力学、实验生理学、工程技术、工业设计学、化学等不同角度进行研究，从而使它的产品超群，近于完美。

可见，随着知识经济的发展和新技术的不断涌现，科技对于品牌发展的支持和导引作用越来越明显。品牌要推陈出新，保持自己的市场地位，最根本的是要依赖科技投入与开发。科技含量较大的品牌尤其如此。

●国家品牌生产力之社会环境

国家品牌是时代和社会的标签，无论是品牌的形式，如名称、标识等，还是品牌的内涵，如品牌个性、品牌形象等，都是特定客观条件下的特殊产物，都带有特定时代的社会特征。而且随着社会的变化和时代的发展，各个品牌的内涵和形式也在不断地更新和变化。从这个意义上讲，对品牌的经营也就是从商业、市场、经济等角度对社会环境和社会变化的认识和应对。

品牌是一个以消费者为中心的概念，没有消费者，就没有品牌，在一个品牌符号的背后，积淀着消费者对企业产品的价值认知。人们的消费观念、

151

消费水平和消费文化对品牌发展有强烈的导向作用。随着社会经济的发展和人们生活水平的提高，人们的消费观念和消费水平也在不断变化。在衣食住行等生活方面的基本生理需求得到满足后，消费者在消费时便更注重追求心理、情感和精神上的需要，而且这种追求永无止境。这种心理、情感和精神上的需求往往寄托于对品牌的依赖上，品牌的力量和效益在消费者的信赖中不断壮大。

社会的发展不仅造就了品牌的繁荣，也推进着品牌的更新和成熟。伴随着社会的进步发展，新的市场需求不断诞生，产业内那些灵活多变的品牌就会及时检测到这一变化，推出新的产品线以争夺新的市场份额，从而得到发展壮大；而僵化落后的品牌仍然自恋于过去的辉煌与模式，拒绝对变化作出反应，从而丧失了发展的机遇，成为衰弱的品牌。例如在数字化潮流的冲击下，苹果公司针对新的需求特点推出了一系列新产品，极大地满足了网络一代的需求而迅速风靡，而索尼公司僵化的反应导致了在其传统个人娱乐设备市场霸主地位的动摇。又如信息技术的发展造就了全新的市场需求，新兴行业的出现造就了新品牌的迅速崛起，如网络游戏产业的盛大、门户产业的新浪、搜索引擎产业的雅虎，等等。因而，在市场份额有限的情况下，只有那些能够适应社会环境变化的品牌才会具有更强的生命力，才会在千锤百炼中成长为真正的国家品牌。

总之，国家品牌生产力的生成发展与社会的发展是同步的，国家品牌的发展壮大与成熟的社会文化氛围分不开。有人说，我们现在正在步入后危机时代，在这个时代，科学技术日新月异，市场走向瞬息万变，消费心理捉摸不定，在这样的一个多变时代，企业唯有紧紧追随社会前进的步伐，才能打造出具有长久生命力的国家品牌。

●国家品牌生产力之文化环境

有人说："衡量一个民族品牌附加值的高低，主要是看该民族品牌文化和科技含量的高低"。国家品牌的内容不像其他商业概念那样清晰，很多方面都是一个整体的印象。比如说到法国，会想到时尚，想到香奈尔 5 号、Dior 的芳香，香槟、马爹利的醇正，路易威登、爱马仕与香榭丽舍的奢华；说到德国就会想到高品质的精密制造，想到德国的奔驰、西门子等。在生活中，我们经常发现，许多消费者宁肯花十倍或百倍的价钱去买偏爱的高端品牌，也不将就购买一般产品。多出实用价值的这部分价格实际上购买的就是品牌的文化价值。

文化首先是品牌的外在表现形式。作为一种标记，品牌首先从形式上来说，是由一系列代表文化的文字、图形或者是语言构成的。文字和图形这些最具有代表性的文化象征，成了每一个品牌与众不同的特质，也成为品牌之间的区分标志。因此，在品牌的外在表现形式中凝结着浓郁的文化芬芳。

文化也是品牌塑造的内涵。国家品牌在很大程度上是这个国家文化传统的积淀。在生活中我们可以看到，那些越是蕴涵传统文化因素、越是具有民族风格特征的品牌，越具有持久的生命力和较高的知名度。因而，很多知名品牌的塑造，首先凸显品牌名称中所体现出的传统文化精神。例如太子龙品牌，就以最富有中国特色的龙的形象为标识，富含传统文化特色，为中国人所喜爱。再比如，美国西部牛仔穿着牛仔裤、骑着高头大马，在一望无际的戈壁荒漠或峡谷山峦间纵横驰骋，"酷"劲儿十足，成了具有鲜明美国精神符号意义的典型服饰代表。从牛仔裤上，可以看到美国人为之心驰神往的个人独立、生而自由、勇于冒险、性感迷人、非正式的休闲、浓烈的乡土气息等令人心醉的气息。由此可见，知名国家品牌塑造的关键，很大程度上就在于产品中的文化价值含量。可以说，一个国家品牌中所沉淀的文化传统成分，就是这个品牌最宝贵的无形资产，是品牌塑造的内在原动力。

在品牌的管理和传播中，文化也具有很重要的影响。任何一个国家品牌的系统管理都依赖组织中的管理者。组织中的管理者都是成长于一定文化氛围、受民族文化熏陶的鲜活的个体，必然会在做出品牌管理决策的时候受到文化的潜在影响。因此，国家品牌的支持系统需要针对外界不同的文化对自身进行修正和完善，以期达到有效的品牌树立。此外，国家品牌的传播也离不开文化的影响。品牌传播直接面对的是消费者，由于各个文化背景不同的消费者都受到本身文化的制约，表现出不同的情感树立方式，尤其是随着跨国公司品牌全球化程度的加深，文化差异及其敏感性对国家品牌发展的影响也越来越明显。不同国家地区的消费者由于文化的不同，在品牌定位、接受方式等方面都有差异。因而在品牌外界沟通和传播方法的选择上，需要考虑消费者所处的不同文化环境。

●国家品牌生产力之生态环境

"品牌生态环境"概念的形成是来源于大自然的启迪。在自然界的生物圈中，各种生物、微生物与它们赖以生存的环境之间相互影响、相互作用，构成了生物圈生态的动态平衡。品牌生态环境亦是如此：只有影响品牌的各种利益相关者之间相互协调，才能使品牌这个主体健康发展。美国安格尼斯嘉·温克勒在其著作《快速建立品牌》中首次提出了这个概念。他认为，所谓的"品牌生态环境"，就是指存在于某个产品或某项服务之中所有相关的参与者或品牌之间的复杂关系，由涉及顾客及其他关系利益人团体、品牌接触点、售后服务、公司信誉、顾客依赖度、品牌的形象代言人，以及其他影响利害关系的因素共同组成。

品牌生态环境是一个复杂的有机组织，其涵盖的内容非常丰富。在经济全球化的背景之下，一个成功的品牌必须与消费者、竞争对手、零售商、销售商等利益相关者保持良好的关系。如果品牌的利益相关者不满意或者不喜欢，即使你的品牌再好，也难有好的发展。

品牌生态环境中各利益相关者都影响着品牌的发展，如果人为的强调某一方面而否定另一方面，就会破坏品牌生态环境，最终导致品牌丧失其本身所固有的价值。所以，在打造国家品牌生产力的过程中，必须考虑到方方面面的因素，并且用一种全新的、动态的框架来协调这些因素之间的关系，保持国家品牌生态环境的良性发展。

第二节 国际品牌环境现状

●经济全球化程度日益加深

经济全球化是世界各国在全球范围内的经济融合，表现为资本、技术、人才、劳务、商品、信息、知识等生产要素在全球范围内流动或整合，各个地区、各个国家的经济越来越结合成一个整体。近几十年以来，尤其是进入20世纪90年代之后，市场经济体制为大多数国家接受，越来越多的国家采取对外开放政策，市场开放程度日益加大，更促进了经济全球化的进程。经济全球化使得国内市场国际化和国际市场国内化两种趋势并存，商业竞争向更高层次、更大范围发展，品牌竞争日益成为国际竞争的焦点之一，全球商战正在演变成品牌战。在这种全球化背景之下，各国都在积极打造具有民族特色和能代表国家生产力水平的国家品牌以应对国际市场竞争的压力。国家品牌，不仅成为民众的骄傲资本，而且成为政府重点保护的民族经济大动脉。同时，它们事实上也已经成为在全球范围内代表这些国家品牌生产力水平的标杆。

●跨文化需求逐渐趋同

在全球化的进程中，一方面随着国际经济、文化交流程度的不断加深，出现了文化交叉；另一方面在各国市场走向开放的同时，人们的思想也在走向开放，接受着异域文化的冲击，文化在不断的碰撞中融合；同时，网络技术的快速发展、通信技术的突飞猛进、全球媒体的无孔不入和国际旅行的日渐频繁，也极大地消除了人们之间的时空距离，各种民族文化在网络空间交汇、流动，新的生活方式、消费文化渗透在巨大的信息流中席卷全球各个角落，加速了消费者市场的同化。正如哈佛大学的西奥多·李维特在其名篇《全球化的市场》一文中所论述的："世界正在成为一个共通的市场，不管人们居住在何方，他们都要在这里寻求相同的产品和生活方式。"随着这种跨文化需求日益趋同现象的不断加剧，世界各国市场对标准化消费品的需求规模越来越大，而各个品牌在世界范围开展经济活动所带来的规模经济效益也随之越来越明显。如肯德基标准化产品遍及全球，相同的产品、相同的标识、相同的服务质量，体现着统一的品牌形象和企业形象，受到各国消费者的青睐。再如高露洁公司在推广其新产品"除牙垢牙膏"时，采用标准化全球广告模式，以固定版本广告片向 40 多个国家推广，只依国别调整语言和音乐，极大地降低了成本，获得了竞争的优势。这些品牌的成功无一例外地表明：跨文化需求的趋同为国际品牌的发展提供了广阔的舞台。

155

第三节　国内民族品牌环境现状

目前，中国的民族品牌事业蓬勃发展，但也面临来自内外部的巨大挑战。

市场经济的发展是中国民族品牌成长的内生力。我国经济经过 30 多年的持续高速增长，市场已经发生了本质的变化，基本上告别了"短缺经济"状态下的卖方市场，买方市场逐渐形成。买方市场带来的直接结果是商品供过于求，部分企业生产能力过剩，作为卖方的生产者处于被动地位。在这种背景之下，生产者要想赢得需求层次日渐提高的消费者，必须不断提高产品质量、降低价格、改善服务，因此，企业之间的竞争日益加剧。不具备品牌优势和资本优势的众多中小微企业生产经营日益困难，而那些适合当前市场或潜在市场需要的质量、性能、价格、服务全优并有较高科技含量和文化附加值的品牌则迅速成长起来。

消费结构的升级和消费者品牌意识的觉醒，为中国民族品牌的发展提供了动力。品牌是由生产者和消费者在市场这个大熔炉中共同锻造的。我国消费结构的升级和消费者品牌意识的逐步觉醒，也为品牌发展提供了巨大的动力。我国近年来城乡居民收入稳定增长，消费水平的提高为品牌提供了巨大的现实和潜在市场。同时，社会文化的进步，带来消费理念的巨大变化，消费个性化、时尚化、审美化的趋势越来越明显。表现在商品选择上，既注重商品的内在质量和性能，也注重商品的文化附加值和美学价值，注重商品带来的象征个人地位、财富、性格和审美追求的属性。此外，国外著名品牌大量涌入中国市场，进一步拉动了人们生活方式的提升，促使一些人尤其是年轻人超前进入了名牌消费的行列，对中国的品牌消费起到了推波助澜的作用。

由以上两个方面不难看出，从生产的发展水平到消费水平，从供到求，我国已经初步具备品牌生产与消费的主客观条件，中国的品牌时代正在到来。

然而，纵观我国品牌发展的历史和现状可以看到，我国国内民族品牌的发展也面临着巨大的挑战，还存在着很多亟待解决的问题。

●中国品牌面临来自全球化的挑战

今日中国，不可否认已经成为世界最大的工厂，"中国制造"冲击着全球市场的每一个角落。然而，"中国制造"出的大多是贴牌或低附加值产品，在美国《金融世界》和英国 Interbrand 公司每年分别评出的世界驰名商标中，中国品牌无缘进入。比如说，我国出口的服装有数万种数十亿件，出口品种和出口额堪称世界之最，但却没有一个叫得响的品牌行销全球，获得较高的知名度和市场占有率。这类产品附加值相当低，完全是靠数量以低价取胜，这使我国在国际商品交换中处于极其不利的地位。因此，在调整我国出口商品结构的同时，创造知名品牌，增加产品的附加值，变以数量取胜为靠质量、靠品牌取胜，是中国迎接全球化的必然选择。

●经济基础薄弱与品牌生产主体分散化的双重制约

中国是个大国，经济基础薄弱，经济总量虽大，人均占有量却很低，2011 年中国人均 GDP 4283 美元，排名第 95 位，不到西方发达国家的 10％。经济实力弱，技术装备差，影响品牌的内在质量和科技含量；因为能源消耗大，劳动生产率上不去，品牌生产难以取得成本优势。不仅如此，更为关键的问题是我国品牌生产主体的分散化。在经济全球化中，我们没有或不能把优势资源集中加以合理配置，因此不能形成品牌实力。中国现有工业企业数十万家，地方保护主义、"大而全"与"小而全"、重复建设现象相当严重，形不成规模效应和协作体系。即使近些年来在竞争重组中发展起来的大企业，真正达到规模经济的也不多。

●科技创新能力不强与科技成果转化率低

近些年来，我国的科技创新成就斐然，但从整体技术看，中国落后于世界先进水平 20～30 年，科技进步贡献率只有 40％左右，远远低于发达国家 70％～80％的水平。同时，我国不仅总体科技投入少、创新能力不强，实用技术研究落后，而且技术扩散滞后于技术创造，科研成果转化率较低。目前，我国的科技成果转化率只有 30%，而实际转化成商品并形成规模效益的比例更低。

●国外资本和品牌对中国市场构成了较大威胁

随着对外开放的不断深入，外商在我国投资的项目，平均规模不断扩大。特别是在新兴产业、高技术领域和市场前景广阔的产品市场中逐步占据优势地位。与此相适应的是，大量国外品牌以合资生产和直接进口的方式占据国内市场，在一定程度上限制了我国民族品牌的发展。

●品牌评价体系混乱与品牌自我管理薄弱

时至今日，中国仍未形成一套既符合国情又具国际化的关于品牌认定与评价的方法与管理体系，没有产生统一的、有权威的能够体现客观、公正准则的评价机构。而经由各种渠道"评选"出的"名牌"以及品牌价值的评价缺乏可信度，既扰乱了市场秩序，损害了消费者的合法权益，也损害了好品牌的声誉。目前品牌评价中的问题，一是评价机构过多。行业主管、学术团体、新闻媒体和咨询机构纷纷打着"评价委员会"、"评估中心"等旗号，在争抢着品牌的推介和品牌价值的评价市场。二是评价标准混乱。众多评价主体把产品质量功能、销售量、销售额、市场占有率、经济效益等指标中的一个或几个作为评价标准，缺乏统一性、全面性和权威性。有些评价机构以评价为名，向参评企业收取高额费用。三是由于评价机构过多，评价标准混乱，造成"名牌"过滥，品牌资产价值偏离过大。有些机构迎合企业需要，故意高估品牌价值，使品牌价值评价成了广告宣传的手段，在社会上造成很坏的影响，也使品牌形象在消费者心目中诚信大挫。加上品牌评价政出多门，办法不一，标准不同，竞相压价，粗放评估，使评价质量难以保证。由于没有较好的品牌外部认定与评价体制与方法，企业内部的品牌评价与管理也很薄弱。有些企业缺乏品牌发展意识，任凭品牌自然发展，自生自灭；有些企业只重视品牌的眼前收益，急于兑现品牌未来收益，杀鸡取卵，导致品牌短命。

当前，中国经济正处于上升时期，也是品牌形成和成长的最佳时期。如何利用好有利的环境因素，克服不利环境影响，把握机遇，发展国家品牌生产力，应该是全社会共同思考的问题。

第七章 国家品牌生产力之政策体系

纵览世界各国品牌发展的历程，几乎每一个成功品牌成长的背后，都有政府忙碌的身影。在品牌战略已逐渐成为各国国家战略的时代背景之下，自20世纪90年代开始，我国各级职能部门自上而下推行了"名牌战略"，不仅在国家层面上成立了中国名牌战略委员会，在各级地方政府也相应地成立了推进名牌战略的各种机构，而且不断努力创造有利于国家品牌发展的政策体系和政策环境，以培育更多的国家品牌，促进国家品牌生产力的发展。

第一节 政策对于国家品牌生产力的意义

政策是一种与人类的生存和发展紧密联系的社会历史现象，是社会公共权力主体为了实现自己所代表的阶级、阶层的利益与意志，以权威形式标准化地规定在一定的历史时期内的奋斗目标、行动原则、工作方式、一般步骤及具体措施等。品牌的打造和发展，既需要品牌企业自身实施科学的战略决策，也需要政府通过政策创造的良好外部环境。因而，在建设国家自主品牌、打造国家品牌生产力的进程中，相关政策的制定和完善具有非常重要的意义。世界上几乎所有的发达国家都有比较完整的品牌支持政策体系，从品牌的评定、保护、推广、传播等方面全方位促进品牌的成长和发展。

●政策对国家品牌生产力的导向

人类进入新经济时代，知识成为经济增长的动力，品牌成为企业价值的源泉和推动经济发展的无形力量。品牌地位的日益凸显和品牌经济的快速崛起，客观上需要有相关政策的指导和扶持。市场经济的一大特点是，政府通过立法和体制导向，引导各个地区、各个行业、各个企业关注品牌发展，成立专门的机构促进企业与大学、研究机构以及金融机构的联系，实现品牌的研发和推广。比如，美国政府通过立法，以法律许可和法律要求的形式支持大学与企业合作。最早相关的法案是著名的《第一莫里尔法案》，它在美国掀起了一股赠地学院运动浪潮，共有 69 所赠地农工学院成立。此后，联邦政府还出台了一系列延续"莫里尔法案"精神的法规，通过向赠地农工学院提供资金引导其与企业紧密联系，鼓励大学与大小不同的公司开展合作研发和推广新的品牌。不仅如此，鉴于品牌发展对经济的带动作用，各国政府在出台各种扶植政策的同时，还直接加大投资力度，对国家自主品牌进行项目补贴，实行税收减免，整合资源优势，以促进品牌更快地发展。

●政策对国家品牌的保障

政府支持是企业最基本的竞争优势，因为它能创造并保持企业的竞争条件。国家政策不仅影响企业战略，而且直接影响企业的生产与技术发展核心。政府通过制定并实施针对性政策，在不干预品牌企业经营管理自主权、不参与品牌企业运行的前提下，给予品牌企业各种支持，如财政税收政策、投融资政策、科技成果转化政策、人才政策、信息和网络支持政策等。这些政策从减免税收、建立多元化融资渠道、鼓励人才流动、促进科技成果转化、提供信息服务等诸多方面为品牌企业的运营和发展创造了良好的条件，有力地推动了国家品牌的发展。同时，政府通过立法，建立和健全相关法规，使品牌企业的运作有法可依，健康发展。总之，各个政府不断出台的各种政策是国家品牌发展的最重要支持，它使得国家品牌在数量上迅速增多，在知名度和品牌价值上不断攀升。

●政策优化品牌发展环境

优化发展环境是树立国家品牌的重要条件。各国各地政府采取各种政策措施致力于改善国家品牌生产力发展的环境，营造有利于国家品牌生产力发展的社会氛围。首先，政府通过制定各项优惠政策，发挥本地的优势条件，把产业品牌发展规划与招商引资结合起来，有选择性地培育和发展龙头企业，做大做强品牌，发展品牌企业规模，提高品牌在国内外的知名度和美誉度。其次，政府通过加强信用制度建设，着力推进企业信用，对制假、售假案件以及侵犯注册商标、知识产权等行为加大惩处力度，建立应对国际贸易摩擦的预警机制，及时掌握世界各国进出口贸易政策变化，积极做好防范与应对，依法保护自主品牌的合法权益，建立能保证公平竞争和优胜劣汰的市场制度环境，促进国家品牌的发展。此外，各国政府还通过制定实施国家品牌企业保护政策，挖掘民族品牌的文化底蕴，明确民族品牌的市场发展战略和产业发展战略，彰显民族产业文化特色，形成地区或国家特定产业品牌的发展环境，积极营造增强国家品牌生产力的有利氛围，努力改善国家品牌发展的条件和环境。

由此可见，在国家品牌生产力的形成和发展过程中，国家政策的引导和支持及保护非常重要。各个品牌生产企业应当充分运用政策所提供的有利条件，发挥品牌企业生产和创新的积极性，促进国家品牌快速、健康、持续的发展。

第二节　我国品牌政策综述

●国家品牌政策体系结构分析

品牌发展是各个国家都很关注的问题。随着全球经济一体化的形成，品牌不但已成为企业在市场上最稳定的营运要素和经营核心，而且也日益成为民族产业的核心财富和构成国家产业竞争力的重要组成部分。国家品牌的竞争力已成为国家综合实力的表征。然而，国家品牌的发展，仅仅依靠企业自身的力量是难以实现的，必须有好的制度和机制等来支撑。从这个意义上讲，政策是国家品牌的生命。

国家品牌的建构需要多方面的政策支持。从西方先进国家品牌发展的经验来看，国家品牌政策体系的构成一般包括品牌的评定政策、扶持政策、保护政策和宣传政策四个方面的内容。国家和地方政府通过对品牌评估、推广、促进和保护等相关政策的制定、完善和实施，全面推进国家品牌的建设工作，致力于对国家品牌生产力的打造。

　　一是品牌评定政策。品牌的评定是推动品牌战略实施的基础和前提。作为一种重要的无形资产，品牌是经过企业多年的发展和积累沉淀下来的宝贵资源，也是企业实现可持续发展的重要保证，对品牌的认可对于品牌企业的发展至关重要。近些年来，随着经济全球化的发展，市场竞争和企业面临各方面的压力都在不断加剧，全球性的品牌兼并、收购和合资热潮兴起，使得品牌评定的重要性与日俱增。

　　品牌的价值来源于市场，来源于消费者对品牌的认可、信赖与忠诚，这样使得品牌价值的呈现带有一定的主观色彩，也使得对品牌价值的评定难以形成一个整齐划一的标准。比如说，许多国际著名品牌的评价标准主要衡量的指标是信息价值和文化价值，即商品的符号价值。这种以盈利为目的的不规范评选容易对市场造成误导，对企业造成误导，也容易滋生不正之风。这就需要政府出面主导品牌的评定，通过制定相关的政策加强品牌评比认定活动的组织和管理；按照公开、公平、公正的原则，建立科学规范、突出商务特色、体现市场和消费者认同的品牌评比认定机制；建立完善的品牌评估制度，明确有关部门的责任分工，完善有关规章制度以规范有关市场服务机构的职能和行为，加大品牌评价工作的透明度和社会参与程度；通过品牌评定，理顺品牌商标认定与品牌资产评估、产品质量认证以及消费者信得过产品评选之间的关系，为政府企业品牌战略制定正确的规划，对不同的品牌实行不同力度和方式的保护；加大已评定品牌的宣传推广力度，扩大覆盖面和影响面，调动企业进行品牌经营的积极性，推动社会各界力量关注、支持和参与品牌建设。

　　二是品牌扶持政策。国家品牌的成长离不开政策的扶持。发展国家品牌的政策被世界上很多国家和地区视为经济发展的引擎，很多国家、地区都制定了明确的品牌扶持政策，并且在实施中收到了很好的效果。20世纪70年代末，日本通产省为打破美国集成电路的一统天下，出面组织富士通、NEC等企业集中技术力量攻关，为日本电子工业一度称雄世界打下了牢固基础。近年来，韩国为了实施国际化战略，对一些有竞争力的大企业集团给予特别的扶持，产生了三星、LG、现代等成功的国际级企业和世界级的大品牌。这些成功的例证无一不显示出政策扶持对品牌发展的重要作用。

　　近年来，世界各国各级政府纷纷出台各种政策措施对国家品牌的发展予以支持，主要包括财政支持、税收减免、行业科技成果推广、人才培养引进，等等。很多国家地区通过政府拨款或者实施政府基金计划的形式，为品牌企业提供资金支持，鼓励企业自主创新；通过引导金融机构创新商业运行模式，鼓励企业用自主品牌做抵押，依法依规向金融机构融资，探索建立企业自主品牌信用担保制度，为品牌企业的发展提供资金支持；通过制定多种优惠政策，促进教学、科研单位与企业技术合作创新机制的建立，加强科研单位与企业的合作，保证科研与市场的紧密结合；成立专门的机构，负责行业科技成果推广应用以及创新工作，提升科技成果的转化率，为品牌企业的发展提供技术支持；通过实施创新人才战略，完善人才培养引进和流动机制，为科研人员的研发创新和技术转化建立功能齐全、进退有序的保障和服务体系，加强人才储备，打造出一支技术力量雄厚的科研人员队伍，为品牌企业的发展提供人才支持。

三是品牌保护政策。随着全球化进程的深入，品牌之间的竞争不仅体现为企业与企业之间的竞争、地区与地区的竞争，还体现为国家与国家的竞争。尤其是在一些新兴产业、高技术领域和市场前景广阔的产品市场，品牌之间的竞争尤其激烈。在"守住国门"和"走向世界"的双向压力下，很多国家自主品牌举步维艰。每天都有无数的新品牌在诞生，同时又有无数的品牌消失。面对如此激烈的品牌竞争，要推动国家品牌战略的顺利实施，使新品牌健康成长，做大做强，提升价值，使老字号焕发青春，实现保值增值，发挥政策的保护作用十分必要。

有了竞争力，才有生命力。在市场经济的竞争环境下，政府首先通过相关政策的制定实施，按照"扶优扶强"和"公开、公平、公正"原则，依托行业组织，选择自主创新能力强、市场覆盖面广、市场占有率高、企业盈利能力强的品牌企业进行重点跟踪和培育，提升自主品牌的核心竞争力，使这些品牌能在国内国际竞争中站稳脚跟。其次，制定和完善有关政策，加大对自主知识产权的开发和保护力度，鼓励企业开发具有自主知识产权的名牌产品，坚决打击侵犯知识产权的违法行为，支持企业及时将科研成果、核心技术和名牌产品申请知识产权保护；加强跨区域自主品牌和自主知识产权保护的协调工作，加强涉外知识产权保护，逐步建立涉外知识产权纠纷预警应对机制；加强对合资合作过程中自主品牌的保护和管理，防止自主品牌被恶意收购。

四是品牌宣传政策。知名度是成功品牌的重要表征。品牌知名度的获得，除了依赖产品的高质量，也要借助于宣传。一个国家品牌要想立足市场，走向世界，适度的推广和宣传是必不可少的。要通过宣传增强全社会的品牌意识。近年来，很多国家和地方政府通过一定的政策引导，切实提高对国家品牌建设在促进经济发展、提升综合国力方面的重要功能的认识，促进各种社会组织、社会力量都来关心、支持和鼓励国家品牌建设，营造国家品牌发展的良好社会环境。要制定相关政策措施，加大对自主品牌的宣传力度，提高名牌产品在市场和用户心中的形象和信誉；全方位运用新闻媒体的宣传功能，积极宣传优秀品牌的先进经验；努力搭建自主品牌的展示平台，创造自主品牌走出国门的有利条件，扩大自主品牌的影响，让品牌鼓起"美誉度"和"知名度"的双翼，飞向千家万户。

●国家品牌政策体系的意义

作为国家产业发展的重要举措，创建国家品牌具有十分重要的战略意义。从民族工业的繁荣到国家品牌的提升过程，不仅是企业规模量的增加，更是民族产业质的升华。要完成这样一项系统工程，需要各方面的互动和合力，但政府的促进和引导作用，无疑是主导性因素。政府以其独特的地位在制度的建立方面有着不可替代的权威和优势，各个国家或者各个地方的政府都是从战略高度重视国家品牌的建设，制定与国家、地区、产业发展相吻合的国家品牌政策体系，引导和扶持国家品牌的形成和兴盛，从而推进本国经济发展。

在国家品牌的成长历程中，国家品牌政策体系四个方面的内容是相互关联、相互促进的，它们作为一个有机整体共同推进着品牌的生长和发展。其中品牌的评定政策是国家品牌形成发展的重要基础，对品牌评定机构和标准的明确化，是实施国家品牌生产力战略的根本前提；品牌的扶持政策是国家品牌形成发展的重要依托，政府的一系列优惠政策和支持计划，是品牌崛起的坚实靠山；品牌的保护政策是国家品牌形成发展的根本保障，通过构筑更强的竞争优势和全方位的监督管理，为国家品牌营造公平有序的成长环境，促进品牌的发展壮大；品牌的宣传政策是国家品牌形成发展的有力支撑，借助于宣传，增强了全社会的品牌意识，也提升了国家品牌的知名度，实现了品牌的迅速增值和向国际市场的延伸。这四个方面合而为一，以整体的影响促进着国家品牌的生长成熟，共同显示出政府在国家品牌发展中的主导性作用。

●国外品牌政策概况

纵观全球，国家品牌发展迅速，美国、德国、法国、日本等集中了全世界大部分畅销名牌的国家，都有自己完整的品牌战略思路和政策支持体系，都充分发挥出了政策体系对国家品牌的引导支持功能，这些经验值得我们学习和借鉴。

作为全球最大经济体，美国拥有众多知名自主品牌。据世界权威调研公司华通明略行发布的第六届年度"BrandZ 全球最具价值品牌 100 强"榜单中，2011 年全球最有价值品牌前 20 名中，美国占据了 15 席，其中前 9 席全部是美国品牌。

美国品牌的强势离不开政府的大力扶持。为培育和保护自主品牌，美国政府在法律法规、政策措施、资金支持等方面采取了一系列措施。

一是大力为自主品牌的发展营造良好的环境和氛围。美国政府通过一系列法案，明晰了政府、企业和市场的关系，促进企业成为自主创新和实施品牌战略的主体。政府通过制订发展规划、进行政策引导、提供公共服务等战略举措，为企业培育有效率的市场；通过加大政府的科研投入力度，促进企业与高等院校和科研院所之间的知识流动和技术转移，促进高新技术成果的开发和转化，加速提升企业的核心竞争力；政府从宏观上对品牌企业的发展给予指导和调控，重视培育新的经济增长点，选择有潜力的产业和品牌进行重点扶植，如在新能源、电子信息、生物制药、计算机软件等高新技术产业加大投资，进行政策倾斜；加强对知识产权的保护力度，加强对品牌的宣传推广，积极创造有利于自主创新和实施品牌战略的环境氛围。

二是鼓励中小企业通过产业集群创建区域自主品牌。以硅谷为例，1953年，美国制定了《小企业法》，建立联邦政府一级的小企业管理局，为高技术中小企业贷款提供担保；1958 年，又制定了《中小企业投资法》，允许小型投资公司向美国小企业管理局借三倍于自身资产的贷款，并享受低息和税收优惠；20 世纪 80 年代，政府还制定了《小企业创新发展法》和《加强小企业研究发展法》等，按比例提供给中小企业研发经费。另外，政府还通过

165

订单方式向硅谷一些信息产业项目提供联邦补贴，用于研究开发。

三是通过多种政策措施，对自主品牌给予全方位保护。美国政府一向重视对自主品牌产品的采购，并采取贸易制裁措施保护自主品牌和本土产业。早在1933年，美国联邦政府就颁布了《购买美国货法案》，规定政府在采购商品时，应优先购买美国产品。奥巴马政府在去年出台的大规模经济刺激法案中，进一步强化了这一法案的保护主义色彩。同时，美国政府还特别重视对知识产权的保护。为加强自主品牌在海外市场的知识产权保护，美国对国内知识产权保护法进行了多次国际延伸。为打击外国侵权行为，美国出台了"特别301条款"，修改了"337条款"，并积极谋求将知识产权保护纳入多边贸易体制，如推动达成世界贸易组织《与贸易有关的知识产权协定》等。此外，随着跨国公司对外直接投资的主要方式由投资新建转变为跨国并购，美国政府对外国公司并购本土企业实施严格审批，注重在跨国并购中保护自主品牌，防止外国企业对自主品牌的恶意收购。美国外国投资委员会负责监督与评估外国投资并购美国企业，视其对美国国家安全及本土产业的影响程度，授权进行相关调查，并视情况上报总统就阻止外资并购作出最后决定，从而为美国本土品牌提供最为优厚的庇护。

德国拥有世界领先的加工技术和雄厚的制造业基础，有一批世界知名企业和品牌产品。在世界100家知名品牌产品中，德国就占了约10%。"德国制造"在世界市场上已经成为高品质、高精确度和高信誉的代名词。而德国联邦政府在宏观政策上的指导和协调，在一系列法令法规上的支持，都成为这个享誉世界的"德国制造"的坚强后盾。

德国政府对于"德国制造"不遗余力的支持主要体现在这样几个方面：

第一，德国政府在科研经费上的高投入。德国的科技投入资金来源主要由三部分组成：联邦政府、各州政府及经济企业界。其中政府的投入大约占了总研发经费的1/3。德国政府的研发经费占国内生产总值的比重一直维持在一个较高的水平。2011年德国国家改革纲要提出：在创新与研发方面，德国计划提前5年实现欧盟提出的2020年研发投入占国内生产总值3%的目标，在2015年实现教育经费和研发投入占国内生产总值10%的目标。

第二，倡导建立高科技中心。自20世纪80年代起，德国政府就提出，建立高科技中心（科技园区或企业孵化器）来扶持创新性企业的创业者，从而促进地区经济和高新技术产业的发展。慕尼黑高科技工业园区是德国最为突出的鼓励高科技创业发展的科技园区。该园区建设主要集中于工业产业、激光技术、纳米技术、生物技术等。作为全国高科技产业的孵化中心，在这里能以最快的速度反映当前的信息技术。如我们所熟知的宝马汽车公司、西门子电器产业等，都与该园区有着密切的关系。海德堡科技园区是一个迅猛发展的国际科学园区，为专门从事生物技术、生物信息学、医药技术和环境技术研究的公司提供设施和管理服务，与诺尔公司、岁切医疗公司以及莱茵杂克生物医学研发三角地区等科技研发方面都有密切的合作关系。

第三，德国政府通过扶持和资助科技型中小企业为"德国制造"提供发展后劲。以1970年底颁布的《中小企业结构政策的基本原则》为标志，德国对中小企业的政策也开始了从忽视排挤到重视扶持的转变。这是在联邦层面上中小企业促进政策的纲领性文件。对于一些由联邦政府出台的全国范围的中小企业促进措施，联邦政府还制定了一些具体的指导原则，如《联邦经济与技术部关于促进为中小企业提供企业咨询的准则》等。德国黑森州、巴符州、汉堡市议会和梅前州相继通过了《中小企业促进法》，规定了对中小企业的促进原则和具体的促进措施。现在，中小企业特别是科技型的中小企业已经成为德国制造业的支柱和核心。同时，政府对中小企业的资助力度也很大。在支持中小企业发展的全部资金中，政府的财政预算资金占了70％。德国政府通过政策性银行对中小企业进行融资支持。联邦政府鼓励中小企业到外国举办展会推销自己的产品，并为其提供资金支持和必要的信息服务。

第四，知识产权保护体系为"德国制造"保驾护航。德国对工业产权的保护体现在智力成果（如外观设计、专利发明、实用新型专利发明、半导体芯片设计），企业之间的竞争和智力的符号（商标）等方面。在所有这些方面都有法律规范，如《反不正当竞争法》等。在商标国际保护方面，德国参加了《商标国际注册马德里协定》、《制裁商品来源的虚假或欺骗性标志的马德里协定》、《保护产地名称及其国际注册里斯本协定》和《尼斯协定》等国际公约。这些法律和相关机构以及各种联合会都为"德国制造"在国内外市场上的安全邀游保驾护航，为保护德国品牌作出了贡献。

"浪漫"，这个由来已久的法国国家品牌标签给法国的经济发展带来丰厚的回报，高级香水和化妆品，引领时尚潮流的服装，享誉全球的葡萄酒产业等让法国成为奢侈品品牌的集中地。法国政府一系列的政策支持对于这些知名品牌的发展也起到了极大的促进作用。具体的支持政策有以下几点：

一是政府设立多项专项基金，支持科技创新与转化。在法国，已经建立了71家科技产业集群。法国政府按领域设置了三项基金，分别资助生物工程、多媒体、通信与服务三个领域，每个项目的支持约15万～76万欧元，以支持创新企业的发展。同时，政府还对科技型中小企业进行"风险投资"。其扶持项目最主要的有：产品革新项目，最高的资助为24个月20万元的无偿补助；技术革新助理项目，主要针对新毕业大学生的成果应用和就业创业问题，鼓励企业接纳新的毕业生；革新想法的专利保护，提供申请专利的咨询和资金帮助。政府还规定接受政府资助的大学和科研机构必须与企业合作，以保证科技成果迅速商品化产业化。

二是出台相关政策措施，成立专门机构，推进国家品牌国际化进程。2004年，由法国政府组织成立了法国企业国际发展局，主要职能是向法国企业提供国际业务发展信息和咨询服务，收集发布国外市场综合产业、法律法规、税收规定、融资条件、国外企业的需求等信息，组织法国企业参与国际大型展览会和博览会，协助法国企业加强与外国企业的接触，在国外举办技术研讨会和产品介绍会，利用国外媒体介绍法国技术，提升法国品牌的国际影响力，实现法国国家品牌的国际拓展。

三是采取措施干预外企收购，为自主品牌的发展做坚强后盾。在法国，十几年来已有很多起外国公司的并购计划"流产"，其原因都是法国政府的出面干预。1999年美国沃尔玛想收购法国家乐福，法国政府迅速做出反应，撮合家乐福与另一家本土超市合并，成功抵御了沃尔玛的入侵。2005年，美国百事公司想收购法国达能，法国政府要人纷纷出面表态，要誓保这个"法国工业的瑰宝"，最终令百事放弃了收购意向。面对跨国并购的挑战，法国将本土的20家国际知名企业，如家乐福、巴黎春天百货等列为"特别保护企业"，反对外国对其"恶意收购"。此外还规定，想收购法国企业，就得背负被收购企业所有负债及员工福利等重压，使得外国企业不得不三思而后行。

对于拥有像松下、丰田等众多著名品牌的日本来说，政府的积极扶持也是其品牌迅速发展壮大的重要原因。在日本，品牌战略被上升到了国家战略的层面，政府提出要以品牌"树立日本的新形象"。提出通过知识创新、发展先进制造业等手段，将日本塑造成高品质、高美誉度的国家品牌。2003年，日本政府就开始实行"日本品牌发展支持事业"，并设立专门的政府部门负责以国策推行日本品牌战略，募集和挑选具有日本文化特色和地域特色的品牌，为其承担部分研发、宣传和推广经费，最终构筑成国际品牌。

其次，日本政府通过出口导向型的经济政策促使品牌国际化。地处海岛的日本由于自身资源的贫乏和国内市场的狭小，致力于以出口为导向的走出去的对外经济政策，这为大批优质名牌产品打入国际市场提供了良好契机。为支持本国品牌走向国际，日本政府对其企业的出口和投资采取了一系列的促进措施，如提供避免出口信贷风险的担保和防止政治、经济风险的投资担保等。而日本政府驻外代表机构、日本国外商会和对外贸易信息中心已成为日本对外经济促进政策的三大基础性支柱。

印度，一个正在崛起的品牌国家。尽管在美国《商业周刊》多年全球最佳品牌100强的名单上寻不见印度企业的踪迹，但印度企业自主品牌正渐入佳境却是不争的事实。细察印度企业自主品牌的成功之路，在传统行业上，政府"无形之手"的推动是重要助力。

"印度无处不在"，这是数年前印度品牌权益基金会的推广口号。他们通过举办企业招待会、小型论坛、艺术展、音乐会和食品节等活动来宣传印度产品和品牌。印度政府一直在传统行业的发展上下大工夫。拿手摇纺织机织布业来说，它是印度历史上最为悠久的行业之一，现在仍然在印度占有重要地位，产品主要是具有印度民族特色的纱丽、披肩和头巾等，已形成了多个产品品牌，享誉本国和国际市场。印度纺织部设有专门的手摇纺织部门，政府还成立了手摇纺织业出口促进会、全国纺织设计中心、全国手工和手摇纺织品博物馆等来保护和推动这一行业的发展。为帮助应对经济危机对出口带来的负面影响，印度手摇纺织业出口促进会专门编撰出版了《印度手摇纺织业地图册》以及互动CD光盘等，并通过外交机构加大向国外市场的推介力度。

●我国品牌政策纵览

改革开放以来，自主品牌的培育和发展逐渐成为我国经济发展中的亮点。1992年，邓小平在南巡讲话中率先提出了关于自主品牌发展的指导思想，他指出："我们应该有自己的拳头产品，创造出我们中国自己的名牌，否则就要受人欺负。"随着改革发展的持续深入，我国从经济总量上来说已

169

经成为名列前茅的经济大国，从发展势头上看也已经成为世界上一个最具发展前景的经济体，已经初步具有从"中国制造"向"中国创造"的品牌经济飞跃的现实基础。为了加强自主品牌建设，实现品牌强国的战略目标，我国正在努力创造有利于自主品牌发展的政策体系和政策环境。

第一，明确指导思想，把自主品牌的塑造和提升置于国家发展战略的高度。

1996年国务院颁布的《质量振兴纲要》提出："国家制定名牌发展战略，鼓励企业实行跨地区、跨行业联合，争创具有较强国际竞争能力的国际名牌产品。"2005年中央经济工作会议再次明确提出"实施品牌战略，加快转变对外贸易增长方式，扩大具有自主知识产权、自主品牌的商品出口"等内容。2005年10月，党的十六届五中全会将"形成一批拥有自主知识产权和知名品牌、国际竞争力较强的优势企业"确定为"十一五"时期经济社会发展的目标，明确提出必须提高自主创新能力，建设创新型国家，"形成更多拥有自主知识产权的知名品牌"，坚持走以质取胜、自主创新、促进自主品牌发展的道路，加快形成一批拥有自主知识产权、具有较强国际竞争力的知名品牌和优势企业集团。2006年，商务部发布《关于品牌促进体系建设的若干意见》指出：提高自主创新能力、建设创新型国家，是新时期我国实现经济社会可持续发展的重大战略决策。加强自主品牌建设，培育和发展具有自主核心技术的知名品牌，营造自主品牌成长的政策环境，是实施创新型国家战略的重要内容。并组织倡导了"品牌万里行"活动。2009年，七部委发布《关于加快推进服装家纺自主品牌建设的指导意见》。2011年，七部委发布《关于加快我国工业企业品牌建设的指导意见》。这些政策和举措都从国家战略的高度突出了品牌建设的重要意义，增强了全社会的品牌意识，为我国国家品牌的快速成长奠定了基础。

"十二五"规划提出产业结构调整战略目标：我国产业结构调整应实施"突破关键环节，提升价值链"的战略，加快实现由价值链中低端向中高端提升。重点突破研发、设计、营销、品牌培育、技术服务、供应链管理、专门化分工等制约产业结构优化升级的关键环节，增加加工深度。培育具有国际竞争力、拥有自主知识产权和自有品牌的大型企业与中小企业协调配套、共同发展的企业组织合理化格局。

第二，创建并完善国家品牌政策体系，推进自主品牌的发展。在品牌评定政策方面，主要的政策法规有《商务部关于推荐"中国名牌出口产品"备选名单有关事项的通知》、《商务部办公厅关于申请和推荐2006年"中国畅销品牌"的通知》、《驰名商标认定和保护规定》、《中国名牌产品管理办法》等。在品牌扶持政策方面，主要的政策法规有《商务部关于开展"品牌万里行"活动的通知》、《中国名牌产品管理办法》、《质量振兴纲要》、《关于扶持出口名牌发展的指导意见》、《关于发展具有国际竞争力的大型企业集团的指导意见》、《商务部、中国出口信用保险公司关于利用出口信用保险扶持出口名牌发展的通知》、《中华人民共和国政府采购法》等。在品牌保护政策方面，主要的政策法规有《商务领域品牌评定与保护办法（试行）》、《驰名商标认定和保护规定》、《关于惩治假冒注册商标犯罪的补充规定》、《中国名牌产品标志管理办法》等；在品牌宣传政策方面，主要的政策法规有《商务部关于开展"品牌万里行"活动的通知》、《商务部关于开展"品牌万里行"宣传推广活动的实施意见》、国家质检总局等七部门《关于加强品牌建设的指导意见》等。

　　从我国品牌政策的制定情况来看，目前，我国已出台的与品牌有关的政策法规中，既有全国人大制定的法律，如《中华人民共和国商标法》、《中华人民共和国产品质量法》、《中华人民共和国对外贸易法》、《中华人民共和国广告法》、《中华人民共和国合同法》、《中华人民共和国消费者权益保护法》和《中华人民共和国刑法》中的有关条款等。也有国务院发布的行政法规及规范性文件。主要包括国务院根据上述法律制定的相应的实施细则、条例等，如国务院发布的《质量振兴纲要》、《国民经济和社会发展第十一个五年规划》、《国务院关于禁止在市场经济活动中实行地区封锁的规定》、《国家知识产权战略纲要》、《国民经济和社会发展第十二个五年规划》等。还有国务院有关部门发布的部门规章及规范性文件，如《商务领域品牌评定与保护办法（试行）》、国家质检总局等七部门《关于加强品牌建设的指导意见》、商务部等八部委关于印发《关于扶持出口品牌发展的指导意见》的通知、《商务部关于实施"振兴老字号工程"的通知》、《商务部关于开展"品牌万里行"宣传推广活动的实施意见》、《商业特许经营管理办法》、《驰名商标认定和保护规定》、《中国名牌产品管理办法》、《关于推动企业创名牌产品的若干意见》等。此外，还有一些地方性法规和规章，如《福建省名牌产品管理办法》、《重庆市名牌农产品认定管理办法（试行）》、《湖南省外贸出口发展资

171

金管理（暂行）办法》、《江苏省惩治生产销售假冒伪劣商品行为条例》、《宁波市人民政府关于推进"品牌之都"建设的若干意见》等。这些国家政策与地方部门法律法规从不同层面为我国的品牌发展提供了引导和支持，促进着我国品牌战略的顺利实施。

第三，积极营造有利于国家品牌发展的政策环境，为培育和发展自主品牌提供保障。具体的措施包括：

加强商务领域品牌评比认定活动的组织和管理；按照公开、公平、公正的原则，建立科学规范的品牌评比认定机制；加大已评定品牌的宣传推广力度，扩大覆盖面和影响面，调动企业进行品牌经营的积极性，推动社会各界的力量关注、支持和参与品牌建设。

积极鼓励名牌产品生产企业，加大品牌宣传力度，提高名牌产品在市场和用户心中的形象和信誉；全方位推动新闻媒体加大对自主品牌的宣传力度，积极宣传优秀品牌的先进经验；支持和引导自主品牌产品和企业提高开拓国际市场和开发境外资源的能力，支持自主品牌企业在国外投资建立和扩大加工、研发、生产、营销和售后服务体系；努力搭建中国自主品牌的展示平台，引导消费者支持中国自主品牌的成长壮大。

加大对品牌建设的资金支持力度。设立"品牌发展专项资金"，专项用于支持商务领域内品牌建设活动，组织企业参加自主品牌展览、展示和推介，支持开展品牌宣传推广经验交流活动；在政府采购和援外物资采购方面，同等条件下优先考虑自主品牌产品；推动中国进出口银行在信贷政策上向自主品牌企业倾斜，为自主品牌企业发展壮大提供金融支持。

加大对自主知识产权的开发和保护力度。鼓励企业开发具有自主知识产权的专利和名牌产品，提升企业掌握和运用知识产权制度的能力和水平；坚决打击侵犯知识产权的违法行为，支持企业及时将科研成果、核心技术和名牌产品申请知识产权保护，加强品牌保护的法制建设；制定和完善促进具有自主知识产权的技术产业化的扶持政策，鼓励知识产权的转让和先进技术的推广；建立知识产权纠纷应对机制，指导自主品牌企业做好知识产权纠纷的预警、起诉和应诉工作；组织开展知识产权保护专项活动，重点打击假冒侵权行为，不断加大品牌保护的执法力度。

制订商务领域品牌建设人才培训计划。从品牌政策、品牌理论、品牌案例分析等多个层面，加强商务系统主管人员和企业经营人员的培训，提高品牌意识，增强企业自主创新的紧迫感和主动性，为我国自主品牌建设提供人才支持。

第四，制定品牌建设国家标准，为企业塑造品牌和提升企业文化水平提供标尺，强化品牌建设基础。

2011年8月，国家质检总局会同国家发改委、工信部、农业部、国资委、国家知识产权局、国家旅游局制定了《关于加强品牌建设的指导意见》，提出建立品牌的标准支撑体系，充分发挥标准在品牌建设中的支撑和保障作用。研究制定品牌建设的指导标准，推动品牌建设的规范化。构建品牌的技术创新体系。提高计量测试技术水平。加强检验检测公共技术服务平台建设，夯实品牌发展的技术基础。建立品牌的顾客满意度测量体系，开展用户及消费者满意度调查，测量品牌的满意度、知名度、美誉度，完善品牌的应急危机处理机制，维护品牌形象。

2011年12月，国家质量监督检验检疫总局、国家标准化委员会颁布了《商业企业品牌评价与企业文化建设指南》国家标准，于2012年2月1日实施。

国家标准《商业企业品牌评价与企业文化建设指南》分为两个部分：一是商业企业品牌评价，此部分对企业品牌进行了完整、权威、系统的解释，使各行业深入了解企业品牌的内在意义与价值。二是企业文化建设，从精神文化建设、制度文化建设、物质文化建设三大部分阐述了企业文化建设的内涵与外延。核心内容为商业企业品牌评价指标和分值，分为能力、品质、声誉、企业文化、影响5个一级指标，以及品牌规划、品牌管理、保障机制、企业品质、商品质量、服务质量、品牌知名度、品牌美誉度、品牌忠诚度、社会责任、诚信、精神信念、宣传推广、顾客感知、业界交流、行业影响、社会影响17个二级指标。评价结果的等级有四级，依次为：五星品牌，四星品牌，三星品牌，二星品牌。

该标准研究、立项、起草、审定前后经历了十余年，可谓十年磨一剑。《商业企业品牌评价与企业文化建设指南》具有创新开拓特征，填补了国内外空白。该标准全面、细致地阐述了企业品牌、企业文化建设评价的主要内容，提出了企业产品通过商业环节变成品牌的步骤和必要条件，是企业塑造品牌，提升企业文化水平的重要标尺。

●我国品牌政策体系缺憾

从近年来我国品牌发展的现状来看，各级各地政府都出台并实施了许多促进品牌发展的政策和措施，努力营造有利于品牌建设的商务环境和社会氛围，国家品牌政策体系正逐步建立和完善，推动着我国品牌发展逐渐步入正轨。总的来看，我国政府对于支持自主品牌发展的方向是明确的，但与发达国家相比，我国有关自主品牌发展仍然没有形成清晰可行的战略导向，有关自主品牌的思想，主要还停留在理论和号召阶段，自主品牌作为一种国家战略行为尚没有进入实质运作程序，由于缺少宏观战略导向定位，各行各业对建立自主品牌仍然缺少热情和积极性。

其次，我国品牌政策支持体系还不够完备。虽然在国家层面，商务部等八部委在 2005 年发布了《关于扶持出口名牌发展的指导意见》，在品牌发展战略思路和发挥政策集成效应方面进行了初步探索；在地方层面，上海、广东等地自提出品牌带动战略以来，也已经出台了不少政策，从金融、财税、检验检疫、出国参展、科技研发等多环节对自主品牌创牌企业给予支持，并且收到了良好效果。但目前仍然存在不少问题。比如政策支持主要局限于流通和出口环节，缺少从产业、技术层面的政策支持；促进品牌发展的手段主要依赖资金扶持，没有形成集研发、制造、营销为一体的政策支持体系；政策支持的力度弱、规模小，难以形成经济效果等。建立完善有效的政策支持体系，必须统筹设计、研发、生产、制造、财政、金融、流通、对外贸易等多个环节，发挥政策合力的集成效应，目前在这方面仍然是一个薄弱环节。

同时，我国品牌政策体系的不足还突出体现在品牌的认证方面。目前，我国的品牌认证和评定出现条块分割、秩序混乱、重评价轻培育等现象。其原因一是多数地方将过多的资源投放到了名牌评价中，导致中小企业为拓展市场或获得地方政府对名牌的高额奖励而参与名牌评选的竞争。企业将过多的资金、人力转移到公关上，势必产生重公关而轻生产的现象。品牌的评选实质上已成为政府设租、企业寻租行为。政府一方面出台扶持政策，另一方面设租使企业陷入品牌建设困境。二是目前的认证评选机构多而杂，缺乏统一规范。工商局、质检局等许多政府部门及各类行业协会均有评定资格，但分割认证和评定缺乏统一标准，导致市场上名牌数量过多且良莠不齐，与消

174

费者的实际感受反差强烈。供过于求使名牌实际价值下降，对品牌发展的促进作用不明显。

此外，品牌得不到相关法律的有效保护，也是目前我国品牌政策体系存在的不足之一。尽管我国一直致力于品牌权益的保护，但假冒、侵权等违法行为仍屡禁不止，对我的品牌建设造成了较大阻碍，其原因可以归结为我国法律的不完善性。商标法、专利法等缺乏细化条例，司法操作实践也存在不合理性。例如在我国广泛应用的"填平原则"，即实际损害实际赔偿，实质上是一种非惩罚性规定，未能有效打击侵权行为。法律的不健全使各类侵权行为因法律空隙而大量存在，导致了企业维护品牌成本高昂，也使消费者对企业品牌的消费信心弱化，对品牌的发展产生了消极影响。

第三节　我国品牌政策体系发展走向

随着中国经济发展阶段的变化，品牌消费的时代已经到来，市场竞争的焦点正在由单一的产品价格竞争转向包括质量、技术、服务、诚信、文化等在内的品牌竞争。实施品牌战略，拥有自主品牌，事关民族振兴，事关增强自主创新能力和提高国际竞争力。

郭占恒在《中国拥有知名品牌的战略意义和政策取向》[①] 一文中指出，改革开放30多年来，中国自主品牌没有与中国经济一同发展起来，或许是中国发展的最大缺憾之一。中国走品牌发展之路，打造品牌大国乃至品牌强国，还需要一个长期的过程。要实现这一战略目标，无疑需要企业的努力，同时也需要消费者树立和增强民族品牌意识，整个社会形成强烈的舆论氛围，尤其是政府必须要形成统一有效、覆盖全国的品牌战略工作机制和政策支持体系。

一、加强国家品牌建设的基础工作，着力提高企业创牌能力

创品牌尤其是创国家品牌，应从基础工作抓起。首先，搭建创牌平台，

---

① 《商业经济与管理》2007年第3期。

做好商标、质量、标准、管理等基础性工作。商标是依法注册并受法律保护的品牌。各级政府应积极引导企业注册并规范使用商标、商号，对没有注册商标的企业，要主动做好商标注册服务工作，特别是鼓励农产品商标和服务业商标的注册。要鼓励有条件的企业注册防御商标、联合商标，帮助企业尤其是出口企业进行国际注册，把商标维权活动从被动变为主动，由事后打击变为事先防范。质量和技术是品牌的核心，好的品牌必然有好的质量和技术做保证。为此，要把培育品牌与自主创新结合起来，鼓励企业进行原始创新、集成创新和引进消化吸收再创新，使企业拥有自己的发明和技术专利，要大力实施名牌产品标准化战略，支持企业积极采用国际标准和国外先进标准，完善企业质量保证体系，推广质量、环境、职业安全健康等国际通行的管理体系，从各个层面提高和保障产品质量。品牌的深层是管理和文化，要鼓励引导企业通过建立现代企业制度，采用先进管理方法，建立科学、规范的管理制度和运行机制，提高企业经营管理水平和品牌经营能力，要注重企业文化的塑造，积极培育和弘扬各具特色的企业文化。

其次，建立品牌评定管理机构，统一评定标准。应尽快建立国家名牌认证协调管理机构及监督机构，下设地方机构，对分割认证的状况给予协调管理。主要责任包括：对各类评定机构或部门及其评定类别进行规制；在遵循市场运行机制，充分做好市场调研的基础上对各级各类名牌评定数量给予协调；对各类认证的权威性、客观度等给予市场公开评价等。监督机构负责对协调管理机构及各类评定机构或部门工作等予以监督。

再次，应建立国家、省、市三级品牌梯队，实行有计划、有重点的品牌培育发展制度。国家品牌不是一朝一夕形成的，而是一步一步发展起来的。从浙江、广东、青岛等省市的实践看，建立省、市、县联动工作机制，通过工商、质检等部门协同工作，运用商标注册、质量检验、打击假冒伪劣行为等手段和必要的政策扶持，鼓励名牌产品和著名商标生产企业通过收购、兼并、控股、联合、虚拟经营、委托加工等多种途径做大做强，加快形成一批主业突出、核心竞争力强、品牌带动作用明显的品牌企业和企业集团，是现阶段行之有效的办法，应给予推广和完善。

同时，还要注重加强品牌方面的人才建设。品牌的研究、策划、设计、营销等需要的专门人才，目前中国还十分短缺。因此，要进一步完善人才政策，引导企业经营者增强品牌意识，鼓励企业培养和引进品牌经营、技术创新等方面的高级人才，充分发挥其在品牌创造、品牌经营、品牌提升方面的重要作用。鼓励大专院校和有关机构组织开展品牌知识、品牌经营和相关法律法规等方面的培训，提高企业创牌能力和品牌运作水平。

二、发挥产业集群优势，积极培育和发展区域品牌

所谓区域品牌，就是以地域名称和地域最具代表性的优势产业或产品为品牌塑造对象，通过企业、政府和社会组织共同努力，使该地域的产业或产品在市场和消费者中具有良好的知名度、美誉度和信用度。打造区域品牌既可通过培育龙头企业，充分发挥龙头企业对产业链的整合作用，以龙头企业品牌的扩张提升区域的影响力，也可通过集体商标的设计、注册和使用，打造区域的整体品牌。

培育区域品牌总的思路是，通过区域品牌的培育和发展，优化整合资源要素，提高产业集群的品牌经营和发展水平，推动传统产业集群向创新型产业集群方向发展，打造类似美国的底特律、日本的丰田城、德国的斯图加特等全球著名的产业集群。具体来说主要应做好以下几个方面的工作：一是做好集体商标设计、注册和管理。商标设计要充分考虑产业集群的行业和产品特性，突出其共有特性。商标注册和品牌管理运营要以行业协会为主体，企业共同参与，政府加强协调和监管。二是完善区域品牌建设的技术支撑。创建区域品牌，离不开配套的质量检测、技术服务等一系列品质保障措施。因此要积极推进产业集群的主要产品、质量控制和生产管理的标准化工作，建立质保中心、技术服务中心、检测中心，统一使用区域品牌的产品质量保证体系和质量标准，以确保区域品牌的健康发展。三是建立区域品牌的市场化运作机制。区域品牌的创建，政府要加大扶持力度，加强整体性宣传策划推广，但更重要的是建立集体商标市场推广和有偿使用的机制。四是严厉打击冒用区域品牌的行为和个别企业的掺杂使假行为，维护区域品牌的声誉和良好形象。

三、加大政策扶持力度，完善国家品牌建设激励机制

中国经济发展到现阶段，应考虑将十分稀缺的要素资源更多地向拥有国

177

家品牌的优势企业集中。因此，鼓励企业创国家品牌，不仅要给予一定的表彰和奖励，更要研究解决创牌企业在项目立项、资金筹措、土地使用、市场开拓、技术创新等方面遇到的问题，形成强有力的激励机制，包括：

设立知名品牌建设专项资金和政府采购制度。各地财政可设立专项奖励资金，对获得中国驰名商标、中国名牌产品、国家免检产品、中国专利奖、国家质量管理奖、列入商务部重点培育发展的出口名牌产品和参与国际标准、国家标准制定等的企业和科研院所，以及开展品牌建设工作成绩显著的市、县政府和有关部门给予表彰和奖励。在同等条件下，政府可优先采购省以上知名品牌产品，为知名品牌企业的成长提供更大的市场空间。

对国家品牌企业给予要素供应倾斜。中国是社会主义市场经济国家，企业发展的稀缺要素资源基本由国家掌控和调节。为扶持知名品牌企业的成长，国家应对获中国驰名商标和中国名牌产品的企业以及全国著名的专业市场，在土地、电力、用水等资源要素保障方面给予倾斜，在技术改造、技术引进、科研立项、财政贴息等方面优先扶持。外经贸、税务、海关、检验检疫等部门对其进出口业务简化审核程序，提供便利条件，主动帮助有条件的品牌企业申请国家高技术产业发展项目资金、中小企业专项扶持资金等各类政策性基金，对采取国际标准和国外先进标准生产的企业以及国际注册企业给予采标费用、注册费用的适当补助。对知名品牌企业给予金融信贷支持，适时开展以品牌无形资产为担保的贷款服务，如允许以商标等品牌资产出资，出资比例最高可占公司注册资本的70%。拓宽知名品牌经营企业直接融资渠道，鼓励企业通过募集、收购等多种途径在境内外上市，支持有条件的企业发行债券。对重点培育和发展的出口知名名牌企业的境外宣传、参展和推销，及企业走出去等开拓国际市场活动给予适当补助。

推动国家品牌企业增强技术创新能力。技术创新是品牌的根基。各地应鼓励企业、行业设立各类技术中心、研发中心等研发机构，加大技术开发投入，增强自主创新能力。用足用好技术开发费税前据实扣除税收优惠政策。支持知名品牌企业对先进工艺设备和关键共性技术的引进消化和研发创新，努力形成自主的知识产权和核心技术，有关项目优先列入技术创新项目，给予技术创新专项资金补助。

四、营造良好的舆论氛围，形成打造品牌大国的合力

第一，建立健全国家品牌保护机制。要坚持创牌与保牌并举，鼓励企业成立商标、商号和名牌保护自律组织，积极发挥相关部门职能作用，形成企业自我保护、行政保护和司法保护三位一体的保护体系，形成品牌保护合力。严禁一切乱评比、乱认定活动，除法律法规规定以及国家有关部委或省一级政府授权外，任何部门不得组织品牌产品评审和品牌评价活动。要进一步加大整顿和规范市场经济秩序力度，加强对商标、质量标志、产品标准标志等的印制流通的管理，建立国家品牌数据库，完善各地执法联动机制和维权网络，探索建立跨行政区域保护知名品牌的联动机制和网络体系，依法严厉打击无证经营、以假充真、侵犯知识产权等违法行为，创造公平竞争的市场环境。

第二，充分发挥行业协会和中介机构作用。企业创品牌是一个系统工程，许多事情并不是所有的企业都能办到和胜任的。因此，要建立完善社会中介服务体系，充分发挥商标协会、商号协会、质量协会、市场协会、消费者协会和其他行业协会的作用，积极为企业提供品牌推介、法律服务、信息咨询、人才培训、商标代理，以及融资担保、技术服务、资产评估、打假维权、产权交易、会计审计等各方面服务，以降低企业创品牌的成本，提高企业创品牌的效率。

第三，营造有利于国家品牌成长的舆论氛围。品牌塑造离不开正确的舆论导向。日本、韩国之所以能在短时间内创造出世界一流品牌，一个重要原因就在于舆论引导广大民众增强民族品牌意识，以消费民族品牌为时尚，抵制盲目引进和使用外国品牌。这方面很值得我们学习。因此，中国要充分发挥报纸、杂志、广播、电视、网络等媒体的宣传舆论作用，利用国际商品展销会、推介会等形式，加大对自主知名品牌的宣传力度，引导广大消费者树立正确的品牌理念和理性的消费行为，在国内外市场塑造中国品牌的良好形象。

第四，健全法律体系，创造良好的品牌建设环境。品牌建设的关键在于创建、维护和扩展。品牌的维护一方面来自企业自身可控性因素，另一方面则来自外部法律的保护。因此，应进一步细化《专利法》、《商标法》、《知识

179

产权保护法》等相关法律的法条，减少法律空隙，改善其在司法操作实践及惩罚性规定方面的不合理性。形成适合本国国情并且与国际规则接轨的完整的知识产权法律体系，建立起包括知识产权的行政审批在内的工作体系和行政与司法两条途径并行运作的知识产权保护执法体系，为品牌的发展提供法律保护。

第五，加大打击假冒伪劣产品的力度，进一步整顿和规范市场秩序，加快质量诚信体系建设，为名牌产品发展营造优胜劣汰、公平竞争的市场环境，保护企业自主创新和争创名牌的积极性。

总之，在"品牌立国、品牌强国"观念的推动下，我国正在努力创造和积极推进有利于自主品牌发展的政策体系和政策环境，我国自主品牌建设也正在步入以自主创新为核心的健康发展轨道，从"中国制造"到"中国创造"，从品牌弱国到品牌强国的历史转变终会成为现实。

第八章　国家品牌战略

品牌是一个国家综合实力的象征，是一个民族整体素质的体现，是产业进步成果的结晶，是企业发展的灵魂。纵观国际风云和世界潮流，经济的竞争归根结底是品牌的竞争。因而，加强国家品牌建设，研究和制定国家品牌战略，培育并提升国家品牌生产力，对于国家的经济发展和社会进步意义重大。

第一节　国家品牌战略内涵

"战略"一词最早是军事方面的概念，指筹划和指导战争全局的方略。资本主义工业大革命兴起之后，"战略"一词被广泛应用到了经济领域。品牌战略是企业在产品、技术与服务的同质化竞争日趋激烈的环境中，将品牌作为企业的核心竞争力，谋求以品牌差异化经营取得竞争优势的战略。

随着市场经济的持续发展，品牌已经远远超越了其保证品质和服务并象征身价和财富的范畴，成为推动经济发展和文化进步的无形力量。而拥有著名品牌的多少，也成为衡量一个国家经济实力和发展潜力的重要标志，反映着国家形象和国家竞争力。在全球一体化的时代，品牌更是成为一个国家走向世界舞台的金钥匙。因而，在经济全球化的背景下，国家品牌战略的制定与实施对于一个国家的发展就显得尤为重要。

国外有研究机构把当今世界的国家分为两大类：头脑国家和肢体国家。所谓头脑国家就是通过向外输出无形的知识、文化、管理经验和经营模式等智慧产品赚取高额附加值；肢体国家则是通过向外输出有形的产品、原料、劳务等赚取微薄的加工费。而为头脑国家带来高额利润的知识、文化、管理经验和经营模式等要素，大都是通过品牌输出的形式来体现的。很多的发达国家都以品牌作为开拓市场的利器，不断进军国际市场，提升自己的国际影响力。

对一个国家而言，品牌的背后是人力、物力、智力、财力，以及文化、教育等国家综合实力。所以，全世界的绝大部分名牌都集中在经济高度发达的西方国家，而经济落后地区几乎没有高知名度的世界品牌。世界知名品牌的全球化程度非常高，在某种意义上可称为"无国籍品牌"。

国家品牌也指外界对一个国家的好感度和信任度的综合概念，是一个国家软实力的一种体现。一个国家的崛起不只是经济的崛起，更是自身的文化、意识形态和价值观在全球范围内形成的影响力。建立这样的影响力需要有强大的核心产业和品牌支持。

经济上领先的国家如美国、德国、法国及日本等，通过历史的发展形成了若干核心产业，这些产业创造出的产品在国际市场上居于领先地位。它们的产品品牌已经直接地帮助这些国家成功地建立起强有力的国家品牌。加强品牌建设有利于树立国家品牌形象，而国家品牌对增强本国产品在全球市场上的竞争力有强大的推动作用。国家品牌的打造已成为世界发展的新潮流。

●国家品牌战略与国家管控

长期以来，许多国家的决策者和国际关系研究学者们都认为：国家之间的竞争本质上就是国家大战略的竞争。于是，各国竞相花费大量人力、物力研究和制定其国家大战略，但就在各国国家大战略制定的层次高度和完备程度日益趋同的同时，发达国家与发展中国家之间的差距依然存在，甚至呈现出越拉越大的趋势。究其原因可以发现，从全球视角来看，国家之间的终极竞争绝非大战略的竞争，而是国家管控体系和管控能力的竞争。

有学者指出，真正控制世界的是国家管控，而非市场经济。历史上没有任何一个强大的国家是通过市场经济或自由贸易成长起来的，在其崛起之初无不伴随着严苛的国家管控。所谓市场经济、自由贸易，实际上是强国对相对弱国实行横向管控的手段，以期在全世界营造出一个以其自身源规则为基础的管控体系。不可否认，市场经济和保护主义都是发展经济的手段，但其实施的步骤和程度都须纳入国家管控的规划之中。[1]

---

[1] 白万纲：《国际化呼唤国家管控》，中国经济网，2007年1月16日。

　　从国家管控的角度出发，品牌的发展并不是完全依赖于市场经济，在充分尊重市场规律的前提下依然需要政府强有力的管控。一个国家只有将其国家品牌的建设与其管控体系的打造联系起来，通过不断地加强管控力度来切实提升其国家品牌形象，为本国的发展赢取生存空间，才能在一定程度上改变世界竞争现状，进而影响世界竞争体系，甚至改造世界格局，使之向有利于自身的方向发展。

　　总之，创建国家品牌是一个关系到国家整体形象的大事，关乎一个国家的荣誉及其长远的政治与经济利益。同时，这是一项系统工程，需要各相关机构的协调与通力合作才有可能成功地进行国家品牌的创立。这更是一个国家行为，其过程和内容都很复杂，涉及的国内与国际机构众多，一个国家的政府必须发起、介入、推动与支持这项工程，将它作为一项重大的国家决策和举国行为。

第二节　国家品牌生产力在
国家战略中的地位

　　国家品牌生产力是以科学品牌发展观为指导，以国家整体品牌为平台，以国家市场为目的的，整合生产力系统各种要素，主导品牌经济发展的物质力量。国家品牌生产力的核心作用是打造国家最高标准的品牌示范，引领和推动民族品牌走向国际化。

　　国家品牌生产力在国家战略中具有基础性的地位和作用。

●国家品牌生产力是国家大战略的根基

　　国家大战略在一般意义上指在"平时与战时，为获得国家政策的最大限度支持，发展并运用国家的政治、经济、精神以及军事力量的艺术和科学"。国家大战略根本上为国家的生存和永续发展服务，因此，国家大战略基本上由国家生存战略、国家安全战略、国家发展战略和国家扩张战略等构成。从其演化过程来看，不论国家大战略的历史特点和最终表现形式如何，其目的根源都不会变化，那就是争取国家战略利益最大化。因此，国家大战略的制定与完善都必须围绕着国家战略利益最大化的角度来进行。

经济竞争力是一个国家强盛的支柱，高度发达的经济水平是实现国家战略利益最大化的前提和保障。邓小平曾经讲过一句话"弱国无外交"，没有强大的经济力量做后盾，在竞争越来越激烈的国际环境下，国家的生存战略、安全战略、发展战略和扩张战略都无从谈起，争取国家战略利益最大化也只能流于空谈。因而，作为现代社会国家经济发展程度的标尺，国家品牌生产力的提升与国家大战略的制定实施息息相关。

很多发达国家崛起的经验表明，没有国家品牌生产力的强大支撑，很难打造具有国际影响力的企业品牌，从而很难实现国家经济总量的增长。在这样的条件之下，国家的生存战略、安全战略、发展战略和扩张战略根本无法落到实处，国家大战略也无从实施。在世界历史上，一个国家的繁荣兴盛，首先是国家经济的繁荣兴盛，而伴随着国家经济的繁荣的往往是蕴涵丰富文化和价值内涵的国家品牌的增长。世界上许多发达国家在制定国家大战略，增强本国经济实力的同时，都在有意识的塑造自己的国家品牌，提升国家品牌生产力的发展水平。

同时，国家品牌作为塑造国家形象的重要元素，在全球化的 21 世纪，正逐渐成为维护国家安全与发展的核心。品牌发展已经成为国家安全战略与发展战略的组成部分，成为一个国家实施国际影响的"软力量"的内涵。

●国家品牌生产力是国家经济战略的核心

国家经济战略是在一定时期内，一个国家关于国民经济发展的基本思想及其为此而实施的总体规划和方针政策，是国家经济发展中带有全局性、长远性、根本性的总构想。国家品牌生产力水平的提升是国家经济战略的核心。

首先，国家品牌生产力能担负起"品牌立国"的战略使命，作为市场的核心资源，能够整合包括人、财、物、信息、技术、渠道等各种要素，实现品牌价值的最大化，带动经济整体运营，促进国家经济战略的实现。

其次，国家品牌生产力能在产业链中高度整合行业内外的优势资源，化企业之间的竞争和产品之间的竞争为品牌的竞争，在市场上形成品牌群落和相对的生态平衡。

再次，国家品牌生产力能在一国的经济社会发展中，主动承担起国家支柱产业的聚合倡导作用，使生产能力和效益不断向优势企业集中，快速提高品牌集中度，增加支柱产业的产出效率，推动国民经济的持续发展，尽快实现国家经济战略。

还有，国家品牌生产力能形成著名品牌或品牌群带动区域经济发展的局面，推动区域经济的繁荣发展。品牌生产力发达的区域，小至一个城市，大到一个地区，能够充分发挥技术、资源、文化和产业基础等方面的优势，在市场驱动和政府的引导与支持下，形成具有竞争力的区域品牌企业，进而形成辐射作用，带动行业和相关企业的品牌化经营，逐渐由品牌集聚到品牌集群，对区域经济发展作出卓越贡献。

最后，国家品牌生产力能在国际经济一体化环境里，引领民族品牌科学地迈进国际化道路，形成有自己特色的国家品牌形象，比如美国推介的国家品牌形象是创新、日本推介的是品质、德国推介的是完美、意大利推介的是吸引力、法国推介的是时尚、瑞士推介的是精确性。通过对国家品牌形象的塑造，提升国家的"软实力"，实现国家经济战略目标。

由此可见，国家品牌生产力的发展是国家经济战略的核心。

185

●国家品牌生产力是国家品牌战略的旗帜

品牌战略是企业处于优胜劣汰竞争阶段时，赢得竞争和顺利进入下一阶段竞争，以强化自身竞争优势、稳固自身竞争地位的有力手段。

品牌建设是实施国家品牌战略的中心内容，而国家品牌生产力的发展是品牌建设的首要目标。国家品牌生产力水平的高低，代表着一个国家经济发展的程度，也标示着国家经济持续发展的能力。因而，国家品牌生产力的打造就成为品牌建设的首要任务。

提高企业核心竞争力是国家品牌战略的内在要求，而国家品牌生产力的发展与企业核心竞争力的提高两者过程基本重合。随着品牌经济时代的到来，处于这个时代中的企业也必须在品牌战略的指导下，以品牌为核心进行运作，促进品牌生产力的提升，彰显品牌的自身价值，只有这样才能够在市场中保持自身的竞争力。另一方面，企业核心竞争力作为企业持续获取竞争优势的来源和基础，也是发展品牌生产力的前提和保障。通过企业核心竞争力所体现出来的产品或服务优势，使企业比竞争对手有更高的劳动效率、更低的产品成本，从而取得更高、更长期的品牌经济效益，实现品牌的价值最大化。因此，国家品牌生产力与企业核心竞争力这两者之间的发展是同步的，这种同步性决定了发展国家品牌生产力在品牌战略中的核心地位，只有在实施品牌战略中不断致力于国家品牌生产力的发展，才能提升企业核心竞争力，也才能最终实现"品牌强国"的目标。

通过增加无形资产来实现国家或地区财富的增值，是国家品牌战略的时代内涵，而国家品牌生产力正是无形资产中最核心的因素。一个国家财富的多少，跟无形资产有关。尤其是在现代经济条件下，当无形资产大于有形资产的时候，无形资产就会为有形资产带来保值增值。2007年世界银行发布一个报告，把全球主要的120个国家所拥有的所有资产加起来人均有9.8万美元，其中自然资源资产占4％，生产资料型资产占17.8％，无形资产占78.2％。因此，衡量一个国家的财富多少，无形资产是一个重要的指标。比如瑞士，世界银行公告的其无形资产总量人均达到60多万美元，人均财富拥有量很高。因此，要成为富裕国家，通过品牌战略的制定实施，大力发展国家品牌生产力以增加无形资产非常重要。

可见，无论是在进行品牌建设，还是在提升企业核心竞争力或者增加无形资产以实现国家财富增值的过程中，以品牌战略带动国家生产力的发展，都是经济工作中的重中之重。

第三节　美国品牌战略

作为全球最大经济体，美国拥有众多知名品牌。根据《福布斯》杂志最近几年评选出的全球最有价值品牌，美国品牌总是占据了八九席，只留下一两个空位给别国品牌。这种现状的形成，与美国实施的品牌战略有直接的关系，可以说，美国知名品牌林立，正是美国品牌战略推动的硕果。

●美国品牌战略的特点

第一，调整产业结构，突出重点领域。金融危机爆发后，美国政府日益重视培育新的经济增长点，新能源被视为最有发展潜力的产业之一。奥巴马选择以发展新能源作为"化危为机"的主要政策手段，以期摆脱美国对外国石油的依赖，在新能源领域占领制高点，继续使美国充当世界经济领头羊。在美国的经济刺激计划中，新能源是主攻领域之一，太阳能则是重中之重。美国政府计划在未来 10 年投入 1500 亿美元资助包括太阳能在内的替代能源研究，为相关公司提供税务优惠，并大力采购节能产品及可再生能源产品。政府还通过贷款担保等方式帮助太阳能产业企业渡过难关。

第二，重视品牌培育，鼓励中小企业通过产业集群创建区域自主品牌。美国政府确立了一系列支持中小企业发展的政策法律，为中小企业通过产业集群创建区域自主品牌构筑了一个适宜的生存环境。在解决中小企业对资金的需求问题上，美国通过小企业管理局的政府担保方式，为高技术中小企业贷款提供担保，允许小型投资公司向美国小企业管理局借三倍于自身资产的贷款，并享受低息和税收优惠。还设立支持中小企业发展的种子资金，按照比例提供给中小企业研发经费。此外，美国政府还资助一些专家和技术人员，负责为中小企业提供技术咨询，培训管理人员和技术人员，从资金、人才各个方面帮助提升中小企业通过产业集群创建区域自主品牌的能力。

第三，严格质量管理，塑造品牌优良品质。质量是品牌的生命，是品牌得以建立的根本基础。从打造品牌品质度这个阶段开始，美国政府就通过设置专业的技术服务机构和质量服务机构作为中介提供信息和技术支持，以保证品牌的优良品质。同时，还建立了严谨的质量认证和监督体系，成立了美国国家标准学会，它是国际标准化组织 ISO 的重要成员，其批准发布的标准涉及建筑、采矿、冶金、化工、电工、安全技术、环境保护、卫生、消防、运输和家政等几乎所有领域，每年发布上千个行业标准，这些标准严格限制了企业的一举一动，从根本上保证了产品质量，树立了品牌的良好形象。

第四，实施品牌保护政策，多角度保护国家自主品牌。通过颁布《购买美国货法案》，以政府采购的形式保证优先购买美国产品，并采取贸易制裁措施保护自主品牌和本土产业。从美国国家品牌发展的历程来看，政府采购对于高新技术产业发展尤其是新兴产业发展起到了极大的促进作用。以硅谷为例，在硅谷形成初期，正是由于美国国防部对尖端电子产品的大量需求，才使许多年轻的高技术公司生存了下来并得以日后发展壮大。

第五，加强知识产权保护，推动自主品牌生长。知识产权保护对于技术创新和培育自主品牌的作用不可小觑。随着经济全球化的发展，以及技术贸易在国际贸易中所占份额不断上升，与技术含量和技术贸易有关的专利、版权、商标等知识产权的保护已经成为国际贸易的一个重要因素。为加强自主品牌在海外市场的知识产权保护，美国对国内知识产权保护法进行了多次国际延伸。为打击外国侵权行为，美国出台了"特别301条款"，修改了"337条款"，并积极谋求将知识产权保护纳入多边贸易体制，如推动达成世界贸易组织《与贸易有关的知识产权协定》等。

第六，塑造品牌文化，形成战略优势。世界各国的品牌的竞争力都来源于产业文化的深厚底蕴。在由一个民族或者国家的产业文化特质形成的战略优势基础上诞生的强势产业品牌，最终将决定性的使这一民族、国家具有无可争议的全球竞争力。美国从好莱坞大片到波音飞机，从可口可乐饮料到微软芯片，主导着世界的文化标准、技术标准、市场标准。"美国梦想"从一个充满诱惑的概念，变为美国价值的核心力量，更成为其国家营销的核心竞争力。他们的神话塑造、文化贩卖以及标准先行等营销管理方略都值得我们借鉴。

●美国品牌战略对我国的启示

研究美国品牌战略，目的是借鉴其成熟的经验，为我国品牌战略制定和实施提供有益的帮助。具体来讲，从美国品牌战略的成功经验中可获得以下三个方面的启示：

第一，坚持企业为主、政府为辅的品牌战略制定原则。美国一直实行的是以企业为主，自下而上的品牌政策，政府虽然起着引导性的作用，但其主要的功能是为企业提供各种服务，企业才是发展品牌的主体。因此，在实施品牌战略的过程中，政府应该是间接地参与品牌的创建过程，扶植那些有潜力的品牌企业或者产业，而不是刻意去创造品牌。政府发挥引导、扶植和支持的作用，尽量避免或者减少对企业或者产业集群事务的直接干预，努力让企业成为打造品牌的主力军。

第二，因地制宜地制定具有针对性的品牌战略和政策措施。从美国的品牌战略中，我们可以清晰地看到因地制宜这一基本原则。对于不同区域、不同类型的企业和产业集群，应根据其特点，实行与之相适应的政策和措施。而且，每个企业和产业集群有其自身的发展规律，在其发展的不同阶段也会呈现出不同的特点，品牌战略应围绕着企业和产业集群的演进相应地进行政策调整。

第三，制定以促进创新为重点的品牌发展战略。促进创新是美国提升其产业竞争力的关键着力点，已实施或筹划中的创新的政策措施和支持方案有数百项。目前，我国各类产业集聚区主要以中小企业为主，政府应加强对中小企业的支持力度，支持企业之间、企业与大学、金融和科研机构之间建立广泛而紧密的合作关系，积极开展科技创新。政府不仅要充当联络人，还应该提供各种经费支持，从财力上保证各个创新项目的顺利开展。

第四节　以品牌为核心的经济大战略

借鉴美国等发达国家的经验，根据中国实际情况，制定和实施中国特色的以品牌为核心的经济大战略，既是时代赋予的历史使命，也是中国经济社会实现腾飞的现实要求。

现代战略的核心范式是"目标—途径—手段"。作为推进经济发展的国家战略，我国品牌战略的内涵也可从以下三个方面加以概括：品牌战略目标——制定战略的方向；品牌战略途径——战略实施的具体"抓手"；品牌战略手段——与战略途径相配套的实施工具。

一、战略目标：以实现国家经济发展为品牌战略目标

战略目标是制定实施战略所要达到的预期任务，是战略决策中的关键性因素。战略目标规定了一个时期的战略任务。战略任务的提出既基于主体的利益诉求，也受发展的阶段性限制。在经济全球化不断深入和全球产业转移向高端化转变的国际背景下，契合我国"十二五"时期经济社会发展的目标和各项任务，我国"品牌战略"的目标应该是：把实施品牌战略作为推进自主创新和转变增长方式的载体，通过发展自主品牌，提高自主品牌国内外市场份额，加速国内产业结构升级，改变我国在国际分工中的低端地位，提高

国民经济和商务发展的经济效益。通过自主品牌的塑造和提升，顺利完成从"中国制造"向"中国创造"的过渡，并上升到"中国品牌"的层次，通过品牌的力量展现中国的国家形象，推动中国的发展。

我国实施品牌战略的基本思路是：以高新技术产业为核心、以提升传统制造业为基础、以新兴产业为突破口，坚持多元化的产业导向，传统优势产业要充分发挥比较优势，加快技术创新，尽快形成规模效益，争创名优名牌；高新技术产业要利用各国起点近、技术差异相对较小的特点，加大研发力度，抢占产业制高点，争创世界名牌；老字号产业要加快改造步伐，通过注入现代技术、经营观念和营销模式，盘活优势资源，继续做大做强；加工贸易产业要在坚持"两条腿"走路方针的同时，致力于提高产业层次和加工深度，尽快实现由贴牌生产到创建自主品牌的转型升级。

二、战略途径：渐进式的品牌发展道路

英国战略思想家李德哈特曾提出过"间接路线"原则，认为，战略中最重要的是一方面心里永远记着自己的目标，另一方面在追求目标时要适应环境，随时改变路线，以达到最佳成效。随着经济社会的不断发展，中国自身的要素禀赋条件也在不断发生变化，不仅要依据国家经济发展状况选择合适的战略路径，而且其品牌战略的路径必然要随形势发展不断调整。

从总体上看，中国品牌战略途径就呈现出"渐进性"的特征。中国品牌战略的"渐进性"具体体现在以下几个方面：

就品牌结构战略而言，在我国经济发展不均衡的条件下，以政府主导国家品牌计划，采取倾斜式政策，扶植一些优势产业区域、产业集群重点突破，壮大龙头企业，促进产业集群整体竞争力的提升，发挥集群效应，带动整个产业或国家竞争力的整体提升。

就品牌技术战略而言，在我国整体技术水平与发达国家差距甚大的情况下，实施"以技术换市场"的战略，通过引进外资，获得技术溢出，同时大力实施技术引进，通过技术模仿提升我国技术水平，待我国技术能力大幅提升，国内技术人才储备充裕之时，即提出自主技术创新战略，把增强自主创新能力作为推动品牌发展的战略基点，致力于对国家品牌的积极建构。

就区域品牌发展战略而言，在尚不具备各地区同步发展的境况下，我国

实施了培育区域品牌发展战略，率先发展东部沿海地区的优势品牌，待到条件具备后再通过实施西部开发、中部崛起等国家发展战略逐步向中西部地区倾斜。比如，我国政府颁布的《产业结构调整指导目录》和相关的国家产业政策，就遵循企业和产业集群形成、演进、升级的内在规律，提出科学规划，推进东部加工制造型产业集群向创新型集群发展，鼓励符合国家产业政策和能够发挥区域优势特色的生产能力向中西部地区转移的战略结构布局，逐步改变我国国家品牌发展滞后的不利局面。

就品牌国际拓展战略而言，在开放初期，我国实施对外特惠的外向战略，引进资本和技术填补国内缺口，待经济发展到一定程度后，大力开发国际市场，实施"引进来"与"走出去"相结合战略再向互利共赢的新开放战略演进。一些在国际市场已有名气的中国公司在顺应国际市场需求、理性分析产业前景基础上推行国际拓展战略，取得了显著成效。例如，华为技术有限公司在20世纪90年代末，根据亚洲、非洲、拉丁美洲等地的发展中国家基础通信网络较弱的特点，及时推出定位于中低端的设备和服务，有别于爱立信、诺基亚、摩托罗拉等著名跨国公司，因而在很短的时间内在全球市场获得生存和发展的空间。

渐进式的品牌发展道路，在本书第三章《中国品牌和平崛起路线图》中已做了详细分析。

191

三、战略手段：合力并举促进国家品牌迅速成长

当前，品牌战略正在成为世界各国参与全球化竞争的国家战略，在这样的时代洪流中，要有效推进我国的品牌战略，提升我国国家品牌生产力发展水平，采取合力并举的战略手段非常必要。

一是制订品牌战略规划，形成品牌成长的长效机制。发达国家及其跨国公司，都有着成熟的品牌战略和品牌培育规划，而我国从企业层面到国家层面，品牌战略都处于严重缺失状态。要实现中国经济由大变强，必须尽快扭转"制造大国、品牌小国"的窘境。这就需要制订中国特色的品牌战略规划，既有远大目标，又要脚踏实地，着力形成品牌成长的长效机制。只有这样，才能引导"品牌大国"建设工程向着健康方向发展，才能真正实现从制造大国到"制造强国，品牌大国"的转变。

二是完善品牌生存环境，开垦品牌成长的沃土。国家要从法律、政策、市场竞争和社会氛围等方面，为品牌的成长和发展构筑良好的社会环境。当前，我国品牌资产的认可程度还较低，特别是与国际通行的做法存在较大差异，这就使得我国企业很难借助品牌这种无形资产的魅力打动金融机构，品牌资产的间接融资功能无法实现。从大环境看，品牌资产的利用还很不充分，这相当于企业损失了潜在的盈利空间，导致机会成本大量增加。要扭转这一局面，就必须抓紧制定和完善支持品牌发展的相关法律法规，建立健全有利于"无形资产、商标资产、品牌资产"发展的体制机制，为品牌成长构建良好的法律与市场环境。

三是大力推进自主创新，夯实品牌立足的根基。当前，中国品牌要实现国际化发展，面临着多种技术壁垒和竞争压力。为此，必须以强大的自主创新能力为支撑，加快推进建设创新型国家工程，提升整个民族的创造智慧和创新能力。我们的企业要舍得在科研创新上花大钱，并善于将科技成果转化为产品，打造成知名品牌。与此同时，政府要大力加强对自主创新的鼓励和保护，加大知识产权保护力度，加快确立中国特色的知识产权促进法，依法促进中国知识产权事业健康发展。

192

四是着力培育重点品牌，打造中国品牌国家队。把获得国家级名牌产品并拥有自主知识产权和市场竞争力强的优势企业作为第一梯队，通过扶持和培育，促使其尽快升级为国际名牌企业，成为代表中国品牌的国家队成员。把具有一定规模、在国内市场占有率较高、消费者比较认可，但市场辐射面和知名度还有待扩展的企业作为第二梯队，加大扶持和培育力度。要善于通过多种形式提升品牌形象，综合利用多种媒介，多渠道、立体化、全方位传递品牌信息，不断强化品牌形象，确立品牌的个性魅力。

五是加大老字号品牌保护力度，赋予其强盛的生命力。老字号品牌作为我国历史遗留的宝贵财产，其背后蕴涵着深厚的中华文化，在当地乃至全国甚至在世界上都享有很高的知名度和影响力，无疑是一块金字招牌。但不容否认，目前一些老字号品牌，不仅流失严重，而且纠纷不断。为此，我们要加大对老字号品牌的保护力度，加大企业非物质文化遗产和老字号企业商标标识的保护力度，帮助企业依法打击各种商标假冒以及制止商标"抢注"等侵权行为，从而使中华民族的一些金字招牌重新焕发生机。

第五节 国家品牌生产力管理委员会

品牌生产力显示着一个国家、地区和企业在全球范围内整合利用资源、谋求更多利益的能力，我国先后在十六届五中全会和"十二五"规划中都提及到品牌强国的方略，可见品牌战略已经上升为一种国家战略。为了更好地推进国家品牌战略，国家应当成立专门的国家品牌生产力管理委员会，负责建设国家和产业品牌，做好品牌生产力的系统规划和引导工作，以政府力量推动国家品牌和国家软实力建设。

●组建国家品牌生产力管理委员会的指导思想

以科学发展观为统领，以自主创新为支撑，营造良好的外部环境，引导各种要素向优势品牌集聚，进一步提升产业集中度和品牌核心竞争力，形成适应加快我国经济发展方式转变要求的品牌培育体系，推动我国国家品牌生产力的迅速提升。

193

●组建国家品牌生产力管理委员会的基本原则

坚持以企业为主体，发挥企业在技术、产品、服务和市场创新方面的主体作用，不断提升品牌价值；坚持以市场为主导，加强国际合作，充分运用全球资源，促进优势品牌企业的发展壮大；坚持以政策为引导，综合运用指导和规范等方式，为自主品牌成长创造良好的发展环境。

●国家品牌生产力管理委员会的主要任务

第一，按照党中央、国务院关于要形成一大批具有自主创新能力，拥有自主知识产权和国际竞争力品牌的指示精神，大力培育中国品牌，使之走向世界，参与国际市场竞争。

第二，通过多种渠道，对我国的政治、经济、历史、文化、社会等各个领域进行全方位的对外宣传，在提升我国在世界上的声誉的同时，也为推介我国民族品牌打造良好的平台。

第三，会同国内外有关专业机构，如市场调查、经济理论战略研究、营销策划、品牌企业文化研究等单位，为企业实施品牌战略、资本运营、技术创新等方面提供咨询服务和解决方案，并通过开展创名牌活动，推动中国企业各个领域的合作与交流，促进国家经济与国际经济贸易的发展。

第四，组织专家学者研究国内外品牌理论，探索品牌发展战略思想，帮助品牌成长企业做好品牌定位、品牌标识、品牌战略、品牌管理、品牌公关、品牌传播、品牌营销、品牌整合等基础策划工作及应对市场变化策略，引导企业创品牌；总结推广国内外企业实施品牌战略的典型经验，为企业实施品牌战略提供全方位深层次服务，促进企业的技术进步和科学管理，加快中国企业的国际化进程，建立中国企业横向联合体系，帮助企业全面实施装备与管理的信息化、现代化。

第五，组织品牌知识讲座、高峰论坛、经验交流、专题研讨等活动，以提高中国企业的品牌意识，增强企业产品的市场竞争力。

第六，接受政府职能部门或企事业单位的委托，对高科技品牌产业领域内的科技成果进行鉴定、鉴别、推广、应用，科学规避投资风险，加速科技向生产力转化。

第七，建立品牌孵化器和示范基地，与企业建立产业化对接服务，提高科技成果转化率。

第八，帮助整合媒体优势资源，以最便捷的方式、最少的费用、最佳的效果投放品牌宣传广告，扩大品牌的知名度。

第九，与国家相关部委培训机构协作，举办"品牌经理人"、"品牌策划师"、"品牌营销师"等培训班，由相关机构颁发职业资格证书，为国家品牌生产力的发展提供人才保障。

第十，依法保护各成员的合法权益，向有关部门反映其合理的意见和要求，为各成员提供服务和帮助，增强各成员积极打造国家品牌生产力的主动性。

第六节 国家品牌生产力产业组织

产业组织是指同一产业内部各企业间在进行经济活动时所形成的相互联系及其组合形式。在市场经济环境下，产业组织有益于产业内企业之间的合理竞争，有益于发挥企业的优势，使企业获得强劲的竞争力和较高的知名度，从而加速企业品牌的生长和成熟。加强并优化国家品牌生产力产业组织，对于国家品牌生产力的建设和培育具有非常重要的意义。

●国家品牌生产力产业组织的功能

制定产业标准，规范产业品牌。一个有序竞争的市场环境是品牌能够健康成长的有力保证。国家品牌产业组织可以通过制定相关的规则或标准，如产业公约、品牌质量标准、品牌交易规则、品牌规范经营示范条例等来规范产业内企业的行为。一方面，这将有利于提高产业内品牌的产品质量、服务质量，避免产业内品牌企业之间通过竞相压价导致的恶性竞争，从而提高个体品牌及产业整体的竞争力，在国际上塑造国家品牌形象；另一方面，可以通过提高进口商品准入条件、质量标准，保护国内产业品牌的发展，提升国家品牌生产力。

为品牌企业提供合作平台。产业组织有义务为会员企业提供多方面的服务，促进会员企业之间开展各种合作与交流，如开展营销、生产制造、研发等方面的合作。通过聘请一些经济管理方面的专家、学者担任顾问，开展品牌培育和发展规划的论证和咨询，引导投资方向，进行品牌诊断，指导经营管理，为区域品牌的共同建设提供指导建议。通过产业内优秀技术人员和管理人员的联合攻关，共同完成组织承担的各项任务，节省更多的成本、增强产业内企业之间的互信度和协调度。同时，通过产业组织加大与其他区域、其他国家的交流，为成员品牌企业提供跨区域的合作机会，与其他优势品牌企业进行管理经验、技术、信息等方面的交流和学习，促进产业内企业核心竞争力的提升，为国家品牌生产力的发展夯实基础。

维护产业品牌利益，扶植品牌成长。国家品牌生产力产业组织的另一重

195

要职能就是代表成员企业利益，与其他组织进行协调，与政府进行沟通、谈判，维护本产业品牌的权益。产业组织还可以通过提供市场分析与预测服务，为其会员企业提供市场营销方面的指导；通过产业组织出面疏通融资，进行技术交流，帮助企业解决资金和技术难题；通过产业组织推广产业品牌，拓展国际市场等，来扶持产业品牌的发展，建设具有世界先进水平的国家品牌生产力。

●国家品牌生产力产业组织的目标任务

第一，进一步增强全产业品牌意识。一是强化品牌竞争意识，并把其融入产品、传播和经营管理的各个层面，推动企业的产品、市场和人才等资源优势向品牌竞争优势转化。二是不断增强全员参与意识，使争创、培育和爱护自主品牌成为共同意识和自觉行动。三是深化国家品牌发展意识，通过产品、技术的持续创新和有效的品牌推广策略，不断提高品牌的市场形象和竞争力。四是巩固国家品牌保护意识，积极维护品牌的合法权益，自觉塑造品牌的良好社会形象。五是提升企业发展的全局意识，加强交流与合作，提高国家品牌的国际市场形象。

第二，提升产业品牌的核心竞争力。一是加大核心技术的自主研发力度，加快创新成果的知识产权化和产业化，努力提高产品的设计开发能力和升级改造。二是加快新材料开发和新工艺技术的研发推广，提高产品工艺制造能力，不断完善质量管理体系，进一步提高产品适用性、质量稳定性和高端产品加工精细化程度。三是加强消费市场调研和消费行为分析，围绕消费者的消费需求，开发和设计新产品，不断引导和创造新的市场需求。

第三，加强产业品牌的售后服务体系建设。一是企业要从品牌战略的高度规划服务体系建设，通过提升服务品质，增加服务对品牌的贡献，不断满足消费者差异化服务需求。二是建立涵盖售前、售中和售后过程的服务体系，根据自身目标市场提供有针对性的服务，提升消费者对品牌的满意度和美誉度。

第四，提高产业品牌经营管理水平。一是制订实施符合自身实际、定位明晰的品牌长远发展规划，不断提高品牌规划的执行力，通过专业化经营确保品牌优势。二是深入挖掘品牌的文化内涵，突出品牌个性，完善和提升品牌形象，推动品牌价值的提高。三是建立适应目标市场的品牌体系，通过品牌细分、品牌并购等途径不断完善品牌系列，处理好企业品牌与产业品牌之间的关系。四是创新品牌营销传播模式，形成与自身品牌形象相一致的多元化传播渠道。五是着力培育和引进国际化品牌经营管理人才，了解并尊重不同国家和地区的消费文化差异，全面提升品牌国际化经营运作水平。

第五，推动产业区域品牌建设。一是充分发挥产业集群在地理位置、政策环境、资本、技术和劳动力等方面的比较优势，加强规划引导，塑造特色鲜明并具有较高价值和影响力的区域品牌。二是大力完善区域服务配套体系建设，不断满足企业对技术创新、工业设计、检测检验、商贸物流、信用担保和人才培训等公共服务方面的需求，提高区域品牌的整体竞争力和可持续发展能力。三是增强产业链上下游之间的协作配套能力，提升产业链整体运营效率。四是发挥优势品牌企业对区域品牌建设的引领和示范作用，着力提升产业集群的发展水平。

第六，实施产业品牌的差异化培育。一是从产业整体发展的实际出发，统筹规划自主品牌建设。二是区别企业在品牌建设和竞争优势等方面的不同情况，实施差异化目标管理和培育服务，推动优势自主品牌实施国际化战略，推动品牌建设基础较好的区域性品牌实施全国性品牌战略。三是重点选择一批拥有自主核心技术、市场占有率高和盈利能力强的自主品牌企业，从技术创新、技术改造及海外市场拓展等方面予以重点扶持和跟踪培育。四是加强品牌培育过程的动态监测，督促企业认真实施品牌战略，加强经验交流与推广，指导行业组织定期发布品牌报告，通过认定评价结果跟踪掌握品牌建设进展情况，及时调整扶持目标和措施，确保培育品牌的领先性和竞争性。五是打破地方保护，消除市场壁垒，为国家自主品牌开拓国内市场提供便利服务。

第七，提高产业组织的服务能力。一是加强企业的品牌研究，不断丰富品牌建设的实践经验，为自主品牌建设提供咨询指导和信息服务。二是积极配合政府部门做好品牌国家标准的规划和制定修订工作，缩小与国际先进水平的差距。三是加强产业技术联盟建设，开展产业共享和关键技术的研发，增强产业的自主创新能力。四是建立协商对话机制，充分发挥在产业发展、应对知识产权纠纷和国际技术性贸易壁垒等重大问题上的组织协调作用，推动产业品牌国际市场竞争能力的提升。

第八，积极履行社会责任。一是大力加强诚信体系建设，保持产品与品牌承诺及宣传的一致性，以良好的信誉赢得社会大众的信赖和支持。二是开展社会公益活动，实现企业发展与社会进步的和谐统一，不断提升企业的社会形象。

由以上分析可以看出，国家品牌生产力产业组织可以在品牌企业自身能力范围之外和政府管理职能之外的多方领域对国家品牌的建设与培育起到一定的支持、扶助作用，因此，在未来几年，我国应当加大对国家品牌生产力产业组织的支持力度，构建提升我国国家品牌生产力发展的有利环境。

第九章　品牌孵化器

近年来，随着企业对于品牌化运作的重视，很多产业基地纷纷打出品牌孵化器的口号。上到政府开发区、行业产业集群中心，下到批发市场、商场和展会，一时间品牌孵化器遍地涌现，繁荣表象下充斥着无序。

那么，品牌孵化器到底是不是一个新的概念？它与企业孵化器有什么区别？它在国家品牌生产力发展中能不能起到别的因素无法取代的作用？这些都是值得探讨的问题。

第一节　何为品牌孵化器

要说品牌孵化器，首先要从孵化器谈起。

孵化器，英文为 incubator，原义指人工孵化禽蛋的专门设备，后来引入经济领域。企业孵化器是经济实践活动发展到一定阶段的产物。作为一种新型的社会经济组织，企业孵化器指一个集中的空间，能够在企业创办初期，通过提供研发、生产、经营的场地，通讯、网络与办公等方面的共享设施，系统的培训和咨询，政策、融资、法律和市场推广等方面的支持，降低创业企业的风险和成本，提高企业的成活率和成功率。企业孵化器的主要任务是为高新技术成果转化、科技型企业和创业企业提供孵化环境和条件，推动合作和交流，使企业成功毕业，顺利走向经济市场。

在不同国家和地区实践中，企业孵化器有多种称呼，较为常见的有：科学园区、研究园区、创新中心、企业中心、企业与技术中心、技术中心、高技术中心、技术孵化器、科学中心、企业创新中心、创新发展中心、育成中心等。

随着社会分工的细化与产业集群的加速发展，人们对创新创业的需求进一步深化，孵化器的服务功能也不断提升，品牌孵化器于是应运而生。

所谓品牌孵化器，顾名思义就是一个全方位培养新品牌的专业机构，这个机构能够帮助企业或者行业完成市场调研、新产品开发、品牌命名、品牌注册、品牌设计、品牌策划及品牌推广等一系列服务，最终使企业拥有自己的品牌影响力，打造出具有社会影响力的成功品牌。

品牌孵化器是政府或机构为企业或者行业品牌提供集中发展环境和成长空间的一个平台，它通过各种手段来服务和扶持品牌的发展，使品牌能够在这个平台中不断壮大，品牌的社会影响力持续增长，最终培育出具有国际竞争力、拥有自主知识产权和自有品牌的区域或国家经济发展格局中的示范企业。

●品牌孵化器和企业孵化器的异同

品牌孵化器是在企业孵化器基础上发展起来的，其相似功能具体体现在以下几个方面：

（1）筛选功能。品牌孵化器与企业孵化器两者都要按照一定的标准选择孵化项目，孵化对象都是有一定技术含量的可实施项目，产品有较好的市场前景，市场容量较大，满足环保要求，并有较快的成长性。

（2）培育功能。一方面，品牌孵化器与企业孵化器都可为创业者提供合适的场地、资金、技术、管理咨询等服务和必要的仪器设备和技术；另一方面，成功的品牌和企业孵化器往往都能够针对品牌企业的不同特点，为其量身定做商务策划，这就大大降低了创业风险，提高了孵化品牌和企业的成活率和成功率，有利于品牌和企业的不断成长壮大。

（3）风险分散功能。无论是品牌的打造还是企业的创业，都是一个高风险、高投入的过程。而品牌孵化器与企业孵化器通常都建有良好的投融资平台，在孵化过程中，风险投资机构会实时地进行品牌和企业的选择与介入投资，可以弥补孵化企业和品牌资金不足的缺陷，促进公司的结构治理，形成资本市场和企业治理的互动，从而有效地降低创业的风险，增进创业过程的稳健性。

（4）要素集成功能。同样作为一个开放的系统，品牌孵化器与企业孵化器都可以提供企业与企业、企业与大学及研究院、企业与风险投资机构、企

200

业与中介机构信息交流和合作的平台，从而实现资金、人才和技术三大发展要素的互动与集成，便于市场信息的获得与资源的共享，形成资源的优化配置。

品牌孵化器与企业孵化器两者之间的差异是：

（1）创办的目的不同。企业孵化器以提高企业的成活率和成功率为主要目的，而品牌孵化器则以孵化品牌为主要目的，通过对品牌的选择和培育，提供不断优化的创牌环境；通过对品牌企业提供必需的市场化和国际化服务，以促进品牌企业的生长和发展；通过有效的服务源源不断地培养出具有市场竞争力的知名品牌，增强企业的创牌、育牌能力。

（2）孵化对象不同。企业孵化器的孵化对象是新生的中小企业，着重在于对这些新创企业在其早期刚成立、最容易受伤的阶段提供亟须的帮助，所有企业孵化器服务的对象都入驻由企业孵化器建立起来的特定空间中。而与企业孵化器相比，品牌孵化器则通常围绕某一特定行业领域，只在一定的专业范围内选择某种品牌进行孵化，在孵化对象、孵化条件、服务内容和管理队伍上实行专业化，培育和发展具有潜力或优势的品牌企业，具有明确的针对性。

201

第二节　孵化器在中国的发展

从 1987 年出现第一家企业孵化器开始，我国的企业孵化器已经走过了 20 多年的发展道路。在这 20 多年间，我国企业孵化器数量快速增长，经营主体更加多元，服务方式不断创新，规模效应持续扩大，类型也日益丰富，从最初的只着眼于企业组织的创立到目前以企业、品牌孵化为主要特征的孵化模式，体现出新的形态与功能。

1. 高新企业孵化器——由实体到虚拟

高新企业孵化器可以说是影响最大的孵化器类型。美国前 100 家最大的技术公司，有 1/3 坐落在硅谷地区。硅谷的成功孵化模式，成为传统高新企业孵化器的典范和模型。

随着互联网的飞速发展，以知识管理为核心，通过互联网与其他相关信息技术结合，出现了虚拟企业孵化器。与传统高新企业孵化器相比，虚拟企业孵化器不仅帮助创业者与其新创企业与孵化器以及创业投资公司建立以合作共赢为基础的虚拟组织体系，而且能将双方的利益更加紧密地结合在一起，增强学术界与企业界的联系，创造出更多的竞争优势。同时，虚拟企业孵化器的建立能解决目前入驻空间缺乏的现实困难，减少地区存在限制，亦可依托快速变化的网络环境，由特定程序共同配置生产资源，通过组织内外市场机制降低成本，减少资金的投入风险，提高企业孵化成功率。

2. 产业集群品牌培育——集群效应的品牌化

产业集群品牌就是把集群整体作为一个品牌来管理经营，其品牌名称由地名和当地特色产业结合组成，彰显企业和区域经济与文化特色。它具有区域性和品牌效应两个特性。区域性指集群品牌一般限定在一个区域或者一个城市的范围内，带有很强的地域特色。品牌效应指产业集群品牌往往代表一个地方产业或产品的形象。比如，法国香水、米兰时装、瑞士手表、景德镇瓷器、温州鞋，等等。

产业集群品牌有别于企业品牌。产业集群品牌的塑造主体可能是所在的区域政府、产业协会、集群企业协会及其集群内多个关联企业的联盟或者集群内的优势企业。它将特定行业与某一地理或行政区域联系在一起，比单个企业品牌更形象、直接，品牌效应更持久。产业集群品牌对于集群内企业来说具有公共物品的性质，它是产业集群内企业共同的无形资产，产业集群品牌一旦产生，集群内任何企业都会享受到它带来的利益。[①]

作为一种公共资源，产业集群品牌的创建是以产业集群为基础，以提高产业集群的综合竞争力和创建国际品牌为目标，以集群的历史、文化为背景，以产品、服务为载体，以产业集群品牌的特殊功能和运作方式为手段，整合、优化资源，实行统一的标准和规范，促进产业集群持续、稳健地发展。

产业集群品牌的形成一般表现为一个较长的过程，它是地域性和产业特

---

① 王咏梅、杨刚、林涛：《品牌战略与集群企业成长性》，经济科学出版社 2007 年版。

色性的有机结合，具有产业特色、地理特征、资源优势和人文历史资源。

3. 城市品牌打造——国家品牌培育的政府意志

继企业品牌的培育之后，城市品牌的打造也日益受到重视，并将作为国家品牌生产力培育的政府意志的重要体现，促进区域经济的全面进步和发展。

城市是人们的物质寓所，也是人们的精神家园。城市品牌形象的本质就是城市所要追求的现代化发展目标和发展方向。城市的品牌形象是一个城市综合实力状况的反映。建设一个具有较高知名度、美誉度的现代城市品牌不仅可以改善居民的工作生活环境，还将发挥磁场效应、扩散效应、乘数效应、能级效应等一系列作用，提高城市的知名度，扩大城市的影响辐射力，产生巨大的凝聚力，形成良好的投资环境，从而提高城市的竞争力，赢得自己在世界城市中的地位。

城市品牌是国家品牌的重要构成。

4. 区域品牌培育——区域经济的品牌化

区域品牌是指产业在区域范围内形成的具有相当规模和较强生产能力、较高市场占有率和影响力的企业和企业所属品牌的商誉总和。它包括三个要素：区域特性、品牌内涵和产业基础。区域特性说明任何区域品牌的形成都是与本区域的特色密切相关的，带有很强的地域特色，区域内的经济、自然、历史文化和社会资源等都会影响到本区域内产业的选择和发展，影响本地区独特口碑的形成；品牌内涵则说明区域品牌代表着区域特定的产业、产品的属性、个性、文化、利益和顾客等，不但将本区域与其他区域区别开来，而且意味着吸引特定的投资者和顾客，产生独特的知名度和美誉度；产业基础则说明区域品牌的建设是区域特定产业不断发展、成熟，产业影响力不断扩大的过程，其内部的生产规模、技术创新和产品质量决定了产业的发展水平，为区域品牌的建设奠定经济基础。

区域品牌能够为区域经济的发展提供公共品牌效应。区域品牌使得区域中的各个企业能够"搭便车"，共享这种公共的品牌效应，有利于本区域的商品在市场交易中获得有利的竞争地位，促进企业持续发展，进而带动整个区域经济的发展。其次，区域品牌能够为区域经济的发展提供集聚效应。区域品牌代表着本区域在自然、历史、文化、经济、社会等各方面的独特和创新之处，由此本区域形成了一种区别于其他地方的识别符号，从而能够吸引相关的资源、资金和人才等生产要素聚集，进一步提高区域内企业的专业化程度和协作水平，降低企业成本，推动专业化市场的形成，提升集群的整体创新能力，为区域经济的发展创造条件。此外，区域品牌能够提高当地政府、行业协会或商会以及企业发展区域经济的积极性，整合各方力量实现区域经济的品牌化。

5. 智本驱动——市场经济的高端人才平台

知识和人才是智本驱动的两个基点。在知识经济时代，对知识和人才的需求呈现出新的时代特征，除了传统专业知识要求之外，同时还要具有创新素质、竞争意识、合作精神等新的要求。品牌孵化器的出现和发展，适应了知识经济发展的要求，为具有创新精神和创业技能的科技人员提供了良好的服务支撑环境，可以帮助他们在知识经济时代充分发挥知识和信息的财富功能。

人才是技术创新的主体，是品牌孵化器发展的关键。在实际运营中，人才障碍是品牌孵化器发展的重要问题，没有大量的具有管理技能和品牌孵化专业知识的专门人才及其科技创新的人才，品牌孵化器的发展是不可能的。一旦出现高素质人才的缺乏，品牌孵化器的服务就会停留在低水平上，就不能满足品牌孵化器为孵化企业服务的需要。由于品牌孵化服务专业性很强，要求管理人员有较广的知识面，除了具有科技背景，还要掌握经营、管理、投资、法律等方面的知识，因此，应当采取切实可行的措施，引进和培养高素质孵化管理人才。

品牌孵化器作为新创企业扶植机构，其重要功能之一，就是为企业培养创新型人才和企业家。品牌孵化器是人才培养的基地，可以为科技人才提供全方位的服务和培训，使其向既懂技术又懂管理的全面人才转变；品牌孵化器还是培育企业家的学校，创业者可以学习到创新和管理等多方面的知识，完成从一般科技人员向企业家的转变，发挥品牌孵化器的"企业家摇篮"的功能。

●品牌孵化器类型

从品牌孵化器的运行主体来看，品牌孵化器大致可分为四类：（1）政府主办或者非营利团体主办；（2）大学主办；（3）私营企业或个人投资者主办；（4）政府或基金会等非营利团体出资并请私人经营。由于主办方不同，品牌孵化器的功能也不完全相同，政府或非营利性团体及大学主办的，追求的目标主要是通过品牌的打造促进地方经济发展；而私营企业或个人投资者主办的，追求的目标则是通过品牌的塑造来扩大产品的市场份额以获取最大的利润。

从入驻创牌企业从事的领域来看，品牌孵化器也大致可以分为四类：（1）以创新创业为主的高技术转化型品牌孵化器；（2）以扩大就业为主的传统加工制造型品牌孵化器；（3）针对高技术某领域产业聚集的专业型品牌孵化器；（4）单纯提供工商行政服务和培训场所的服务性品牌孵化器。

从品牌孵化器的功能演化来看，品牌孵化器主要通过建设有利于品牌生长的环境、提供品牌生长的场所和品牌生长的辅助服务，实现以下几个方面的功能：一是帮助拥有自主知识产权的创业者创牌；二是通过创牌，聚集同一领域或者同一类别的科技成果转化发展高科技产业；三是促进产学研合作创新。

205

第三节 品牌孵化器系统

品牌孵化器是一个大的系统，由投资机构、组织机构、科研机构、中介服务体系、信息服务体系五个子系统构成。

1. 投资机构

现有的品牌孵化器大部分是由各级政府、大学或科研单位、企业自身等投资创建的。按照投资者的不同，品牌孵化器也具有不同的目的和功能。

一是政府主导或参与型的品牌孵化器。这类品牌孵化器，以鼓励创新创业为主，政府主要起制订计划、提供资助资金的作用，不追求经济效益目标。政府提供相关资源和配套服务，包括制定相应的政策、提供科研经费和孵化场地等。从目前的运行情况来看，这种组织方式在品牌孵化器创办初期是相当有效的。

二是大学或科研单位创办的品牌孵化器。大学或科研单位创办的品牌孵化器，通常由大学或科研单位自筹资金创办，其目的是发挥大学或者科研单位的人力资源和技术创新优势，促进科研创新成果的转化，孵化高新技术品牌企业，在服务地方经济发展的过程中获取相应的收益。

三是企业主导的品牌孵化器。这类品牌孵化器以企业投资为主，采用现代企业制度运行，主要目的是进行资本运作或者品牌创新升级，获得新的盈利增长点并提升企业的市场竞争力。这类品牌孵化器，由于按照市场化规律运行，通常可以为高科技创业提供及时、高效和全面的服务，提高创牌企业的生存周期和成长速度；同时，还可以为入孵企业建立起联络网络，使它们能够相互学习和交流，能够找寻到更多与他人合作的机会，从而加速发展和快速成长。

206

2. 组织机构

一般来讲，品牌孵化器在创建初期，主要是由政府部门组建并由政府提供建设资金，因而特别强调孵化器的"非营利性"和"社会效益"。随着经济的发展和科技的进步，大学、科研单位和企业创办的品牌孵化器逐渐得到了发展的机会和条件，特别是由于品牌孵化器的孵化项目可以借助资本市场和产权市场实现价值的增值，品牌孵化器的建设已经不再是一种单纯的政府行为，越来越多的企业和机构创办品牌孵化器，更多考虑的是资本运行和盈利目标，从而使得营利性品牌孵化器得到越来越好的发展条件和环境。营利与非营利的性质区分，使得品牌孵化器的组织结构也呈现出各自的特点。

非营利性品牌孵化器的生产产品是品牌、企业、就业、新增税收等公共产品，具有天然的公益性质，基本具备非营利组织的特征，有其独特的组织结构和运行特点。非营利性品牌孵化器，投资主体通常是政府部门，品牌孵化器的管理人员一般由政府派遣，通常按照事业单位模式设置部门。一般包括：①项目招商部：负责招商引资，项目洽谈，企业进驻审批，收集各类科技、经济信息和市场情报，企业工商注册服务等工作。②产业服务部：负责企业生产、科研、市场营销、财务管理、知识产权、标准化等全过程服务，协助企业、产品和各类项目的申报，进驻品牌毕业认定等。③品牌设计部：负责企业文化、品牌文化设计。④综合服务部：负责孵化基地的对外宣传、接待、文档、内部财务管理、信息调研和内部管理等工作。⑤物业管理部：负责后勤服务工作，包括水电设备、环境卫生、保安等各类物业后勤配套服务等工作。

营利性品牌孵化器，通过提供各种孵化资源的有偿使用，获取收入，维持运行和发展。营利性品牌孵化器完全按照企业方式经营运作，以资产保值和增值为经营目标。营利性品牌孵化器的组织机构包括：①孵化场地：品牌孵化器的孵化场地既是品牌孵化管理机构的所在地，也是孵化品牌企业的基地，其中包括多个孵化单元，供不同孵化对象用作办公或车间等。②品牌设计部：负责企业文化、品牌文化设计。③综合服务部：孵化场地配备一定基础性的服务设施条件，能够向入孵品牌企业提供共性服务，包括物业管理服务、生产服务、一般办公服务、信息服务等。④专业管理服务部：这是品牌孵化器孵化功能的主要体现，涉及初创品牌发育各个方面的管理内容，包括财务管理、企业经营管理、法律咨询、商业开发计划、金融投资、市场开发、教育培训等方面。

3. 科研机构

创新是品牌的生命力，新思想新发明的产生、新产品的试制、新工艺的采用主要是在孵化器的科研机构中产生的。品牌孵化器的科研机构的主要作用是通过增强高新技术产品品牌的竞争力，迅速推广科研成果和活跃所在地区的研发活动，促进科研成果的开发和转化，吸引更多科研项目和高科技人才的加入，提升孵化品牌的成功率。

4. 中介服务体系

包括：①专业类服务机构：提供科技咨询、企业文化和品牌文化设计服务、知识产权服务、人才服务、法律服务等；②技术类服务机构：提供技术交易服务、技术产权服务、质量认证服务、招标服务等；③金融服务机构：提供风险投资、担保服务、信用服务等金融服务，解决创牌企业的研发资金与运营资本不足的困境，进一步优化产业品牌发展的信用环境，探索品牌企业投融资机制的建设以及创新服务模式；④自律性服务机构：通过建立中介联盟、中介联合会等协会形式，采用多种模式搭建政府与企业沟通的桥梁，规范中介行业管理。

5. 信息服务体系

品牌孵化器要改善自己的软环境，建立健全信息服务体系是主要任务之一。品牌孵化器的信息服务体系对内负责收集各类信息，包括市场信息、客户信息、财务信息、融资信息、人才信息、技术信息、政策信息等，建立计算机网络管理及技术信息服务等工作；对外负责收集各类与在孵企业相关的产品及技术信息，并进行内外信息交流。总之，品牌孵化器的信息服务体系可以运用多种方式和手段提供多种多样的信息服务，以促进在孵品牌的健康成长和可持续发展。

第四节　品牌孵化器创建流程

品牌孵化器按流程创建运作，大致经历这样几个阶段：

1. 品牌孵化初期发展规划的制定

规划是品牌孵化器最初也是最重要的阶段。从建立品牌孵化器的发展目标到应具备的功能，必须考虑很多因素，包括品牌孵化器名称的选择、品牌孵化器的发展目标、品牌孵化器的设施功能分析、品牌孵化器培育规划，等等。

——品牌孵化器名称的选择：品牌孵化器名称，应易记、易懂、易传播。

——品牌孵化器的发展目标：一是促进区域性的经济发展与品牌产业的

形成；二是培育创牌企业与扶植以技术为主新创的品牌企业，促进产业升级，提升品牌知名度与信誉度。

——品牌孵化器的设施功能：提供品牌塑造和培育过程所需各方面辅导、咨询和管理；技术转移，促进知识与技术的引进与扩散；参与创牌企业的投资与开发；提供给创牌企业寻找资金及生产设备合作开发的机会和渠道；整合现有的资源；提高创牌企业形象等。

——品牌孵化器培育规划：创牌企业的评选标准；品牌定位论证；品牌创建计划；毕业时间和毕业条款。

2. 品牌孵化器的经营管理

在品牌孵化器的发展时期，应考虑包括品牌孵化器本身的组织形态、经营管理权、经营方式、经营战略、设备服务、专业商业服务以及管理支持等的建立。

——组织形态：营利性或非营利性；公司、法人组织。

——经营管理权：中央与地方各级政府，社会团体，大专院校，研究机构，国营、民营企业，混合型管理。

——经营方式：自行经营；委托经营。

——经营战略：进入申请的审核标准，培育期间定期的经营评审考核制度与标准，毕业审核标准。

——设备服务：培育实验室和办公室，交流中心，展示厅，图书资料室，教育培训教室和设备，研究仪器设备，餐厅与住宿服务，电话设备、电信、多媒体设备，家具及办公设备，电脑网络设备，交通运输设备等。

——专业商业服务。法律顾问与咨询，知识产权顾问咨询，财务评估，会计服务，市场调查与信息的提供，技术与商业信息渠道，信用开发，合同管理与协助，融资贷款与补助资金渠道，整体的贷款服务，社区支持服务体系，其他的咨询服务。

——管理支持。商业计划，产品的广告、营销，专家联系与管理，教育培训计划，租用外界设备的渠道，人员的聘用，孵化品牌企业的毕业安排，公司宣传，品牌展示场所。

3. 品牌孵化器的运行

品牌孵化器运行主要包括下列活动：

——设定和执行孵化项目的筛选和进驻标准。孵化项目进入品牌孵化器前，要经过严格的筛选过程。包括项目创始人提交创牌理念和申请；对入驻项目从技术、市场等角度做出判断并批准入驻。

——审核新创品牌企业的创牌能力及品牌市场潜力。包括品牌消费定位、目标客源定位、行业定位、品牌产品主题定位、品牌文化定位等。

——提供全面的品牌孵化指导。包括进行新生品牌的调研；提供品牌规划指导、品牌个性魅力塑造指导、品牌市场运营指导、品牌的推广及品牌维护延伸指导等。

——检查并完成孵化品牌的毕业。品牌孵化器一般设定新创牌企业的孵化期为三年，必要时最多可再延长两年，但其租金及其他优惠服务费用，要比前三年贵，而且费用逐年增加，届时必须离开品牌孵化器，不得延长。而毕业条件的认定，随品牌孵化器本身条件不同而有所变化。

第五节　品牌孵化器标准

为了保证品牌孵化的质量，品牌孵化器从成立到运行及其绩效评估等都必须遵循一定的标准：

1. 品牌孵化器成立标准

(1) 性质定位和发展方向明确，以为企业、行业或城市、区域培育品牌为宗旨。

(2) 具有一支有较高管理水平和经营能力的管理队伍，管理人员中具有大专以上学历的占70%以上，接受孵化器专业培训的人员比例达30%以上。

(3) 可自主支配的孵化场地使用面积达10000平方米以上。其中，在孵企业使用的场地（包括公共餐厅和接待室、会议室、展示室、活动室、技术检测室等非营利性配套服务场地）占 75％以上。孵化场地面积的扩大，依据可自主支配性和在孵企业使用性的原则确定。

（4）可自主支配场地内的在孵企业达 50 家以上。

（5）年度毕业品牌占在孵品牌的 5％以上。毕业的品牌企业和在孵的品牌企业提供的就业岗位超过 800 个。

（6）服务设施齐全、服务功能强，可为品牌企业提供商务、资金、信息、咨询、市场、培训、技术开发与交流、国际合作等多方面的服务。

（7）孵化器自身拥有不少于 100 万元的自有种子资金或孵化资金，并至少有 3 个以上的资金使用案例。

（8）孵化器的运营时间一般达三年以上，并按上级行政主管部门要求，至少连续两年上报相关统计数据，且数据齐全、真实。

2. 品牌孵化器的专业化标准

（1）应具有专业属性背景，能为在孵品牌企业提供个性化、针对性的服务。

（2）孵化器自身应具备专业技术平台或专业化基地，并具备专业化的技术咨询和专业化的管理培训能力。

（3）具有一支能满足在孵品牌企业需要，与品牌孵化器功能定位相符合的专业化孵化管理队伍，能为行业内的创业企业提供专业的支持。

（4）具有专业化的品牌孵化专业服务体系，能提供专业技术人才、专家技术咨询、专业投资、市场信息服务等，有效促进社会资源与企业资源的对接、整合。

（5）入孵企业应是该专业性质的企业，以便能够在孵化器内聚集起一批以专业化分工和协作为基础的同一产业或相关产业的科技型中小企业群，通过信息的交流，强大的竞争压力转化为强烈的创新动力，逐渐形成一个创新群落，在创新中发挥集群品牌优势。

3. 品牌孵化器的绩效评估标准

（1）对品牌孵化器的运营与发展能力的评估。

孵化品牌成功毕业率——新创牌企业的成功毕业是孵化器作用得到发挥

211

的重要体现。这一指标是指当年成功毕业的品牌企业占孵化企业总数的百分比。这一指标能充分体现孵化器的孵化功能。

经费自给率——孵化器年经营收入占年运营开支的比率，是评价品牌孵化器在运营过程中能否筹集到足够的经费支持其正常运营，确保其功能得以顺利发挥的重要指标。

孵化效益——孵化品牌企业单位孵化场地面积创造的科工贸收入，这一指标是从侧面来衡量孵化器功能发挥的状况。

孵化器企业数——品牌孵化器内的孵化企业数，反映孵化器的现状。

孵化器内毕业企业的总收入——评价孵化器的孵化效率，进而体现出孵化器的运营与发展能力。

员工素质结构——本科以上人员数占年末从业人员数的比例，这个指标是从学历角度来衡量孵化器的人员素质，从而间接反映出孵化器提供服务的质量能力。

品牌存活率——五年内仍在工商注册的品牌企业数目占已接受孵化企业总数的比例。这一指标主要是考察入孵品牌企业在孵化器培育后是否真正具备独立的生存能力，从另一个侧面判断孵化器提供孵化服务的质量。

（2）对品牌孵化器技术创新能力的评估。

技术开发成果数——体现了孵化器科技开发所取得的成效。

科技创新的人员数比例——从事科技创新的人员数占年末从业人数的比重。从事科技创新人员数量的多少对于技术创新能力建设来说较为重要。

产学研联系程度——对于当地大学和科研院所少、自身缺乏创新后劲的企业提升其技术创新能力尤为重要，因此，将产学研合作项目数列为评价技术创新能力的指标之一。

（3）对品牌孵化器社会贡献的评估。

上缴税费总额——品牌企业孵化器每年向国家和地方缴纳的各项税费的总和。

技工贸总收入——反映了孵化器建立以来达到的经济规模，从总体上反映孵化器的管理业绩。

年末从业人员总数——反映孵化器的总体实力，包括科学家、工程师、技术员和辅助人员，同时反映孵化器对社会发展的贡献。

工业增加值占所在区域工业增加值的比例——反映孵化器对所在区域贡

献的大小。

（4）对创业环境的评估。

创业环境是孵化器建设的一个关键因素，它涉及物业管理、提供廉价活动场所、吸引人才、政府支持、资金运作、办事效率以及信息网络建设等主要因素。其中，硬件设施建设费用占支出费用的比例可以从整体上反映出孵化器建设的总体情况和规模，是体现孵化器发展潜力的重要因素。

（5）对国际开放程度的评估。

对于处于经济全球化下的品牌孵化器来说，对外开放显得很有必要。一般可以通过四项指标来反映孵化器对外开放的成效，即出口创汇额、引进留学归国人员及海外专家数、国际合作合资项目数、实际到位外资数。

4. 入驻企业资格标准

（1）企业注册地及办公场所必须在孵化器的孵化场地内。

（2）新注册企业或申请进入孵化器前企业成立时间不超过两年。

（3）迁入的企业，其产品（或服务）尚处于研发或试销阶段，上一年的营业收入不超过 200 万元人民币。

（4）单一在孵企业入驻时使用的孵化场地面积，一般不大于 1000 平方米。

（5）在孵企业从事研发、生产的主营项目（产品），符合国家战略性新兴产业的发展方向，知识产权界定清晰。

（6）在孵企业对技术、市场、经营和管理有一定驾驭能力。留学生和大学生企业的团队主要管理者和技术带头人，由其本人担任。

5. 品牌定位标准

品牌定位是指企业在市场定位和产品定位的基础上，对特定的品牌在文化取向及个性差异上的商业性决策，它是建立一个与目标市场有关的品牌形象的过程和结果。良好的品牌定位是品牌孵化成功的前提。

（1）品牌定位要明确，要做到个性鲜明。明确的品牌定位会使消费者感到商品有特色，从而形成稳定的消费群体。

（2）品牌定位要与品牌产品的质量、结构、性能、款式、用途等因素相契合，要适应产品特点。

（3）品牌定位要与品牌企业的资源能力相匹配，要充分考虑品牌企业的资源条件，以优化配置、合理利用各种资源为宜，既不要造成资源闲置或浪费，也不要超越现有资源条件，追求过高的定位，最后陷入心有余而力不足的被动境地。

（4）品牌定位要针对目标市场。品牌定位必须站在满足消费者需求的立场上，借助于各种传播手段，让品牌在消费者心目中占据一个有利的位置。

（5）品牌定位要突出差异化的竞争优势。品牌企业在进行品牌定位时一定要以竞争者为参考系，发现或制造差异，区隔同类产品，取得竞争优势。

（6）品牌定位要考虑成本效益比，追求经济和社会效益最大化。

6. 品牌孵化运行标准

（1）在品牌孵化过程中明确并不断优化品牌孵化的功能定位。通过建设完善孵化器的市场定位功能，帮助在孵品牌企业把握市场，并形成一定的市场竞争力；通过建设完善孵化器的成果转化功能，在研究开发与产业之间起"接力"作用，以促进科技成果的转化和应用；通过建设完善孵化器的产业培育功能，使中小品牌企业加速成长，尽快产业化和规模化。

（2）在品牌孵化运行中实现硬件建设与软件建设的有机结合。在以实用为目的加强孵化器孵化基础设施建设的同时，也注重孵化器软件环境建设，构建健全、有效的支持服务体系，营造良好的创业氛围，提高孵化服务的能力与水平。

（3）在品牌孵化过程中处理好经济效益与社会效益的关系。考核孵化器应当以社会效益为主，兼顾经济效益，避免孵化器偏离其宗旨。

（4）在品牌孵化过程中发挥政府的支持和引导作用。政府应从政策上支持和引导孵化器健康、有序地发展，不直接干预孵化器的内部运作；而孵化器则要在政府的支持和引导下，构建有效的孵化服务体系，不断提升自己的服务质量和水平。

（5）在品牌孵化过程中建立完善企业或项目入驻、毕业、管理与服务的规范，优化孵化器业务流程，做到组织结构合理、责任明确；加强孵化器服务规范化和标准化建设，提高服务质量。

（6）在品牌孵化过程中积极创造条件吸引和留住人才，建立知人善用、人尽其才的用人制度和激励机制，全面提高孵化队伍的整体素质。

（7）在品牌孵化过程中构建有效的投融资服务、管理咨询与培训服务、技术服务和中介服务等平台。

（8）在品牌孵化过程中进行服务方式的创新，引入社会力量为孵化器及其在孵企业提供服务，推进孵化服务的社会化。孵化器要发挥自己的优势，对于自身没有优势的服务项目，要充分发挥和借助社会机构的力量，引入专业化的服务；探索有偿服务的方式和方法，通过有偿孵化服务促使孵化器提高服务质量和服务效率。

7. 入驻企业毕业标准

毕业企业应当具备以下条件之中至少两条：

（1）有自主知识产权。

（2）连续两年营业收入累计超过 1000 万元。

（3）被认定为国家或省市级名牌产品。

（4）被认定为国家高新技术产业。

（5）被兼并、收购或在国内外资本市场上市。

215

第六节　品牌孵化器与国家品牌战略

国家品牌生产力的形成和发展是一个大系统，在这个大系统中，品牌孵化器发挥着不可忽视的作用。

1. 品牌孵化器与国家品牌战略

对于一个国家来讲，其品牌集合代表着一个国家经济的综合实力。在实施品牌战略的过程中，品牌孵化器的建立和发展可以说是不可或缺的基础性环节。作为一个创建品牌的服务型机构，品牌孵化器可以为入孵品牌企业提供研发、生产、经营、推广等的场地和办公方面的共享设施，提供政策、管理、法律、财务、融资、市场推广和培训等方面的服务，以降低创牌的风险和成本，提高品牌培育的成功率，为品牌战略的实施奠定基础。

正是因为品牌孵化器对于品牌战略的实施具有十分重要的作用，因而，近年来，我国先后出台了一系列相关的鼓励、扶持品牌孵化的政策文件。从这些文件也可以看到，政策部门对品牌孵化器的定义、定位、功能的界定逐渐清晰，对品牌孵化器的发展阶段的判断和把握也越来越准确，对如何建设品牌孵化器也摸索出一定的经验，这些都对提高品牌孵化效率起到了指导作用，也在一定程度上加速了品牌战略的实施进程。

2. 品牌孵化器与"企业家社会"

被誉为现代管理学之父的彼得·德鲁克在他的经典之作《创新与企业家精神》中提出了"企业家社会"这一观念。他指出，企业家社会不但是企业家的社会，而且是任何具有创新能力的组织的社会。在这个社会中，创新和企业家精神是一种稳定和持续的动力。这种创新与企业家精神可以让任何社会、经济、产业、机构保持高度灵活性与自我更新能力。正如管理已经成为当代所有机构的特定器官，成为我们这个组织社会的整合器官一样，创新和企业家精神也应该成为我们社会、经济和组织维持生命活力的主要内容。

改革开放30多年来，我国经济高速发展，国家实力明显增强，但粗放型经济增长方式带来的发展质量不高、国际分工中处于产业链低端、经济效益低下而且环境污染严重等问题日益突出。转变经济增长方式，提高自主创新能力，构建"企业家社会"，已经成为我国可持续发展的必由之路。从目前的运行状况来看，我国品牌孵化器难以满足自主创新和构建"企业家社会"的高标准和新需求。为了更好地服务自主创新，进一步凸显"企业家社会"的创新精神，品牌孵化器的发展应当更关注以下四个方面：（1）更加关注孵化拥有自主知识产权的品牌企业，不断强化自主创新能力；（2）更加关注综合孵化与专业孵化的结合，逐步拓展专业品牌孵化能力，加强服务深度；（3）更加关注国内资源与国际资源的结合，充分利用大学、科研院所、中介机构等国内资源的同时，积极引进国际上先进的管理理念和品牌孵化器模式等国外资源，不断提升自我发展水平。（4）更加关注经济效益和社会效益的结合，不仅要培育出具有自主知识产权的品牌，推动科技创新，支撑和引导经济发展，促进产业创新升级；还要关注创新文化建设，努力形成鼓励创新、关爱创新、理解创新、支持创新的良好环境，构建这个时代迫切需要的以创新精神为核心的"企业家社会"。

3. 品牌孵化器与国家品牌生产力示范基地

国家品牌生产力示范基地是为相关企业量身打造的国际化的品牌提升专项平台，通过产业服务与资本服务两个层面，整合国际国内专业资源，双引擎推进民族品牌的价值提升，引领和推动民族品牌走向国际化。在品牌越来越成为国家综合实力象征的今天，中国必须要有一批具有时代前瞻思维和能担当起国家品牌生产力示范标杆的民族品牌生力军来引领中国经济社会全面走上"文化立企，品牌立国"的科学发展之路，并以此来确保民族经济文化的可持续化发展和国家的长治久安。

品牌提升是一项系统工程，而一些中小企业受到自身财力、物力、人力等条件限制，自主创新能力先天不足，单独去做品牌提升可谓举步维艰。而国家品牌生产力示范基地作为一个完备的产业公共服务平台，可以发挥示范扶持作用，为企业提供品牌战略策划、品牌要素集成、品牌运营传播等公共服务，降低中小企业在品牌培育过程中的基础投入、资金投入和技术门槛，减少中小企业的经营和管理成本。从这个意义上，国家品牌生产力示范基地可以被视为一个模板型品牌孵化器。

然而，与一般的品牌孵化器相比，国家品牌生产力示范基地的专业化定位更为明确。例如，陕西杨凌示范区在成立之初，就明确定位为"畜牧科技产业化基地"，很快成为承担国家西部大开发战略"科技行动"项目的重要单位之一，在国家部委的大力支持下，构建了畜牧企业共享技术服务平台，成为国内知名的专业化品牌示范基地。其次，与一般的品牌孵化器相比，国家品牌生产力示范基地的目标化服务更为深入。针对不同的地区及产业发展特点，探索出一系列新的产业发展模式。例如，太子龙集团秉承打造国家品牌生产力示范基地、让一部分民族品牌先强大起来的理念，围绕深化民族品牌的文化内涵和推进产品技术创新的目标，形成了"系统科学、前沿创新和运营实践一体化的品牌文化新体系"和"以动漫科技带动传统服饰产业同步发展的品牌连动运营新模式", 有效地促进了当地服装业产业结构的调整, 为当地经济的发展注入了活力。

4. 品牌孵化器与国家品牌生产力孵化模式

所谓模式是指某种事物的标准性固定格式。国家品牌生产力孵化模式, 是指品牌孵化器在国家品牌战略的指导之下, 依据自身专业特色资源和外部专业资源, 为在孵品牌提供高质量、高效益的服务方面以及自身发展方面所形成的稳定的、推动孵化器正常运转的体系结构, 这一结构由于其内部各要素之间的相互作用而不断得到发展。品牌生产力的孵化模式可以分解为服务模式和盈利模式两个方面: 服务模式是指品牌孵化器为在孵品牌提供特色服务的方式; 盈利模式是指孵化器自身获取利益的方式, 这两个方面统一于国家品牌生产力孵化的过程中。

从目前品牌孵化器的发展运营情况来看, 国家品牌生产力孵化模式大致可以分为三种:

模式一: 技术转移型: 这种模式以技术转移为特色, 辅之以投融资功能, 发挥服务联盟的优势, 加强产学研的紧密结合。即技术转移＋投融资＋服务联盟模式。

模式二: 技术服务型: 这种模式是孵化器结合在孵品牌的技术需求, 建立专业技术平台, 对品牌企业开展测试、策划、技术培训、知识产权保护等服务。

模式三: 产业链型: 这种模式一般是依托大公司的背景资源, 对一个产业领域内上下游资源进行整合, 进而形成对品牌的研发、生产、宣传、维护等整个产业链的孵化。

值得注意的是, 上述几种模式并不是孤立存在的, 在国家品牌生产力孵化过程中, 几种模式往往相互交织, 共同服务于国家品牌的培育打造, 致力于国家品牌生产力的提升。

硬 件 篇

第十章　创意与品牌

美国有线电视新闻国际公司网站 2011 年 7 月 14 日发表《美中之争——谁将赢得 21 世纪》的文章说：20 世纪，经济和社会成功的关键要素是劳动力和资本。到了 21 世纪，两个关键要素是：想法与能源。想法之所以重要，是因为制造业已被商品化了。这意味着任何人都可以制造任何商品。今天，决定一个人或组织能否脱颖而出的唯一要点是看其是否有新的想法与创新。我们需要不断开发出新的产品。我们需要去做与众不同、独一无二的事情。能源之所以重要，是因为每个国家都在快速发展，每个人都需要能源供应。设法解决了能源难题的国家将会发展得越来越好。那么，谁更适合这个新世纪呢？奇怪的是，中国最适合 20 世纪：它拥有廉价的劳动力和巨额的资本流入，它可以制造一切商品，但是它还不能改变价值链，还不能产生全新的想法。①

文化创意产业是知识经济高度发达，品牌经济走向成熟阶段，以全球化为背景，以精神文化娱乐消费需求为市场，以文化艺术元素为种子，以高科技技术手段为支撑，以整合传播为载体，文化与经济全面结合、制造业与服务业全面融合的跨国、跨行业、跨领域、跨文化重组的新型产业。文化创意产业是继技术、管理和资本后又一新的推动社会经济增长的要素，被誉为"世界上最后一个产生经济奇迹的机会"。

在中国，创意产业发展上升到国家战略，是以 2009 年出台的《文化产业振兴规划》为标志的。"十一五"期间，中国创意产业发展强劲，成为城市和区域经济新的增长点，正在全面影响着中国经济的发展。一线城市北京、上海、深圳、天津的创意产业，已经成为经济发展的"加速器"。2010年上半年，北京文化创意产业增加值占 GDP 的 12.6%；上海 2010 年被联

---

① 《21 世纪关键要素是想法与能源》，新华网，2011 年 7 月 19 日。

合国教科文组织授予世界网络城市"设计之都"，创意产业增加值占 GDP 的 10%；深圳文化创意产业成为第四大支柱产业；天津 2010 年一年时间有 10 家大型创意产业园区正式挂牌。二、三线城市的创意产业也已成为经济新的增长点。

联合国五大机构发布的《2010 年创意经济报告》指出，中国创意经济产品出口在近些年来一直处于世界第一的位置。中国创意经济产品出口值达 848 亿美元，占全球市场的 20.8%，相比较 2002 年的 323 亿美元，6 年间年增长率达到 16.9%。紧随中国之后的美国在 2008 年创意经济商品出口值达到 350 亿美元。相比较而言，在创意经济服务业出口方面，2008 年中国的出口值仅为约 4 亿美元，没能排进全球前十位，在发展中国家也仅列第六位，而美国却以 140 亿美元领先世界。

十七大以后，国家一直在大力倡导文化创意产业，但是许多人对文化创意产业的本质却不甚了了。很多人知道文化创意产业很值钱，却不知道它为什么值钱，更不知道它的最大价值是在民族品牌国际化中举足轻重。

进入 21 世纪后，中国的对外贸易摩擦加剧，全球资源特别是能源价格大幅度上涨，劳动力成本不断上涨，CPI 指数、PPI 指数快速上升，环境问题日益突显，全球气候变暖，随后又出现次级债危机、金融风暴、欧债危机，人民币大幅度升值，多方面矛盾交集，中国原有的生产模式受到全面挑战。

如何寻找一条可持续发展的路径？有研究者预言：21 世纪中国的整个经济体系将在创意经济的框架下重新整合与调整。

创意经济不仅生产了新的创意产业部门，而且将彻底改造所有的传统产业，深刻改变整个国民经济的发展方式，深刻改变全体公民的生产生活观念，深刻改变理论和思想研究的基本内容和方法。

创意运行产业链化，创意成果产权化，创意产品品牌化，是知识经济时代的核心竞争力。创意与作品有天然联系，但与产品、产业却有一定距离。只有把创意整合进成熟产业链，或者以创意为起端拉起一条产业链，才能实现创意的市场价值。而创意成果产权化可以实现创意的资本运作，创意产品品牌化则是创意产业链的附加值最大化。

第一节　发展创意产业是产业结构调整的关键

100 年前，中国人最反感的词语是"东亚病夫"。无独有偶，远在大洋彼岸，也有一个国家被称为"欧洲病夫"，它就是英国。1996 年，布莱尔在《新英国：我对一个年轻国家的展望》一书中，提出经济社会发展"第三条道路"理念，强调通过变革与创新应对全球化挑战，改变英国老工业帝国形象，建设强大的、充满活力的"新英国"及国际新秩序。1997 年布莱尔赢得大选后又将发展创意产业作为重大策略，要使英国彻底抛掉"欧洲病夫"的帽子，成为 21 世纪的创新型国家。

经布莱尔政府的特别整合与定义，原本已经存在但概念并不清晰的创意产业和创意经济迅速得到所有发达国家和发展中国家的重视，创意经济已不再局限于一种理念或者发明，而是一个有着巨大产业背景和经济效益的现实世界。随着后工业社会的来临，世界上许多富有远见的城市率先步入创意时代，创意城市已成为全球化发展的流行口号，也是许多城市竞相追求的国际都会品牌。

知识经济和全球化带给世界的最大变化是：昨天，人们还在一窝蜂地追逐产品有形价值的最大化；今天，人们都在发掘产品的无形价值并将其无限放大。当这种变化足以影响经济形态时，创意经济时代就到来了。

"系统深化"与"系统广化"是创意经济的两个演化路径。系统深化就是专业化经营，专业化经营是经济系统内部各经济元之间关系不断强化而形成的。创意产业系统在形成过程中，产业链、价值链延伸形成多元化、多层次的连续、复合价值链条。产业链或价值链的延伸或拉长必然导致经济系统内部构成元素的复杂化，从而增进系统内部各子系统之间的内在关联，对应了系统深化的过程。系统广化是指系统与外界环境之间联系范围不断拓宽的过程。在创意经济发展过程中，跨业型业态即创意产业系统内部不同子系统或创意部门与其他部门开展合作竞争形成的新型业态，或称跨媒体、跨区域、跨行业扩张，反映了创意产业系统内部资源以及系统内部与外部资源的整合过程，也即系统广化过程。在该过程中，创意产业系统与外界环境之间的联系范围不断拓宽，内部子系统或创意产业系统与其他行业系统的潜在经济关系不断显化，创意产业规模不断扩大。与此同时，参与其中的各经济主体通过价值链接、资源互补等多种方式，实现了双赢或多赢的目标。创意经济具有不同于工业经济特征的运行规则，由此衍生出企业间的新型关系以及在此基础上形成的产业系统集成性质。产业系统集成是信息时代产业结构的新本质，是继规模经济、范围经济、产业集群后出现的新型产业组织形态。①

所以，文化创意产业不仅指开发文化产品的产业，还包括所有需要文化和创意的产业。创意产业是规定所有产业内容和性质的前置的创造性产业，而融入创意产业的一切产业活动或者说具有创意规定性的产业活动的总和则构成创意经济。创意产业是创意活动构成的独立的产业部门，是后工业社会的"黄金产业"；创意经济不等于创意产业，它除了包括创意产业外，还包括经创意改造的效益农业、新型工业和新兴服务业等在内，涵盖新经济总体。

创意在所有产业链以及所有产业中，都是前置性或中间性环节，起重要或决定性作用。"先做思想，再做产品"，放大到产业层面，就是先做思想创新，再做产业创新。这样的创新，往往是革命性创新。

创意经济的意义首先是改变社会经济观念，从而改造经济总体，构建以创意为核心的整体经济架构。创意经济比先前的种种经济形态更为人文化。"创意"是人类理性发展在后工业时代的重大历史特征。经过产业实践，创意的理念从产业向经济整体延伸，并进一步向整个社会延伸。弗罗里达认为，就像再强大的引擎也要有一个底盘才能让它的强大动力发挥出来一样，经济系统也需要一个能够管理它的机构和社会体系，否则就无法完全释放自己的潜能②。中国甚至整个世界发展创意产业所面对的真正挑战是如何建立一个高效的创意社会，让它来疏导创意经济的能量大潮。

产业结构是指一个经济实体当中各产业的构成及各产业之间的联系和比例关系。产业结构优化是指推动产业结构合理化和高级化发展的过程，是实现产业结构与资源供给结构、技术结构、需求结构相适应的状态。

经济转型，产业结构调整，重点是发展第三产业，扩大内需。扩大内需

---

① 郭鸿雁：《基于演化观的创意经济探讨》，《新闻界》2009年第6期。
② 理查德·弗罗里达：《创意经济》，中国人民大学出版社2006年版。

有两个方向，量的扩张是启动农村市场，质的扩张就是大力发展文化创意产业。而发展文化创意产业的视野很广：在强势行业中，加强文化创意环节，形成文化创意优势；在文化创意产业中，加强资源整合和产业融合，形成创意产业集群；在市场经营中，加强文化创意前置和渗透，完善创意链，形成了以创意为枢纽的运营模式。

所以，大力发展文化创意产业是产业结构调整的必由之路。

第二节　创意是品牌附加值的唯一源泉

有创意的石头比没创意的珍珠好卖。

明天的经济将有两个轮子：品牌与创意。与以往的经济引擎不同的是这两个轮子的高度联动——品牌以创意为核心，创意以品牌为载体，两者共同作用于产品、企业、产业、区域、国家等各级经济实体，形成时代先进生产力——国家品牌生产力。

当今社会，有一种资源是最稀缺的，那就是人们的注意力。获得注意力就是获得一种持久的财富。而品牌存在的意义，就是直击人们的注意力中心。企业通过品牌取得的成功，就是通过创意取得的成功。创意是贯穿品牌建设与传播全程的创新行为，产品创意、品牌创意、广告创意、行销创意、商业模式创意、产业战略创意等环节，都是品牌与创意产业的融合。

从产业定义创意，有三层意思：一是"创意产业化"，把创意看作一个独立产业；二是现代服务业意义上的创意，指以创意为中间产品意义上的内容产品而形成的产业，或者说是将创意方法和工具产业化而形成的服务产业；三是"产业创意化"，指以创意为产品高端附加值部分的产业延伸方式，或是以创意环节带动其他经营环节的商业方式。

文化创意产业是以消费时代的精神文化娱乐需求为市场，以网络和高科技技术手段为支撑，以文化艺术与经济的全面结合为特征的跨国、跨行业、跨部门、跨领域新型产业。文化创意产业是继技术、管理和资本后又一新的推动社会经济增长的要素，被誉为"世界上最后一个产生经济奇迹的机会"。

我们认为，文化创意产业担负着全球性使命，是国际品牌附加值的唯一源泉。

225

众所周知，品牌附加值是品牌通过各种方式在产品的有形价值上附加的无形价值。品牌附加值带来的无形价值，一是精神上满足，二是高质量服务，三是消费行为引导，或者叫生活方式提供。

品牌价值有两个公式：

品牌价值＝产品制造价值＋品牌附加值；

品牌附加值＝品牌文化＋创意技术。

产品的价值构成，包括基本价值与附加价值两个部分，前者指制造价值，即生产和销售产品所付出的成本；后者指附加值，即技术附加、营销或服务附加和企业文化与品牌附加。发展趋势显示，技术附加值、品牌附加值、营销附加值在价值构成中的比重不断上升。在世界范围内，产品竞争已不仅仅局限于核心产品与形式产品，竞争优势已明显地保持在产品的第三个层次——附加产品，即更强调产品的高附加值，被称为"附加价值化"。

而品牌附加值，来源于品牌文化和创意技术。

在"微笑曲线"中，附加值更多体现在两端——设计和销售环节上，比处于中间环节的制造附加值高出若干。而两端创造的附加值，基本源于创意。有形产品要创造差异化优势，企业要取得溢价，品牌价值要最大化，必须从文化创意做起。

所以，文化创意产业是国际品牌的核心价值源泉。

当今民族品牌的短板就是品牌附加值，也可以说，缺的就是文化创意。所以，大力推进民族的文化创意产业，也是推动民族品牌国际化的关键。

那么，对于民族品牌来说，什么是品牌文化呢？

品牌文化是凝结在品牌上的品牌核心价值及文化积淀。品牌的文化积淀包括民族传统文化、国际时尚文化、行业文化、企业文化、产品文化等所有相关文化因素。品牌文化的核心内涵，是品牌所宣示的价值观念、生活方式、审美情趣及情感诉求等；品牌文化还包括品牌定位、有效传播等品牌战略行为和品牌资产维护行为。品牌文化通过创造附加于产品物质效用上的情感和精神效用体现品牌精神和品牌个性，并通过消费者认同得到实现。优秀的品牌文化是民族文化精神的高度提炼和人类美好价值观念的完美结合和升华，影响消费者的价值观念，改变消费群体的生活方式，对人们的生活质量提升和品牌覆盖地区经济文化发展起到良好的推动作用。

品牌文化不是口号。口号多半是政治运动的产物，凡是口号性质的东西都是难以持续的。科学的品牌文化是核心价值观、科学理念系统和可操作性的战略执行方案。太子龙集团的《科学品牌发展观》之"文化立企,品牌立国"和"先做思想,再做产品"的理念,就是企业与国家命运与共的品牌文化。

近几年,文化创意产业已被近 200 个城市列为战略目标。但是,由于文化产业集聚区或社区建设实际存在的多头管理、无序竞争、趋同发展、重复建设等现象,引起城市文化资源、文化资本、文化人力资源浪费,损害了城市形象,不利于城市整体发展。各城市势必走个性化之路,打造创意品牌城市,推动集聚区与区域性传统产业集群相结合,与区域性人文环境相结合,使之成为吸纳创意企业和创意人才的集聚地,形成独具特色的主体产业和配套价值链,打造共同对外输出共性品牌和入驻企业个性品牌,并形成合力宣传的品牌服务系统,深化与广化创意城市品牌,从而提升城市综合竞争力。

从我国文化创意产业物质构成的技术和表现手段的技术——物理机理与表现风格看,走民族化道路,从中国丰富的传统文化中汲取营养是文化创意产业发展的必然要求。只有具有中国故事、中国语言、中国作风、中国气派的文化创意产业产品,才能得到本民族的文化认同,赢得国民的满意度与忠诚度,在与国际文化创意产业品牌竞争中处于优势。从世界视角来审视我国文化创意产业的优势与劣势,能够克服狭隘的民族主义观点,利用现代科学技术,在传统中演绎现代时尚,真正地开发研制具有本土化、民族特色的产品,以谋求国际市场的高端位置。要赢得消费者满意度与忠诚度,让世界看到更多"中国脸谱",文化创意产业品牌本土化与国际化并进,是加快我国文化创意产业发展的必由之路。[①]

第三节　创意链对微笑曲线的全面贡献

乔布斯对经济有多大的贡献呢?郎咸平说,苹果公司做设计和销售,一个 iPhone 创造 360 美元,硬件由美、日、韩、中国台湾等创造 187 美元,组装制造由我们来做,创造 6.54 美元,由此可见,每个节点都是连在一起

---

① 曾建:《2011 年中国创意产业品牌报告》,红网,2011 年 4 月 26 日。

的。不仅如此，"加州设计、中国制造"也是他提出来的口号，也就是通过富士康、广达等分别代工不同的产品，不但降低成本，而且在深圳设一个采购中心有效地整合这些企业，因此可以看出，仓储、管理、物流、制造也都是他推动的。全世界范围 11 个国家和地区有 330 家苹果的体验店，利润非常高，占到了总利润的 11% 左右。也就是对于整个 iPhone 本身，他不是简单的制造一个 iPhone 产品的公司，而是把 iPhone 的整个产业链的所有节点连接在一起，让所有成员都能获利，让他们更富裕。希望我们的产业链将来能从简单的 OEM 升级到整条产业链的整合，让所有的参与者都能获利，这是有品位的整合，这也是真正的产业升级。真正伟大的产业升级就是整条产业链的整合，让整个国家产业链同时升华，我认为这是苹果带给我们的经济意义。[①]

苹果的全球产业链，与中国南方代工经济紧密相连：一是数十万规模的大陆年轻劳动力，拿着基准底薪忙碌在严格保密的生产线上；二是以富士康为代表的"一级代工"组装厂，产品整包后继续拆分成各种原件，包给下级生产厂家，然后再回收上来组装贴牌；三是像以台湾胜华科技旗下苏州联建科技为代表的零部件供应商，主要生产手机触摸屏幕。2010 年，约有 4600 万部 iPhone 手机，近 1500 万台 iPad 平板电脑，还有大量 Macbook 笔记本电脑、iPod 播放器等产品，几乎全部由位于中国内地的台资工厂生产。

乔布斯辞世后，富士康总裁郭台铭称"世界失去了一位真正的英雄，我也失去了一个朋友"。正是凭借和苹果的合作，富士康一举成为世界第一大电子代工企业。苹果 iPhone 和 iPad，绝大部分由富士康中国工厂组装。中国还生产从外壳、摄像头、机壳、触摸屏到连接器、PCB 印刷电路板等大批苹果产品的零部件。包括富士康、广达、和硕、正崴、宸鸿、胜华、可成、新普、顺达、华通、奥特斯等苹果供应商在内，中国至少有上百万人依附在"苹果"的整条产业链上；在由苹果带动的全球超过万亿美元产值里，在中国内地生产的直接产值就达 1000 亿元人民币。

和其他厂商不同，苹果往往会向供应商垫付新工厂的建设资金，以保障供应，这有力地扶持了苹果供应商的成长。未来，除了富士康将用上 100 万台机器人以外，苹果在华的完整产业链还将向中西部扩张。

---

① 《郎咸平：苹果带给我们的真正意义》，价值中国网，2011 年 10 月 26 日。

据说，苹果 App Store 线上商店里 iOS 应用程序下载量收入中，有 30 亿美元付给全球应用开发者；其中，生活在 App Store 这棵"苹果"树下的中国开发者就有 10 万人，他们从中分到约 10 亿元人民币。

在 2011 年苹果全球开发者大会上，有几位中国开发者出席。中央美院讲师彦风和 4 个学生花了 3 个月的时间开发了手绘版有声 iPad 电子读物《寻龙》，"龙生九子"的中国神话让外国用户着迷，上线第一周就排到全球同类推荐应用头名。天津九安医疗电子的刘毅则更看重苹果云服务，"这让远程就医成为可能！"九安血压计在全球销量排第三位，其中针对苹果研发出的血压计在美国卖到近 100 美元，在美国很受使用 iPad 的中老年用户的喜爱。通过苹果开发平台，中国开发的一些应用软件轻松进入全球市场，通过苹果平台入市，有望拿到越来越丰厚的国际收益。①

自从中国人发现了"微笑曲线"，人们往往称为"苦笑曲线"，无奈之情不言自喻。其实，就是这条曲线把我们的低端制造和两端的高端创意联系在一起，不想不比都不行。当我们身处别人画就的微笑曲线从中受到启蒙教育后，我们就要自己动手画一条全新的微笑曲线了。

第四节　创意与品牌的五个耦合点

品牌与创意互为表里。对于品牌来说，没有创意就没有品牌，没有持续创意就没有品牌的发展；对于创意来说，没有品牌就没有流程化运行和市场化实现。品牌的创意化和创意的品牌化，在品牌运作中可以说是全程全面伴行，这里强调几个耦合点。

1. 创意与品牌产品

"中国有功夫，有熊猫，但没有《功夫熊猫》。"这是人们评论创意产品的一个经典表述。"功夫"和"熊猫"是两个中国文化元素，把两者用一个创意组合在一个故事中，用电影的形式表现，就成了受法律保护的知识产

---

① 《中国元素嵌入"苹果"产业链》，维库电子市场网，2011 年 10 月 15 日。

品。人们往往惊叹这种组合创造的短期和长期的经济收益，却不深思我们缺乏的是将两者整合起来的创意。"功夫"和"熊猫"放在那里永远是原有意义的文化元素，被创意轻轻点化就成了创意产品元素。点石成金就是这个道理。有元素无创意，元素永远是元素；有创意无元素，迟早都能找到适用的元素。

产品是指能够提供给市场，被人们使用和消费，并能满足人们某种需求的任何东西，包括有形的物品、无形的服务、组织、观念。产品一般可以分为三个层次，即核心产品、形式产品、延伸产品。核心产品是指整体产品提供给购买者的直接利益和效用；形式产品是指产品在市场上出现的物质实体外形，包括产品的品质、特征、造型、商标和包装等；延伸产品是指整体产品提供给顾客的一系列附加利益，包括运送、安装、维修、保证等在消费领域给予消费者的好处。在这些环节或要素中，都由创意实现差异化。任一环节或要素的成功创意，都可以成就一个产品，乃至一个品牌。

近几年来，大幅面喷绘产品的应用越来越广泛，已经广泛应用到印刷、广告图文喷绘、影像输出、艺术品复制和 CAD/GIS 等领域。它引导了打印机的发展，业内人士说，大幅面打印技术代表着彩色喷墨打印技术发展的顶端。为适应这一趋势，惠普、佳能和爱普生拼命"做大做强"，幅面打印机幅面可达 60 英寸，惠普最大幅面为 1.52 米。

为什么打印机幅面越来越大呢？因为市场需求的幅面要求越来越大。这便是惯性思维。我们和绝大多数人一样浸淫其中，不去想一想或者想不到还会有其他答案。

有一个人打破了惯性思维：打印机可以比纸张小吗？这个人是瑞典工程师亚历克斯·布莱顿，他把印章原理和印刷机结合起来，为欧洲一家橡皮图章公司发明了"打印刷"。这款袖珍型打印机仅重 250 克，使用喷墨技术以及与计算机鼠标类似的光学和跟踪软件，可以将上传的图案和文字印刷在任何平面上，包括纸张、塑料、木材甚至织物。当用户在纸张上移动"打印刷"时，激光传感器会不断地向纸张表面发射红外激光束，根据反射光束的散射情况和激光束的能量波动，就可以确定"打印刷"的速度和方向。经过十年改进，一款顶着"世界最小打印机"头衔的"打印刷"将投放市场，其拥有内置相机，可以即拍即印照片。差异化创新来源于思路创新。

1978 年，瑞典葡萄酒及烈酒有限公司开拓美国市场时，通过个性化的瓶身设计与强劲的广告赋予品牌个性，使"绝对伏特加"创造了销售奇迹。伏特加是一种地缘概念极强的产品，在美国消费者的心目中，俄罗斯生产的红牌伏特加是正宗的，它垄断了美国的进口伏特加市场。所以在前期市场调查中，调查公司对"绝对伏特加"的建议是"放弃！"

在这种情况下，运营商知难而进，他们要出奇制胜，结果从一个瑞典老式药瓶上找到了设计灵感。据考证，瑞典伏特加出现在 15 世纪，它装在透明玻璃罐里，主要用于医疗上舒缓急性腹绞痛等症状。于是设计师在保持瓶子传奇色彩的同时，将瓶颈缩短，使其更符合当代审美要求；又别出心裁的不贴任何标签，以显示水晶般透明的酒质；同时决定用蓝色作为品牌的视觉标准色。绝对伏特加在连续多年的平面广告中，以酒瓶特写为中心，用酒瓶替代城市中的标志性建筑：在布鲁塞尔，酒瓶取代了撒尿男孩；在雅典，酒瓶成为威严的神庙；在瑞士，酒瓶随着钟表零件一起转动；在北京，酒瓶变成京剧脸谱的一部分。这种广告概念凸显了与市场上其他品牌的差异，清晰反映了产品的独特个性，让消费者深深记住了这个名字。只用了五六年时间，绝对伏特加酒的销量就超过红牌伏特加酒，成为美国市场第一伏特加酒品牌。在世界各地，绝对伏特加酒又联手众多艺术家及设计师用艺术重新阐释绝对伏特加酒瓶子的品牌价值，使绝对伏特加广告创造了奇迹：除绝对伏特加之外，似乎没有哪一种产品的广告能够成为商品、艺术品、收藏品和流行时尚的综合体。

2. 创意与品牌形象

品牌形象塑造是一项长期而艰巨的任务，需要按照一定的原则，通过一定的途径，全方位地精心塑造。其实，更重要的是，品牌形象的塑造离不开创意。

我们可以看看张裕葡萄酒的高端形象创意。

2011 年，北京张裕爱斐堡国际酒庄与奥迪名仕俱乐部"葡萄酒＋名车"的合作模式受到业内人士关注，认为两家的百年品牌背景、"塔尖"目标人群及体验式营销模式都类似，可以集酿酒、旅游、培训、休闲等综合性功能于一身，北京张裕爱斐堡国际酒庄可以为奥迪车主等高端品位人士提供最佳的葡萄酒文化体验，奥迪名仕俱乐部的组织者百得利奥迪中心也可以为北京

231

张裕爱斐堡国际酒庄的贵宾提供尊驾体验。

其实，这只是张裕不断复制的高端品牌联合的故事之一。

改革开放前的张裕酒，过着"皇帝女儿不愁嫁"的舒服日子，只管造酒，不管销售，所有产品由国家调拨。当中国进入市场经济后，张裕很长一段时间里不适应，由于没有销售环节，产品一度堆满仓库。从组建自己的销售队伍做起，张裕组成了由 36 个省级营销管理公司、600 个营销部、3000 名市场人员和 5300 家经销商队伍的销售组织构架，逐步占据了国内葡萄酒的霸主地位。2010 年年报显示，张裕实现销售收入 49.8 亿元人民币，同比增长 18.7％，净利润 14.5 亿元，同比增长 28％。

此时，国内企业和国外酒庄合作的模式主要有三类：一类是经销商代理，另一类是成立专门的洋酒公司，还有一类是到国外收购酒庄，拿到国内销售。

张裕的关注点是：高端酒市场一直是中外葡萄酒争夺的主战场，其中酒庄酒已成为高端葡萄酒市场消费的主流。没有酒庄酒，何谈世界一流？于是，张裕开创了另外一条新型道路——高端品牌联合。它与普通代理的最大不同是，张裕联合品牌直接在法国和意大利酒庄挂牌，并拥有其在中国的完全知识产权——也就是说，享有了品牌联合的永久使用权。这样，国际酒庄联盟将形成一个以张裕为核心的利益共同体，在品牌、技术、营销等方面全方位紧密合作，共同分享利润和市场。业内人士认为，张裕成立国际酒庄联盟的底气在于其在中国高端市场已经抢占了先机，并形成市场优势，将诸多竞争对手抛在后面。最近三年张裕酒庄的增速超过 50％，成为其盈利支柱之一。

张裕认为，在高端市场，消费者由于不同的背景、不同的个性，会存在不同的喜好。张裕没有必要排斥来自国外的高端酒庄品牌。相反，与他们结成战略联盟更有利于共同分享市场高速发展的红利。此外，国外真正的高端酒庄的产量一般都是有限的，不会对中国市场带来根本性的冲击。与他们进行品牌联合，对张裕的高端品牌形象塑造有很大的好处。

2009 年，以张裕为核心的七大国际酒庄联盟正式成立，囊括新西兰张裕凯利酒庄、法国波尔多拉颂酒庄、法国勃艮第斐拉帝酒庄、意大利西西里张裕先锋酒庄四大国际酒庄，以及张裕爱斐堡北京国际酒庄、张裕黄金冰谷冰酒酒庄、张裕卡斯特酒庄三大合资酒庄。结盟酒庄皆有百年甚至数百年的悠久历史，其中法国两大酒庄都是拥有皇室血统的庄园领地，享有极高的声誉。此次结盟可谓是百年豪门的强强联手。

但高端形象定位必须有品质、技术和商业模式支撑。北京张裕爱斐堡国际酒庄为了在中国酿出更优异的葡萄酒，葡萄园每亩仅种 266 株葡萄树，每株树只产一瓶葡萄酒，这个标准甚至优于法国 AOC 法定产区。张裕还在国内首次推出私人酒窖服务，2009 年 6 月向中国工商银行资产过千万的私人客户发售了爱斐堡最高品质的葡萄酒——丁洛特级，限量 300 桶，每桶定价 27 万元，仅十天时间即被抢购一空。到 2011 年初，张裕爱斐堡酒庄自己留存的期酒发售价格已涨至每桶近 32 万元。

3. 创意与品牌广告

广告创意是以广告战略目标为导向的，寻求符合品牌文化精神的、贴合产品内容的、能有效传达企业诉求的广告语言、表现手法以及传播方式的思维活动。

20 世纪 60 年代，西方出现了"大创意"的概念并迅速流行。大卫·奥格威指出："要吸引消费者的注意力，同时让他们来买你的产品，非要有很好的特点不可，除非你的广告有很好的点子，不然它就像很快被黑夜吞噬的船只。"詹姆斯·韦伯·扬在《产生创意的方法》一书中对于创意的解释在广告界得到普遍的认同，即"创意完全是各种要素的重新组合。广告中的创意，常是有着生活与事件'一般知识'的人士，对来自产品的'特定知识'加以新组合的结果"。广告创意以新颖独特的原创性为生命。广告创意要以情趣生动为手段。

广告创意不同于一般的计划、说明或宣传，它必须借助于创造性的思维活动，创造适合广告主题的意境，确立表达广告主题的艺术形象，以强大的艺术感染力，去冲击、震撼消费者的心灵，激起他们的购买欲望。奥格威说过："一个伟大的创意是美丽而且高度智慧与疯狂的结合，一个伟大的创意能改变我们的语言，使默默无闻的品牌一夜之间闻名全球。"

广告是最能表现创意的无限平台。没有创意就没有广告。品牌广告的创意更为重要。

耐克作为全球最著名的品牌之一，其成功的原因除了不断开发新品之外，更重要的是其品牌广告创意策略。耐克品牌创意之道，就是在确立了品牌的核心价值和使命之后，无论在世界任何一个地方进行推广，都始终如一地去表现其品牌的核心，传达品牌的市场定位。同时，根据各国不同的文化背景、目标市场、消费特性，形成风格各异的广告创意。耐克已经是一种被物化了的体育精神或人类征服自然和超越自我的象征。产品的功能已经被品牌所寓意的象征和情感所融化。这就是成功品牌的精髓所在。优秀的创意赋予了产品一种能够满足目标顾客心理的、视觉美感和情感的附加值，结合产品卓越恒久的品质，二者兼容并蓄，共同构筑起了耐克的国际品牌形象。

"篮球不是球"。世界上恐怕没有第二种产品可以像耐克一样，将篮球运动和自己的产品形象紧紧地结合在一起，成为一对天然的关系。优秀的品牌都会找到一种自然的象征，让品牌生长在另外一个物体上来演绎产品自身所无法表现的个性。借助篮球运动建立品牌形象，是耐克长期以来不变的法则，以乔丹为代表的美国黑人运动员将耐克内涵推向了一个极致：卓越、力量和不可战胜的顶峰，篮球已经成为耐克品牌的象征，并失去原本"球"的意义，耐克已经被注释为美国文化的象征，被转化为国家的文化符号。用黑人运动员一双有力的手拿着篮球的创意，简洁明了地表现了品牌人性化特征，赋予耐克独一无二的胜者形象。

让产品"思想"起来。年轻人一直是耐克创意的主角。这则广告有一段富有哲理的话："一个不相信年轻人的社会注定要失败的，或者甚而言之，是一个残缺的社会。"这组黑白系列广告是用一组年轻人的特写，刚毅的面庞、冷峻的风格，通过文案阐述了对社会、失败、人生等不同事物的看法，暗喻耐克坚毅、反叛而充满青春与活力的品牌个性。品牌不单纯是用人物反映产品特性或功能，更是在人物和产品之间找到可以折射思想和观点的东西，赋予产品一种与众不同的"思想"，以引起目标对象的共鸣，最终就在消费者心中沉淀为良好的品牌认知。

"我爱橄榄球"。好的创意是找到一种与产品有内在关联的象征。有了这点，伤痕都可以拿来做创意。在广告"我爱橄榄球"中，看不到产品和运动之间、和当事人之间有任何直接的联系，唯有体育的精神和境界。黑白照片的风格和特写的男性脊背的伤痕，整个画面洋溢着雄性和阳刚之气。耐克倡导的体育精神和永不言败的豪情不言而喻，品牌所能打动人心的魅力也就自然寓于其中。借某种象征表示一种精神，间接地表现产品内涵，是品牌发展到一定阶段采取的创意策略。[①]

4. 创意与商业模式

创意与商业模式结合，就是商业模式创新。商业模式创新是品牌发展的必由之路。

商业模式就是盈利模式，更确切地说是持久盈利模式，在适应消费者需求与调适品牌关系的基础上不断创新领先同行持久盈利的模式。一个新的商业模式的成功，可以是颠覆市场游戏规则的破坏性创新，也可以是产品、技术上的突破，但更多的是某一运营环节的革新，如研发模式、营销体系、流通环节，等等。也就是说，在企业经营的每一个节点上的创新都可能变成一种成功的商业模式，就看你有没有创意。

2010年12月，世界权威市场调查机构欧睿国际发布全球调查结果：海尔冰箱以10.8％的品牌市场占有率第三次蝉联全球第一，领先第二名5个百分点；按制造商排名，海尔冰箱公司以12.6％的市场份额第二次蝉联全球第一，继续领先美国惠尔浦，标志着我国冰箱品牌已成为全球冰箱行业的主导者。至此，海尔同时拥有"全球大型白色家电第一品牌、全球冰箱第一品牌、全球冰箱第一制造商、全球洗衣机第一品牌、全球酒柜第一品牌与第一制造商"六项殊荣。

作为在产品过剩时代发展起来的跨国企业，海尔在商业模式创新方面领先于欧美冰箱企业。通过实施"零库存下的即需即供"的商业模式，海尔能够准确把握并满足消费需求，并以最快的速度、最低的成本输送给消费者。这一模式在用户与海尔之间建立了一个快速感知需求并能无障碍、高质量满足需求的供需产业链。

全球化的运营布局是海尔能够准确把握需求的重要保证。海尔在全球范围内构建了29个生产制造基地和19个海外销售公司，依托这一网络快速而准确地把握全球消费需求变化并设计生产出最符合消费需求的产品。同时海尔还在全球设立了8大综合技术研发中心，整合了欧美日韩等发达国家的技术与设计专家，搭建了完善的工业创新体系，这是海尔能够快速研发制造出

235

---

① 《耐克广告背后的13大法则》，中国网，2008年1月13日。

符合需求产品的关键。

当前全球冰箱产业的竞争已由单纯的产品竞争转变为满足消费需求的综合价值的竞争，在此时期，如果企业不能准确把握当地消费需求，并根据消费需求进行战略调整，将必然走向衰落。海尔通过实施商业模式变革，准确把握并满足了市场需求，在实现自身快速发展的同时，也改变了全球冰箱业竞争格局，全球冰箱业正步入"中国时代"。[①]

张瑞敏曾在《青岛日报》上谈商业模式创新：

我个人觉得，企业竞争的成败，很大程度上是由这个企业采取了什么样的商业模式来决定的，而商业模式的成败是由客户价值主张来决定的。或者换句话说，就是能否创造这个时代的客户价值。

在传统经济时代，信息不对称的主动方在企业。企业推出什么产品，宣传什么产品，这个产品就会卖得出去，用户本质上是被动接受。但是在互联网时代，信息不对称的主动方变成了用户，用户在互联网上看到所有的产品信息，他来决定要哪个产品，企业变成了被动方。所以我认为互联网带给企业的挑战，就是怎么解决信息不对称的问题。如果要变成信息对称，即企业了解用户到底要什么，而用户又会在选择的时候，保证选择到好的产品，这对企业的挑战非常大。中国作为一个制造大国，面临着的第一个挑战，就是怎么样从大规模制造转变成大规模定制。因此，我们这几年来一直在探索一个能够适应互联网时代竞争的商业模式，这就是"人单合一"。

所谓"人单合一"，人指的是我们的员工，所谓单不是指狭隘的订单，而是市场的用户需求。把员工和用户的需求联系在一起，由员工自己创造用户的需求，在为用户创造价值中实现自身价值。这一战略对原有组织结构提出了颠覆的要求，必须从"正三角"的组织变为"倒三角"的组织才能支持战略目标的实现。倒三角，员工在最上面。一线员工可以把握市场的迅速变化，为用户提供最有竞争力的服务方案。领导和员工之间的关系也改变了，领导原来是对员工做指示，但是现在领导倒过来要对员工满足用户需求提供支持。笔者 2011 年在美国和 IBM 前 CEO 郭士纳当面交流探讨时，郭士纳说，他在位的时候一直想这么做，但这是对整个组织的颠覆，困难太大没有做到。

---

① 《海尔成全球冰箱业产品创新"风向标"》，中国网，2010 年 12 月 30 日。

海尔整个集团有 7 万多人，我们现在进行的探索是将这 7 万多人变成 2000 多个自主经营体，每一个经营体就像一个自主的公司。这个公司自负盈亏，创造增值以后员工还可以分成。

自主经营体实现"自主"，最主要是因为赋予"两权"的探索：用人权和分配权。团队长可以选成员，成员也可以选团队长。团队成员一起决定可以罢免团队长和成员的去留，这和原来的组织理论完全不一样。

7 万人一下子变成近 2000 个经营团队，组织瞬间扁平化。现在，虽然还有很多挑战，但已经基本形成了一线市场团队和资源支持平台的纵向一体化，市场团队和研发团队的横向一体化。传统的组织架构和流程体系，已经初步被新的纵横一体化的矩阵结构所取代。[①]

5. 创意与品牌文化

随着科技发展，智能手机行业中技术较量逐渐弱化，各品牌在外观和操作上的差距很小，可以说同质化程度极高，在这种情况下，唯有难以复制的品牌文化能成为核心竞争力。

有人认为，苹果文化的核心是偏执创新。每当有重要产品即将宣告完成时，苹果都会将产品推倒重来。以至于有人认为这是一种病态的品质完美主义控制狂的标志。波士顿咨询服务公司共调查了全球各行业的 940 名高管，其中有 25% 的人认为苹果是全球最具创新精神的企业。乔布斯骄傲地说："在苹果公司，我们遇到任何事情都会问：它对用户来讲是不是很方便？它对用户来讲是不是很棒？每个人都在大谈特谈'噢，用户至上'，但其他人都没有像我们这样真正做到这一点。"

有了这种偏执创新精神，乔布斯才能率领苹果将技术转化为普通消费者所渴望的东西，并通过各种市场营销手段刺激消费者成为苹果"酷玩产品"俱乐部的一员。2001 年，苹果从单一的电脑硬件厂商向数字音乐领域多元化出击，推出了个人数字音乐播放器 iPod。到 2005 年下半年，苹果已销售出 2200 万枚 iPod 数字音乐播放器。苹果的 iTunes 音乐店于 2003 年 4 月开张，通过 iTunes 音乐店销售的音乐数量高达 5 亿首。在美国所有的合法音

237

① 《海尔 CEO 张瑞敏谈互联网时代的商业模式创新》，《青岛日报》2011 年 6 月 22 日。

乐下载服务当中，苹果公司的 iTunes 音乐下载服务占据了其中的 82%。与此同时，苹果也推出适合 Windows 个人电脑的 iTunes 版本，将 iPod 和 iTunes 音乐店的潜在市场扩大到整个世界。通过 iPod 和 iTunes 音乐店，苹果改写了 PC、消费电子、音乐这 3 个产业的游戏规则。

乔布斯还有句广告语"另类思考"。这个斥资上亿美元的宣传广告，意在唤醒公司内员工的工作激情，并让消费者重新认识苹果。美国一市场调研公司对微软、思科、谷歌、惠普、戴尔、亚马逊、苹果等九家高科技公司的起薪以及员工满意度做了调查，其中微软公司的起薪最高，约为每年 9 万美元，苹果公司的起薪最低，大约 4 万美元多点，不到微软的一半。但是员工满意度苹果居然位于榜首。苹果自身独特的品牌和企业文化在这里发挥了巨大的作用。

乔布斯认为，"情感的经济"将取代"理性的经济"，基于硅芯片上的技术运算制胜时代已经过去，取而代之的是"与消费者产生情感共鸣"和"制造让顾客难忘的体验"。苹果公司有一个明确的口号——变革；苹果每一个员工也秉持了一个理念去工作：用心工作去改变身边的世界。在把自主创新作为发展动力的同时，苹果更注重用户体验来为品牌保驾护航，或许这也是苹果一直被模仿、从未被超越的原因所在。苹果这两个字让全球的消费者痴迷，苹果这两个字就能让它与别的产品明显区分开来。苹果品牌逐步演变为时尚文化的一部分，以至于在遥远的中国，持有苹果的 iPhone 手机或 iPad 平板电脑都变成了一种时髦。

苹果产品供不应求的旁边，是其他品牌产品的无人问津。苹果的营销体系，不管是品牌推广，还是渠道，或是创新的营销手段，都是在进行一种品牌文化的推广、一种时尚文化的推广，这样才能让其超越所有其他的品牌，进入了一个全新的蓝海之中。而在渠道方面，苹果通过其专卖店加传统渠道的复合体系，成为苹果走向成功的又一基石。虽然，苹果当初推出这一体系时，受到了很多人的质疑，认为在电子消费品行业使用这种模式必败无疑，苹果却用自己的行动展示了自己的成功和别人的无知。根据其财报的显示，苹果店单位面积的销售金额甚至已经超过所有的顶级时尚产品店，成为单位面积营收比排名第一的店面。

苹果的创新营销手法，不乏饥饿营销、责任营销等创意。以饥饿营销为例，每次 iPhone 新一代机型发布前夕，都会有包含各种猜测和期待的小道消息在互联网上流传，在吊人胃口的同时也悄悄地扩展着 iPhone 的影响力。iPhone 这个简单的名字都曾被人猜测了很久。但是漫长的等待和无数难辨真伪的消息和传闻并没有降低人们对于它的热情。很多人在新品发布前都已经开始摩拳擦掌：新一代的 iPhone 的外观设计到底有什么特别之处？到底有什么功能？到底能给我们带来什么？诸多的疑问越发让 iPhone 和之前手机相比看来更像一个异类，但在随后苹果新产品发售活动中情感经济得到了准确和充分的体现：各地相继报道出苹果专卖店门外会聚集大量粉丝通宵排队，只为发售当日在商店开门的那一刻抢先买到他们心仪已久的商品。

第五节　以创意为核心的"第二产业链"

随着经济全球化和竞争格局多元化的推进，以创新推动结构调整和产业升级成为中国纺织服装行业的时代命题，创意的竞争、文化的竞争、软实力的竞争，将决定未来时尚产业的制高点。作为国际时尚版图上的新兴力量，以纺织服装为代表的中国时尚产业，肩负着大国变强国的时代使命和展现中国文化价值的历史责任。而要在新一轮竞争中占据主动地位，取得跨越式发展，就必须紧紧抓住创意这个核心。

垂直产业链构建是服装企业发展的康庄大道。原本只想做一家高档纯棉制衣公司的溢达为了解决"因原料问题退货"问题，在新疆建立了规模可观的长绒棉的棉田，并将这些棉花运到自己的工厂进行全流程处理，兼并了纺纱、织布、染整、制衣、辅料及零售等业务，发展成除了生产成衣之外还生产各种优质纯棉面料与辅料并销售到全球各地的垂直生产链。这种运作模式保证了服装生产过程的每一步骤均能达到高质量要求。由于棉花质量优秀，棉衬衫质量可控，溢达很快在全球打开市场，在中国、马来西亚、越南、毛里求斯和斯里兰卡等国家拥有多个工厂，同时也拥有了强大的销售网络。如意集团也是通过并购上下游，完成了从一家纺织企业到纺织服装企业的完美过渡。雅戈尔也是通过对棉花种植、纺织、印染等上游产业和设计、零售等下游业务的整合和扩充，并购美国 KELLWOOD 公司旗下核心男装业务——香港新马集团，获得强大的设计开发能力、国际经营管理能力以及遍布美国的分销网络，形成了一个高效的垂直产业链。

239

2009 年 10 月 21 日，中国服装协会举行"时尚创意空间"活动，提出创意"第二产业链"概念。"第二产业链"，是对品牌"软实力"所涵盖的重要元素的综合表述。它的链条从文化一直延伸到终端，既包括了设计、咨询、视觉等一系列与创意相关的内容，又包括了营销、新商业模式等让创意落地、最终实现商业价值的重要环节。

中国纺织工业协会会长、中国服装协会会长杜钰洲指出，"我们的装备、材料、工艺过程、物质的转化、生产过程等都是硬实力，而在生产物质产品里要寄托何种文化追求，则是一种软实力。这种软实力决定了品牌对生活方式的表达，即品牌所面对的消费者群。而在目前这个包含多元文化的社会中，不同文化基础的人群对生活方式有着不同的追求，我们的品牌就必须要有适应不同人群的能力，不仅要追求性能、品质等物质方面的实用功能，还要追求文化这一决定生活方式的重要内容，这些都要通过创意来表现。"创意作为品牌软实力的重要表现，在品牌的升级发展中占据主导地位。

目前所有的城市都在发展创意，所有的企业也都在动手创意，创意已经成为一种文化生态。若想在服装业中释放出创意的无穷能量，首先就要把对服装产业的认识从传统的加工制造业的思维窠臼中解放出来。为什么服装产业给人一种传统产业的思维定式？为什么以 8 亿件服装换一架空客飞机成为沉重的浩叹？一个根本的原因在于中国服装业一直没有走出在国际产业链分工中的创新弱势地位，在国际时尚产业呈现交流、交融、交锋的新时代特征面前，在创意占据制高点的新竞争格局面前，首先承认创意的价值，然后让创意有价值，把创意变成资本，并成为产业链的核心要素——这道方程式是摆在中国服装人面前的紧要课题。

要构建新型产业生态，当务之急是改变单兵作战、割裂发展的低水平运营局面，以时尚哲学的系统思维，充分发挥设计和创意的先导作用，打破传统的服装产业链和供应链各环节，形成集成创新的整合优势。

"第二产业链"链条中与"创意"相关的各个环节，既可以分为创意、设计、视觉、金融、营销、广告这六大专业，又可以分为时装设计、空间设计、平面设计、视觉设计、广告设计、品牌公关、营销策划、趋势研究、跨界时尚、品牌咨询十大领域；还可以扩展到为品牌服务的创意公司、资讯公司、公关公司等现代服务业。业内人士认为，"创意产业和产业创意是一个整体，不可分割。我们原先虎头蛇尾的产业链状况应有所改变，应在创意产业、创新思维这一'中轴'的引导下，统筹三大平台：第一平台是科技与文化创新的力量，由高等院校、科研所、设计公司、知识产权等形成强大的综合设计服务力量，在纺织行业体系中发挥高效作用；第二平台是民族品牌与文化的创新力量，由众多自主创新的民族品牌支撑，聚集力量，为振兴中华纺织服装业凝聚全部力量；第三平台就是强大的生产和加工力量，30多年的基础管理和运营经验，使其可以像三角形的底座那样，支撑其上的创意、创新两大平台。""前十年中国服装产业的发展如果说谈创新，我觉得那仅仅是学习性的创新，要将这种学习性的创新转变为自主创新，创意设计是必须借助的力量。中国品牌企业已经开始了这样的思考：服装企业的创新，不仅仅是产品创新，而是一个完整链条的创新。现在我们在打造'设计联合体'，我们的设计团队和国内外各种橱窗、店面、空间设计、空间美学以及国内外一二线设计师合作，把他们请到中国来，不仅仅为企业服务，也为行业内的其他企业服务。我们已经开始了这样的征程，希望未来能给行业和企业带来更多好消息。"①

第六节　自主创新与自有品牌伴行

十年前，国内乘用车市场自主品牌占比仅为个位数，现在市场份额超过30%。但是，市场"主流热销"的自主品牌车企，大多未真正掌握发动机、变速箱、汽车电子控制等核心技术，在近200个主要汽车零部件品种中，几乎100%的电喷系统、发动机管理系统和90%以上的ABS系统依赖外资或合资零部件供应商提供。知识产权真正属于自己的不到30%。跨国公司每研发出一种新技术，我们要花高价才能引进，等到我们技术成熟开始普及，他们已研发出了升级产品，我们又需要高价引进。所以，自主创新、自主品牌，已经成为上下同心的着力点。可以看到，国内车企发展的路径，无论上汽、北汽通过收购知识产权建立全新品牌，还是吉利通过整体收购提升高端形象，抑或是长城通过"以我为主"的研发打造品质品牌，每种路径都指向

---

① 《"第二产业链"助推品牌全面升级——2009时尚创意空间活动圆满结束》，TBS信息中心，2009年12月21日。

核心技术的拥有。

吉利作为中国汽车行业十强、中国企业 500 强企业、国家首批"创新型企业"和"国家汽车整车出口基地企业",与它拥有 3200 多项专利并荣获国家科技进步奖有关。在吉利,有一个会议叫技术体系年度会。在吉利决策层,把建设科学而又符合企业实际的技术体系当做"巨大任务"。2008 年,吉利的技术体系整合成一个集团技术部、一个研究院和多个基地技术部的三层技术构架,技术体系近 1600 人,比 2006 年翻了一番。做到了技术有标准、开发有流程、产品有规划的产品开发战略规划,同时确定了产品平台化、能源多元化、安全为第一卖点的吉利产品开发战略思路,有了属于自己的技术体系,做到了体系如一、思想如一、理念如一;形成了资源共享、能力卓越、初具规模的技术体系,在我国汽车行业处于领先地位。

据中国服装品牌研究中心报道,由中国知识产权研究会、国际保护知识产权协会中国分会、中国专利保护协会、中国版权协会、中华商标协会、中国电子商会、中国生产力学会、中国外商投资企业协会优质品牌保护委员会、新传媒产业联盟等多家权威行业协会联合主办的"2011 中外企业知识产权大会"评选出"2011 中国自主知识产权十大品牌",太子龙控股集团有限公司荣获"2011 中国企业知识产权自主创新十大品牌",旗下的浙江太子龙服饰股份有限公司、浙江太子龙文化传播有限公司分别荣获"2011 中国企业知识产权(服装行业)十大品牌"、"2011 中国企业知识产权(文化创意行业)十大品牌"。

多年来,太子龙控股集团有限公司紧握知识产权作为企业可持续发展的关键,摒弃一味的拿来主义,不断学习借鉴国内外优秀企业,特别是跨国公司在知识产权管理上的成功经验。在此基础上,加快制定本集团的知识产权战略,把发展研发力量、开发自主知识产权作为发展战略的核心;尽快建立起适合本集团发展的知识产权管理制度;及时将自主创新成果、核心技术、名优产品在国内外申请相应的知识产权,得到有效保护;在自主知识产权受到侵害时,能够及时运用法律武器加以维护,解决各种知识产权纠纷。①

"十二五"规划格局之一,是培育具有国际竞争力、拥有自主知识产权和自有品牌的大型企业与中小企业协调配套、共同发展的企业组织合理化

① 《太子龙重视自主创新囊括三项知识产权大奖》,东方财富网,2011 年 8 月 16 日。

格局。

自主品牌与自主创新的关系，第一是目标与途径的关系，要建设自主品牌，必须通过自主创新来实现，舍此别无他路；第二是因果关系，自主创新是因，自主品牌是果，自主品牌是自主创新的必然归宿。自主品牌是载体，自主创新是动力，价值最大化是目标。

技术、产品竞争的核心是知识产权竞争；技术、产品竞争的标志是品牌竞争。国务院总理温家宝说："世界未来的竞争，就是知识产权的竞争，集中表现在一流的技术、一流的产品。我们要从实现国家繁荣昌盛和民族伟大复兴的战略高度出发，鼓励我国的优秀企业争创世界顶级品牌。"

著名知识产权和企业技术创新专家段瑞春说，我国的国策可以称为"创新国策"，核心是自主创新，目标是提高自主创新能力、建设创新型国家，路径是建立以企业为主体、以市场为导向、产学研相结合的技术创新体系，主要措施是推进知识产权战略、品牌战略、标准战略。当今世界，经济的竞争、国力的竞争、国际间的竞争、区域间的竞争用最简单的话概括就是创新战，看谁的创新理念能够走在前沿。今天，创新战已经延伸到基础研究领域。例如，支撑美国经济的最重要的几百项发明专利，其中73%的科学基础来自美国政府支持的基础研究项目。

品牌是市场经济条件下企业的核心价值。企业竞争中直接交锋的是品牌，接受社会公众评判的是品牌，决定市场份额的也是品牌。品牌作为巨大的无形资产，其本质上是属于知识产权范畴的。品牌是靠先进技术的支撑、优良品质的保障、诚信经营的依托、先进文化的铺垫等多维和多项知识产权的融合与集成。创新包括技术创新、管理创新、文化创新以及营销创新，是品牌创立和价值提升的源泉。世界上有5000多万项专利、浩如烟海的商标、软件和其他知识产权，而只有那些居于世界领先地位的企业、成为国家排头兵的创新型企业的品牌所蕴涵的知识产权才是最精彩、最具价值的知识产权。今天，跨国公司的全球战略正从产能扩张、技术扩张转向品牌扩张。因此，需要明确的一点是，自主创新的重点绝不仅仅是科技成果的产业化，必须延伸到自主品牌的策划、创建、营销和提升等环节。

推进我国的品牌战略就是要以创新为重点，打造拥有自主知识产权和高知名度、高诚信度、高美誉度的强势品牌。为此，中央和地方各级政府应出台科技、金融、财政等方面的鼓励措施，例如运用政府采购政策扶持自主知识产权品牌的成长。此外，要营造一个有利于自主知识产权品牌发育、成长、壮大的良好社会环境，公众应提升对自主知识产权品牌的认知度，在舆论和行动上对这类品牌给予大力支持。①

知识产权和品牌是市场经济条件下企业的核心价值所在。有研究者提出"品牌创新与企业知识产权协同战略"：企业品牌与企业知识产权战略有内在关系。首先，企业品牌创新是企业知识产权战略的起点或归宿。企业品牌包括企业商标、商号、企业名称、地理标志与其他商业标识，它是多种、多项企业知识产权的集成。企业品牌是企业知识产权的最终成果。企业的技术创新、标准和知识产权的各类客体最终都是支持品牌的，品牌是企业知识产权的集中体现和最终成果。企业品牌的本质是知识产权。企业品牌要凝练社会文化和企业文化，要表现其与众不同之处，则必然要发挥主体的创造性，亦即品牌是一种智力成果。企业知识产权战略的最终目标就是支撑品牌、支撑市场，提高市场占有率和企业核心竞争力。其次，企业知识产权是企业品牌的核心要素。品牌的背后是知识产权。知识产权是品牌的核心要素，没有知识产权的产品，难以成为品牌产品。品牌的灵魂是知识产权。品牌既是物质财富又是精神财富，其实质上是一种知识产权。

发达国家推行的知识产权战略，是把知识产权制度与市场、贸易战略结合起来，强调智力成果的创造、保护与应用，并落实在企业竞争力和市场占有率上。它启示我们：研究我国企业知识产权战略的重点应以品牌创新为主导，大力培育自主知识产权产业，发展知识产权经济，以品牌创新为切入点，以市场占有为归宿点，改变以往研究企业知识产权战略的重点和取向，实现技术优势和知识产权优势向品牌优势和市场优势的转变。②

在世界知识产权组织发布的 2010 年国际专利申请数排名榜上，日本松下公司排第一，中国中兴与华为分列第二位与第四位。中兴公司坚持每年将收入的 10% 投入研发，金融危机期间依然没有减少，近两年研发资金累计高达 130 亿元。中兴目前已拥有 3 万余名研发员工，在全球设立了 15 个研发机构，累计申请国内外专利超过 3.3 万项，90% 以上为具有高度权利稳定性和技术品质的发明专利，包括众多覆盖国际通信技术标准的基本专利和通

---

① 段瑞春：《知识产权和品牌是创新型企业腾飞的翅膀》，《中国高新技术产业导报》2010 年 6 月 2 日。

② 李明星、台新民：《品牌创新与企业知识产权协同战略》，知识产权出版社 2010 年版。

信产业关键技术的核心专利。华为以不少于销售收入 10％的费用投入研究开发，并将研发投入的 10％用于前沿技术、核心技术及基础技术的研究，在世界各地设立了由 14 个研发中心构成的全球研发体系，实现了全球同步技术开发。公司还与全球前 50 位运营商中的 36 家展开技术合作，建立了近 20 个联合创新中心。到 2010 年 12 月底，华为中国专利累计申请 31869 件，已授权专利 17963 件，其中海外授权 3258 件。华为在国外已授权专利中，欧美授权专利比重约为 83％。

第七节　示范版：从中国轻纺城转型看产业融合创意

我们可以通过浙江绍兴中国轻纺城的形成史，看到市场升级、产业升级与创意产业融合的必然。

1984 年，绍兴县柯桥出现一条自发形成的"布街"，次年县工商局建造一个棚屋式的"柯桥轻纺产品市场"，十年后成为全国规模最大的布匹交易市场"浙江绍兴中国轻纺城"。如今，中国轻纺城已经基本形成了"南部传统交易区、北部市场创新区、中部国际贸易区、西部原料龙头区和东部物流配套区"五大市场区，注册经营户及公司 2 万余家，常驻境外采购商近 5000 人，境外代表机构近千家。

2009 年，绍兴纺织业很快就走出危机并企稳回升，其途径是：告别靠低成本竞争时代，提升产品档次，产业集群升级，占领了中高端女装面料市场，建设了"网上轻纺城"，并筹建国际级纺织面料馆，推出"中国柯桥纺织指数"。"柯桥纺织指数"包括纺织品价格指数、纺织品景气指数、纺织品出口指数和纺织品订单指数。其意义在于推动行业升级转型，转变中国纺织业的发展方式，引导企业调整产业结构，提升竞争力。

全球 1/4 的面料在这里成交，来自世界各地的采购商聚集到这里，形成一个全球规模最大、经营品种最多、成交金额最高的纺织品专业市场，中国轻纺城因此被称为"世界布市"。业界流传"全球纺织看中国，中国纺织看浙江，浙江纺织看柯桥"的说法，绍兴被誉为"托在一块布上的经济强县"。

有了世界一流的市场、一流的设备和无可替代的产业集群优势，一批有实力的经营户已经逐步走向公司化经营，搭建起了一个由研发、设计、仓储、物流、营销等多个环节组成的现代化公司。中国轻纺城把发展目标定为中国纺织企业的总部基地、中国纺织科技研发高地和中国纺织时尚文化引领高地。国内知名高校在创意产业基地设立技术转移中心，中国纺织信息中心也在柯桥设立了分中心，建立了国家纺织面料馆。轻纺城成立了国内首家纺织面料设计师协会，设立了"零成本创意工作室"，吸纳在校大学生加入。韩国、意大利、法国、德国等知名设计机构也纷纷入驻。从 2008 年起，"中国国际面料设计大赛"落户柯桥，2009 年"首届中国职业时装设计师创意设计大赛"、"首届中国轻纺城创意产业博览会"也在柯桥隆重举办，中国高校纺织品设计大赛、中国轻纺城时尚创意周、首届绍兴县纺织面料与花样设计大赛、中国设计名师流行趋势发布等活动陆续展开，创意产业掀起了柯桥新的发展浪潮，柯桥从面料基地转型为时尚创意基地。2011 年，中国轻纺城纺织创意产业基地已有 77 个创意机构入驻基地，集聚各类专业人才 800 多人，创意成交额累计近 5 千万元；构建起完整纺织创意产业链，在 2010 年第五届中国创意产业年度大奖上，"柯桥创意"获得三项大奖。正在规划建设的柯北创意园计划引进创意企业 400 家，达到产值 80 亿元。绍兴轻纺城创意产业基地把未来三五年的目标定在构筑国际纺织之都的时尚设计创意中心、时尚品牌培育中心、时尚商务贸易中心。

"大千纺织"是柯桥一家规模并不大的纺织企业，过去，产品主要是"来样照翻"式的加工，很难提高产品附加值。2010 年，"大千纺织"与中国轻纺城赛娜丽设计工作室合作，在新产品研发前，充分听取专业设计机构的意见，在色彩和织物成分上针对流行趋势进行调整。新产品研发出来后，不是像过去一样直接进入市场销售，而是委托服装设计公司根据面料特点设计成样衣，以样衣的形式向众多服装公司展示。这样，不但更好地展示了新面料的风格，下单的客户也明显多起来了。[1]

2011 年 4 月，绍兴纺织服装设计师协会与上海纺织控股（集团）公司签订了创业产业项目合作协议。作为中国纺织业最大的企业集团之一，上海纺控近年来坚定地走高端纺织之路，重点发展科技纺织、绿色纺织、品牌纺

---

[1] 《浙江绍兴中国轻纺城：专业市场引领产业转型升级》，中国经济网，2010 年 7 月 13 日；《纺织创意产业逐步迈向春天里》，中国纺织服装网，2011 年 8 月 5 日；《绍兴打造中国纺织创意产业基地》，中华服装网，2011 年 6 月 17 日。

织、时尚纺织。同时，通过积极承办上海国际服装文化节、上海时装周，进一步推进上海纺织时尚创意产业的发展。两地对接将实现纺织创意产业优势互补，资源共享。

《绍兴县报》曾发表评论谈创意产业发展的意义：加快发展纺织创意产业，提高企业创新创牌意识，加强科技创新、品牌创建和时尚创意是当前乃至今后绍兴县实现纺织产业转型升级的必然选择。加快发展创意产业，引领市场走高端发展之路，有利于提升产品档次和附加值，集聚从原料、面料到服装、家纺的完整产品链，提高市场的核心竞争力；加快发展创意产业，着力把柯桥建设成为国际性纺织创意中心，有利于集聚柯桥的人气商气，有利于提升柯桥城市的知名度影响力，有利于带动现代服务业特别是生产性服务业发展，形成城市经济新的增长点，增强柯桥新县城的核心竞争力；充分利用绍兴县丰富的文化资源和独特的产业优势，坚持发展文化创意与提升传统产业有机结合，加快发展纺织创意产业，是新形势下加强文化强县建设的重要组成部分。①

这则评论，也是对更大范围、更高层次发展创意产业意义的评价。

第八节 示范版：从龙太子看创意产业拉动传统产业

联合电讯社 2011 年 6 月报道，太子龙集团助推动漫产业发展，成功实现"品牌支撑动漫，动漫服务品牌"，证实中国动漫与传统产业融和的价值。看到动漫衍生品市场所潜藏的巨大利润，把文化产业作为传统产业新的经济增长点和转型发展的重要抓手，摸索出一套适合中国传统企业发展的创新模式，使"龙太子"品牌得到了国内外投资机构的关注，这样的动漫品牌也必将吸引国内外产业投资基金关注，踊跃投资，让国内原创动漫的资金充实，通过将传统产业与创意产业有机的结合，取得巨大双赢，实现我国动漫文化企业的可持续发展。动漫文化产业发展成功与否，拥有可靠、完善的产业运营模式是关键因素。中国动画一直以来都处于只创作而不顾及市场需求的状

① 《创意产业发展的重要意义》，《绍兴县报》2010 年 10 月 24 日。

态，这种文化艺术与产业发展脱节的模式使中国动漫文化产业的发展付出了沉重代价。在当前这种"摸着石头过河"的阶段，谁走出了新路，探索了新方向，谁就会占领先机。[①]

2005年10月，浙江太子龙集团提出了以原创动画打造属于中国本土的卡通明星；以整合动漫、童装、衍生产品为产业；以"龙太子成长世界"连锁经营为重要输出渠道；以"动漫服务品牌，品牌支撑动漫"为发展方针，赋予和提升传统童装商品的独特文化附加值，从而使传统的商品转变成了承载中国龙文化的载体，创造出"龙太子"品牌巨大的市场价值，构建一种适合中国国情并有完整产业链的动漫产业运营新模式。

公司投入巨资全力制作大型民族原创动画片《龙脉传奇——中国古代科学家的故事》、三维动画片《龙太子》在全国近百家电视台播映后，迅速使"龙太子"童装成为全国性知名品牌，打破我国童装产业的原有格局，并成功实施了海陆空全方位的传播网络："空"指电视台动画片轮番播出；"海"指通过海量的网络视频播出、网络游戏、手机动漫吸引观众；"陆"就是店开到哪儿，"龙太子成长世界"动漫文化主题馆的活动就登陆到哪里。

爸爸穿"太子龙"男装，孩子穿"龙太子"童装，在浙江已成常见。目前，已经有160多个国家引进了《龙脉传奇》动画片，新加坡还将其推荐为国立小学的观赏作品。伴随着《龙脉传奇》动画片的流行和龙太子动漫形象在儿童中的深入人心，太子龙顺势开出多家"龙太子主题生活馆"作为龙太子童装和相关衍生产品的主要输出渠道。

浙商企业具备三点优势：一个是经济实力和一流的生产设备；二是成熟的全国性市场销售渠道；三是对市场经营有很敏锐的判断力。这些都是动漫企业所短缺的，而太子龙集团拥有成熟的产品研发团队和经验丰富的管理团队，所以，"龙太子"童装诞生伊始就拥有了众多品牌所无法比拟的产业基础优势，2008年6月播出动画片，当年"龙太子、龙贝贝"系列童装就在试运营中取得了3000多万元的销售业绩。也为衍生产品如玩具、文具、电子用品等时尚生活系列产品的推出打下了坚实的基础。

在文化品牌和销售体系同步建设方面，太子龙成立了文化传播有限公

---

① 《浙商创造动漫产业发展新模式》，联合电讯社，2011年6月17日。

司，一条整合了动漫、童装、衍生产品综合产业链，以及"龙太子主题生活馆"连锁经营为重要输出渠道的完整动漫产业链运营模式正式诞生。围绕"先有品牌，后有动漫，用品牌支撑动漫、动漫服务品牌"的经营方针，打造中国的卡通明星，实现一年一个大跨越：

2008 年，以集团主品牌"太子龙"为依托，通过原创动画片自主品牌创新，精心打造出了"龙太子"卡通明星品牌。

2009 年在继续投资《龙太子》卡通明星文化品牌的同时，以"龙太子成长世界"连锁经营为重要输出渠道，在全国建立起"龙太子"童装 100 家连锁店。

2010 年"龙太子成长世界"全国连锁突破 300 家，"龙太子"卡通明星迅速增值。

2011 年 8 月，龙太子成为中国唯一荣登维也纳金色大厅的童装品牌。同时，104 集太空题材动画片《龙太子之银河大冒险》开拍。

在回答"服装企业为什么这么热衷于'烧钱'做动漫"的疑问时，《龙太子之银河大冒险》的导演颜鸣表示，这主要还是从服装的附加值上考虑的，"现在的服装企业，早就不是拼价格了，那会走到死胡同，而是看重服装背后的文化附加值。现在很多服装企业都开始把服装与文化结合起来。不少企业也在做动漫，就是形式有些不同。比如，有些企业是'傍'大片，比如《功夫熊猫》、《变形金刚 3》等；还有一些是找国内的动漫公司做动画作品；另外一些，就是我们这样的，专门做了文化公司。"

中国动画产业网发表评论《小动漫能否推动大转型》说：文化产业真能发动起转型的"新引擎"吗？有人质疑、有人观望。事实胜于雄辩，我们可从动漫产业推动转型事例中，看看文化产业的"撬动"力量。新兴的动漫企业中，有相当一部分来自传统产业。《龙脉传奇——中国古代科学家的故事》播出不到一年，龙太子童装销售就高达数千万元。企业升级一旦成功，就会带来丰厚的收益；作为市场的主体，企业的涌入是动漫产业发展的最重要的核心动力之一，它将动漫带入了积极竞争的轨道，从而有力地推动了产业的发展。

在中国，动漫艺术诞生已近百年，但作为一个产业来认识和推动却还只是 2004 年以来的事情。动漫是高科技、高文化、高投入、高产出、高回报的行业，它需要有强大的经济实力为后盾。在传统工业发展到一定阶段的时

249

候，不管是资源还是环境，都面临着极大的挑战，以知识为核心的文化产业，是转型的必然选择。政府、企业、民众等构成了指向一致的合力，共同推动了动漫产业的发展与繁荣。仅仅数年时间，中国动漫产业便已初具规模，形成了独具一格的"中国模式"。

第十一章　至尊化的品牌创意链

创意是个充满神秘色彩的词，创意与产品相加，就是有创意的产品或者由创意派生的产品；创意与品牌相加，就是将创意贯穿于品牌塑造、品牌营销和品牌维护的全过程，或者是创意的流程化运作过程。

资本在全球范围更深层次的渗透与均质化，使资源依赖发生了变化，自然资源的消耗受到节制，生产不再主要依靠资本，主要生产要素转向智力资源，发展模式转向文化、信息、知识和技术整合的崭新类型，思想、创意取代资本成为生产的决定性因素。

创意产业与传统产业最大的区别在于创意为产品或者服务提供了实用价值之外的文化附加值，最终提升了产品的经济价值。

文化创意产业是继技术、管理和资本后又一新的推动社会经济增长的要素，被誉为"世界上最后一个产生经济奇迹的机会"。

第一节　品牌创意链的基本概念

品牌创意本质上是对目标顾客需求和企业解决方案的概念性描述，简言之，就是用简洁、形象、个性化的表现形式向目标顾客传达品牌所代表的生活方式。

品牌创意的作用是在符合消费者利益并符合品牌自身定位的前提下，塑造区分于同类品牌的精神和风格，通过个性化创意表达，引导消费者赞同品牌倡导的价值观，欣赏品牌主张的生活方式，从而实现品牌的商业利益。

自台湾张百清提出"创意五因子"后，有人又补上一个，成为创艺、创易、创异、创忆、创议、创益，虽然有文字游戏之嫌，但不失为创意精要的口诀①：1. 创艺：创意要艺术地表达，美感、魅力、艺术性、诱惑力，指的就是这个"艺"；2. 创易：单纯化，简洁化，无障碍沟通，易懂、易记、易传播，迅即传达品牌信息；3. 创异：与商业竞争对手区隔，差异化传播，独特的品牌主张、品牌策略、品牌营销模式、品牌运作风格等，处处与众不同；4. 创忆：创造个性鲜明的记忆点，让目标消费者有效记忆、联想记忆、长期记忆；5. 创议：有概念、有观念、有话题，自然议论，从容谈论，不生硬炒作；6. 创益：一是为消费者创造物质及精神利益，二是为企业盈利。有人说，这六个因子只是基础台阶，好创意住在第七层！道出了创意的本质是灵感突现。

产品创意是品牌创意的子系，也是品牌创意的主要载体。品牌创意传达的是该品牌的核心价值，凝聚着品牌文化、科技和创造性思维，贯穿于品牌运营和产品研发、设计、生产、营销的全过程。

品牌创意链是指从最初的创意到最终产品到达消费者手中的过程，既包括了设计、咨询、视觉等一系列与创意相关的内容，又包括了营销、新商业模式等让创意落地、最终实现商业价值的重要环节。创意在产业价值链中占据高端，通过利润分配实现并决定产业链的发展。品牌创意链是对品牌"软实力"所有重要元素的综合表述。

第二节　创意开发的一般流程

创意是建立在正确的战略方向、强大的运营能力的基础之上的，创意的开发流程可分为五个阶段，即：1. 创意的产生；2. 创意的开发、收集与筛选；3. 创意方案的确立；4. 创意与产品的融合；5. 创意价值的最终实现。

●流程一：创意的产生

创意生成阶段的目标是如何采用一个有效的方法来鼓励群体产生关于新产品或产品改进的想法，并尽可能多地聚集这些创意。顾客的需求是新产品

---

① 陈庆新：《品牌时代：中国式品牌策划·谋略与案例》，南方日报出版社 2007 年版。

构思的重要来源，营销人员可以通过各种信息源发现顾客创意，从而了解市场的个性化需求和总体特征。

创意的产生包含了一些基本的步骤，首先，应当理解品牌创意的需求，即为什么要开发新产品？所要投放的市场定位是什么？需要达到怎样的结果才能满足对于新的品牌创意的期望？其次，发现现有的和潜在的创意源，并进行相应的评估。探索新的品牌创意需要广泛了解外部商业条件及外部商业趋势，其中包括市场的需求愿望以及利益相关者的期望。应当依据现有的产品资料和能力，对内在的优势和弱点进行全面评估。

创意的产生阶段所受到的限制较少，这一阶段应当了解顾客和利益相关者的需求，并且思考这些需求如何成为新产品的创意之源。新产品的开发应当与企业战略发展联系起来，而战略眼光对于创意具有驱动作用。

创意前期需要明确三个问题：

1. 创意最重要的目标和目的是什么？

这一问题是围绕产品创意的价值、绩效、质量、财务与风险以及产品进入市场的时间等方面而提出的。产品的价值、绩效、利益紧密相连，例如，新产品要在未来的 18 个月内打入市场，新产品的缺陷率必须小于万分之一。此外，总的投资或对于商业的影响也关系着品牌创意的风险承受能力。

2. 新产品开发的方向和期望是什么？

此问题针对市场细分、产品定位、产品类型和领先定位而提出。如市场部门会希望新的产品能够补充现有的生产线，以抵御外部竞争。

3. 新产品的开发流程是什么？

这一问题关系到生产、财务、营销等方面。生产部门可能需要反季节的产品以平衡其生产能力，而财务部门则可能需要新产品改进其长期现金流。

创意产生阶段的主要目标是提供快速的方法来识别、描述、分析并且评估新产品，以及新产品对于战略、市场、技术、组织、管理等方面的要求，由此将模糊的创意转变为新产品的候选方案。其关键是寻找和探索满足顾客期望的潜在新产品创意，将其转变为候选方案，最终确定这些创意的进一步开发或者终止。

●品牌创意产生的六个来源

创意可能来自研发、制造、营销等内部群体或个人，也可能来自外部的客户、供应商、销售商，甚至可能从同类竞争产品中获得启发。

1. 现有的生产线

产品创意的最明显的来源是现有的生产线，运用现有的产品作为创意之源，在现有的产品中发现存在的问题是挖掘新的变化与改进机会的一种简单方式。研究目前可以得到的产品和服务，不管是熟悉的还是不熟悉的。什么产品你天天使用？它们是你所希望的那样吗？你能够把你所熟悉的产品应用于那些你所不熟悉的产品中吗？回答这些问题会给新的品牌创意带来启发。例如，在生产中的困难或是在顾客使用当中产生的不便，这些存在问题都会减少产品的吸引力，甚至损害到企业的声誉。而这些问题的解决则会给企业带来很高的回报，并提高顾客的满意度。

在一项调查中，60％的被调查者说在同一个行业中工作是商业创意的主要来源。

2. 顾客的需求

创意无疑是品牌的活力源泉，而顾客则是新的创意的丰富来源。许多企业巨额的研发费用往往换来微薄的利益回报，甚至以失败而告终，其中的原因之一就是在产品和最终使用者之间沟通渠道的缺乏。

如果说新产品产生的绝大部分机会来自市场的驱动，那么关注顾客并获取为他们服务的新方式则更具意义。在顾客之间有着明显的差异，不同顾客会发现当前产品存在的不同问题，也会进一步找到现有产品的新用途。作为顾客，会去描述他们对于产品的期望，这些期望为改进产品提供创意。而从历史的观点看，售卖与营销是与市场和客户接触的主要手段。然而，与顾客接触的有限性妨碍了企业与客户在运营层面的对话。售卖与营销活动常常是与订购商一方的经理或者总裁接触，而创意产生的真正来源常常是真正的使用者。要取得与使用者的联系，需要制订相应的措施。例如公司的个人服务可能是由与顾客打交道的维修人员来完成，他们更能理解现有产品的正面与负面影响，这些影响则会启发产品的改进方案。

除去对于客户意见的广泛收集之外，识别"领先用户"对于品牌创意的产生亦具有关键意义。麻省理工学院的埃里克·冯·希普尔开发了"领先用户"的方法来作为新产品创意的发现途径。"领先用户"就是一种产品的主导用户，产品的主要市场也许不会对革新产生兴趣，但是主导用户却有着独到的需求，并开创潮流。

由顾客决定产品创意，是宝洁公司的创新。在宝洁的 CEO 雷福利 2000 年上任以前，宝洁公司一直采用的是传统的产品研发模式，即以产品研发中心为基础的产品创新。然而，越来越多的研发费用带来的却是越来越少的回报。创新的成功率在 35％ 这个水平上停滞不前。面对如此压力，雷福利决定让研发人员走出办公室去了解消费者的需求。例如去了解消费者在日常生活中洗衣服、擦地板以及为婴儿换尿布时的细节，从中找到他们实际遇到的麻烦和困难。起初，宝洁公司要求营销人员与消费者的接触沟通每月不少于 4 个小时。2000 年以后，由于产品创新理念更新，营销人员与消费者每月的沟通已经超过了 12 个小时。宝洁的经验是先发现消费者的巨大需求，再投入巨大的资源进行研发创新，然后生产出在市场中具有巨大影响力的产品。宝洁关注消费者的需求，提出了"360 度创新"的理念，即围绕消费者的体验进行包括技术、价格、外观、包装在内的全方位的创新。在以消费者需求为基础的创意理念的广泛推行之后，宝洁也获得了骄人的业绩，其产品的研发生产能力提高了近 60％，创新成功率提高了两倍多，而创新成本则下降了 20％。公司从 2000 年的股票崩溃过后的五年，实现了股票市价翻一番，品牌组合价值达到了 220 亿美元。

大量事实证明，新产品开发的许多机会起源于顾客与市场，现有的产品对于满足顾客与市场存在一定的差距，顾客希望得到解决问题的方案，追求所购买的产品或服务具有更高的价值。因此，顾客在识别与启发产品创意上扮演着关键的角色。

3. 竞争者动向

竞争者同样是产品创意的极好来源。对于竞争者的生产线、新产品开发计划、产品属性及其独特收益的分析均有可能成为品牌创意的灵感。

研发人员通过将产品拆成基本零件来分析竞争者的设计，以"逆向工程"的构想来确定其设计与构造，在其中可以收集到诸如技术设计、产品特性、功能、零件来源、产品成本构成及财务影响等信息。这些信息为新产品的开发流程提供了战略上的帮助。

此外，展销与研讨会上也提供了竞争者的能力及其当前产品的信息。为了使顾客了解他们的产品，竞争者会以不同的形式进行宣传，例如广告宣传、互联网、展会上分发的小册子，以及商业出版物上的文章等。

4. 细分市场

为产品寻找细分市场，需要对外在的诸多因素以及新的细分市场的需求进行更加细致的分析，应对企业本身的生产能力、产品的外部性能以及营销活动进行准确的判断。基于市场需求的不断调整，全球化商业环境中不断加大的压力，产品必须有所改进并适应新的要求。在细分市场的过程中，会考虑到对现有产品的改进，有可能因此重新定位产品。

用以发掘新产品开发机会的市场研究需要精确、详尽和平衡的技术。基础目标是尽量了解和细分市场，发现需求。初步的市场分析可提供对于市场潜力的总体看法。市场分析包括了目标细分市场的定义、划分市场的关键需求和目标顾客的概述。细分市场的定义提供了基本信息，包括细分市场的总容量、收益大小以及可能被新产品占据的市场份额的大小。

5. 头脑风暴法

头脑风暴要求开放地交换创意，是商业环境中开发利用企业内部资源以促进创意产生的方式，有正式和非正式两种。

非正式的方式倾向于开放的结构，即鼓励员工无拘无束地提出创意并自由地表达想法，而不去考虑可行性和衡量指标。这种方法对于寻求各种备选方案很有用，特别是寻求与当前形势不相关的备选方案时更加有用。当企业试图开发新的产品或者生产线时，员工的想法经常会派上用场。当然，开放的方法更耗费时间和精力，但却可能迸发出令人激动的新方案。这种自下而上的途径使得参与者积极投入，在富有挑战的环境中产生创造性思维与创新性的解决方案。

正式的方式则更加系统化，参与者被要求在设定的方向上回答特定的问题。特别是当新产品的开发是基于现有的核心竞争力和企业管理能力时，尤其需要正式的方式，正式的方式是自上而下的。

256

6. 生产者本人的兴趣或需求

许多创业型企业都是因为企业家爱好做什么事情而成立的，一个成功的创业型企业，可以围绕着对某一特定产品或活动的个人兴趣建立。

潜在创意的另一个来源，是企业家的工作经验、知识和技能。通过在其中工作而获得某一特定行业或市场的知识，一位企业家可以指出潜在机会的领域。比如，带轱辘的旅游手提箱就是飞行员罗伯特·普拉斯创造的。作为飞行员，他必须经常带着他的包从一个地方到另一个地方，他要寻找一个更方便、更舒适的方式来做此事，于是利用他的相关工作经验和知识，造出了一种新产品，创造了一个新行业！

●流程二：创意的开发与筛选

创意的开发与筛选，就是选择既符合企业标准又具有实施可能的创意方案。

（一）创意的开发点

257

创意的信息来源如前所述，有内部来源（研发、制造、营销等群体或个人）和外部来源（客户、供应商、销售商）或对同类竞争产品的分析。

开发创意信息，就是对来自内部和外部的创意信息归纳整理为几个要点，作以简要说明。

将这些抽象的概念与资料库中的相关要素联系，形成一个用户需求的组合，就是创意的开发点。创意的开发点如同文章的题目、开头或主题词，以后的流程都要从这里开始。

（二）创意的筛选

创意的开发点可以是一个或数个。创意筛选是对聚集的创意进行分类和识别，从中筛选出有价值的创意。

创意的筛选标准通常随着新产品开发项目的重要性不同而有所变化。通常，战略的适宜性、投资规模的大小、产品的复杂性和新产品项目的重要性这四个方面决定筛选标准的种类和数量。

一般而言，企业希望筛选的过程尽可能简化，如果创意与现有的产品生产线相适应，并符合重要客户的需求，同时又处在比较简单的商业环境中，那就只需要少量的筛选标准。而对于规模较大、内容复杂的项目来说，筛选必须谨慎细致，筛选的标准也比较多。

在创意的筛选过程中会采用很多筛选方法，如果方法太少，则会影响结果的公正性。而方法过多就会造成决策过程过于复杂。具体可以列出以下几种筛选方法：

1. 战略匹配和一致性筛选

战略筛选是将产品创意与企业的前景、任务、战略、目标相结合来加以评估，目的在于确认品牌创意与企业战略逻辑和管理的一致性。

2. 资源可用性筛选

资源可用性筛选从资源评估开始，此项筛选需要回答以下问题：企业是否拥有所需的资源？企业资源能否满足项目的需求？企业应优先使用哪些与企业资源契合的产品创意，使绩效达到最大。

3. 技术匹配和技术能力筛选

技术匹配性问题主要集中考虑企业是否有技术专长，可否将其转化为更深层次的技术工艺。这一筛选需要确定的问题有：新产品如何区别于现有的生产线或者不同于竞争对手的产品？基于现有的创意是否有能力创造水平更高、性能更好的产品？

4. 价值创造和市场筛选

此项筛选需要回答的问题有：产品创意能否充分创造价值？产品创意是否有着充分的市场潜力？新产品是否具有满足内外一切参与者要求的能力？有无预期市场可接受的销售计划的前景？有无既定的产品生命周期？这一周期是否足以判断在时间、金钱和智力资本投入上的合理性？

价值创造筛选注重新产品的潜力能否得到顾客的垂青，并满足客户的需求和预期。

市场筛选还要注重产品创意对于市场的吸引力。市场吸引力的主要因素是：市场细分大小、市场增长潜力、市场季节变化、长期稳定性、价格敏感性、产品区分要求、购买模式等。

5. 竞争筛选

竞争筛选用来检验现有竞争对手和潜在竞争对手的能力。需要回答以下问题：新产品能否取得大多数客户的信赖，并保持稳定的市场份额？重要竞争对手的反应可能是什么？新产品是否容易被竞争对手仿造，从而使得企业创新成为徒劳？

竞争筛选用以评估新产品的优势，确认新产品是否可以在市场中可持续开发。

6. 营销筛选

营销筛选用来评价选定的营销组合是否能够促进新产品的销售。此项筛选要回答的问题是：新产品需要的营销技术和分销渠道是什么？现有的营销组合和分销渠道是否适合新产品的开发？企业引进哪些营销技术、开辟哪些分销渠道？建立可持续的客户需求预计需要多长时间？

营销筛选要依据实际情况，对企业的营销系统进行重新评定。

7. 财务筛选

财务筛选是选择候选产品创意的决定性标准。相关的问题有：项目是否有足够的资金支持？预算收入和现金流能否保证创新投入和足以涵盖货物成本、运营成本？新产品风险投资的净现值能否达到客户可接受的范围？基于假设的数量关系，单位成本预算能否实现？[①]

259

●流程三：创意方案的确定

创意方案包括满足顾客需求的描述、产品解决方案的形式、初步的产品规范和设计、产品定位和经济可行性。

一旦新产品开发被确认，各种要素之间的关系就会固定下来，下一步是估计完成每一个任务所需要的时间和执行计划所需要的资源。通过对所需时间和资源的估算，可计算出初步开发所需要的成本。

●流程四：创意与产品的融合——设计与开发

产品设计是规定和创造产品特性的一个流程。设计与开发包括新产品商

[①]　卫汉华、田也壮、张曙：《产品创新度研究评述》，《中国制造业信息化》2011 年第 3 期。

业化的整套需求。设计与开发阶段的基本要素是：

1. 根据市场现状对新产品进行定位；

2. 确认恰当的产品特性，并从客户的需求角度出发来理解产品的功能和收益；

3. 确定源于客户、供应网络、相关产业、基础设施和竞争者的关键驱动力；

4. 建造一个有效和综合的设计流程，这一流程可以导引成功的商品化；

5. 为产品引入一个正确的营销项目；

6. 选择生产以及向市场配送产品的最好方式；

7. 管理财务影响，确保产品具有并能够保持生命力。

产品的设计与开发模式有：

1. 模块化设计与开发

面对市场的激烈竞争，必须缩短产品设计时间。所谓模块化，就是将新产品分成几个子系统来独立设计和测试，负责各个子系统的工作小组可以平行地进行工作，不必等到前一个工作结束后再开始下一道工序，这样可大幅度缩短开发时间并降低新产品的开发成本。模块化的设计需要有研发团队间持续、通畅的沟通作保证。CAD 和视频会议等网络工具为跨职能、跨地域开发团队间的高效沟通与协作提供了便利。

2. 原型开发

原型开发指将产品从概念变成模型的过程。在此过程中，可能要造出一个从设计图纸到标准尺寸的三维实验模型的完整系列原型。在本阶段通常需要投入相当多的时间和资源来制作一个更完整、更精确的模型。原型开发方法可使产品相关数据完全以数字形式被生成、测试、细化和制造，在产品的实物原型推出之前先经历虚拟产品的开发阶段，这可以将资源密集深入阶段推移到产品开发的后期。

3. 创意的预商品化

创意的预商品化是一种小规模的营销实验，它的目的是通过对小规模实验中采用的一些营销变量进行观察、测试和识别，制定出一个适宜于产品大量导入市场阶段的营销支持模式，包括广告、分销、包装、定价和促销等。可利用在线营销实验对新产品进行评估，如公司服务器可以随机向不同的来访者展现不同的产品，然后通过跟踪其点击率来测量来访者对不同产品的反应，了解被测试的各营销变量间的因果关系，预测它们的市场表现。预商品化阶段包括了从设计开发、确认到市场投放之间的过渡阶段。

在预商品化阶段，产品和服务要求被转换成为生产指标、方法和企业组织责任。对于大多数渐进式创新而言，预商品化阶段的任务是确认能力合适、运作系统合格，可以开始进行生产。再次确认市场条件，是预商品化阶段最先开展的步骤。预见会发生的变化，对商业环境的动态变化做出反应，不断调整新产品开发方案，以确保方案要素与顾客期待的一致。要细微地调整对当前市场、商业状况和趋势的了解，以把握好商业环境的复杂状况对新产品造成的影响。在这一方面需要确认的问题有：预计收入、市场增长、客户基础、客户需求、售卖的利益、预测竞争者的反应，等等。

●流程五：创意价值的最终实现——批量产品的市场投放

市场投放体现了创意价值的商品化。产品的商品化涉及产品的市场导入计划，这个计划包括对导入时机、地点的把握，所需的资源配置，与产品定位相配套的营销支持模式，以确保新产品一上市就在市场上取得成功。

品牌的多种传播方式

企业为品牌正确的定位和市场投放之后，需要采用多种传播方式、渠道向消费者传递品牌信息。好的传播渠道和传播方式，对品牌形象的提升起着重要的作用。信息技术的发展给企业创造了运用各种媒体的机会，也为品牌创新提供了新的宣传组合方式如电子商务、网络广告等。通过大众的信息传播，个人及互动媒体，企业可以接触到其他更多的顾客，适时调整品牌宣传的重点。

管理控制

市场投放后的管理控制对于取得成功具有重要意义，无法及时控制整个流程会损害之前几个阶段的初步成功，也可能会对计算项目的净现值或者其他新产品的开发方案产生重大影响。

市场的增长或对企业提出较多要求，而成功地实施投放方案需要依靠以下几个方面：

1. 监督基本绩效目标和时间的完成；

2. 确定实现目标流程中的变量，尽量减小偏差，实现预期结果；

3. 评审和修改计划目标以利于紧跟现实情况的发展。

管理监控是一个不断进行的过程，监督通常注重领先指标，以弄清总的趋势。如果方案进展正常，就增加了对于新产品开发方案的信心，即可继续用新产品开发流程中指定的战略进行管理。如果流程偏离了正轨，及早发现问题也有利于及时补救。而财务评估提供的敏感度分析为确定什么是偏离正轨及其对于方案的影响提供了有效信息。例如，多数的敏感度分析是超出产品成本目标造成的影响。在具体分析中，成本超支是依据其对定价、利润率和投资回报率造成的影响来分析的。从敏感度分析中得到的信息更好地说明了在新产品市场投放中什么是可以接受的变动。[①]

第三节　产品创意的集成开发模式

当顾客期望绩效不断改进，要求新产品开发方案更快、更好、更便宜、风险更低时，产品创意的集成开发模式也就随之而来。

日本东京大学教授藤本隆宏于 1991 年和美国哈佛大学 KimB Clark 教授一起出版了《产品开发绩效》，研究了战略、组织、能力对开发周期、开发效率、产品精益度的影响，强调面对市场的细分化、多样化，产品创新必须全面精益化，主张推行并行工程，实施项目经理负责制。

一、集成开发模式的基本要素

集成产品开发是开发新产品的主流途径，这一概念产生于 20 世纪 80 年代后期，起源于飞机和汽车制造业。

---

① ［美］大卫·瑞尼著，吴金希等译：《企业产品创新》，水利水电出版社 2006 年版。

集成产品开发的基本理念是从开始到结束，所有参与者的活动同步进行，最大化价值和结果，并最小化时间、付出、投资、不确定性和风险。组织不断改进新产品开发流程来提高产品价值、质量和性能，并减少缺陷。新产品开发流程整合的基本要素有：市场、技术、财务和管理。

二、集成产品开发的框架

一个集成的框架包括了新产品的开发流程的基本要素，它从外部因素的角度将市场、产品、生产、营销和财务进行组合。这个框架提供了政策、指导理念、原则、识别和执行要求的方式以及消除障碍的方法。斯蒂芬·威尔莱特和克姆·克拉克在《革命性产品开发》中说明了开发战略框架的概念。其著作说明了集成产品开发的一些关键原则：

一个全面的开发战略能为一个项目的成功开发提供更加安全的基础，开发战略主要包含四个目标：

1. 创造、定义和挑选一系列可以提供卓越产品和流程的开发项目。

2. 管理开发工作方向，使相关职能尽可能集中在有效的商业目的上。

3. 创造和提高所需要的组织能力，使产品开发长期处于竞争优势。

4. 集成开发模式关注的是能否将组织能力和资源集成到一个有效的团队，从而管理和执行开发新产品的流程。

263

三、集成开发原则

集成开发的原则有：

1. 整体方法的应用

新产品开发往往是跨学科的流程，需要所有参与者共同努力，使行动尽可能平行展开。所有行动必须集成到有逻辑的、系统的新产品开发流程中去。并行流程是整体开发的精髓。

2. 战略协调性

新产品开发必须是全面商业战略的一部分，并连接到战略管理系统上，它要求管理层的不断参与。创新与管理是不可分割的，创新是管理工作的重要组成部分。彼得·德鲁克说："管理就是界定组织的使命，并组织和激励人力资源去实现这个使命。界定使命是企业家的工作，而组织与激励人力资源属于领导力的范畴，二者的结合就是管理。"这段话里提到界定使命的工作，这个工作就是创新。因为，随着外界环境的变化，组织的使命过一段时间就需要重新界定。德鲁克又说，企业的目的只有一个，就是创造顾客。由于企业的目的是创造顾客，所以企业有而且只有两个基本功能：市场营销和创新。市场营销和创新能产生经济成果，企业其余的活动则都是成本。如果你生产了很多产品，没有市场营销，产品定位错了，卖不出去，生产活动就成了成本。顾客的需求、谁是顾客、市场结构都是不断地在变。创新始于不断地发现新的顾客，从顾客购买行为的变化当中发现机会，这是动态的市场营销。当重新界定了谁是顾客，他们在哪里，他们想要什么和需要什么的时候，也就提出了重新定位企业业务的要求，接下来引起从产品、流程、技术、结构、资源配置、销售方式和渠道等一系列的改变，这整个过程就是创新。任何组织都是处在外部变化的环境当中，它要生存，就要根据外部环境的变化而重新定位自己的职能、任务或使命。不创新就灭亡。因此，德鲁克总结说：创新是管理的核心。[①]

3. 使用跨职能团队

跨职能团队提供了灵活的组织结构。这种结构可以用来管理新产品开发流程和控制资源，在整个开发周期环内平衡不同视角。因为所有个体都是在协作一致的基础上参与的，所以作出比较周全的决策所需要的信息和知识也比较容易获得。

4. 关注顾客和利益相关者的满意度

应利用多种机制来获得和实现顾客的愿望，在这一方面集成开发所期许的目标是：同样的投入产出更多的数量和更好的质量，使顾客可以用更便宜的价格买到同样的或更好的产品或服务。关注顾客的产品创意方面有一个很有趣的例子：电冰箱原本是用来冷藏食物的，生活在北极的爱斯基摩人似乎并不需要它，但是，具有创新精神的企业家在市场方面进行了创新，最终使

---

① 转引自龙国平：《"创新与企业家精神"十一问》，价值中国网，2009年3月28日。

爱斯基摩人变成了冰箱的用户——他们用冰箱为食物化冻。

5. 保持灵活性

市场或者商业环境的快速变化要求灵活的方法，保持灵活性提高了组织对于变化条件的反应能力。

6. 不断衡量和改进绩效

绩效评估是根据目标来评价、分析、衡量和报告绩效的过程，有效的绩效评估系统是检测预期目标的必要手段。绩效评估为企业确定是否需要改变提供了依据。

7. 把握好新项目开发的时机

把握新产品开发项目的正确时机是产品创意成功与否的关键，时机意味着通过选择合适的时间和地点将新产品推向市场，从而掌握主动权。

集成产品开发的原则是相互联系的，其管理的高度复杂性对于应对错综复杂的全球化商业环境而言是很有必要的。集成产品开发最主要的贡献是在开发流程中将企业组织中主要的职能领域整合起来，面对长期成功的目标，品牌创意的集成开发模式也会向更加全面的方向发展。[①]

第四节 至尊化的品牌创意链示范版

创意是想象力的殿堂。品牌创意链是个千姿百态的生态链，它的生命力就在于个性化。将品牌创意链标准化显然是不明智的，但是，我们可以有样板模仿，有标杆示范。

这里我们推荐一条从价值观到草稿定款的创意链，逐节解读并举例，以求有一个全程的操作示范。

创意链的构成如下：价值观—生活方式—主题设计—产品设计—款式构思—色彩表达—面料选择—工艺设计—草稿定款。

---

① ［美］大卫·瑞尼著，吴金希等译：《企业产品创新》，水利水电出版社2006年版。

265

一、价值观

（一）品牌价值观的含义

价值观是一个多维度、多层次的观念系统，是人们思想认识的深层基础，是人对事物态度的决定因素，也是自我观念和行为的决定因素，人的需要、欲求、兴趣、态度、目标、信念、理想和行为表现都是价值观的外在表现。

一个品牌的价值观是该品牌创意的核心，价值观所传达的是这一品牌所要表达的文化意蕴。如果说人与人之间交流沟通的顺畅是建立在相同的价值观的基础之上，那么品牌的价值观就建立在客户对于该品牌价值观认同的基础之上。企业有没有正确的品牌价值观，将决定企业走怎样的发展道路，以及在既定的道路上能否走稳、走远。

（二）品牌价值观在品牌链中的意义

好的品牌价值观带动执行力与品牌影响力。品牌的价值观取向需要企业进行不断的积累、修正和更新。品牌的价值观一旦形成，其他企业和竞争对手是无法复制的。品牌创意应当以品牌价值观作为先导，价值观指引品牌朝着既定的方向发展。在品牌创意链中，价值观是整个创意链的指导思想。

（三）价值观与概念

价值观确定后，要把它简化为一组或一个概念。所谓"价值观植入"，就是通过有概念的产品将价值观植入消费者的心智中。

中华人民共和国国家标准对于"概念"的定义是：对特征的独特组合而形成的知识单元。德国工业标准将概念定义为"通过使用抽象化的方式从一群事物中提取出来的反应其共同特性的思维单位"。

概念是意义的载体。品牌产品已经逐渐进化成人们展现自身身份和品位的载体，它承载着消费者的精神追求、生活情趣、对社会生活的一种态度，这也正是品牌文化带来的附加值。所以品牌营销就是塑造一种生活方式，而这种生活方式与消费者期望的生活方式相吻合。消费者一旦认同品牌所倡导的价值观，就会为拥有这个品牌而自豪，并以这个品牌为精神寄托，其行为便表现为持续购买该品牌产品。

好的概念起码应符合以下要求：

1. 价值观与生活方式的转换阀

概念，是价值观与生活方式之间的转换阀。价值观偏于理性，生活方式偏于感性，两者之间就靠概念连接；价值观长期不变，生活方式与时俱进，两者共处于一个新的、好的概念之中；好的概念既概括了价值观，又浓缩了生活方式，能很好地用价值观点亮生活，正所谓卖生活方式、引领生活新潮流、创造人生新价值之类。

2. 瞬间理解

你的概念要能够被消费者瞬间理解。这里强调瞬间，是因为在时下乱花迷眼的海量概念中，有相当部分弄炫耍酷、生造词汇、中英拼凑，好像以让人不懂为准则。其实，除非你的品牌已经成为名牌，否则，消费者不会花时间去接受一些不知所云的概念。最妥当的途径是让人懂，消费者一听一看便立时理解你的概念的意思，才有可能产生下一步的联想，从而引起进一步的意愿和行为。

3. 沟通统觉

在心理学中，统觉是指由当前事物引起的知觉同已有的知识经验相融合，从而更清晰地理解事物意义的心理现象。通俗地讲，就是你的概念虽然新，但必须能够顺利进入消费者已有的概念群中，就像认识朋友的朋友一样。学习的过程就是新概念叠加在已有概念群上从而使人的知识广化深化的过程。接受新事物的过程也是如此。当下一些广告推出的概念不能说不新奇，但为什么效果很差呢？问题就在统觉障碍上。不能与消费者原有的概念群相容，不能与消费者已有的经验联系起来，你的概念再新再奇也没用。

4. 触发想象力

概念要想影响消费者，首先要触发消费者的想象力。你的概念使消费者联想到一些情景，这些情景又与你的产品相联系，这个概念便是成功的。如果你的概念不能触发消费者联想，或者虽然能触发联想，而这些联想与你的品牌和产品联系不起来，这个概念设计就宣告失败。

5. 引发尝试冲动

触发消费者的想象力，只是浅度影响，还要激发消费者尝试的意愿。新

267

的感官享受、新的体验、新的精神愉悦，都会使人产生尝试冲动。

6. 小众专属

你的概念专指某一场合、某一人群，而不是通用型的。

7. 方便

方便性是新的产品之所以新的一大特色，如果你的产品具备这一特点，你的概念必须凸显这一特色。

8. 差异化

你的概念要强调与众不同，尤其是与主要竞争对手不同。

9. 归属感

所谓归属感，就是让消费者认可你的品牌是"自己的品牌"。好的概念是生产者与消费者共同打造的。第一，需求是来自消费者的；第二，概念是基于消费者需求的；第三，概念是沟通买卖双方情感的；第四，概念是要摆渡到产品上的。这一切就是品牌体验，就是双方品牌的实现。

（四）品牌价值观植入示范：人生峰尚体验——杰派人生

"杰派人生"是太子龙 2010 年春夏新品之一，所传达的价值观是"杰出人生、领先一派"，彰显社会杰出人士积极进取、勇攀顶峰的人生追求与价值取向。杰派人生一族，注重外部文化和个人品位的趋同性。太子龙的"杰派人生"系列产品便立足于肯定和张扬这种趋同性，从文化思维和价值观上，实现杰派人生的憧憬。

"杰派人生"是太子龙品牌为具有坚毅乐观品质的中年男士而确立的创意主题，此主题描述了这一群体的精神诉求，使他们的价值观由内而外地散发出来，并得到了充分的表达。

从营销战略上讲，只有全面满足了这类社会中坚——杰派人生的追求，才能集结和号令这一消费群体。

二、生活方式

（一）生活方式的含义

生活方式的含义一直难以在学术界取得共识。比利时欧洲政策中心创建主席 Stanley Crossick 认为，关于生活方式并没有一种简单的定义，而且构成生活方式的一系列行为总合也并不能被明确地描述。经济、社会、文化关系和活动、人们的工作需求与条件环境质量、消费、娱乐及服饰打扮、人的价值观、行为模式以及对收入的支配等都能构成生活方式，生活方式能够反映人们的自我形象以及他们是如何看待自己的。

其实，生活方式就是消费方式，是消费心理学研究人们如何生活、如何花费时间、如何花钱的一个概念。生活方式反映了一个人的活动、兴趣和观点。每个人都有自己认同和向往的生活方式；每个人的生活方式都表现为三大内容：一是活动，喜欢干什么；二是兴趣，喜欢关注什么，还有关注的兴奋度和持续力；三是观点，对问题的看法和评价。生活方式的表现需要时间和钱，这就是消费。也就是说，生活方式把消费者与市场联系在一起。

就服装行业而言，其品牌创意就是人们生活方式的某种形式的呈现。作为外在的表达，服装品牌创意所传递的正是人们所要表达的自己的生活方式。

（二）生活方式在品牌创意链中的意义

在创意链中，生活方式为创意提供了多重思考与细致的定位标准。价值观是创意的思维先导，生活方式则是品牌创意设计的具象参考。创意实际上是为现代生活而服务的创意，是对现代生活方式的设计。用设计改变生活，是品牌创意的核心目标。"如何用品牌创意改善人的生活品质"这个问题，被归结为如何用设计满足人们不断变化的物质与精神需求。当前"以人为本"的品牌创意观，不仅是欧洲设计的主流思想，也是人类未来设计的趋势。创意影响生活方式，反过来，生活方式也推动创意的产生。

（三）生活方式概念示范：——"简约随性·精致品位·致力事业"

在越来越快的生活节奏中，人们的思维受到外界多方面的影响，对于生活方式的选择也趋于多元化，其特征之一是简约与繁复并存、动与静结合。

"简·致主义"是2010年太子龙秋冬新品推出的男装主题，这一主题所追求的境界是"豪华落尽见真淳"的简约人生。所针对的是在事业上经过多年奋斗，取得了一定成就的中年男性。他们对生活的要求体现出了独特的二元心理需求，一方面喜欢简约随性的外在装束和朴实健康的生活感觉，以节约更多的时间投入工作；另一方面又基于自身的地位和尊严，致力于实现个人的价值，以及对生活品位的精神需要。这便是这一时代成功男性"简约随性·精致品位·致力事业"的既多元又统一的高尚生活方式。

三、主题设计

（一）主题设计的含义

主题是作品的核心，也是构成流行的主导因素。国际时装界十分注重时装流行主题的定期发布，以使各国设计师在这些主题的指导下，进行款式、面料和色彩的探索，不断推出新款服装。所以，主题设计是对于创意的完美呈现，是创意的具体化的第一步。好的创意赋予服装以灵魂，而出色的主题设计则是给予灵魂以美好的载体。

（二）主题设计在品牌创意链中的意义

主题设计是基于品牌价值观而确定的，也是为某些生活方式而设计的主题。当主题设计确定后，围绕主题即可进一步着手产品的设计开发等一系列工作，从而使主题得以完美表达。只有围绕主题展开，让作品的各方面因素全部融合于主题当中，才可以使服装显示出整体、统一、和谐的特征。因此，主题设计与品牌价值观和生活方式紧密相接，又影响着产品设计的展开。

主题设计是品牌的灵魂所在，传达品牌的文化内涵，而品牌文化内涵则是品牌创意与终端客户在精神层面的价值认同一致性的契合点。

（三）主题设计示范："菁萨蓝弧·杰瑞之春"

太子龙 2010 年春夏新品以"菁萨蓝弧·杰瑞之春"作为品牌主题，用一个前沿时尚的个性化主题，把多元的、活跃的、神秘的、科技的元素组合在一起，主题概念的各个元素主次分明，排列有序，构成一个独特的概念体系。在伴行国际流行潮流的同时，保持自己的品牌文化特色，把太子龙要传播的品牌主题推到时尚的高度。

270

四、产品设计

（一）产品设计的含义

产品设计是对于主题设计的具体展示，是实现品牌创意的初步构想。构想需要考虑新产品的艺术主题、价位构思、服饰材料、结构特征、工艺过程及质量性能指标等诸多因素。

（二）产品设计在品牌创意链中的意义

新的款式系列能否获得成功，产品设计是关键性的一步。它统领着以后各个阶段的大方向和基本策略。产品设计包含前三个阶段的成果集合，是对于以下的款式构思、色彩表达、面料选择、工艺设计、草稿定款以及市场反应几个环节的综合预想。

（三）产品设计示范

国际著名的快时尚品牌 ZARA 的产品设计与开发具备低成本、流行元素和 6 个月的时尚信息"提前量"三个特点。ZARA 的产品开发时间要短于行业平均时间的 1/4，它能够在仅仅两个星期的时间内使一件外套或女装从制图板走上货架。ZARA 拥有一个非常敏锐的新产品开发团队。ZARA 唯一的产品设计中心和产品生产中心是位于西班牙北部加里西亚的 Arteixo，在这个设计总部有一个由设计专家、市场专家和采购专家组成的 260 人的专业团队，他们共同探讨未来流行的服装款式、花色、面料等。在产品设计方面，高端时装品牌每年都会在销售季节提前 6 个月左右发布时装信息，ZARA 的设计师们则是国际高端时装品牌发布会的常客。潮流信息被迅速反馈回总部后，就由专业的时装设计师团队分类别、款式及风格进行改版设计，重新组合成 ZARA 全新的产品主题系列。[1]

271

---

[1]　卢安：《ZARA 时装品牌策略对中国本土服装品牌影响研究》，《中国商贸》2011 年第 11 期。

五、款式构思

（一）款式构思的涵义

服装款式构思是服装设计的基础，是服装设计师传达自己服装理念的最主要的方式。外轮廓线或廓形的设计是最重要的一项内容。服装作为直观形象，呈现在人们视野里的首先是轮廓特征。服装轮廓不仅是表现了服装造型风格的基本方法，也是表达人体美的重要手段。外轮廓的构思在整体设计中属于非常重要的地位。外部轮廓造型由服装的长度和纬度构成，包括腰线、衣裙长度、肩部宽窄、下摆松度等要素。服装的外部轮廓造型形成了服装的线条，并直接决定了款式的流行与否。与廓形密切相关的还有服装的风格线，即领线、门襟线、肩线、腰线、臀线和下摆线等，通过这些重要部位的高低宽窄变化，可以决定廓形乃至整个造型的基调。服装的款式是服装的外部轮廓造型和部件细节造型，而设计变化的基础部件细节的造型是指领型、袖型、口袋、裁剪结构甚至衣褶、拉链、扣子的设计。

服装款式的构成要素有：

1. 服装款式的总形变化；2. 服装款式的格律及其运用；3. 服装款式的部位分割；4. 服装款式与点、线、面的运用；5. 服装形体的组合变化；6. 服装款式的局部变化。所有的变化、创造都是在和谐的基础创造审美体验。

（二）款式构思在品牌创意链中的意义

款式构思体现服装的设计感，在整个服装设计中占据最为重要的地位。服装款式融合了品牌的创意，体现了产品的内涵。款式的设计影响着色彩、面料的选择和工艺设计的细节问题。

（三）款式构思示范

2011年春夏秀场的Lacoste，除了展现一贯的青春时尚外，运用白色、米色、红色为主色调，配以简单的剪裁，使得这一充满活力的品牌多了几分内敛和沉稳的气质。在服装款式设计上融合了马球、网球等运动服饰，设计师Christophe Lemaire的剪裁手法简单利落，他从现代主义建筑风格中汲取了灵感，夸张的廓形和几何形的剪裁，搭配鲜艳的色块，彰显阳光时尚的魅力。[①]

六、色彩表达

（一）色彩表达的含义

服装色彩往往是服装给我们的第一感受，其次才是款式、面料、质地和工艺等。所以，服装设计师或普通的穿戴者都高度重视服装色彩。对于服装设计师来说，除了掌握色彩的基础知识、色彩在服装中的作用、色彩的搭配等知识外，必须深入社会做市场调查研究，及时掌握色彩的相关信息。要对色彩服饰的流行趋势有敏锐的观察力，能够把握服装色彩新动向，使服装的色彩不仅赏心悦目，也能够迎合时代的审美要求。这是因为社会的因素制约着人们的色感，影响着人们的色彩观，同时人们又受喜新厌旧的心理支配，倾向于寻求新的视觉感受。

（二）色彩表达在品牌创意链中的意义

面料是服装色彩的物质载体，是色彩赖以依存的条件，色彩在面料上显示其色相和情感风貌。相同的面料由于色彩的不同而显示出不同的格调和品位。面料的质地具有直观的效果，像毛呢、丝绸、针织、棉布等布料在质感上有很大的差异，这种差异会使得相同的色彩在不同的面料上有不同的色彩感觉。

有些设计师是以他们出众的用色而闻名，例如日本的设计师川久保玲和山本耀司擅长使用深色，他们的作品较为经典，注重剪裁的流畅而非奇异的色彩；范思哲凭借色彩丰富的服装来吸引顾客的眼光；Tommy Hilfiger 喜欢使用醒目的原色。

（三）色彩表达示范

在太子龙《菁萨蓝弧·2010 杰瑞之春》春夏新品主题开发企划案中，突出了色彩对于创意主题的表达。主题概念中的"菁"代表了春天的颜色——绿蓝紫红，也象征着青春活力；把它作为春夏的流行主打色，也符

273

---

① 李耀翔：《2011 纽约时装周美式运动风格汇》，《科学健身·健尚》2011 年第 5 期。

合权威机构对流行趋势的预测。

关于《菁萨蓝弧·2010 杰瑞之春》案例，我们将在第十二章详述。

七、面料选择

（一）面料选择的意义

面料是服装形式美不可缺少的构成要素。选择服装面料是每一位设计师必须掌握的知识，对服装面料的选择和应用也是关系到服装设计成功与否的关键所在。服装设计最终的表现形式是以面料来再现作品的。设计师往往是在面料的肌理、花纹和情感氛围的启发下产生灵感而设计出服装的。从 20 世纪 80 年代起，面料在服装设计中的作用越来越重要，在组成服装的三要素中，面料的重要性已经超越了款式而上升至第一位，似乎谁垄断了新颖的面料，谁就可以在竞争中获胜。

（二）面料选择的相关问题

最优秀的设计师对于面料的特性有深刻的理解，懂得如何运用这些面料达到最佳的设计效果。在具体的面料选择上需要考虑以下问题：1. 产品设计的总体构思；2. 设计的廓形；3. 穿着的季节；4. 面料的耐穿性能和功能；5. 面料的成本以及目标市场定位。

（三）面料选择示范

太子龙集团子品牌龙太子童装的数码宝贝系列，其主题含义是追逐新奇事物和时尚科技，天真童趣是数码宝贝系列的神韵所在，故而主体要素采用了时尚灰色和金属质感的太空高纤面料，整体演绎了数码科技和太空时尚风格的巨大诱惑与冲击力，满足了现代孩童追逐科技时尚的求新求异心理。而极限运动系列的主题含义是满足现代孩童天真活泼的运动天性和偏爱惊险刺激的反传统运动要求，同时体现来自长辈和社会的关爱，其主体要素采取了超薄弹性高纤和纳米新科技涂层面料，集中突出了季节新品的科技时尚感；通过运用极端色彩点缀和卡通复合图案衬托孩子的鲜明个性和自然纯真。（案例详见第十二章。）

八、工艺设计

（一）工艺设计释义

服装制作是将设计意图和服装材料组合成实物状态的服装加工过程，是服装产生的最后步骤。制作包括两方面：一是结构设计，是对服装设计意图的解析，服装的一些性能上的要求往往要通过严密的结构设计得以实现；二是工艺设计，是借助手工或机械将服装裁片结合起来的缝制过程。结构和工艺的关系是相辅相成的。具体包括了以下几方面：

1. 裁剪：平面裁剪、立体裁剪。
2. 工艺车缝：个别量体制作；通过成衣生产流水线缝制；手工艺制作，如绣衣；特殊机械设备缝制，如西装、牛仔服、皮革裘皮类服装等。
3. 市场要求：不同档次要求和品质要求，成本价格的核算等。

（二）工艺设计在品牌创意链中的意义

工艺设计阐释品牌创意从价值观、生活方式到主题设计的核心理念，是对前面几个阶段的综合设计，是创意理念在工艺设计中的物质实现。

275

（三）工艺设计示范

集"朋克教母"、"叛逆天后"、"时装女巫"等封号于一身的维维安·维斯特伍德，一直以她狂放的想象和大胆的创新震撼着时装界。她在服装设计领域主要有两大成就：一是在朋克服装风格的创立和推广上发挥了重要作用；二是在服装的结构裁剪方面，尤其在服装结构上，突破了传统三维塑型的观念以突出个性，开创了高附加值服装生产的有效途径。

如果说斜裁是范思哲的专利，简洁是香奈尔的专利，优美的结构线是迪奥的专利的话，那么充满了强烈的后现代反叛精神和独特的创新精神则是维维安·维斯特伍德的专利。她大胆地背离了西方传统的服装结构，对人体重新进行了塑形，将敏锐的洞察传统与大胆的突破陈规结合到一起形成独特的英国风格，彻底地改变了人们的审美方式和着装方式。特别是她的"从内部来进行破坏"的结构理念更是影响了几代设计师，如英国少壮派约翰·加里亚诺、麦克奎恩和法国的戈尔蒂埃、拉尔夫·西蒙斯等时装设计师。

从 2001 年的"野性魅力"、2002 年的"宁芙女神"、"英国狂"到"街头剧院",维斯特伍德探索用布料包裹人体进行旋转造型的多种手段,使用包裹穿衣法的隐藏和消除结构缝的设计,利用折叠技术,取代传统立体服装中布片相拼、捏省造型的常规方式,用折裥在人体和服装之间创造出空间,用不同的方式去探索体积感和使这些立体造型稳定的方法。例如她的设计作品中常用的空气口袋,使服装整体设计开始摆脱传统上西式服装三维塑型的老套路,从内在构造上增加了服装形态的变化和空间的灵活性,从外在款式上强化了形式感的视觉冲击力,具有技术和艺术上的独特创意。[①]

九、草稿定款

(一)草稿定款的含义

草稿定款是创意设计的完成阶段,是产品设计、色彩、款式、面料、工艺设计的综合展示的成果,也是品牌创意的最终体现。

(二)草稿定款在品牌创意链中的意义

草稿定款是创意链中前面八个环节的总结。在这一阶段,需要对样衣形式、面料、加工工艺和装饰辅料等进行审察。初步方案通过精心测算以后,就要投入小量的试生产和试销售。这种战略叫做试探性切入市场的战略。一般情况下,这一阶段的产品设计还没有完全定型,工艺可能还不成熟,生产批量仍然不大。所以,单件服装的成本仍然较高。另外,在这一时期,用户对产品还不甚了解。表现在销售方面,销售量缓慢增长,并显示出不稳定的状态。产品处在这一时期时,不仅利润较低,而且风险较大。因此,企业需要密切注视市场,及时采取措施,解决技术难题,调整设计的具体细节方案。同时,要研究市场策略问题。

草稿定款即是创意链的结束环节,又是产品成批生产和批量投入市场的起始环节,其枢纽作用在于连通创意与生产。

---

① 李艺、欧阳心力:《维维安·维斯特伍德服装结构初探》,《湖南科技学院学报》2009年第6期。

第十二章　国际品牌主题开发新模式

品牌主题开发模式是指以品牌自身的文化内涵为依据，以前沿的价值观、最新的生活方式为引领的组合性主题产品。换句话说，品牌主题开发模式是在产品开发过程中科学植入品牌思想，通过要素创新和流程规范，确保产品主题的精准性和产品开发的创新性。比如，由季节品牌总主题来确定本季节核心产品的风格特征和大类产品的宽度与深度，由大类产品体系来决定该体系产品的款式种类、色彩体系、工艺手法等，从而形成体系完备、种类丰富、色彩斑斓、款式各异但核心特征明确的产品体系，从开发源头上来保障季节新产品的丰富度，供市场消费群体选择。

第一节　什么是品牌主题开发模式？

品牌主题开发是太子龙按照科学品牌发展观原理提出的服装产品开发模式。

品牌主题开发模式是指以品牌自身的文化内涵为依据，以前沿的价值观、最新的生活方式为引领的组合性主题产品。品牌主题开发模式是在产品开发之前，首先把品牌的战略发展主题、年度与季节的流行主题等一揽子具有共性的核心思想挖掘出来，再与国际流行趋势的主体要素进行有机地整合，最后通过产品组合上不同系列的产品风格、面料结构、工艺技术等要素表现出来。也可以说，品牌季节主题就是用精练、动感、时尚的语言，系统地整合全新季节的流行风格、流行色系和特色的面料与工艺。

主题设计在服装品牌设计中有着特别重要的意义。创意不但是设计与生产的前置环节，更是产品和品牌创造高附加值的来源。

所谓主题开发，核心是创意，主题来源于创意。确定主题的过程是创意概念化的过程，设计是主题具象化的过程。对于自主开发新产品的企业来说，精心策划主题非常重要。鲜明的主题为设计师团队指出了明确的设计方向，为整个设计过程理清了思路，便于设计团队分工合作。在设计开发工作结束之后，主题还为将来的产品销售奠定了良好的推广基础。在订货会、零售商店、推广海报和杂志上，独特而精彩的主题如核心广告语一样灿烂夺目。好的主题可以为新产品宣传照片提供精彩的创意，指导色彩、布景、摄影风格等；好的主题也可以让时装评论记者写出具有吸引力的文章。

主题对于整个设计团队有指导和限定的作用。首先，主题就像大海中的灯塔，整个设计团队、所有的设计都将围绕主题产生。设计团队可以根据主题分配任务。根据主题划分为不同的设计组，根据主题制定相应的任务进度，根据主题来划分开发时间。其次，每个主题从风格、色彩、款式和设计手法上规定了设计的方向，设计师可以根据主题来开展联想，选择最为恰当的设计元素。这样的指引非常必要，因为每个季节都有很多资讯，设计师容易感到混乱和无所适从。此外，由于有了主题大方向的限制，设计师的创意就不会违背品牌精神，不会超出品牌目标消费者的接受范围。这样，创意经过疏导，就可以成为恰当的设计。

没有主题引导的产品之间没有联系，只是散乱的个体；而根据主题设计出来的系列产品具有秩序化的美感。产品上市后，消费者会从不同主题系列中感受到发现差异的惊喜，又可以从同一主题系列产品中感受易于搭配的便利。同一主题的产品可以形成整体的气氛，便于零售陈列。[①]

●主题的构成要素

主题的构成要素包括概念、流行色系、款式要点、风格特色等。

1. 概念。概念是主题的核心。品牌主题开发首先是概念问题。概念来源于品牌自身的文化内涵如战略发展主题、年度与季节的流行主题等核心元素。

第十一章，我们介绍了创意链的构成：价值观—生活方式—主题设计—

---

① song01：《服装设计主题的重要性》，穿针引线 www.eeff.net，2009 年 12 月 2 日。

产品设计—款式构思—色彩表达—面料选择—工艺设计—草稿定款。前三个环节就解决概念与主题问题。概念作为价值观与生活方式之间的转换阀，意义就在于为主题开发确定指导思想。把品牌价值观简化为一个概念，完成"价值观植入"——通过有概念的产品将价值观植入消费者心智中。好的概念既概括了价值观，又浓缩了生活方式，能很好地用价值观点亮生活，正所谓卖生活方式、引领生活新潮流、创造人生新价值之类。

2. 流行色系。流行色系是指在季节里引领服饰颜色的一组色调，包括了由浅入深的整个色彩带，它在流行元素中占有70％的比例。其主要作用是满足不同消费群体对颜色的偏好，有利于扩大消费群体；其次是容易形成终端的风景线，吸引和刺激潜在消费群体的眼球，为产品购买实现知晓、兴趣、联想的前三步铺垫工作。

流行色系分为三个阶梯：第一是所有品牌必须跟随的国际流行色系；第二是部分民族和地区偏好的流行色系；第三是品牌运营商在结合第一、第二流行色系的基础上，提出本企业所要倡导的流行色系，这类流行色系往往是企业立足市场的根本，因为它是识别品牌特色的第一要点。

企业主导的流行色系不是脱离实际的突发奇想，而是在众多的流行色系中选择出既符合本季度流行趋势的需要，又贴合本企业个性偏好或品牌文化的色系。

国际流行色系是年度或季度总的流行趋势，这类色系在企业季度新品中占有1/4左右的比例；民族或地区偏好的色系占1/4～1/3之间的比例；企业偏好的色系占1/3～1/2的比例，其他的辅助色系占最多不超过10％的颜色比例，它是上述色彩的补充色系，充当整体色彩的搭配角色。

3. 款式要点。款式要点指的是产品的外观形状，它主要是通过服饰的线路、绣花、条带等元素的点线面搭配来表现主题，它在服饰的流行元素中占30％的功能比例，是继颜色之后的第二大元素。

4. 风格特点。风格特点就是指通过流行色系和款式要点体现出来的一种风格思想。它是流行色系与款式要点和主张的概括，也就是俗话中所说的"味道"。比如波西米亚风、哈韩风、波波族、加勒比异域风情、北美大陆风情、大洋洲海岛风情等。

●品牌主题开发与流行趋势

主题开发可分为趋势主题与个性主题两类。趋势主题指年度主题、国际主题等时空范围大的流行趋势主题,是预测性主题;个性主题指产品主题、品牌主题等具体开发主题,是操作性主题。趋势主题要靠个性主题来细化和落实。

生物部落、地理部落、魔幻部落、科技部落,这是中国家用纺织品行业协会推出的"2012/2013 中国家用纺织品流行趋势"的四个主题。生物部落代表一种新的自我觉醒和更多的情感期待,凸显特别的感性;地理部落使人们更加强烈地感觉到需要从感情、历史、文化和家庭的角度,与一个地区建立联系;魔幻部落代表着超越常规形态与日常禁忌,利用元素的独特性和不可重复性,努力打破传统,破除自身的局限;科技部落呼吁手工艺品与回收材料,手工制造与技术的结合,是一种新的、逐渐全球化的倾向。[1]

朦胧、简洁、粗犷、珍贵,这是意大利米兰纺织展发布的 2012/2013 秋冬季面料及色彩趋势的四个主题。朦胧,将花呢布的真实转换成想象,形成精致的、充满想象力的版本,布料朦胧并且精美雅致,独具匠心的无序中夹杂柔和的水彩画色,明暗流转,游弋于亲和与魅力之间。简洁,主要表现为:不同面料拥有相同的强度、微观以及宏观图案(通常是花纹图案)、浮雕近似凿刻的效果,在彩色密度和亮度范围内生动地渐变。粗犷,更加注重轮廓外形;面料严密度和强度的影响因技术带来的舒适而减弱,严格的规范因柔软羊毛和修剪强缩绒而得到缓和;色彩体现了矿物世界简朴、无奢华的基调,融于科学与自然之中,带上克莱因蓝的风格。珍贵,表现为来自遥远国度的回声、现代的民族风情、中世纪"黑暗时代"铮亮的金属盔甲、冬季的花园和超真实、抽象的花卉世界。未来主义派的金属元素和古色古香的光彩渐变碰撞出迷人的、丰富的色彩组合。[2]

上述两种趋势主题,前者从材料挖掘蕴意,后者从风格体现精神。它们的细分和要素组合,形成产品主题。

品牌主题开发不像产品主题开发一样受制于趋势主题。它考虑到大范围

---

① 《"2012/13 中国家用纺织品流行趋势"发布》,全球纺织网,2011 年 9 月 2 日。
② 《2012/13 秋冬季面料及色彩趋势(Milano Unica)》,中国绸都网,2011 年 9 月 2 日。

的流行趋势但不亦步亦趋，而是以自己的品牌文化和品牌思想为主线，以品牌所附着的产品与服务为依托，以独特创意为核心，组织题材概念，形成差异化主题。品牌主题开发与趋势主题有异有同，相伴而行却保持独立，常常成为光团中的亮点，五彩中的电光，群舞定格时的独舞，合唱休止时的独吟，所谓领导品牌，所谓引领时代潮流，概指于此。

●品牌主题开发模式是对传统模式的颠覆

所谓传统模式，就是只做产品或先做产品后做思想。许多品牌服装企业最初都是先开个工厂造出产品，然后在产品上贴个商标，拿到市场上去卖，等到实在卖不动时，再形象策划，包装一下，找条响亮的广告语或寻个知名的代言人做广告，然后继续卖。这是做产品。

做品牌与做产品不一样。品牌的本质就是"文化＋艺术"。品牌文化是其哲学思想及生活方式的内涵外显，品牌艺术只是其外在美化的表现形式。另外，品牌与产品的利润结构也不一样，产品是资源加劳动力的回报，而品牌是文化加艺术创造力的回报，叫文化附加值。

"先做思想，再做产品"。解决一切问题的关键，首先是战略思想问题。品牌的打造也一样。拿男装来说，品牌男装的本质就是前沿的哲学思想和先进的生活方式。比如，太子龙拍的动画片塑造了"龙太子"这个"大胆活泼、聪明可爱、智趣顽皮"的卡通形象，这就是一个群体性思想最简单的表现。这个模拟的卡通人物代表的就是一类独特的消费群体，也是一种思想。它的形象深入小朋友的心目中后，再附着于成、童装等产品载体，以此实现文化价值，让喜欢"龙太子"这个卡通形象的孩子们热衷于这个品牌。

传统的制造业模式，是有什么样的产品，然后策划出与之相适应的广告。它没有自己独特的思想内涵，所以不一定卖得动。而真正的品牌经营是先具备一定的思想，然后用能够表现这种思想的产品来揭示和体现其具象与魅力。像阿玛尼、杰尼亚这样的国际大牌，不会把太多精力放在生产上，而是组织核心人员"造思想"。他们把创意的思想灌注到产品中，并让喜欢阿玛尼的消费者穿出年轻、时尚的感觉，这就是品牌运营的本质内涵。做到了这一点，就可以让消费者花数万元钱买一套服装，而且还舍不得穿，这就是品牌价值的实现。

281

　　品牌主题开发模式从本质上讲是科学品牌发展观"先做思想，再做产品"战略思想的落地化。就是以前沿的价值观、最新的生活方式为依据来开发产品。具体是先把品牌的战略主题、年度主题、季节流行风格等一揽子品牌主题思想设计出来。然后，在产品的具体开发上，品牌主题是由品牌拥有方根据自身的品牌文化和市场结构来设计；产品的技术表现，则由专业设计公司指导，确定产品的风格表现、面料结构、工艺技术等。

　　品牌主题开发，不是就题做题，而是就品牌做题；不是只在品牌层次做题，而是在前溯产品材料后接品牌输出的整个产业链上全程做题。要想实现品牌的差异化优势，就必须从源头抓起，在产业链的最前沿去创新，这其实也就是创造经济与制造经济的根本区别。

　　品牌主题开发模式对传统模式的颠覆表现在以下几个方面：

　　1. 一反民族品牌对国际大牌亦步亦趋的附庸心态，在观念、概念、创意等源头部分创新。

　　2. 改变了同类品牌之间无差异化产品竞争的低端状况，提供了差异化竞争的最新模式。

　　3. 创新了产品开发流程，制定了"先做品牌的风格定位和主题设计、再做产品企划和系列整合"的科学流程。

　　4. 品牌主题个性突出，不易被仿。像人的名字一样，一个名字就是一个人，一个名字就是一种独立的性格、一种特殊的身份、一种别具特色的生活方式。

　　5. 品牌主题开发新模式，是未来流行趋势的窗口，这是其最大魅力和价值所在。

　　6. 品牌主题开发新模式实现了从内在需求向外在需求的自然转移、从单向灌输到双向沟通的人性化供需关系的转变、从散弹式营销向精准式营销的转变。品牌主题开发模式是人性化程度最高的文化型产品开发模式，也是未来品牌文化的最高境界。

第二节　品牌主题开发四大亮点

　　品牌主题开发模式四大亮点是：领先国际的价值观、前沿时尚的生活方式、新颖独特的主题概念和个性化的产品设计。

一、领先国际的价值观

品牌价值观是该品牌所要表达的文化意蕴。领先国际的价值观，就是指国际化的先进思想理念。

美国著名管理学家劳伦斯·米勒在《美国企业精神》一书中，将品牌价值观分为八类：

1. 目标价值观。品牌经营须有崇高的目标，并把这种目标传达给全体员工，使全体员工在追求这种崇高目标时，得到自我价值的实现。

2. 共识价值观。品牌管理者应改变传统的发号施令式的"指挥型决策"，实行"共识型决策"。建立共识是时代的要求，因为广大员工有足够的知识和智慧，也有参与决策的民主意识，让他们参与决策是对他们的尊重和肯定，可以激发他们的忠诚心和创造力。

3. 卓越价值观。追求卓越，攀登高峰，永不自满。这是关于杰出工作信念的理想境界，是一种精神、一种动力和一种工作伦理。

4. 一体价值观。品牌管理者和全体员工必须组成一种同舟共济的利益共同体。这是一种强文化的标志。

5. 成效价值观。行为是结果的函数，这是人类行为的基本法则。成效价值观是讲求效果的价值观。它要求把员工的工作和利益联系起来，付出与获取联系起来，成绩与奖励联系起来，使员工在成就需要不断得到满足的情况下把自身的能量最大限度地释放出来。

6. 实证价值观。用统计方法去衡量效益，是一项基本的管理技能。品牌管理者必须学会思考的方法，把基本数学观念应用于决策之中。因为品牌经营的成败全在于管理者和其他人员是否善于思考。

7. 亲密价值观。亲密感作为一种给予或接受爱的能力，是一种普遍的、基本的人性追求，它有助于提高信任和忠诚的程度。品牌管理者应努力营造一种和谐亲密的文化环境，使每个员工的积极性和创造性得到充分发挥。

8. 正直价值观。品牌管理者具有正直的人格和品质，才能赢得下属的信任和支持。

价值观对品牌具有以下作用：

283

1. 定位作用：价值观将品牌追求的目标与社会价值联系起来，为品牌在整个社会中定位；价值观将员工个人的追求与品牌的经营目标联系起来，使个人在品牌的发展中适当定位。品牌与个人要有合理的定位，就必须有合理的价值观。

2. 决定作用：价值观对品牌的生存和发展起着重要的决定作用。作为品牌文化中最深层的要素，价值观决定着品牌的根本，决定着品牌的经营风格和管理特色，决定着员工的行为取向。

3. 支柱作用：价值观是品牌最重要、最强大的精神支柱，是全体员工的精神依托，可以满足其精神追求的需要。在品牌面临困境时，价值观将转化为无穷的力量，使品牌战胜艰险，保持不败。

4. 激励作用：价值观灌输一种坚定信念，是员工积极向上的精神资源。价值观激励员工靠信念的力量去努力工作和实践，获得丰厚的回报。有时，价值观的激励比物质的激励要重要得多。

5. 整合作用：价值观提供了整合的基础和纽带，因此，品牌运作过程中的矛盾冲突、人际情感等都可以通过共同的价值观实现整合。矛盾和冲突得到调整和化解，人际情感得到进一步强化。

284

6. 教育作用：共同价值观具有先进性和进步意义，一旦形成就会产生一种无形的"势能"，施加一种无形的压力，对全体员工起到感化和暗示的作用，从而使员工自觉地、有意识地按照共同价值观来塑造自我。[1]

二、前沿时尚的生活方式

价值观确定后，要把它简化为一组或一个概念。所谓"价值观植入"，就是通过有概念的产品将价值观植入消费者心智中。

品牌营销就是塑造一种生活方式，这种生活方式必须与消费者期望的生活方式相吻合。消费者一旦认同品牌所倡导的价值观，就会为拥有这个品牌而自豪，并以这个品牌为精神寄托，其行为便表现为持续购买该品牌产品。

每一个品牌的成功，在于它所宣扬的生活方式被消费者接受，或者说引导了新的生活方式。消费者在产品中不仅看到的是功能的改进、科技的创

---

[1] 博思商学院：《品牌价值观：从价格到价值》，博思人才网，2011年9月8日。

新，还能够与产品产生一种情感上的共鸣。

现代意义的品牌，是指消费者和产品之间的全部体验。它不仅仅包括物质的体验，更包括精神的体验。品牌向消费者传递一种生活方式，人们在消费某种产品时，被赋予一种象征性的意义，最终反映了人们的生活态度及生活观念。产品是没有思想的物资，在产品日益同质化的今天，产品的物理属性已相差无几，唯有品牌能够照顾到人的心理与精神需求，能够展现消费者的个性和身份。

生活方式的潮流在不断演变，总想走在前沿的消费者用品牌来界定自己的生活方式。他们在寻找真正的可以作为生活标准的品牌意义，如专业的设计水准和精细的制作程序、有口皆碑的品质保障、商业化演绎的品牌精神，等等。

消费者对于品质的迷恋与忠诚让"品牌"的制造者们尝到了"品牌"的好处，他们不满足于只让消费者享受他们所提供的高品质，他们更努力地向消费者推销一种品位文化，并通过打包的形式提升产品的价值，最终来提升消费者对品牌的忠诚度，让消费者对品牌的依赖成为一种生活方式。当一切成为习惯时，消费者便成了真正的品牌信徒。

从选择产品到选择品牌，人们的消费观念发生了根本改变。人们购买产品，主要是看重品牌能够满足诸如情感、希望、成功等更高层次的心理需求。人们渴望通过消费体现自己与众不同的品位，突显自己的个性。品牌所表现出来的生活态度和价值取向，与消费者在消费的个性意识领域取得默契，品牌所表现出的内涵充分被消费者接受，品牌的附加价值得到充分诠释，消费心理被尊重，消费者的个性得到张扬，从此奠定品牌与消费者生活的密切联系。[①]

三、新颖独特的主题概念

价值观是通过有概念的产品将价值观植入消费者心智中的。所以，概念的新颖独特至关紧要。

品牌产品承载着消费者的精神追求、生活情趣，乃至对社会生活的一种

---

① 《Tim-Solso：品牌是一种生活方式》，新浪财经，2007 年 3 月 13 日。

285

态度，品牌营销就是塑造一种生活方式，而这种生活方式与消费者期望的生活方式相吻合。消费者一旦认同品牌所倡导的价值观，就会为拥有这个品牌而自豪，并以这个品牌为精神寄托，其行为便表现为持续购买该品牌产品。整个推广接受过程始于主题概念。

四、个性化的产品设计

领先国际的价值观、超时尚的生活方式、新颖独特的主题理念，都要通过产品和服务体现。所以，产品必须符合主题要求，承载领先国际的价值观和超时尚的生活方式，也就是说，品牌主题要落实到个性化的产品设计之中。

狭义的产品个性化就是差异化，为自己的产品设计其他产品没有的功能与特性。

广义的产品个性化不仅仅包括式样、功能、外观、品质、包装、设计，而且包括个性化销售和个性化服务。它是一种建立在完全满足顾客个性化要求基础上的产品，体现的是每位客户的个性而不是企业的个性。个性化产品是满足以顾客个性化需求为目的的活动，要求一切从顾客需求出发，与每一位顾客建立良好关系，开展差异化服务。

现代市场上，产品种类越来越丰富，供过于求，消费者可以在众多的同类产品中随意挑选，这就要求商家不断生产出个性化的产品。不同的经营理念、不同的服务体系、不同的企业文化都会造成不同产品的独特性。个性化产品建立在产品的质量和基本功能之上。高品质性是个性化产品的核心要求。个性化产品可以在顾客心里建立起一种高品质、人性化的形象，这样有利于提高自己在目标顾客群当中的信赖度，有利于更快地抢占市场。

在传统目标市场中，消费者所需的商品只能从现有商品选购，消费者只能选择与自己的理想产品最接近的商品。而在个性化营销中，消费者选购商品完全以"自我"为中心，现有商品不能满足需求，则可向企业提出具体要求，企业也尽量去满足这一要求，让消费者买到自己的理想产品。

关于品牌价值观、生活方式、主题概念设计和产品设计在品牌主题开发和创意链中的位置与作用，可参见第十一章"至尊化的品牌创意链"。

第三节 概念与主题开发

每一个新潮产品背后都有一个激动人心的概念。概念与口号并不等同。好的传播口号是概念的忠实使者，不好的口号扭曲概念。很多企业往往将过多的注意力放在传播口号上，而忽视了对其核心概念的推敲。

产品概念，是用一个概念定位产品。企业推出新产品的时候，往往先为产品设计一种新概念，直接揭示产品的突出优势，强调最大卖点。产品概念往往提出一个值得消费者关注的具体问题，然后说明新产品有什么特点，这些特点是怎样解决消费者关心的问题的。可以说，产品概念从本质上说就是产品卖给消费者的利益点、满足消费者的需求点。概念与产品是思想与物质的关系。概念对应消费者未满足的需求、价值观、生活方式等，产品则承载这些需求。

主题概念是升华了的产品概念。

好的主题概念与它所统率的创新产品是一体化的，构成一个生命体。概念凝练概括产品功能和品牌精神，产品感性演绎概念内涵和品牌个性。主题概念不仅仅是应对消费者当前某个需求，还要考虑超越消费者预期，引领消费者的需求。

主题的概念比产品更丰富、更多联想、更多地诉诸感性和精神需求。好的主题概念直奔生活方式、价值观等高层次需求。

品牌主题开发模式在架构上呈金字塔形。最上面是总主题，下面是分题，分题由产品支持，产品由概念、流行色系、款式要点、风格特色构成。

下面是四个示范案例。

示范案例一：　　　　太子龙 2012 年度品牌主题策划

1. 品牌主题创意思路：

龙是中华民族的主体精神，所以龙就是中国人；2012 年是龙年，所以也就是全体中国人的本命年，本命年是转折起点和卓绝图腾。龙年，呼唤责任担当，倡导龙的主体文化，实质就是锻造民族的核心价值体系，捍卫民族尊严既顺天理又通民情，所以说龙年说龙喜事多，龙年担当多吉祥，这是 2012 年的巨大商机所在。

287

2. 品牌主题确立：

品牌主题关键词：责任，时尚，普世性。

太子龙的核心精神是责任担当，正确翻译是 chinese loong，所以，太子龙既是责任担当的中国龙和世界龙，又是与时俱进的时尚龙。

3. 产品开发的文化融入：

产品文化的主基调：龙文化（责任大气，时尚庄重，深沉内敛，中国元素）。

文化元素的表现方式：用中华文化的系列元素来开发龙产品系列，并系统展示 2012 年春夏太子龙品牌主题。

4. 2012 年龙文化推广设想：

2012 年的太子龙品牌文化，要紧紧抓住龙年消费者对龙形象的崇拜心理和爱国热情这个大商机，紧紧抓住属龙消费者穿龙衣的消费心理，在品牌终端上努力展示龙元素，表现品牌新亮点，通过终端文化来充实品牌营销，大力提升终端的单店绩效，实现中国文化在太子龙品牌文化上的深度融入。

示范案例二：　　　太子龙 2010 年春夏新品——杰派人生

"杰派人生"是太子龙 2010 年春夏新品之一，其主题来源于对中年男性人生坐标的思考。

品牌哲学：人生峰尚体验——杰派人生。

"杰派人生"是太子龙品牌总定位的细分。

太子龙品牌的客户形象一直定位于成熟内敛、刚毅自信、事业有成的中年男性群体。但品牌形象和定位需要适时更新，因为品牌不能跟随客户一同老去。如果长期固守一个形象定位，不通过形象创新激活市场，市场就会产生审美疲劳并导致品牌转移。

所以，在坚持总体形象定位的基础上，进一步做好年度细分，在客户群体中找出更新、更准、更时尚的先锋客户，就成为市场战略的制胜法宝。"思维创新、行动干练、充满激情的青壮年杰出消费群——杰派人生"概念就此成形。"杰派人生"概念，既保持了品牌定位的基本元素，稳定了基础客户群，又为品牌形象增加了年轻化和时尚化元素，提升了目标消费群体的品位。

杰派人生有着丰富的内涵：杰派人生一族，更注重外部文化和个人品位的趋同性。品牌主题开发模式的导入，可以肯定和张扬这种趋同性，从文化思维和价值观上，实现杰派人生的憧憬。

杰派人生的价值观、人生观的培养和建立，是一项系统工程。说白了，与其说在做品牌服装，不如说在给杰出人士做人生观和价值观的打造。相应的，与其说我们是在做品牌文化，不如说是与品牌消费群体做思想上的深度沟通和价值认同。

从营销战略上讲，只有全面满足了这类社会中坚——杰派人生的精神需求，才能引领这个年龄段的整个消费群体。

杰派人生的精神坐标语录：

快乐之所以能替代金钱成为时尚人类的成功指标，那是因为幸福来源于九九八十一磨难后的感受，而成功却是因为你在磨难过程中领略了科学。

人生可以说是为他人的幸福而生，但也是为自己的价值而活。

完美事业就是以自己喜欢的事为业，为生命的价值而探索，为幸福的标准作验证，为完美的人生而实践。

不一定有文化，但肯定得说话；不一定有思想，但一定要去想；不一定有前途，但一定得追求。

不必如蓝博坚尼哲学，不在离经叛道中改天换日，就在习惯中粉碎传统；不必用桀骜不驯对垒世俗，但一定要在平凡中卓越一刻。

每个人都有站在第一排的精彩时刻，没有先后与大小，也没有成功与失败。可是人生需要喝彩，为成功的事业喝彩，为水晶般的爱情喝彩，为真挚的友情喝彩。我们的精彩不在于别人对自己有怎样的肯定与赞扬，而全看自己能有什么样的激情和豪迈。

不为真理拼搏的人不可能高尚和伟大，不为理想拼搏的人肯定不会精彩和卓越。

卓越的人崇尚科学，高尚的人捍卫正义，伟大的人拯救人类。

示范案例三： 太子龙 2010 年秋冬新品——简·致主义

"简·致主义"是 2010 年太子龙秋冬新品推出的男装主题。

太子龙品牌的"简·致主义"主题源自目标市场分析。

对于一般男人来讲，经过多年的拼搏，已经拥有了一定的事业基础和消费能力，也形成了自己的价值观和人生信条。他们刚毅内敛、遇事不惊，厌恶一切思维肤浅、华而不实、心态浮躁的幼稚举动。但男人也更加繁忙，大量的商务和社会活动，使得他们很少有闲暇让自己放松。他们对生活的要求体现出了独特的二元心理需求，一方面喜欢简约随性的外在装束和朴实健康的生活感觉，以节约更多的时间投入工作；另一方面又基于自身的地位和尊严，致力于实现个人的价值，以及对生活品位的精神需要。这便是时代男人"简约随性·精致品位·致力事业"的三位一体高尚生活方式。

这种生活方式体现了中国主力消费群体在价值信仰、事业追求、地位尊严等内在需求上的统一，是未来中国男装最科学的价值追求和战略主题。

简约和精致表面上似乎是对立的，其实有内在联系。"简·致主义"的核心诉求是追求崇尚简约生活而不降低价值追求，这种思维理念反映了境界追求存在于物质和精神之间、感性和理性之间。看似对立的矛盾思绪，往往使人的意识飞离现实，到达最高境界——人类第六需求梦幻追求！

"简·致"主题的设计队伍以意大利设计师 RICCARDO RAMI 为首，采用法国和意大利的高新科技面料，其作品夹克外套几何感十足，简洁硬朗，充满力量，带有剪裁痕迹的"城市的碎片"和撞色镶拼设计，带着一些梦幻般的率意随性，在 U 形台上散发着优雅知性、凛冽干练的动感魅力，把"时代男人"的利落与浪漫、"责任男人"的挺拔与坦荡和"大气男人"的粗犷与干练表现得淋漓尽致，极富现代气息。

示范案例四：　　　某品牌季节开发主题——枫彩蜓舞

综合定位：某品牌秋季的开发总主题——枫彩蜓舞。根据国际流行色系和新品款式的发展趋势，预测秋季中国市场时尚休闲服饰的发展走向，取中华枫叶和蜻蜓飞舞这两个图案与色系来演绎秋季。下分四大类产品主题：枫彩中华、蜻蜓小憩、玫瑰炫彩、职场枫情。

A. 枫彩中华：以枫叶红为主要底色，以深蓝色、白色以及少量的橙色为辅助底色，配以枫叶和蜻蜓图案，款式以稍许有反差色系的条状来点缀，体现简捷动感，以适应户外运动休闲需要。

B. 蜻蜓小憩：主要以深绿色（蜻蜓绿）为主，并配以浅橙色、浅蓝色、浅粉色、烟灰色等中和色系，作为秋天家庭版的开发色系。款式上所采用的图案绣花点到即可，体现简捷大方、宽松柔软、温馨舒适。

C. 玫瑰炫彩：以玫瑰红为主打色，粉红色、雪青色、紫色和少量的炫蓝色与黑色为辅助色系；在款式上体现性感裸露，给人以较强烈的视觉冲击力，以适应交友约会的需要；尽量避免用硬性的口袋或其他装饰物来点缀产品。

D. 职场枫情：用枫叶红、浅绿、白色、浅蓝色、黑色等色系作为商务版的开发色系，在款式上尽量用简单有型的口袋、棱角分明的衣领，以及少量的线条和简单的图案来体现明显的季节风格快捷高效的感觉。

1. 上述色系的搭配和款式应用必须紧密结合功能需要，灵活调整色系与款式，以打版和洗水后的效果来确定。

2. 注意各主打色系之间的演变过程，特别是枫叶红和蜻蜓绿之间的过渡色差与变化，在终端体现出绚丽多彩的视觉风景。

3. 各辅助色系除家庭版可以适当用浅色来表现外，其他的应尽量地体现出中和色的"炫"来，这是开发中的核心要领，不可用极端色和大量的灰暗色系来体现产品功能需要。

第四节 色彩与主题开发

服装色彩是服装感观的第一印象，它有极强的吸引力。合理的服装色彩给人一种感觉、一种情感、一种气氛，或高雅或入俗、或拘谨或奔放、或冷漠或热情、或亲切或孤傲、或简洁或繁复，想要准确描述它们十分困难，但却能够确确实实地感觉到，并且常常给人以深刻的印象。服装色彩是人类与自然界相呼应的一个媒介。

人们追求美的强烈心愿推动了服装色彩的流行。服装色彩作为一种工具能够给人们提供更多的选择。服装色彩是展示个体差异的标志。作为社会的人总是希望在他人面前展示自我，人们希望借助服装来展示自己的与众不同，证明自己在社会中的存在。色彩的存在与变化可以帮助穿着者建立自信心和自尊心，在让他人关注到自己的同时，也就建立了同他人的某种联系。这种体现个性的特征为服装色彩的存在与发展提供了更大的空间。①

色彩设计在服装的主题开发中有着绝对重要的意义。服装色彩有着丰富的文化内涵。服装色彩与款式、面料的结合，能产生千变万化的服装风格。服装色彩最终决定着设计的成败。

色彩的重构是对素材的色彩进行分析、概括，提取契合设计意图的结构及色彩，从色彩的总体调整图形设计；也可利用采集图片与设计物之间的内在关联性，在似与不似之间组成全新的结构与色彩。

《菁萨蓝弧·2010 杰瑞之春》是太子龙春夏新品主题开发企划案。此案例是品牌主题开发模式思想较理想的体现。

（一）"菁萨蓝弧·杰瑞之春"主题内涵

太子龙春夏新品产品结构为：时尚商务 50％，经典商务 15％，都市休闲系列 35％；产品风格为：国际时尚休闲风格，简约、流畅、瘦身和个性化。

以"菁萨蓝弧·杰瑞之春"为品牌主题，就是用一个前沿时尚的个性化主题，把多元的、活跃的、神秘的、科技的元素组合在一起，主题概念元素主次分明，排列有序，构成一个独特的概念体系，在伴行国际流行潮流的同时，保持自己的品牌文化特色，把太子龙要传播的品牌主题推到时尚的高度。

（二）色彩系列

1. 品牌主打色彩：黑色、白色、灰色、卡其色。

---

① zhougelun：《服装色彩搭配原理知识与技巧》，www.dapeimm.com，2011 年 9 月 26日。

2. 季节主打色彩：A. 蓝色系列：古蓝色、灰蓝色、牛仔蓝色、金属群青蓝色、浅湖蓝色；B. 紫色系列：灰紫色、金属质感亮紫色；C. 绿色系列：绿黄色、艳绿色、翠绿色、灰绿色。

3. 季节辅助色彩：梅红色、水粉色。

（三）基础性概念构思

1. 光影概念：来源于太子龙2010年春夏新品中诸多亮色系和闪光面料的基础性物质概念。

2. 精彩概念：来源于太子龙品牌的品质精神（短小精干的款式风格和从容大方的得体裁剪）和闪亮光彩的精品意识（在黑白灰主体意识的基础上突显时尚出众的亮彩色系）。

（四）"菁萨蓝弧"概念策划

概念：菁萨蓝弧。

色彩源组合：绿蓝紫·灰暗神秘·城市之光·弧光镭射。

物质象征组合：时尚亮色·黑白灰主体·青春希望·现代科技。

精神象征组合：春·神秘·晖·照耀。

符号象征组合：市·城·彩·光。

主题概括：光影·精彩。

主题概念中的"菁"代表了春天的颜色——绿蓝紫红，也象征着青春活力；把它作为次年春夏的流行主打色，也符合权威机构对于2010年春夏季节的国际流行趋势的预测。

"萨"含有神秘、灰暗、静谧、庄重的意思，它可以用由黑灰到白色的过渡体现某种情绪。"萨"在主题的要素组合中，与"菁"的春色描绘一呼一应、相互衔接，表达了冬去春来、万物复苏的充满活力的乐观情绪。作为品牌自身元素的考虑，太子龙品牌的主打色彩就是黑白灰，本主题与品牌文化的色彩元素和象征意义相符。

"蓝"是生命希望与时尚科技的意思，象征希望活力。作为在第三位

293

出现的元素，它是组合中的作用是点缀；所以它在主题中属于辅助性季节色彩。

"弧"是弧光镭射的意思，在这里它代表着闪光的材料和先进的科技与工艺等；同时它也是本季辅助产品中最耀眼的种类。蓝和弧的组合体现高科技意味。

主题产品：从容商旅系列。

风格：闲适雅致系列：简洁流畅和精彩出众，优雅休闲和舒适放松。

高效利落体现时尚商务的时速需要，无拘无束体现居家休憩和旅游度假，色彩斑斓体现都市交友的精彩出众，人性回归和生命延续张扬内在动力需求。

人文释义：青春犹如一道神秘的蓝光，在不知地觉中照亮了朦胧的天际，远方苍茫的地平线上呈现逐渐加深的天蓝、嫩绿和鹅黄。是啊，春天，希望的未来，光彩的青春，城市之光，一切联想来得那么自然……

产品释义：立足太子龙品牌大气庄重的主体风格（黑、白、灰），运用现代科技材料（闪光材料），创领时尚青春（蓝、绿、紫）。

第五节　品类与主题开发

品类与主题开发，是立足品类进行概念主题设计。

2009 年，龙太子品牌童装打破民族童装不是休闲就是运动的通用模式，应用品牌主题开发原理，围绕孩童的多维生活空间设计主题，大胆引入太空探险、极限运动、快乐居家、顽皮生活和快乐交友等多维生活模块，采用高科技面料及特色先进工艺，使龙太子童装 2009 年秋冬季的新品开发主题时尚十足又不失稚趣，个性特具又与年龄段合拍，天真烂漫中富含时代动感，产品系列丰富多彩，产品风格新颖多面，把 2009 年秋冬的中国孩童打扮得百般灵秀，万般可爱。

龙太子童装 2009 年秋冬季的新品开发主题包括男童、女童两大品类，男童品类包括数码宝贝系列、极限运动系列；女童品类包括哈妹淘淘系列、金妍宝宝系列。

（一）龙太子品牌背景

龙太子品牌属于太子龙集团子品牌。

龙太子品牌被称为"中国首个具有真正品牌文化的童装"，根本原因就在于它主张建立科学前沿的儿童生活方式，并立足于帮助家长建立起正确的儿童成长观念，最终通过孩子喜闻乐见的动漫游戏、动画节目、少儿服饰、娱乐道具等一揽子快乐要素包围圈，实现"快乐·健康·成才"的品牌主张。

2006年，太子龙控股集团旗下的龙太子文化传播公司，与中宣部、教育部、科技部合作制作大型教育历史动画片《龙脉传奇——中国古代科学家的故事》，开创了以动漫文化制作为先导、童装新品开发为衍生的现代新型产业发展模式。动画片邀请著名的男中音歌唱家杨洪基先生演唱主题曲《科学家之歌》和著名小童星阿尔法演唱《龙太子之歌》，深受小朋友们的追捧。《龙脉传奇——中国古代科学家的故事》和《龙太子》动画片在央视儿童频道播出以来，受到空前的市场追逐和专业人士的热捧。

龙太子"一站式快乐生活互联网"，主张全面建立快乐的生活圈子与运行机制，这个机制包括具有快乐要素的娱乐玩具、服饰饮食、视听学习等一体化全覆盖工程，全方位吸引孩子的眼球。

295

（二）龙太子童装品牌

1. 品牌定位

龙太子品牌市场定位为7～13岁孩童，其共同点是"娱乐生活、卡通动画、智力游戏、影视明星"。

这一消费群体可细分为二：聪明、活泼、顽皮的男童；有爱心、爱漂亮、小大人气的女童。

2. 品牌诉求

这一消费群体的思想行为特征和生活方式是：快乐即健康，快乐好成长，快乐成大器。由于属于未成年人，其家长的相关观念尤为重要。

中国人的传统思想就是希望男孩子成龙女孩子成凤，总是费尽心思包办孩子的一切，总是不顾孩子的意愿，强行让他们学奥数、练钢琴、学绘画、进强化班，总以为自己把所有的爱都给了孩子，可孩子既不领情，更不成才，寻根问底也找不出原因所在。西方的先进教育理念，是建立在孩子快乐原则之上的。他们在充分尊重孩子意愿的基础上，科学地引导孩子把兴趣爱好与快乐元素结合在一起，贯穿于孩子的学习和生活之中。龙太子品牌以国际化思维打破传统思维和教育模式，推出"快乐·健康·成才"的科学成材规律和教育理念，是对国内传统教育模式的颠覆性创新。

3. 男童品类

数码宝贝系列：

主题含义：追逐新奇事物和时尚科技的天真童趣，是数码宝贝系列的神韵所在。

卖点简介：主体要素采用了时尚灰色和金属质感的太空高纤面料，非对称几何线条和立体拼图工艺，整体演绎了数码科技和太空时尚风格的巨大诱惑与冲击力，满足了现代孩童追逐科技时尚的求新求异心理，这是本次新品开发的最大亮点。

用龙太子品牌的领航色彩橙色和宝蓝为季节主打色彩，平衡明黄、黑灰等辅助色彩带来的视觉沉闷，暗喻男孩子的鲜明性别和动感天性。运用卡通和龙太子logo的复合图案，采用几何非对称性线条和斜叉口袋点缀，体现孩子的纯真与追逐科技的心理需要。

极限运动系列：

主题含义：满足现代孩童天真活泼的运动天性和偏爱惊险刺激的反传统运动要求，同时体现来自长辈和社会的关爱。

卖点简介：创新运用漆红色、军绿色、黑色、浅灰色等辅助色彩点缀传统运动的标志性色彩；采用超薄弹性高纤和纳米新科技涂层面料体现季节新品的科技时尚感。用卡通图案和龙太子VI基础标志的混合图案，衬托龙太子品牌童装极限运动系列的品牌个性。整体风格以孩童滑板、童稚棒球和小大人的街头运动和成人涂鸦等反传统运动图案衬托。

4. 女童品类

哈妹淘淘系列：

引子：总是喜欢淘气地穿大人的鞋子，总是羡慕邻家姐姐的漂亮衣服和来去自由，总是梦想一夜之间长大成人……

主题含义：聪明美丽、活泼可爱、淘气好动和总是长不大的童星宝宝，总是令大人们忍俊不禁和呵护有加。哈妹淘淘系列360度满足了小大人渴望长大的心理需求。

卖点简介：完全立足于孩童淘气可爱和小大人的纯真心理，大胆运用西瓜红、紫色、黑色、银灰等成人色系为本系列的主打色彩系列；用立体花瓣装饰和几何图案的珍珠纽扣及超大口袋来刻意装饰出"小大人特殊阶段"的幼稚心理需要，是本季龙太子女童装系列的点睛之作。

独特的无袖卫衣和高支涤棉连衣罩裙，把质地精良的产品品质和小大人女童渴望长大的攀比心理描画得淋漓尽致。毛涤混纺加太空科技感的散光面料，低调迎合过渡秋冬的气氛又不失时尚。

金妍宝宝系列：

引子：《爱上女主播》让亚洲女孩既爱又恨地认识了韩国妖姬金素妍，作为聪明美丽又叛逆使坏的矛盾体，她代表了新时代亚洲女性的全新个性，着实令中国的小大人宝贝们打心眼儿里艳羡。

主题含义：传统的乖乖美女形象已被颠覆，美丽又叛逆成为时代女性审美的超酷标准。金妍宝宝系列之居家天伦之乐家庭版和户外小伙伴交友版，正是瞄准了小大人们这个特殊的心理需要。

卖点简介：规格不一的纯棉休闲和色彩搭配出位的运动套装，即使不说话也早已把小鬼精灵和淘气精神表现得活灵活现。简洁实用的居家定位，个性鲜明的色彩搭配，出位而又多变的独特风格，传递天伦之乐和居家情趣。

第十三章　创意主题表现与产品设计

在服装设计中，创意不但指有新意的独创性思维，也包括整合设计创新。有人说，服装设计中最为灵魂的部分，就是要求创意结合时尚，旧物翻出新意，一切要素为我所用。

第一节　产品创意主题的表现要素

服装设计可细分为十二个基本元素：造型、色彩、面料、辅料、结构、工艺、图案、部件、装饰、形式、配饰和搭配。每个品牌在一定时期里应该由一个稳定的设计元素群构成，这个稳定的设计元素群可以分为主要元素和次要元素。主要设计元素是品牌中经常使用和反复出现的元素，构成了品牌的基本风格，次要设计元素是前者的补充和点缀，是品牌风格的变化和补充，也是流行元素之所在。品牌服装与其他服装在设计上的一个根本区别是，品牌服装强调设计元素的不断重组排列，在一个系列内的设计元素与设计元素之间、一个系列与其他系列之间的元素的联系上凸显创意。

服装设计的诸多基本元素，可概括为三大表现要素：款式造型、色彩设计、面料选择。

一、款式

服装廓形与款式设计是服装造型设计的重要组成部分。服装廓形是指服装的外部造型线，也称轮廓线。服装款式设计是服装的内部结构设计。服装廓形是服装造型设计的本源，服装廓形的变化影响制约着服装款式的设计，服装款式的设计支撑服装的廓形。

服装款式是服装最重要的视觉因素，它决定着服装设计中的其他因素。服装美学认为款式是服装设计师的创作灵感，没有美的款式，就没有设计的成功。

1. 形式美与款式设计

服装的形式美，是指生活、自然中各种形式因素，如线条、形体、色彩、声音等在服装上的有规律的组合体现。服装形式美的产生以及由此而形成的文化模式与审美心理结构，与人们的社会实践活动密切相关。形式美是服装美学的中心课题。

服装款式的构成是一种活动的视觉艺术，它是必须通过人体穿着和展示才能完成的特殊产品。服装款式要体现出人体的自然美，作用于结构中的线条是很重要的。应用在款式上的具体造型变化，都有各自的表达力和感染力。圆形柔和，方形刚劲，正三角形安定，倒三角形倾危，水平线平稳舒展，垂直线挺拔崇高，波浪线轻快流畅，折褶线强硬有力等，都是人们通过实践在心理上形成的感觉经验。

2. 款式设计的艺术性

服装款式设计是一门独特的学问，它是文化、艺术与工艺的综合展现。从事服装设计，既要研究服装美学，很好地把握住艺术规律，又要具备一定生理学、心理学以及商品材料学知识，包括对人的生活方式以及时代潮流和社会需要的研究；同时，还要准确地把握住服装款式设计中服装造型与装饰艺术的关系，从整体到局部的统一与变化、调和与对比、服装造型与体面、装饰形象与款式、节奏与韵律等诸多的关系中找出规律，抓住重点，指导设计。

3. 款式设计中动与静的关系

均齐与平衡是动与静的辩证关系，也就是动力和重心的形态关系，同时也是形体、色彩、空间和动态的综合平衡关系。它们之间可以产生相关的互补作用，当形体或动势表现不平衡时，就可用色彩给予补充或调整，使整体平衡。形体面积的大小、动态的方向、色彩的轻重、装饰的姿态、服装线条的走向，构成了它的动态。表现在服装上的动态有：跳跃感、向上感、流动感、下垂感、节奏感、安定感等。在服装款式设计中，为了使服装在造型上求得美感，还运用裁片分割、绣花、褶省等装饰组织款式构成，造成服装的动与静，给人以平稳或活泼的美感。服装的艺术特性是人的情感力量赋予的，服装设计师在进行款式设计、缝制操作到最后创造成为服装艺术品的过程中，在衣料的空间物态里，已经将人的种种心理和情感置于其中。当观赏者或着装者凭自己的审美经验产生联想时，服装物态空间里潜伏的情感空间就会一跃而起，便有了种种情感和谐的对话。因此，在进行服装款式设计时，把握好动与静的关系，使人这个形体的某个部位更加突出，从而达到整体美的效果。[①]

二、色彩

服装的色彩是设计中最为响亮的语言，它具有超凡的艺术感染力。服装色彩最终决定着设计的成败，同时色彩的变化是投入最少、收益最大的。色彩牵涉的学问包含了美学、光学、心理学和民俗学等；服装色彩还涉及色彩开发、色彩标准、色彩管理、色彩经济等诸多问题。

1. 服装色彩设计构思的依据

对于服装设计师来说，除了掌握色彩的基础知识、色彩在服装中的作用、色彩的搭配等知识外，还必须做市场调查研究，及时掌握色彩流行信息，把握服装色彩新动向，使服装的色彩能够迎合时代的审美要求。流行预测者通过分析 T 台发布会以及纵览当季最流行的色彩，来预测哪一种色彩将会流行开来。

色彩有三大要素，即色相、明度和纯度。色相是每一种颜色品质所独有的特征和面貌，如赤、橙、黄、绿、青、蓝、紫等，人类可以分辨的颜色多达一千多种。明度是指每一色相在不同的环境里的明暗程度。服装色彩的设计与构思是整个服装设计过程中的中心环节，设计师必须以服装的使用功能与装饰功能为根本，把服装的造型材料以及其他相关因素综合起来进行设计

---

① 刘桂华：《美学在服装款式设计中的运用》，《南宁职业技术学院学报》2009 年第6期。

和构思，以达到心目中最终的完美形象设计。

服装色彩设计构思要有一定的理论依据：首先，服装色彩美应该立足于追求总体的协调，根据服装的特点把对比与调和统一起来加以处理，这被称为服装设计的调和理论。调和并不意味着排斥对比，对比色的追求，也包含着服装色彩与个性、需求、环境、场合等条件的谐调。其次，人无论在生理上或心理上对于服装色彩之美的认识都有许多共同的地方，并且社会上绝大多数人总希望与社会意识、周围的人群的服色协调起来，因此，反映在服装色彩美的评价与趣味追求方面有较普遍的共同标准。

2. 服装色彩的恰当运用

服装色彩是服装感观的第一印象，若想让其在着装上得到淋漓尽致的发挥，就必须充分了解色彩的特性。恰到好处地运用色彩的不同观感，不但可以修正、掩饰身材的不足，而且能强调突出体型的优点。例如，上轻下重的形体，宜选用深色、轻软的面料做成裙或裤，以此来削弱下肢的粗壮感。身材高大丰满的女性，在选择搭配外衣时，适合用深色。"色不在多，和谐则美"，正确的配色方法，应该是选择一两个系列的颜色，以此作为主色调，占据服饰的大面积，其他少量的颜色为辅，作为对比。衬托或用来点缀装饰重点部位，如衣领、腰带、丝巾等，以取得多样统一的和谐效果。

不同的人有不同的服饰色彩与之相适应，皮肤白皙的人选择颜色素净的服色会显得高雅、清秀；如果选择鲜艳色和较饱和的深色调，则通过色彩的对比使得白皙的肤色更加白净、美艳，而大面积的白色和浅亮色是不合适的，这样的对比会使肤色显得灰暗。

3. 服装色彩的地域性

色彩设计是一种社会活动，社会环境、生活方式、时代特征都会影响色彩的社会属性和情感表现。服装色彩也是如此。它存在于社会生活当中，表达着某种情感，不同的色相往往体现出不同的社会意识、道德规范和文明程度。在不同的地区、民族和个人本身都体现不同的含义，也形成了不同的类型和品位。因此，对于色彩的设计构思来说，虽然发挥设计者的主观想象力非常重要，但是这种想象力不能脱离实际，既要以客观存在为依据又不能拘泥已有的成功经验。

301

4. 服装色彩的季节性

服装的色彩要与自然界季节的变化同步。服装色彩也具有季节性。当春季到来，大自然的色彩走向温和，明快艳丽的色彩更适宜人们此时的心境。夏日，烈日骄阳，无处躲藏的炽热让人们渴望凉爽，服装色彩以宁静的冷色和能反射阳光的浅色为主。秋季是成熟的季节，自然界色彩丰富多变，秋季服装的色彩趋于沉稳、饱满、中性、柔和。冬季气候寒冷，自然界的色彩趋于单调，冬装的色彩既可以与季节相搭配，也可以用强烈的色彩组合来使冬天增添活力。

5. 服装色彩的布局

服装色彩设计的实用性与艺术装饰性同在，是美与用的高度统一。服装色彩设计构思是以人为对象的设计行为，必须与具体的设计对象结合起来，而且还要考虑到人的生产、生活活动及周围环境色彩的影响。

服装色彩设计不仅要考虑采用哪几种色彩来配色，而且还要将所选用的色彩进行合理的布局，不同的色彩布局会影响到整套服装的穿着效果。在现实生活中色彩的对比随处可见，这种对比可以表现在明度、纯度及面积的对比上。色彩面积的比例关系，直接影响到服装的配色是否协调。无论是何种形式的配色，其关键就在于如何掌握面积的尺度。

6. 服装色彩与面料

服装面料与服装色彩之间的关系是不可分割的。面料是服装色彩的物质载体，是色彩赖以依存的条件，色彩在面料上显示其色相和情感风貌。相同的面料由于色彩的不同而显示出不同的格调和品位。面料的质地具有直观的效果，像毛呢、丝绸、针织、棉布等布料在质感上有很大的差异，这种差异会使得相同的色彩在不同的面料上有不同的色彩感觉。

服装面料的色彩可分为天然色彩和染料色彩，天然色彩是面料本身的色彩，如一些天然的毛皮、棉布等；染料色彩是面料通过与化学染料的作用之后，使面料呈现出各种各样的颜色。不同的面料质感，影响色彩的感觉。同一种粉红色与不同的面料结合，融合交汇，演绎出丰富的内涵和情感。因此，在服装中，粉红色不只仅仅是热情、活跃、喜庆等的象征。色彩和面料

302

的结合，分别表达了不同的个性特质。色彩注入面料之中，就和该面料形成一个统一体，共同表达一个色彩主题，色彩有了依托，面料有了内涵。①

三、面料

面料是服装形式美不可缺少的构成要素。选择服装面料是每一位设计师必须掌握的知识，对服装面料的选择和应用是关系到服装设计成功与否的关键所在。

服装设计的发展离不开面料的改革与创新，服装面料的再造设计与面料的功能设计逐渐成为服装设计师的主要设计技法。服装面料也是服装设计的一个源点，新型高科技面料对服装的发展有着重要的影响。传统的服装面料存在着很多缺陷，在如今的服装面料中应用了很多的纤维材料，但还是不能满足人们对服装日益增长的需求。在对服装面料研究中发现，面料在生产过程中不注重环保，特别是化纤面料中的涤棉、腈纶不能自然分解，严重影响了面料的发展。在现代服装设计中设计师们更多的注重生态纺织面料的应用。面料的环保性也已成为面料发展的趋势。

303

1. 面料的个性

要想用面料设计出得体的服装，设计师必须熟悉面料的个性。由于构成面料的成分和加工形式的不同，形成了面料不同的个性，表现为不同的视觉效果、触觉效果等。设计师除了要对面料的材料特性与功能特点有足够的了解外，还要对面料所产生的审美性有深刻的理解。面料的审美性即通过触觉与视觉体会到的面料个性。设计师通过视觉与触觉的综合传递感觉面料所具有的独特个性，由此产生联想并展开设计。由于面料是立体存在的物体，触觉是最直接的感觉方式，因此手感的体验最为重要。通过心理感觉、视觉以及触觉而得到对面料的印象是有区别的，我们可以通过面料感觉的对比找出其中的差异，将面料运用得得心应手，达到面料与款式的完美结合。

---

① ［英］理查德·索格、杰尼·阿黛尔：《时装设计元素》，中国纺织出版社 2008 年版；任哲雪：《服装色彩的设计与构思》，《大家艺术》2011 年第 18 期；俞恬：《浅析服装色彩与季节的搭配设计》，《辽宁丝绸》2010 年第 4 期。

2. 面料的图案

不同性别、不同年龄的人对图案的要求是不同的。如儿童喜欢卡通图案，年轻人喜欢反映流行时尚的图案，老年人则喜欢规范、稳重的几何图案。女性喜欢色调柔和、温馨的具象图案，男性则比较喜欢坚实、沉着的抽象图案。图案与穿着者的个性相协调，才能增强服装的审美功能。图案通过纹样和色彩可以呈现出多种风格，图案的风格要与服装的款式相协调。如果服装的款式具有民族传统风格，一般不宜采用时尚感很强的图案去装饰；而时尚感很强的服装款式，则可以采用传统味较强的图案。另外，图案还要与服装上相应的装饰面协调。图案的纹样以及组织形式应与装饰面相适应。

3. 面料的选择

服装面料的选择依据服装的不同类型而定，例如实用型服装面料的选择原则是实用、舒适和经济；创意型服装面料的选择原则是新鲜、个性和表现力。创意时装的面料色彩，无论明度和纯度偏高还是偏低，都应该是鲜明而生动的。不能给人过于含混或灰暗无力的感觉。一般要避免使用一般化的常用面料。面料只是创意时装制作成衣的材料，不管它的质地、光泽和花色是多么的完美，也不能替代服装设计师的思想。富有个性的面料并不等于面料表面充满着内容，事实恰好相反，上乘的创意时装面料往往是单纯、洁净、留有余地的，只有这样的面料才能促使设计师加入自己的思想。另外，面料的表现力还与它的薄厚、软硬、刚柔、轻重，以及弹性、张力、强度等因素有关。这些因素必须符合创意时装款式造型的需要。[①]

第二节　品牌创意主题与产品设计

缪莱曾感叹说："圣洛朗是一名真正的大师，他让大家明白一个道理，高级定制时装选择面料的过程，就像雕塑家在塑造一件雕塑作品。衣服的作用不是去遮盖裸体，而是让它变得更加鲜活、更加生动。但定制服装比雕塑

---

① 陈彩云：《论服装面料的选择与应用》，《湖北成人教育学院学报》2011年第7期。

更难的地方在于雕塑是静止的，而人本身始终是在运动的，需要更加精确的计算和把握。"服装设计的过程是对于生命力的表现过程，所传达的是设计师的创意理念，也应该是品牌消费者的生活、情感乃至人生感悟的艺术化的表达。

在生活中，我们被品牌创意的时尚感所吸引，不仅仅因为我们可以通过穿着方式来表达自己的个性，更因为它是一种通过设计来表达创造力的方法。为了提出一个与时代精神相吻合的等式，你需要将一些代表理念的词汇加加减减，而这些代表理念的词汇便是服装的色彩、款式、面料以及工艺，服装设计的创意主题需要凭借这几个要素得以实现并完成产品的设计。不同的品牌服装有不同的服装风格特征，体现在服装色彩、款式、面料和工艺上，就形成了不同服装品牌特有的色彩特征、款式特征和面料特征，从而成为消费者识别的重要依据。

一、支持品牌主题的色彩分类和遴选

色彩是服装给人的第一印象，服装色彩已成为诠释服装品牌的重要因素。随着社会消费进入情感体验消费的时代，消费者要求服装商品在使用时能给人以精神上的愉悦感和心理上的满足感。消费者通过服装塑造形象、体现品位、表现气质、满足兴趣、展现时尚、表达心情、显示地位。消费者在选购服装时，首先会对服装的色彩做出喜爱或讨厌的判断，并直接影响购买欲。由此可见，服装色彩确实能够体现一个品牌的内涵，传达服装品牌的理念与情感。

色彩的分类与选择在传达品牌主题的过程中发挥着首要的作用。品牌创意主题一旦确立，服装设计中色彩的运用就要围绕创意主题来进行系列化的选择。

1. 色彩分类

服装设计是讲求实用性的产品设计，其用色不能像绘画那样随心所欲。设计师不能置流行色于不顾，只按个人喜好去设计服装色彩，那样的后果可能是灾难性的。服装设计的创意理念应当关注流行趋势，把握流行色。国际流行色协会在每年 2 月和 7 月召集组织成员国讨论，发布未来 18 个月的流行色色卡，色卡包括主题词、彩色图片、色组三部分内容。每季有 3～4 个色组，每组有 6～7 个色标，色组中包括时髦色组（包括即将流行的始发色、正在流行的高潮色及即将过时的消退色）、点缀色组（纯度较高的鲜艳色，一般是流行色的互补色）、基础和常用色组（无彩色和各种含灰色）。

色彩的分类反映着创意主题的概念，在服装设计中，色彩也可以按照等级进行分类，例如阿恩海姆的"色彩等级序列"原理，他对色彩搭配的运用技巧加以解释，将各种色彩的明度、饱和度看成从最低值向最高值过渡的等级序列，"那些微秒的混合色彩，看上去就像是从基本的色彩值组合的等级序列中派生出来的'变调'或'变体'。"例如，蓝—紫、蓝红、紫红—红、红—黄红、橘红、红黄—黄、黄—绿黄、绿、绿蓝—蓝，这些混合色可被视为一种基本色向另一种基本色过渡过程中的各个不同的停留阶段。

一组色彩在服装设计中的应用显现出创意主题的理念，也为系列服装的开发定下了基调。例如在太子龙 2010 年春夏新品主题开发企划案将产品的色彩以"菁萨蓝弧·杰瑞之春"的品牌主题为指导，选择了品牌主打色彩：黑色、白色、灰色、卡其色；季节主打色彩：蓝色系列、紫色系列和绿色系列；季节辅助色彩：梅红色、水粉色。

2. 色彩决定品牌风格

一个服装品牌要在广阔的国际服装舞台上脱颖而出，就必须拥有自己独特的风格，而服装的色彩对服装品牌风格定位起着决定性的作用。

色彩在人们设计制作服装时被不断地进行重构，配合款式、面料及工艺进行不同的搭配与设计，从而形成了多种不同的风格，使色彩产生了"风格化"，色彩的风格化塑造和影响着服装品牌风格。常见的服装风格有：嬉皮、朋克、百搭、民族、淑女、韩版、欧美、通勤、中性、嘻哈、田园、洛丽塔、瑞丽、街头、OL、简约、波西米亚、维多利亚等。

被誉为"服装色彩大师"的高田贤三在运用色彩语言方面有着自己的独到之处。他喜欢用两三种或多种高纯度的原色相搭配，并且将这些色彩附着在他所偏爱的花卉图案上，这些图案有大型花朵、小碎花以及蜡染图案等。服装上的色彩和各种变化形态的花卉组合在一起，形成了要素与要素之间的多样性统一，具有强烈的审美张力。高田贤三的作品有着快乐的色彩和浪漫的想象，被誉为"时装界的雷诺阿"。在他的世界里，四季都是夏天，那些具有民族特色的深葡萄酒红色、艳紫色、暗茄子色、卡其色和油蓝色，流泻着温暖感觉的缤纷五彩，结合成强烈的效果。"KENZO"的图案采撷自大自然，猫、鸟、蝴蝶、鱼等美丽的小生物都被他信手拈来，花更是高田贤三的钟爱。①

在诸多国际品牌的设计中我们都无一例外地看到了风格化的色调，很多服装设计师有自己偏爱的色彩，在每一个阶段的设计中，这些色彩都会出现，甚至伴随终身，如可可·香奈尔喜爱的黑色、白色、米色，所谓"黑色无所不在，白色不可或缺"；费雷最爱白色；Dior 热衷无比艳丽的色彩；LV 色调稳重保守。而更多的设计师在不同时期，随着灵感源泉的不同，所运用的色彩绚丽多变，让人目不暇接。意大利的范思哲，其经典设计中鲜艳的珊瑚图腾，热情奔放的色彩组合给人们留下了深刻的印象。范思哲曾为戴安娜王妃选用娇艳的蓝色绸缎，设计了如涌动海水的裙装，使戴安娜的热情与活力呼之欲出。英国服装设计师维维安·维斯特伍德喜欢在设计中运用热情诱人的色彩来彰显女性的另类性感。意大利的大师瓦伦蒂诺喜欢用最纯的颜色，纯正鲜艳的红色被时尚界称为"瓦伦蒂诺红"。同是意大利的著名时装设计师的乔治·阿玛尼则喜欢用黑色、米色、白色、灰褐色、灰色等作为他服装的基本色彩。可见，好的服装色彩设计可以在消费者的记忆中留下对于品牌的浓墨重彩、永难消逝的印记。在这些成功的案例中，皆显示了色彩对于品牌风格的决定作用。②

二、诠释品牌主题的款式构思

高田贤三曾说："通过我的衣服，我在表达一种自由的精神，而这种精神，用衣服来说就是简单、愉快和轻巧。""自由的精神"是高田贤三在服装款式构思中所要传达的理念，他强调服装结构必须尊重身体的需求，自然流畅、活动自如，在款式设计上充满轻松愉悦的情调，色彩清新绚丽。他将日本和服的精致简单样式融入西式服装当中，也把日本的花道艺术融于设计之中。他采用传统和服式的直身剪裁技巧，既不打褶又不用硬身质料，却能保

① 吕莱：《自由的"KENZO"之花》，《国际市场》2009 年第 5 期。
② 陈涛：《论服装专业的色彩学习》，《四川工程职业技术学院学报》总第 81 期。

持衣服的挺直外形。这样流畅无碍的设计充分尊重了身体的自由性与灵活性，使穿着者不仅能感受到设计者的匠心独运，更能体会出在一件服装中所传达的对于自然的向往和对精神自由的追求。而服装的款式设计如果能够达到与穿着者精神上的沟通，则应该说这样的款式对于创意主题的表达已臻于化境。

一般而言，多数的服装款式设计会在季节性的潮流中撷取相应的元素来加以点染。当一个服装品牌要确立自己的位置，树立自己的品牌形象时，就需要贯穿一定的品牌创意主题，这一主题通过款式设计变为具象的存在，也成为服装设计中恒久而稳定的元素。当然，一个创意主题对于品牌而言并非一成不变，但品牌必须长久地保有自己的核心主题，这一主题经历风雨洗礼而积淀下来便成为一个品牌的文化。

乔治·阿玛尼的服装款式设计所诠释的是意大利式的极简主义，他曾说："我的设计遵循三个黄金原则：一是去掉任何不必要的东西；二是注重舒适；三是最华丽的东西实际上是最简单的。"阿玛尼常在不经意间将这样的理念恰如其分地展现出来，他认真对待设计中的每一个细节，款式虽简，但裁剪缝制绝对精致。在阿玛尼的设计理念中，简单、纯净、明朗是其基本要素。去除多余、强调舒适、简约典雅是其原则。他擅长流线型和极简风格，在他的设计中，女装拥有精致的裁剪，男装有着不可思议的流畅。

香奈尔的时装风格是高雅、简洁、精美，尤其以简洁为主，突出女性刚柔并济的美丽。它在时代变迁中保持着生命力，体现并引领着女性的服饰审美。让女性体形之美摆脱了华丽与沉重的束缚，改女性的装束由繁复到简约、由束缚到自由。香奈尔女士说："奢华必须是舒适自在的，否则就是虚有其表。"她的观念是：让服装美化形体，但不用付出身体被束缚和自由被剥夺的代价。从 20 世纪 20 年代起，她在男装上得到灵感，一改当年女装过分艳丽的绮靡风尚，成为当时女性主义启蒙的重要起源。在设计着装上，她打破传统观念，去掉服装设计中虚设的装饰和束缚，追求简单的线条美，更加实用与开放；色调多为深暗色或中性色系统，具有独特的风格。她的服装理念倡导了一种妇女新的生活方式——简单、自然、舒服。她曾经这样告诫所有的女性朋友："你每天出门的时候，都要把自己打扮得非常完美，因为很有可能在街道拐弯的时候，你就碰上了今生最爱的那个人。"她在简洁有力的设计中，找到可贵的质感。让简洁、精致的服装，款式、色彩都不会随流行而逝，且有多种搭配、配饰的可能性。一步一步使女性的着装从烦琐拘束走向舒适自在，树立了现代女性追求个性表达的着装观念。

日本设计师川久保玲所设计的服装呈现出中性的色彩，她的服装完全打破了传统服装中规中矩的限制，而让整体线条不再以人体为构架，呈现建筑或雕刻式，用布料塑造突起块状的立体感；服装不再拘泥功能性的研究，更侧重表现艺术感受。川久保玲是解构主义的实践者，同时她的设计中也兼有日本式的典雅沉静，创造出东西合璧的效果。

三、表现品牌主题的面料选择

对于服装设计主题而言，面料的选择是决定整个设计成败的关键性因素。服装设计最终的表现形式是以面料来再现作品的。在服装设计过程中，面料的不同特性适用于不同的服装设计意图和理念，面料的质地和手感影响服装的廓形，决定了服装的造型感和悬垂度。现代服装设计师必须结合服装面料的内在和外在特征来完善自己的设计理念。范思哲善于采用高贵豪华的面料，借助斜裁方式，在生硬的几何线条与柔和的身体曲线间巧妙过渡，它撷取了古典贵族风格的华丽，又充分考虑穿着的舒适性及恰当的显示体型。

对于面料的选择有几种情况：一种是先有面料，设计师通过对面料性格特征的认识和理解，设计出能体现这种面料特性的服装款式；另一种是先有某种设计灵感或整体构思，再去寻找能表现这种设想的面料。我们在此所讨论的主要是针对后一种情况而言，即先有创意主题，再去寻找恰当的面料。

设计师吴海燕曾说过："服装设计师的工作，首先是从织物面料设计开始的。一块好的面料往身上一披，随便一个造型就是一件很好的时装。经过二次设计的面料更能符合设计师心中的构想，因为它本身就已经完成了服装设计一半的工作，同时还会给服装设计师带来更多的灵感和创作激情。"许多富有创新力的服装设计师都是从设计面料开始。而"面料再造"也已经成为体现服装艺术设计创新能力的一个重要方面。面料再造，又称为服装面料的二次设计，是指根据设计需要，在原有面料的基础上，对成品面料进行二次工艺处理，运用各种手段进行立体体面的重塑改造，使现有的材料在肌理、形式或质感上都发生较大的甚至是质的变化，使之产生新的艺术效果。它是设计师思想的延伸，具有无可比拟的创新性。

对面料进行整体再造，强化面料本身的肌理、质感或色彩的变化，展示服装设计师对面料再造设计与服装设计两者之间的把握和调控能力。日本的三宅一生的设计直接延伸到面料设计领域，他曾运用远古时代农民对面料的处理工艺，使服装具有一种与众不同的外形。他将日本宣纸、白棉布、针织棉布、亚麻等传统材料，应用现代技术，结合他个人的哲学思想，创造出各种肌理效果的织料，设计出独特而不可思议的服装，被称为"面料魔术师"。①

四、辅助工艺设计和艺术点缀

服装工艺美是指由服装的工艺因素而产生的美感。服装工艺是将服装的设计要素和材料要素合二为一的技术手段，任何服装的设计都离不开工艺环节。在服装的审美上，服装工艺充当着表达服装特性的媒介，因此，有人将服装工艺称为继款式、色彩、材料这三大要素之后的第四要素。

服装工艺包括手缝工艺、机缝工艺、熨烫工艺。王庄穆在《中国丝绸辞典》中指出："服装的工艺美是服装形式美之一。是通过高超的工艺技术来达到服装设计的效果。工艺美表现于测体，即量体记据；剪裁，即以数据裁衣；缝制，即精工细制；整烫，即整理烫平，以至包装等的整个工艺美。"②应该说，服装的韵味很大程度上依赖精致的工艺来体现。款式设计主要涉及的是服装的构成规律，是服装外形特征美的一种抽象表达。这种抽象表达积淀了丰富的感情和观念，而服装工艺使点、线、面这种美的表达成为现实。

1. 服装工艺点线面之美

就服装工艺而言，所谓的点就是相对服装外轮廓较小的对象，如盘扣、砑花、打襻、扎结、刺绣图案等，同时也包括分割线的交叉点、肩线两端、领角、背带交叉处等。

服装的制作工艺主要是通过大量的线的缝合来完成。从款式的外观轮廓到不同分割面的转折，以及从细长形象中抽象出来的"线条"等，都是服装造型艺术中重要语汇。这些线条的运用和分割直接关系到服装设计理念的表

① 付丽娜：《面料再造的创意手法及在服装设计中的应用》，《河北纺织》2010 年第 1 期。

② 王庄穆：《中国丝绸辞典》，中国科学技术出版社 1996 年版。

达。根据面料的色调、性能，用不同方向的线条分割服装，如垂直分割线、横向分割线、斜向分割线等。在运用服装分割装饰线时，应充分理解服装的设计意图，使线条符合人体的体形结构，同时也注意分割线自身的结构美。

面的美也称为形的美。通过服装工艺的制作，面所形成的形，在服装上被广泛运用。比如圆形的面在女装中较多采用，如古典式的泡泡袖、裙子的圆下摆、吊钟形裙子轮廓、领口线、衣带与侧缝开衩等，圆形使服装更加强调女性的娇美与柔和。

2. 装饰工艺美

在服装美的整体设计效果中，装饰往往是美化服装的重要手段。设计师除了把握服装的造型特点、材料特性及色彩的运用之外，还经常把工艺装饰作为重要环节，有些服装效果几乎完全通过装饰来加以表现。装饰工艺中包括了镶滚嵌荡、线迹、缝形、刺绣、花边装饰、商标装饰等。

此外，服装工艺的技术对于设计的表达也具有非同寻常的意义。

工艺是观念转化为实体的不可缺少的环节，服装艺术设计没有了工艺这个环节将是纸上谈兵。日本著名服装设计师君岛一郎被誉为"高级手工技术的佼佼者"，他的设计以考究的面料和精致高级的手工技术著称。在他的设计中，包括一些小的细节如袖子、裙子开叉和衣边的褶皱装饰，无不体现其细巧的手工与创新的技术。日本的另一时装大师三宅一生基于东方服饰文化与哲学观点，探求全新的服装观念，以"无结构模式进行设计，摆脱了欧洲追求丰胸束腰凸臀的夸张的人体线条"，外形多以直线为主。他在服装的线条褶皱设计上，对于面料进行包裹和堆积产生大量的褶皱，由于明暗关系产生条纹效果，密度富有变化，褶皱随着人体动态变成动态的弧形线条，使服装具有了优美的造型。他所设计的褶皱与一般的百褶裙上的褶皱不一样，设计师使用机器压褶时就直接依照人体曲线或造型需要调整裁片与褶痕，衣服平放时本身就是像雕塑品一样呈现出美丽的几何图形；当穿上身时，褶皱又与身体合成流畅的波纹。"一生褶"是直线与曲线的运用典范。近几年，中国服装设计界大师级人物张肇达也是大量运用规则或不规则的、平面的或立体的褶皱设计产生了具有雕塑般质感的线条。

第十四章　至尊化产品创新

　　2012 年 6 月 11 日，胡锦涛在中国科学院第十六次院士大会、中国工程院第十一次院士大会讲话中提出"实现创新驱动发展，最根本的是要依靠科技的力量，最关键的是要大幅提高自主创新能力。"他要求着力提高自主创新能力，不断取得基础性、战略性、原创性的重大成果，加快推进国家重大科技专项，深入实施知识创新和技术创新工程，增强原始创新、集成创新和引进消化吸收再创新能力。坚持服务发展，积极推动科技与经济紧密结合。实现创新驱动发展，最关键的是要促进科技与经济紧密结合，既要从经济社会发展需求中找准科技创新主攻方向，又要把科技成果迅速转化为现实生产力。

　　胡锦涛在这次讲话中八次提到"创新驱动发展"，强调要坚定不移走中国特色自主创新道路，坚持自主创新、重点跨越、支撑发展、引领未来的方针，把推动科技创新驱动发展作为重要任务。人民网发表文章说，经济社会发展到今天，科技的重大历史和现实作用已经被赋予了新的深刻内涵，全球竞争更多地表现为科技的竞争，科技强则国强，科技兴则国兴，科技落后就要挨打，科技在经济社会发展中的引领作用更加凸显。其实，在当前世界格局当中，西方发达国家正是利用其多次科技革命成果，在各行各业占据着独一无二的核心技术优势，对全球经济进行不平等掠夺，科技落后国家只能提供科技含量低甚至没有任何科技含量的低端产品、原材料以及廉价的劳动力。可以说，全球经济发展中呈现出的国与国之间愈演愈烈的贫富两极分化，便是科技引领作用的重要体现。要想从西方发达国家科技垄断、封锁包围中突围出来，关键是要有自己的"撒手锏"，要有自己的东西，要有自己与众不同的策略，最重要的，就是要在科技创新驱动发展上做文章，下工夫，找出路，提升自己的科技水平，打造自己的科技品牌。

　　美国公共电台"金钱星球"栏目的创始人亚当·戴维森 2012 年 1 月 23日在纽约时报撰文《中国将比美国更聪明吗？》，指出："近十年以来，中国从一个不搞研发的国家壮大成世界上研发支出第二高的国家，这一发展带来了严峻的威胁。俄亥俄州的巴特尔研究院的一项最新研究显示，有一家调研公司预言，中国的研发经费将在 2022 年左右赶上美国。当前，中国已经制定了一些令人振奋但还有些模糊的创意的关注计划。这些创新理念涉及绿色能源、生物工程和纳米技术等领域，在 21 世纪 20 年代将最有可能变成产品上市。并且如果美国政府的研究所、各大学的相关部门和公司研究人员尚未处在下一轮科技突破的顶端，那么当未来 10 年或 20 年里这些创意成为适销产品时，美国将被赶超而落后。我们的全球竞争力一直基于最新最好的创意滥觞。若是这些创意从他国发源，我们将何去何从？答案只能从'惊慌'和'更惊慌'中选。"

美国经济史学家弗格森说，亚洲已经逐渐掌握了那些曾经让西方变得强大的特质。他在新书《文明：西方与非西方》中说，中国和亚洲其他国家已经吸收了西方借以取得成功的很多东西，现在常常是做得更好。有人问他，如果自己再开一家美国公司，他会怎样做。弗格森回答：我会搬去香港。

陶氏化学公司首席执行长利伟诚认为，工程与制造能力正在从西方向亚洲转移。创新已经跟随制造来到中国。他说，一段时间过后，当企业决定在哪里设立研发设施时，在生产地做产品支持、升级和下一代设计等工作将越来越合理。这是陶氏化学有 500 名中国科学家在中国工作、薪酬不菲的原因之一，而且他们产生的人均专利数量已经超出其他分支机构。

华尔街日报 2011 年 11 月 6 日载文《谁说中国不能创新？》指出：如果要从统计资料来看这种增长的话，请看世界经济论坛最新的年度竞争力指数连续三年出现了美国名次下降、中国名次上升的情况。需要说明的是，美国仍然排名世界第 5 位，中国排名第 26 位，远远落后。但这个差距也在慢慢收缩。

用这个话题当引子，只是强调它已经成为关注点。那么，我们自己关注的如何呢？

第一节　诺基亚创新缺憾的警示

2011 年年初，诺基亚和微软两大国际品牌机构签署战略合作意向，消

313

息一传出，这两家的华尔街股票当天就双双暴跌破 10％以上，令全球经济界人士为之震惊。中国绝大多数的股民们对此更是百思不得其解，一个是世界移动通信的老大，另一个是全球软件实力的第一，两个世界顶尖品牌机构的强强联合应该是好事，为何市场反应适得其反呢？

因为，自从诺基亚品牌打败前国际移动通信老大摩托罗拉以后，自己就心安理得地坐上了第二代世界移动通信的霸主地位，然后就高枕无忧地享受起"你每眨一下眼睛，全球即卖出四部诺基亚手机"的荣耀，以至于长达近十年都没有多大的创新，直至后来苹果智能手机异军突起时，才猛然惊醒。有观察者分析，诺基亚拼技术不及摩托罗拉，拼设计不如苹果，拼软件不及谷歌和微软，就连此前一直畅销的 E 系列全键盘机型，也是从黑莓那里"微"过来的。革命性的创新就是要独辟蹊径，缺乏这种能力，即使诺基亚曾经在市场份额上领先其他厂商很长一段时间，只要有革命性的创新者登场，就很容易陷入衰退。

所以说，诺基亚手机今天的结局，体现出来的是一个顶尖国际品牌曾经有过的市场傲慢和品牌粗暴。2011 年，诺基亚宣布芬兰总部裁员 1400 人，对此，有外媒惊呼"诺基亚品牌明年消失"。这些现象反映出一个信息：一个伟大的变革时代已经到来了，不管你是国际企业，还是国内企业，都必须重视科学的经营战略和规范的品牌运营，都必须树立全员性经营战略和危机管理，都必须不断创新，否则，不管你曾经做多么大，你都得出局。

太子龙人认为自己可以从诺基亚事件得到启示：服装和手机同属时尚产业，消费群体同为青少年群体，所以淘汰更新频率居全球产业之首，市场寿命周期之短超过所有的产业；二者的品牌价值主要集结于品牌的文化价值，而不是品牌的使用价值上，也就是说要看这些品牌价值的大小，归根结底要看这些品牌能否代表最科学的价值观和最先进的生活方式；二者对先进科技的依赖性超越了其他产业；二者对感性的视觉营销的要求要远高于其他的产业和品牌；二者的市场传播速度极快和消费周期极短，越来越趋向于快速消费品类，特别是在电子商务的应用上既广泛又创新，常常让消费者眼花缭乱，可以说新产品一旦推出，快者是一刻就接受，一周后就丢手，甚至品牌服装达到了一次性消费；二者都容易犯想当然的产品设计和市场营销错误，在新产品的设计上往往只是设计者的个人意愿，经不起科学推敲和市场检验。

诺基亚手机和品牌服饰都曾经忽视过相同的产品功能问题：

1. 只注重产品的实用性，忽视了品牌的务虚性。也就是只注重产品的物质功能属性，忽视了产品的精神功能属性。

2. 只注重产品的共性，忽视了品牌消费的差异性。比如，考虑到了大部分群体都能接受的简单随性，但却忽视了不同星座、属相和不同性格的偏好和兴趣，这是未来十年全球性的品牌难题，所以国际知名品牌已经着手消费者细分工作。

3. 只注重产品的本质功能，忽视了品牌的社会属性。比如，手机仅限于打电话和发短信，而忽视了可以承担电脑的部分功能和生活时空的重新组合功能。品牌服装只知道迎合消费者本身的个性化爱好，却忽视了社会公众的审美情趣，特别是涉及社会参与性程度较高的商务及户外装方面，不能很好提振着装人的公众形象。

4. 在产品的性格诉求和视觉表现方面，只体现出了设计师个人的即兴感觉，却忽视了品牌性格与消费者共鸣。比如，诺基亚手机在对待高端人士和时尚人士对产品的差异化需求方面，明显存在"一机在手，赢定天下"的品牌傲慢，没实现"差异化的个性用差异化的诉求表现和差异化的策略来满足"，没有做到自己提出的"科技以人为本"的品牌理念。

5. 在品牌个性的整体关系梳理方面，忽视了品牌主体性格与各款产品差异化性格的关系处理。服装在这方面问题更严重，特别是男装品牌服饰，从欧洲到亚洲几乎千篇一律，要么单一呆板，要么杂乱无章，无法从一盘货里读懂该品牌的主题思想和大类产品的个性化诉求的关系。这样的局面很难使消费者产生共鸣。

第二节　创新基本理论

"创新"的权威定义有两个：

联合国经合组织《在学习型经济中的城市与区域发展》报告中提出："创新的含义比发明创造更为深刻，它必须考虑在经济上的运用，实现其潜在的经济价值。只有当发明创造引入到经济领域，它才成为创新。"

美国国家竞争力委员会 2004 年在《创新美国》计划中提出："创新是把

感悟和技术转化为能够创造新的市值、驱动经济增长和提高生活标准的新的产品、新的过程与方法和新的服务"。

现代产品观念已超越有形物品。产品的内涵从有形物品扩大到服务、人脉、环境、组织和观念等；产品的外延也从诉诸基本功能的核心产品向诉诸形式的一般产品、期望产品、附加产品和潜在产品拓展。所谓产品创新，就是在产品的内涵和外延的所有方面，不断推出新奇特的东西。产品创新是企业开展自主创新活动的出发点和落脚点，也是反映企业市场敏捷程度的主要指标，是企业竞争力的关键所在。

经济学家熊彼特是现代创新理论的提出者。熊彼特的创新理论的最大特点是用"创新"解释资本主义的本质和过程。熊彼特认为，创新就是建立一种新的生产函数，把一种从来没有过的关于生产要素和生产条件的新组合引入生产体系。所谓经济发展就是指整个资本主义社会不断地实现新组合。只有在他所说的实现了创新发展的情况下，才存在企业家和资本，才产生利润和利息。

熊彼特的创新理论主要有几个基本观点：第一，创新是生产过程中内生的。他说："我们所指的'发展'并非从外部强加于它的，而是从内部自行发生的变化"，这种经济变化就是"创新"。第二，创新是一种"革命性"变化。他充分强调创新的突发性和间断性的特点，主张对经济发展进行"动态性"分析研究。第三，创新同时意味着毁灭。如在完全竞争状态下的创新和毁灭往往发生在两个不同的经济实体之间；而随着经济的发展，经济实体的扩大，创新更多地转化为一种经济实体内部的自我更新。第四，创新必须能够创造出新的价值。熊彼特认为，先有发明，后有创新；发明是新工具或新方法的发现，而创新是新工具或新方法的应用。因为新工具或新方法的使用在经济发展中起到作用，最重要的含义就是能够创造出新的价值。第五，创新是经济发展的本质规定。发展是经济循环流转过程的中断，也就是实现了创新，创新是发展的本质规定。第六，创新的主体是"企业家"。

管理学大师德鲁克给创新下的定义是："创新是赋予资源创造财富的新能力，使资源变成真正的资源。"德鲁克认为创新是可训练、可学习的一门学科，企业家的本质就是有目的、有组织的、系统化的创新。他对美国的专利做了统计分析，发现灵机一动的创意约占专利总和的80%，但能赚钱的不到2%，能赚回成本和专利申请费的仅有1%。他建议：不论成功的故事多么诱人，企业家要放弃以聪明的创意为基础的创新。

德鲁克总结了创新的七种来源：一是意外事件，不管是意外的外部事件、意外的成功，还是经过精心规划、设计及执行后的意外失败，都提供了创新机遇及随之而来的变化。二是不协调事件或状况，包括不协调的经济现状；现实与假设之间不协调；认知的与实际的客户价值和期望之间的不协调；流程的节奏或逻辑的内部的不协调等。三是流程需要，流程的需要始于有待完成的某项工作或任务有不尽合理的地方。四是市场和产业结构变化。五是人口数量与结构变化，包括人口数量、就业、受教育、收入情况等。六是认知变化。七是科学与非科学的新知识。①

哈佛商学院教授克里斯藤森在《创新者的困境》中将创新分为两类：维持性创新和破坏性创新。所谓维持性创新是指将销售性能更好、价值更高的现有产品的升级换代给消费者，例如，更好的烧汽油的汽车，这种创新的赢家一般都是市场在位者；而破坏性创新并不是为现有消费者提供更好的产品，而是引入与现有产品相比不够好的产品或服务，但更简单、更便捷、更廉价，且性能改进飞快，例如电动汽车，这种创新的赢家一般都是新进者。

我国理论界和研究机构自 20 世纪 80 年代以来重视创新理论研究。清华大学傅家骥、浙江大学马庆国提出了产品功能成本优化理论和产品创意激发方法，浙江大学许庆瑞研究了产品创新的研究与发展管理问题，胡树华、万君康提出了产品创新的生物学原理，哈尔滨工程大学刘希宋进行了企业产品创新开发战略选择的系统研究，复旦大学项保华研究了企业战略与决策行为、变革管理等，更多的研究者在研发管理体系、盈利模式、产品管理与产品战略规划、产品需求分析和研发绩效管理等方面进行了系统研究。

第三节　产品创新主流模型

就世界范围而言，新产品的开发管理体系研究大约经历了五个阶段：20世纪 50 年代的创新理论分析研究及技术创新理论的创立阶段；70 年代的技术创新理论系统开发阶段；80 年代的技术创新理论综合化、专门化研究阶

---

① ［美］德鲁克：《创新与企业家精神》，机械工业出版社 2007 年版。

段；90 年代的商业价值的集成产品开发阶段；21 世纪以来的基于盈利模式、顾客价值与竞争价值导向的产品管理阶段。

新产品开发主流模型有：

（一）传统新产品开发模型——NPD（项目管理职能式开发）

NPD 是企业通常采用的产品开发模式：总经理或市场部门确定新产品创意和决策—研发/技术部门负责设计开发、测试，形成产品样机或服务方案—生产部门批量制造—市场部门负责销售—客户服务部门提供售后服务。各职能部门只负责新产品开发的某一阶段内容，并且制定本部门的业务操作流程，虽然有项目经理或形式上的项目经理和产品经理，但他们并不对产品的最终市场成功负责。

这样的管理体系关注的是各个部门的纵向管理，对横向关系缺乏管理，使得产品的开发过程缺乏关注，很少有人全面地来看待产品的市场价值、产品战略、开发方式和营销组合，职能部门负责人只关心如何顺利地把产品交给下一个环节，经常抱怨上一个环节的工作质量，公司高层要进行大量的协调、沟通和决策工作。

（二）管道管理模型——PACE（产品及周期优化法）

PACE（产品及周期优化法）是美国管理咨询公司 PRTM 于 1986 年提出的，基本思想是：1. 产品开发是由决策流程来推动的，是一个可以管理、可以改善的流程，并非只靠天才和运气。2. 产品开发过程需加以定义和实施，以保证企业相关人员都能有共同的认识，知道如何协调和配合。3. 产品开发是一个分四个层次和三级进度表的结构化流程，需纳入一个逻辑流程框架中，认为问题必须通过综合的方法来解决，孤立而零散的改进方式是不可取的。4. 在流程演进的每个阶段都需要按部就班，将下一阶段的某一要素过早地引入到现阶段毫无意义，就如同给一辆自行车加上涡轮增压器一样，无助于速度的提高，反而增加了重量。5. 产品开发需在一个公共决策流程中予以管理，高层管理者的管理重心就是决策和均衡开发进程的关键点。6. 产品开发项目小组与管理高层需建立新的组织模型（核心小组法），产品开发团队应有一位经授权的产品经理和若干跨职能的成员，管理高层转为产品审批/管理委员会。7. 强调设计手段及自动化开发工具必须有基础设施支持才能发挥效力，产品开发流程的改进，不能依赖被誉为"银弹"的设计手段和自动化开发工具。

（三）"快速上市时代"的标准化模型——IPD（集成产品开发）

IPD（集成产品开发），其思想来源于 PACE，由 Motorola、杜邦、波音等公司加以改进和完善，由 IBM 在学习、实践中创建，并成功地协助华为实施了该体系。IPD 集成产品开发流程概括起来就是"一个结构化流程、二类跨部门团队、三个系统框架集、四个主要决策评审点、五项核心理念、六个重要阶段、七个关联要素和八项定位工具"，其核心思想是流程重整和产品重整。

IPD 的基本思想是：1. 新产品开发是一项投资决策。强调要对产品开发进行有效的投资组合分析，并在开发过程设置检查点，通过阶段性评审来决定项目是继续、暂停还是改变方向。2. 基于市场的开发。强调产品创新一定是基于市场需求和竞争分析的创新。为此，IPD 把正确定义产品概念、市场需求作为流程的第一步，一开始就把事情做正确。3. 跨部门、跨系统的协同。采用跨部门的产品开发团队，通过有效的沟通、协调以及决策，达到尽快将产品推向市场的目的。4. 异步开发模式，也称并行工程。就是通过严密的计划、准确的接口设计，把原来的许多后续活动提前进行，这样可以缩短产品上市时间。5. 重用性。采用公用构建模块提高产品开发的效率和产品质量，降低产品成本。6. 结构化的流程。产品开发项目的相对不确定性，要求开发流程在非结构化（随意性、无标准）与过于结构化（官僚主义、缓慢）之间找到平衡。

IPD 被称为"天衣无缝"的产品创新模式。

（四）价值创意模型——SGS（门径管理系统）

SGS（门径管理系统），由 Robert G. Cooper 于 20 世纪 80 年代创立，并应用于美国、欧洲、日本的企业指导新产品开发。其基本思想是：1. 把

319

项目做正确——听取消费者的意见，做好必要的前期准备工作，采用跨职能的工作团队。2. 做正确的项目——进行严格的项目筛选和组合管理。重视寻求突破性的新产品构思和产品概念，认为一个良好的新产品创意有助于企业获得更好的市场表现从而获得竞争优势，在立项前做仔细的分析和研究，多花工夫是非常有价值的，所以把研究重心从具体的产品开发层面提升到产品价值层面。

SGS 非常关注有效的入口决策和组合化管理，在产品开发的每个阶段都要进行生杀决策，以杜绝没有价值的产品浪费更多资源，此外还需要进行多个产品的优先级排序，发挥企业资源的组合优势。

SGS 同时强调投放市场前的营销工作，产品的价值最终通过市场营销来实现，因此从开发的最初阶段就应该考虑如何营销，在开发完成前完成市场分析、制定产品目标、定位核心战略和完善营销方案。

SGS 建议企业制定产品创新战略。

（五）战略协同模型——PVM（产品价值管理）

PVM（产品价值管理）于 2002 年创立，在欧洲、美国、日本被许多中小企业及全球知名品牌企业所采用，PVM 研究新产品从概念构思到商业化的整个过程，强调基于商业模式的价值链和价值流分析、合理的战略与严密的评价程序是产品创新开发的可靠保证。

PVM 的基本思想是：做正确的事——战略决定方向，模式决定绩效，强调产品规划和产品管理；正确地做事——流程决定方法，关注产品需求分析、产品策划、技术开发和营销组合管理；正确地做成正确的事——能力决定成败，认为项目管理是成功的保证。

PVM 的核心内容是：1. 重视盈利模式和价值链分析，认为"成功基于优秀的组织，卓越源于非凡的盈利模式"。强调产品规划和产品管理，把研究重心从具体的产品开发层面提升到产品价值和战略层面。2. 把产品开发流程和市场管理流程有机地融合在一起，以减少没有价值的产品浪费有限的企业资源。3. 突出产品需求分析、产品概念和营销组合的协调，以实现顾客价值，发挥企业资源的组合优势。4. 强调项目管理对于产品研发的核心作用，主张产品管理实行产品经理制。5. 关注技术开发平台建设、核心技术开发和成本价值工程，认为系统化的思维方式是改善研发绩效的正确途径。6. 企业就是经营核心竞争力，倡导 R&D 策略联盟，认为企业间的竞争将转向产品管理的竞争。

上述产品创新模型，后四种相对科学，他们的共同点在于：

一是按一种标准的方法来划分产品开发的各个阶段，以便准确地管理开发进程，即创意（发现/概念、计划）—开发（设计与测试）—上市（市场验证、发布、生命周期管理）三个基本环节。

二是强调利用跨职能部门的团队通过沟通、协调和决策，管理和开发产品，以便在一个团队内充分考虑到市场效用、生产可行性、可服务性、质量及财务指标等重要因素，将一些工作并行处理以提高效率。

三是强调对产品开发各阶段进行决策（中止、暂停、推迟、重做上一阶段工作），以控制资源投入的节奏和风险，杜绝无谓的浪费。

四是强调多个产品开发时的组合管理（PACE 称为管道管理，PVM 称为战略协同），从公司层面建立多个产品的优先级别，以匹配、协调公司资源，均衡外部市场机会与企业内部能力间的矛盾。

但是，这些模型有一个共同短板：忽略产品的文化创新。在西方具有同一经济形态和社会意识形态的国家中，文化差异不大，很多经济原理和管理工具拿来就可以用。但在发展中的中国，如果不顾文化差异照搬西方管理模式，在执行中肯定会出问题。所以，必须对现成的模型和工具进行跨文化解码，这就是本地化。模型和工具本地化的重要内容之一，就是补上文化创新这一课。

第四节　产品文化创新

谈产品文化创新，首先弄清什么是产品文化，其次晓得我们是在什么基础上创新，亦即对现行产品文化的认识。

什么是产品文化，简要地说，产品文化是凝结在产品中的人文元素；具体地说，产品文化是产品的价值、使用价值和文化附加值的统一。它包括三层内容：一是指人们对产品的理解和产品的整体形象；二是与产品文化直接相关的产品质量与质量意识；三是指产品设计中的文化因素。

321

下面，我们简单地梳理一下产品文化的源流。

20世纪20年代之前，人类的生产力有限，生产的目的只是满足人们的自然需要。对商品的消费是一种物质性的消费，消费的是它的使用价值，满足的是人们的物质生活需要。随着市场化的推进，到了21世纪，发达国家人们的衣食住行等基本的自然需求得到了满足，在资本主义商品经济条件下，商品出现过剩状态，卖不出去，于是"卖生活方式"便成为附加于商品之上的新功能。在以美国为首的资本主义社会，通过游戏、宗教、战争等形式去摧毁和浪费过剩的产品的低级选择，很快变为通过礼物社交、消费竞赛、狂欢娱乐和炫耀性消费来消耗过剩的产品的高级选择。这一改变直接带来了生产者和消费者关系的转变：由生产者根据消费者的需求生产商品，转变为生产者为消费者创造新的需求、开辟市场、把消费者培养成为"新生活方式"消费者。生产者调动广告系统、时尚系统、商品设计和产品包装等所有渠道和手段，把消费者所关注的文化意义、目标、价值、观念、理想等核心文化元素，镶嵌、嫁接、融入商品中，使商品成为能够强烈吸引消费者注意的富含文化意义的象征符号。从此，进步与舒适的生活等各种意象附着于各种普通的消费品上，运用形象化的描述，如性功能的充沛、永远年轻、幸福美好等价值意义来代替产品的信息，使它们成为现实的享受、力量的象征、快乐的获取、幸福的获得的同义语，许多商品被描述成梦境般美好的事物，只要拥有它就拥有了某种幸福圆满，让人们在消费这种物品的同时，也获得成功、荣耀、富贵等心理上的满足。

●产品文化的创新源于消费者文化需求

产品的文化设计包含四大基本要素，即文化功能、文化情调、文化心理和文化精神。

（1）文化功能。文化功能是产品文化设计的核心要素和首选课题。产品文化设计的主要目的是赋予产品一定的文化功能。产品的文化功能决定了产品的文化来源和文化形态。不同的文化功能对产品文化设计的要求是不一样的。成功的产品应当集实用功能、审美功能和文化功能于一体。比如，按键可以满足"轻轻一按就能实现自己愿望"的文化诉求，咖啡可以满足"味浓情更浓"的文化诉求，洗衣机则具有"献给母亲的爱"的文化功能。

（2）文化情调。作为最感性直观的要素，文化情调是文化设计的切入点。产品在具有物质功能的同时，还要有一定的欣赏价值，有一定的文化情调。情调就是通过不同的物质材料和工艺手段通过点、线、面、体、空间、色彩等要素，构成对比、节奏、韵律等形式美，以及由形式美所体现出的某种并不具体、但却实际存在的朦胧的情思，表现出产品特定的文化氛围。比如使用蜡染或扎染面料来设计时装，富有浓郁的民族文化情调；使用彩陶纹饰、图腾纹饰、洞穴壁画图形来设计装饰，富有浓厚的原始文化情调；使用古色古香的陶杯、瓷瓶、铜爵、木盒、竹筒作为酒的包装物，则富有古代文化的情调。一些年轻人喜欢牛仔服、运动装、休闲装和带"洋味儿"的产品，一个重要原因就是为了追求那种时尚情调、异国情调和青春气息。

美国著名未来学家奈斯比特说：每当一种新技术被引进社会，人类必然产生一种要加以平衡的反应，也就是说产生一种高情感，否则新技术就会遭到排斥。技术越高，情感反应也就越强烈。作为与高技术相抗衡的高情感需要，在消费领域中直接表现为消费者的感性消费趋向。消费者所看重的已不是产品的数量和质量，而是与自己关系的密切程度。他们购买商品是为了满足一种情感上的渴求，或是追求某种特定商品与理想的自我概念的吻合。在感性消费需要的驱动下，消费者购买的商品并不是非买不可的生活必需品，而是一种能与其心理需求产生共鸣的感性商品。因此，所谓感性消费，实质上是技术社会中人类高情感需要的体现，是现代消费者更加注重精神的愉悦、个性的实现和感情的满足等高层次需要的突出反映。

（3）文化心理。文化心理指一定的人群在一定的历史条件下形成的共同的文化意识。例如，就色彩而言，幼儿喜爱红、黄二色，儿童喜欢红、蓝、绿、金色，年轻人喜欢红、绿、蓝、黑色及复合色，中年后期喜欢紫、茶、蓝、绿；男子喜爱坚实、强烈、热情之色，而女子喜爱柔和、文雅、抒情的色调。在法国，人们喜爱红、黄、蓝、粉红等色，忌墨绿色，因为它会使人想到纳粹军服。在日本，人们普遍喜欢淡雅的色调，茶色、紫色和蓝色较流行，特别是紫色，被妇女尊崇为高贵而有神秘感的色调。在中国，城市居民喜爱素雅色和明快的灰色调，乡村和少数民族地区喜爱对比强烈的色调。

对产品的设计要充分考虑人们的文化心理。例如冰箱的颜色多为白色和豆绿色，是因为白色意味着洁净、卫生，而绿色象征着生命，它们暗示着冰箱中的食品是可食的，对身体是有益的。如果设计成黑色，会有一种从坟墓中取食的恐怖感。如果设计为蓝色，也很可怕，因为世界上没有蓝色食物，只有药物和化学品才有可能是蓝色的，因此蓝色冰箱会给人以一种"吃错药"的感觉。法国人曾设计了一款橘黄色的冰箱，外观酷似棺材，结果一台也没卖出去。可见，设计者对文化心理的把握常常决定着设计的成败。

（4）文化精神。文化精神是最具生命力的特征，同时也是最有表现力的特征。文化精神是产品文化的总纲，文化情调、文化功能和文化心理取决于文化精神。各民族独特的政治、经济、法律、宗教及其思维方式，可以通过产品表现出来。比如德国的理性、日本的小巧、美国的豪华、法国的浪漫、英国的矜持与保守，无不体现在他们的产品设计之中。产品设计要体现时代的文化精神，例如绿色设计。最近 IBM 公司宣布，该公司新的流水线中，制造中央处理器的塑料将可百分之百地回收。瑞典富豪汽车公司也推出一项有关环境的政策：该公司生产的所有汽车，从设计到变成废铁回收，都要考虑它对环境的影响，最大限度地确保环境安全；而且产品从设计、生产、使用到最后处理的整个生命周期，都要考虑选择有利于环保和可回收的材料。在德国，政府立法规定，电视机制造企业必须有回收自己电视机的能力方能生产。为此，施奈特电子公司研制出了一种"绿色电视"，其有害电磁辐射只有德国国家标准的 1％，机壳改用钢材或铝材，消除了原先使用的塑料在受热时易产生异味的缺陷，其零部件回收率高达 90％以上。注重绿色设计，也为许多公司带来了大把钞票。据报道，柯达公司 1993 年销售了 3000 万台绿色相机，按重量计的回收率高达 87％。柯达公司目前最畅销、盈利最多的是一种名叫"相速救星"的绿色相机，该相机的机芯和电子部分的回收并循环使用的次数可达 10 次。在美国，单是汽车零件回收就是一项年营业额达几十亿美元的行业。[①]

纽约时报网站 2012 年 6 月报道《将改变你明天的 32 种创新》介绍了一些创意：发电服装，能把人体细微的温差转变为电力的布料，用这种布料做的手机套可以利用从你裤兜上吸收的热量，在 8 个小时内使手机电量增加10％；晨间多任务装置，改变电脑只有一个屏幕的不足，把整个房间变成一台显示器，可以在餐桌上显示新闻、在冰箱上打电视电话；交通堵塞消除系统，如果公路上 20％的车辆安装可自动保持前后车距离的自适应巡航控制

---

① 乔春洋：《产品的文化设计》，慧聪网企业管理频道，2009 年 8 月 3 日。

系统，那么仅通过协调车速的平和反应，就可以避免某些塞车现象；会思考的牙齿，一种超薄的牙齿上的传感器，在发现可能会导致牙菌斑形成、蛀牙或感染的细菌时发出提醒，并通知你的牙医；新型灭火器，五角大楼的国防研究项目局开发出了一种不含化学制剂的手持式灭火棒，通过破坏火焰的基本结构、而不是覆盖火焰来实现灭火的；机械爱抚器，根据人们爱抚宠物有助于降低血压和释放大量可改善情绪的多肽的原理，研究人员发明了"智能毛皮"，它的传感器可以模仿宠物在受到抓挠或抚摸时的反应，给人以安慰；更好的安眠药，通过关闭患者的警觉意识——而不是诱导睡眠——来起作用。还有无须动手的洗头机；自行车防盗车把；不再油腻的自行车链条；可食用的食品包装；等等。

●产品文化创新就是为品牌做嫁妆

产品文化创新包括内容创新和形式创新两个方面，在研究和实践中以后者为主。

（一）产品文化创新的角色设计

在设计新产品时，要考虑产品的独特个性属性——精神性，使新产品同时具备可满足消费者角色转换时的情感要求，这也是使自己产品区别同类产品最有价值的手段之一。产品的这种属性不是设计师设计出来的，也不是企业创造的，而是在不同的文化背景影响下，形成的特殊消费观的消费者要求的，进一步说更是一种文化的产物。

在国内文化背景下产品主要充当的角色有：

（1）体现个人高贵身份

充当这种角色的产品，必须能够标明消费者的身份、地位，表现其个人成就，如高档手表、名牌服装、高级轿车、高档手机等。这类产品的设计，要考虑选用贵重的材料、豪华的款式、考究的工艺、一流的质量、稳重的色彩、精美的包装，而且产品的产量要严格控制，不可太大量，价格要昂贵。

（2）体现年龄特征

在人的生命周期中，要依次经过儿童、青年、中年、老年等阶段。在不同的年龄阶段，人们的生理与心理都是不同的，对产品的要求也是不同的。

这类产品设计时就要很认真地研究不同年龄段的特殊要求。

（3）满足自尊和自我实现

人类需求规律表明，当人们的基本物质需要得到满足后，精神上的各种需求会逐渐强烈。人们一方面渴望得到他人及社会的承认及尊重；另一方面要求不断提高自己的能力水平，以求得事业成功和个人价值实现。为此，购买装饰品、美容用品、学习用品以及有助于提高某方面技能的专门用品时，人们会刻意寻找和要求有助于增强自尊、社会尊重和自我价值实现的商品。产品在满足这一角色要求方面，可发展的空间是很大的。

（4）充当情感的代言者

现代社会，在强调产品实用性的同时，人们越来越注重产品可承载的情感内容，即希望通过产品获得某种情绪感受，满足特定的感情需要，如表达友情、亲情；寄托希望、向往；展示情趣、格调；追求自然、回归等。产品被要求蕴涵丰富的感情色彩，以能够满足消费者的感情需要。这类产品的设计应注意文化因素的运用，在人们的习俗、喜好、价值观、民族心理等上面下工夫，寻求可传达感情的载体，并巧妙的转化为设计语言。

（二）产品文化创新的人本设计

产品为人服务，因此，如何适应人体生理结构、特征和生命发展的要求，是产品设计要考虑的首要问题。充分考虑人机工学的产品在消费过程中可以给人以安全感、舒适感，可以有效减轻人体疲劳，加速人体机能的恢复。比如座椅的设计，应根据人们腿部的长度决定高矮，根据人们腰部的特征决定靠背的角度，根据手臂长短安置扶手，才能在体重负荷、血液循环、姿态安稳、筋肉放松等方面符合人体的需要。总之，要根据人体结构特征、活动范围等静态和动态的科学依据，进行新产品的设计，更好地满足消费者生理和心理上的需求。

（三）产品文化创新的流行设计

具有时代性是产品的一大属性。它表现为在某一时期内，社会中某一群体或某一阶层的众多消费者承认、接受同一商品样式，即流行式样。这种产品的流行，一方面反映了社会文化和科学技术的进步程度；另一方面反映了不同时期消费者的共同渴求变化；再有就是反映人的从众性。应该看到，这是一种很有价值的设计方向，相较前两种设计方向的实战性，它是一种更具挑战性的、具有很高前瞻意识的设计活动，做好了就可能把握和引导潮流，这是很多设计师和企业都梦想做到的。为此，在进行新产品设计时，应善于吸收和发现市场上流行现象，并找到其内在本质的东西；同时，要做到能够迎合消费者的时尚心理，因为这也是文化的一部分，从而创造出新颖独特、顺应时尚潮流、富有内涵的新产品。①

第五节　产品创新十大金律

任何一种产品最终都要被替换。能够替换它的就是创新产品。创新不一定是颠覆性创新，往往是 99％的继承＋1％的创新，而这 1％的创新又往往只是形式上的改变。所以无论何种名分何种途径的创新，都不可轻视。

实践意义上的创新，有许多具体的方法，这里介绍一组操作策略，可题为十大金律。

（一）愉悦点创新

愉悦点创新，指能够激活隐性需求的产品或服务创新。

人的需求可以分为显性需求与隐性需求两类。显性需求是人们自己已经意识到的、能够明确表达出来的具体需求；隐性需求是人们尚未明确意识到的内在需求。隐性需求在某种刺激下会显现出来，可以经过分析和挖掘使其显现。激活隐性需求可以通过传递新的价值主张、引导消费、开辟市场新空间、建立新的游戏规则等手段实现。由于人的隐性需求被激活时会有愉悦感，我们就把这类创新叫做"愉悦点创新"。

"新产品产生新市场"是索尼公司的信条。盛田昭夫认为，我们的政策，并不是先调查消费者当前喜欢什么商品，然后再投其所好，而是以新产品去引导他们进行消费。消费者不可能从技术方面考虑一种产品的可行性，而我们可以做到这一点。因此，我们并不在市场调查方面投入过多的力量，而是

---

① 祝文宾：《设计本土化之文化思考》，中国家纺网，2007 年 9 月 27 日。

集中力量探索新产品及其用途的各种可行性，通过与消费者的直接交流，教会他们使用这些新产品，达到开拓市场的目的。显然，索尼所满足的是消费者的隐性需求。

人们长期处于一种固定生活方式中，容易形成思维定式，觉察不到自己有什么隐性需求。利用概念营销是传递价值主张的有效方式。企业可以利用创新科技和创造性思维，向消费者传递全新的价值主张，或介绍消费者以前从来没有认识到的新利益，进行消费者教育与引导，使消费者认识到新的价值主张、新的产品会带来前所未有的利益，从而接受新的价值主张并产生市场行为。

随着对高品质生活的追求，大量的隐性需求会被不断发掘显化。因为高品质的生活并不只表现在衣食住行的现代化与富裕程度等方面，更体现在人的愉悦上，即一种生理、心理、感觉上的满足。愉悦的人生是高品质生活的象征。因此，就产品而言，消费者除了希望数量和基本功能之充足外，将会更多地考虑新颖、健康、美观、舒适、便利、得体、尊贵、快乐等能带来精神上愉悦的要素。

以人的愉悦为目标的产品开发设计思想，是产品创新的一个重要方向。即在产品开发中重视人的因素，注重产品满足人的体验型需要的属性，以达到愉悦身心的目的。[①]

（二）差异化创新

差异化产品是相对于同质化产品而言的。差异化产品就是在某种意义上超过竞争对手的产品。人们总结出的口诀是：人无我有，人有我优，人优我新，人新我奇。

产品差异化的入手点，多为价格差异化、技术差异化、功能差异化和文化差异化。

"定位之父"杰克·特劳特说：所谓定位，就是令你的企业和产品与众不同，形成核心竞争力，对受众而言，即是鲜明地建立品牌。五六年前他在中国CEO年会上说："中国的时尚品牌宝姿，是不是应该成为一个纽约的

---

① 孙建华：《隐性需求内涵解析及其与企业营销创新激活》，www.14edu.com。

品牌呢？我觉得成为一个纽约的牌子会更好，虽然它来自厦门。从时尚的角度来说，纽约肯定会吸引更多人的关注。这样，可以先建立一定的观点和说法，再找到这种差异化的概念，找到一种可以把自己与别人区别开，而且可以使用户从中受益的一些事实作为证据，展示你的不同，之后把这个信息传递给大众。如果你的产品是差异化的，整个世界就会为你敞开大门。"

差异化是仿制与跟随创新的分水岭。跟随创新，在技术方面不谋求做开拓探索者和率先使用者；在市场方面，首先是充分利用率先者所开辟的市场，继而抢占已有的市场空间，随之开辟新的市场空间。跟随创新省去了大量早期投入和新市场开发建设的大量风险投入，集中力量在创新链的中游环节投入较多的人力和物力，保证了在工艺改进，质量控制、成本控制、大批量生产管理等方面形成强势技术积累，从而弱化了创新风险，获得竞争优势。微软被称为"先学习再打败对手"的跟随创新高手。网景公司Navigator 浏览器一度占据浏览器 85% 的市场，分析师曾经预测网景将超过微软。面对网景的威胁，微软从伊利诺伊大学购买了 Mosai 浏览器代码的专利版权，组织庞大的研发团队对其进行升级，同时运用一系列制约措施，几年时间就使网景的份额跌落 50%。美国媒体将微软的"跟随创新"评价为"等竞争对手出现，马上复制，然后赶超。"

乔布斯信奉毕加索的话："好的艺术家抄，伟大的艺术家偷。"在苹果的专利储备中，很少有基于基础科技研发的，它在技术上的投入比 IBM、微软、英特尔少得多。因为纯粹投入技术研发不一定就能带来产出，而且风险很大。苹果侧重改进和用户体验相关的东西，也就是说让既有的技术变得更好用。在别人的技术基础上，苹果用自己的创新提供了更好的用户体验，从而获得成功。这就是苹果的独到之处。

（三）补缺创新

不少女性消费者为高跟鞋磨脚问题困扰，屈臣氏就开发出脚掌贴、脚后跟贴这些小物件，在业界打出了名气。

每一个企业都不可能完全满足市场的所有需求，市场上总存在着未被满足的需求，这就为企业留下了一定的发展空间。这就要求企业详细地分析市场上现有产品及消费者的需求，从中发现尚未被占领的市场。

补缺，就是"人无我有"。耐克公司开发的适合不同运动项目的特殊运动鞋如登山鞋、自行车鞋、冲浪鞋等，就是典型的补缺产品。

补缺，来源于"市场缺口分析"，就是用科学手段调查分析市场尚未出现或尚未满足的顾客需求，尤其是特殊顾客的要求，或者是顾客的特殊需求。TCL决定投放彩电时，国内彩电市场已经供过于求。面对众多的相对成熟的国内外彩电品牌，TCL发现了一个缺口：高质低价的大屏幕彩电。这一定位有高质、低价两个着眼点：本土品牌尚没有成型的大屏幕彩电，仅有的几例质量上还不过关，柜台上尚处于投石问路阶段；外来品牌大屏幕彩电价格普遍偏高，大众消费者无法接受。TCL看准缺口，乘虚而入，用自己产品填补了空白，取得了成功。

补缺，不但是产品创新的诀窍，也是企业制胜的捷径。美国PIMS（营销战略对利润的影响研究）项目，研究某些中小企业为何能在与大企业的竞争中处于不败地位，结论是：由于这些中小企业致力于寻找市场中被大企业忽略的某些细分市场并在这些小市场上进行专业化经营，因而获取了最大限度的收益。这些可以为中小企业带来利润的有利市场位置称为"利基"，这些企业被称为"市场补缺者"或"市场利基者"。

（四）定制创新

所谓定制创新，就是根据顾客个性化需求设计研制满足顾客需要的新产品。显然这种策略能够充分体现"以消费者需要为中心"的经营理念，因而成为现代企业开发新产品的基本取向。

定制创新与适销对路的新产品开发同义，但更加小众化。

适销对路是营销学词语，指产品特性能够满足广大目标顾客物质与精神的需求，分销通路高度畅通。适销对路的产品，合乎人们的生活观念和消费习惯。当价格因素是人们考虑的首要问题时，廉价食品适销对路；当时间因素成为人们考虑的首要问题时，方便食品适销对路；当健康因素成为人们考虑的首要问题时，营养食品适销对路；当安全因素成为人们考虑的首要问题时，无添加剂食品适销对路。产品创新必须考虑到这一因素。

营销学中有一个案例：日本生产的玻璃杯曾一度在美国市场滞销，唯有一种产品供不应求，奥妙何在？原来这种玻璃杯口一边高一边低，关照到了美国人的高鼻梁，这一点点小改进，就创造了市场传奇。

海尔是采用定制新产品开发策略取得成功的典型。例如海尔根据顾客的需要开发的"地瓜洗衣机"、"抽屉式冰柜"、"带酒瓶架的冰箱"以及可以根据顾客的需要设计不同颜色的冰箱等，正是由于采用了这种能满足顾客个性化需求的新产品开发策略，海尔能够从中国走向世界。

定制开发必须树立以顾客为本的经营理念，及时收集、分析顾客的各种需求信息并建立数据库；要有一套弹性设计、生产系统，以便能够随时、迅速地设计、调整和生产顾客所需要的个性化新产品。

定制产品创新与定制营销同义。定制营销是指在大规模生产的基础上，将市场细分到极限程度——把每一位顾客视为一个潜在的细分市场，并根据每一位顾客的特定要求，单独设计、生产产品并迅捷交货的营销方式。它的核心目标是以顾客愿意支付的价格并以能获得一定利润的成本高效率地进行产品定制。美国著名营销学者科特勒将定制营销誉为21世纪市场营销最新领域之一。定制产品通过下游服务环节投入市场，定制服务通过上游生产环节提供定制产品，在产业模式上不同，在产业链意义上相通。

2010年，国美电器推出三款定制产品——飞触平板电脑、海宝手机、太阳能充电器。业内人士认为，这三款定制产品的发布是国美电器主动整合产业链的具体行动。国美电器在2010年年初制订了增加以零售对供应链整合为核心的定制商品的业务转型战略，通过收集终端销售需求，尤其是对4000万会员销售记录进行系统分析，得到市场消费需求数据，据此形成设计方向，并与上游制造商共同研发生产更符合消费者需求的高品质商品。业界分析认为，这是中国由零售渠道主导的参与研发并有效整合产销链的第一案例。"零售制造"新商业模式的出现，表明零售企业对生产企业的产业链整合，是服务产品定制化创新的范例。

（五）超现创新

超现创新，就是以超越自己的现时产品为起点开发新产品。英特尔公司副总裁达维多说："一个企业若要主导市场，就必须在本行业中第一个淘汰自己的产品，第一个开发出新一代产品。"因为在信息时代激烈的市场竞争中产品更新速度非常之快，企业只有抢占先机才能生存，才有可能获得占压倒优势的市场份额和高额利润。

超前开发产品，实际上是企业战略构成。企业战略的八大特征中，首当其冲便是前瞻性。很多成功企业采用"生产一代、试制一代、研究一代、构思一代"的战略，以保证产品开发的领先性和持续性。

超前开发，要针对自己的现时产品。人们往往被现时产品遮住了眼、忙昏了头，顾不上动创新的念头。思想创新，思路创新，观念创新，都是头脑里的革命。

下面是太子龙人的一组品牌服装多元化功能创新畅想：

1. 户外装和裤子可以根据不同的场合需要，考虑组合成台布、雨披、电脑背包、购物袋或行李箱包；

2. 约会装可以考虑做成工艺品；

3. 鞋子可以考虑做成储物装备或装饰品；

4. 女内装既可以考虑做成包装袋，也可以做成屋里的浪漫装饰；

5. 将衣服做成名片、课桌、衣架或公文包；

6. 服饰可以组合成性情人生展览馆；

7. 同一性格的友好群体，可以用衣服来演绎合体蜗居秀或野餐露宿屋；

8. 服装也可制成交际礼品，让亲朋去认识了解你，去感受你的个性爱好与诚意品格；

9. 服装可以成为公益事业的载体，因为我们可以把衣物制成动物房舍和树木防冻衣，既友爱环保，又情趣个性，把衣物"归还"给大自然的动植物；

10. 用衣服来做个人的写真集，成为历史时代的标志……

（六）体验创新

产品的体验创新，是体验经济的产物。体验设计理论已经成为现代企业开发产品的重要依据，如耐克公司、迪斯尼主题乐园、主题性餐厅等。体验创新，并不是要你创造出什么新的体验，而是用你的产品迎合、调动、诱发消费者原本就有但未被发掘出来的体验享受。

诉诸体验的产品创新，是时代经济、技术和文化元素围绕消费者"体验需要"的整合设计，是企业以服务为"舞台"、产品为"道具"、环境为"布景"，创造出附加于产品之上的具有强烈吸引力的独特体验价值，它是产品创新不可忽视的亮点。

体验创新把焦点放在用户的操作方式体验上，强调采取新的方式来使用产品。

体验创新的典型代表是苹果。相比对手，苹果更关注用户的感受，所以更加广泛地被用户所接受和欢迎，甚至是感激。基于体验创新所形成的品牌号召力对用户的印象是最深刻的。用户终于不用再关心什么主频啊、像素啊、容量啊一类的专业词汇了。

体验创新，谷歌、索尼也做得很成功，但苹果体验创新历史更久。苹果发家产品 Apple II 并不是一个真正的发明，组装机在那时候已经存在好多年了，苹果只是让它变成非专业工程师也能够使用的玩意儿；苹果把 PC 机从冰冷的铁盒子变成了时尚 IT 家具，这个产品就是 iMac；苹果把一个在东莞论斤卖的小数码产品卖到 3000 元钱，这个产品就是 iPod，它让人们重新定义了 MP3。体验创新的重点在于——忘记技术。IT 企业向来喜欢在高科技的光芒下，堆砌泛滥的技术指标给用户。但又有多少用户真正能搞得懂那些指标？用户需要的是好用能用喜欢用的产品。体验创新带来了利润的最大化。[①]

乔布斯曾经说，计算机也可以像一整套茶杯。比如，你看到 iMac 上的手柄时，你一眼就能知道这个手柄是做什么用的，而不是需要事先去阅读很多科技创新产品都有的厚厚的说明书。在他看来，"如果你设计了一个什么东西，那就相当于你界定了它对使用者的意义。你要传递给他人什么东西？有什么用处？怎么起作用？哪里起作用？价值多少？因此，特别是你在处理像计算机这样令人瞩目的技术时，你的责任是让人类和技术的联系尽可能有效、自然、简便、令人愉快。"这便是体验创新的起点。

（七）用户创新

用户创新是指由消费者和最终用户（而不是由制造商）完成的创新。用户创新是不同于传统产品创新模式的最新模式。用户创新是定制创新、体验

---

① 刘兴亮：《体验创新：苹果的制胜模式》，新浪博客，2010 年 9 月 9 日。

创新等所有基于消费者个性化需求的产品创新的升级版。

在知识经济形态下，计算机技术和互联网的发展，使技术创新形态正在发生转变。创新不再是少数科学家和企业家独享的专利，每个人都可以是创新的主体，生活、工作在社会中的用户开始拥有创新的发言权和参与权，传统意义的实验室的边界以及创新活动的边界也随之"融化"了。以用户为中心、以人为本越来越得到重视，用户体验也因此被称作创新 2.0 模式的精髓。

传统的产品创新是一个持久的过程，在厂商和客户之间不断往复。首先厂商根据收集到的不完全的需求信息开发出产品原型，然后交由客户试用，客户发现缺陷并反馈给厂商，厂商再据之进行修改。这个过程将一直循环下去，直到出现一个满意的解决方案为止。

但在当今市场竞争越发激烈的情况下，企业迫切需要找到高效率、系统化的价值创造途径，以便能迅速地开发和推广新的产品和服务。用户创新就是给予客户一定的工具，让他们设计和开发属于自己的产品，从细微的修改到重大的创新，都可以由客户自己完成。厂商通常将这些工具集成到"客户创新工具箱"中，使得产品创新更加迅速，成本更加低廉。

在用户创新模式中，产品开发和消费完全都由用户完成并为用户运行，可以脱离厂商而创造出自己真正想要的东西。这种模式能更好地满足用户细致复杂的需求，客户可以在自己的地方开发产品，所以整个设计过程大大加快，大大节省同厂商的交易成本。厂商关注的重点也不再是设计尽善尽美的产品原型，而是提供功能强大的工具箱，并随之调整自身的经营模式。

当用户预计创新的收益会超过成本时，他就可能进行创新。用户越期望从所需的新颖产品或工艺中受益，他就越可能投入更多资源进行创新活动，他的投资也就越有可能得到回报。

用户创新主要由用户群体中的领先用户发起。在德国的户外体育运动器材的领先用户中，有 10% 的人会自行改进装备或者完全创造新的器材。由于德国的体育用品消费者成千上万，因此仅在这一个领域的用户创新数量就非常惊人。

现在，蓬勃兴起的免费软件 Linux 正在掀起这样一场革命。最近，IBM 投资 4000 万美元，利用内部技术开发公共软件，鼓励人们编写能在 Linux 上运行的程序。

用户创新适用于工业产品和流程的创新。迄今为止，用户创新的研究也主要集中于 B2B 领域。而现在，大量迹象表明，用户创新已经延伸到 B2C 领域。许多公司已经提供了被称为"产品生成器"的工具箱，使消费者能够获得大规模定制的标准产品。在许多行业内不仅仅是个别用户进行创新，而且出现了用户创新群体。[①]

在商业领域，也有 DIY 类服务创新。所谓 DIY，指的是顾客自己动手完成商品的制作。从 2005 年开始，该类店铺就广泛出现，比较成熟的有 DIY 纸艺店、DIY 蛋糕店、DIY 肥皂店、DIY 巧克力店等。大型成熟社区的亲子 DIY 俱乐部，指导学龄前儿童制作各类木头、塑料与填充类型的玩具，充当临时幼儿园的作用。

（八）品类创新

随着科学技术的日新月异，产品、品类新概念不断诞生。小肥羊成为中国餐饮行业的第一品牌，靠的就是"不蘸小料的白汤火锅"对原先的红汤火锅的有效区隔，创造了新品类。就食品来说，低糖、非油炸、无醇、促进睡眠、便携、速冻……层出不穷。借助产品新概念为支持点，让品牌价值显得与众不同，那么就有可能挖掘出新的品类或细分市场，并成为该领域的第一品牌。

当一个产品在技术成熟度、产品功能等方面都与竞争对手同质化的时候，新产品研发要取得成功，就需要开发新的产品类别。创建新的品类可以从产品入手，也可以从概念入手。品类创新，就是用概念在原有的产品类别之外，开辟一个新的领域，然后命名这个领域，把你开辟的新领域作为一个新品类来经营，把自己的产品作为这个新品类的第一个产品来经营。品类创新要有根据，要有品牌支持，不能仅靠拍脑瓜蹦出一个奇异概念来进行炒作。

产品品类创新可以在两种不同的产品中找到交点，产生新的产品创意，从而实现与原有产品的区隔。比如针对去屑的概念，康王与采乐推出了基于 OTC 层面的产品，虽然同是去屑，它们的传播以及渠道变成了走药店终端，

335

---

① 徐岩：《与"领先用户"一起创新》，《中国企业家》2011 年第 11 期；戴凌燕、陈劲：《产品创新的新范式：用户创新》，《经济管理》2003 年第 12 期。

开创了一个新的品类。

品类概念创新是指对同样的产品创造出新的卖点。比如脑白金本身是保健品，但是通过"送礼就送脑白金"，就让脑白金从保健品变成与众多低档礼品竞争的高档礼品，保健礼品就是创新的品类。

品类创新是建立在市场细分和目标市场策略的基础之上，先列出主流的竞争品类，然后从主流品类中的反面或侧面寻找市场缝隙，建立和主流品类相对应的新品类，创造出差异。对于企业来说，在新产品研发中，可以通过技术的创新、卖点的提炼以及包装的更换来创建新的品类，同时，品类创新还要注意企业是否有能力引导消费需求，支持品类品牌获得市场。

当年海尔电热水器用"防电墙"概念将整个行业一分为二：有防电墙的电热水器和没有防电墙的电热水器，使自己的产品与产业大军区隔，在竞争中胜出一筹。喜之郎是第一个建立果冻品类的品牌。在喜之郎之前，果冻市场已经有很多区域性品牌，但都没有进入消费者心智，喜之郎依靠一个好的名字以及大规模广告传播，抢先占据了果冻这个品类，一度拥有 60% 以上的市场份额。

品类创新的机会与经济和社会发展的速度正相关。经济发展越快，品类分化的速度越快，品类创新的机会就越多。《湖北日报》介绍过中小企业品类创新的三大机会：一、符合健康、环保、节能的新品类，将获得广阔的品类创新空间；二、受益于消费升级的高端品类；三、具有良好心智资源积累的品类。

如果说上一阶段中国经济的发展特征是粗放式的和以高能耗为代价的，那么下一阶段，这种发展方式将得到矫正。因此，符合健康、环保、节能的新品类将获得广阔的品类创新空间。经济发展的成果之一，就是人们收入的提高和消费能力的增强。在解决了基本需求之后，更高层次的消费潜力开始释放，消费升级成为品类创新的重要动力。这一动力将使几乎各个品类都存在诞生高端品类的机会。以纯天然植物为原料的中药和以生态系统观念进行治疗的中医，将在国内复兴并逐渐走向全球。随着中国影响力的扩大，中国的消费将对全球产生影响，原创于中国的黄酒和白酒也将逐渐走向全球，率先启动全球战略的企业将获得先入为主的优势。①

———————————

① 《中小企业品类创新的三大机会》，《湖北日报》2011 年 6 月 14 日。

品类创新属于概念创新。"吃"和"喝"是两个不同的行为概念。没人想到去改变它。第一次世界大战之前，新奇士公司面对饱和的柑橘市场，与FCB公司合作，共同想出了一个绝妙的主意——生产橘汁，同时生产了几百万只玻璃榨汁机，然后通过广告"喝一个橘子"，改变了产品消费形式，使销售量翻了四番。这是创新产品对消费者生活方式的改变。同类手法还有很多。卡夫公司从美国来到大中华区后，以其新产品和"扭一扭，舔一舔，泡一泡"的广告语赢得了眼球，效益也不错。他们称此为创造了一种新的"趣味吃法"。与概念创新和品类创新一样，产品使用方法上创新并没有过多地在产品上做什么，却能吸引眼球，激发消费欲望，打开市场。

（九）系列创新

在行业竞争中，谁能有效解决产品同质化问题，谁就能保持竞争优势。解决产品同质化有一条关键对策，那就是产品系列化。系列新产品开发就是由一个创新产品带动一系列相关产品的开发，形成同一类型下不同规格、档次、用途的成套的产品系列。系列化产品能根据市场的动向和消费者的特殊要求，采用发展变型产品的经济合理办法，机动灵活地发展新品种，能及时满足市场的需要，扩大产品的市场占有率。

系列创新可以直接衔接产品系列化建设。系列化是对同一类产品中的一组产品同时进行标准化的一种形式。产品的系列化，一般可分为制订产品的参数系列、编制系列型谱和开展系列设计三方面内容。

系列创新是规定性创新，在没有其他创新手段的情况下，遵循标准化常规流程就可以完善和扩大产品系列。

最好的产品创新能带来产业链创新。

郎咸平说，乔布斯推出 iTunes 在线音乐商店，开创了一个新模式：一首歌的收费 99 美分，其中 65 美分给唱片公司，25 美分给了网络供应商跟VISA，剩下 10 美分留给自己，让产业链的每一个成员都获利。也就是说，他颠覆了一个产业链。爱迪生颠覆了一切与电相关的东西，福特颠覆了一切与自动化、机械有关的东西，而乔布斯颠覆的是一切与数字化有关的东西。汽车是德国人发明的，但是是福特让汽车得以大规模地商用，并且奠定了现代制造业工序流程的基础，就是流水线。就一个 iPhone 来讲，苹果赚了

337

360 美元。然后硬件呢，美、日、韩、台等拿到了 187 美元。我们是最惨的，我们搞组装，拿到的大概是 6.54 美元。但是，通过这整个产业链你会发现每一个结点都是被 iPhone 连在一起的。[①]

（十）惯性创新

所谓"惯性创新"，就是从制度、体制、团队人才和企业文化等方面打造创新小环境，形成创新小气候，使创新成为企业、团队及个人的自身需要和习惯。在这种情况下，创新可以按自身规律发展运行，这应该是创新的最高境界。英国贸工部科学和创新部部长盛伯里勋爵 2005 年访问中国时，记者问："科技创新落后是中国面临的主要问题，英国是如何鼓励创新的？"盛伯里回答："我认为创新的决定因素有三个：一是要有创新的气氛，就是说大家都愿意创新。二是基础研究一定要非常强，只有这样才能提供一个创新的基础。三是企业要明白，没有创新就没有发展。"

Google 的工程师有 20％的工作时间可以自由支配，他们往往利用这些时间进行创新。3M 全球总裁狄西门说："我几乎全然不知道公司内目前正发生些什么事，也完全无法预测今天将生产何种商品。"公司的首席发明家、利贴胶纸的发明人亚瑟·傅莱说："一个天才强不过一百个凡人，通过不同见解激荡，便能引发革新。"这种"无须任何策略的迈向未来的策略"正是 3M 保持全员创新精神的独特之处。在 3M，公司的管理经营哲学是"重视员工自己的想象空间和思考方式，而且管理经营层绝对不加以抑制。"公司有一整套的措施保证这种思想得以延续。3M 以工业技术平台基础技术为主的商品开发理念是以厂商——技术人员的构想为主来进行开发。3M 不是采取"顾客需求至上"的消费者导向型，而完全是逆向操作，坚持一贯的由研究技术人员提出构想的厂商主导开发型。这是因为 3M 认为，顾客的需求往往局限于现有商品的延长线上，至于超越限制的突破性商品，则应交由研究人员来思考，才能早日诞生。而且，赋予销售物品独特性能的商品，能唤起顾客的潜在需求，极可能因此再度激发出新的提案，使顾客惊叹："这就是我要找的商品！"3M 的这种开发理念，在某种程度上激发了研究人员创新

---

① 郎咸平：《乔布斯的真正伟大之处在哪里？》，《国际财经时报》2012 年 3 月 16 日。

和创意的积极性，促使他们更重视自身思索和构想。而且，经过此过程开发的商品，其他公司无法轻易模仿和竞争。3M 就是以这些实实在在的方法和措施激发研究人员创新和创意的精神，使企业保持持续创造开发的活力。员工可跨部门进行研究活动，不受干扰地进行新商品开发，这已经成为 3M 的企业文化和公司财富。

产品创新其实只是企业创新的一项内容。在产品、技术之上，还有品牌、商标、服务，以及管理方式、方法，人力资本运营等方面的创新，再往上，还有企业的市场方略、营销策略、竞争策略等各项有利于创新的制度的制定。也就是说，创新是一种观念，一种制度，一种体系，一种文化。

创新制度文化是指企业在生产经营管理活动中所形成的与企业创新精神、企业创新价值观等意识形态相适应的企业制度、规章、条例、组织结构等。良好的制度创新是企业创新的基本保证。如果企业只有创新的价值观和创新精神，而缺乏必要的制度安排和落实，那么企业的创新只能停留于观念上。在现阶段，我国企业设置和构建创新制度文化应包括：创新组织体系的设置、创新的行为规范、创新的管理制度、创新的激励制度、创新的考评制度、创新的约束制度，等等。

企业创新从本质上看，是为企业赢得竞争实力。只有不断创新，满足市场需求，企业才有竞争力，才能生存发展，才能获得市场、巩固市场，才能获得进一步发展的空间。这种环境，才是包括产品创新在内的企业创新的天地。

339

创新本来就不是能被条条框框限制住的原创动力，创新方法更是数不胜数且层出不穷。本节只是在策略库中选取十项，意在提供思路引子，作为对企业创新活动的参考或提示。

本章主要从战略层面介绍了创新的基本理论和产品创新模型，分析了传统的新产品开发模型的不足，重点推介了观念、理论、机制、团队、技术、流程、标准及工具性等方面"集大成"的创新模型——IPD；在产品文化创新方面，讨论了中国文化背景下的产品文化创新的内涵和意义，指出产品文化之本是消费群体的价值观和生活方式，产品文化创新是为品牌附加值做嫁妆；同时，在战术和策略层面，探讨了产品创新的原则，归纳了产品创新十大金律，为企业的具体创新活动提供了方法和工具参考。

产品创新是企业创新的首要内容，产品创新与企业战略管理系统密不可分。对于企业来说，创新不但是策略，更是战略；不仅是手段，而且是目标。一个企业形成了创新气候，就会立于不败之地；对于产业、区域、国家来说，同理。

第十五章　多元生活模式下的产品延伸

　　一个经济发达的社会，必然是一个生活多元化的社会。生活多元化，首先指生活方式多元化。虽然说人类的物质生活和精神生活向来是多向性、多值性、多面性的，但也向来受生产方式和意识形态的约束。社会意识形态的封闭或开放程度，决定了生活多元化的丰富程度。生活方式多元化在哲学家说来，是增强主体性，实现人的价值；在经济学家看来，是支撑新的经济增长点，提高人民生活质量；在社会学者眼中，是人的价值追求多元化，人类群体文化丰富化；在营销学家口中，是市场容量越来越大，目标市场越分越细，产品功能越来越多，品牌附加值越来越高。

　　生活多元化在服装消费方面表现得最为充分。消费者根据自己的需要、价值观以及生活方式来选择与之相适应的产品和品牌。消费者在选购品牌时不像以前那样偏重理性的考虑，而更注重使用不同品牌体现不同的自我情感。他不只是关心服装具有什么功能，更重要的是体验服装的个性，根据"自我形象"来寻找与之相匹配的品牌。而成千上万的个性消费者，就是成千上万个"自我形象"。一个多元化乱花迷眼、个性化日益张扬的时代，是以街上流动的形形色色的服装为标签的。

第一节　多元生活模式论

　　改革开放以来，随着思想逐渐摆脱禁锢，中国人改变了穿衣遮体的实用性观念，抛掉了黑灰蓝的单调着装习惯，服装的功能被不断地细化，国民着装品位不断提升。服装越来越多地融合个人性格，体现每个人对于生活的不同追求。

　　社会中不同的消费群体，对服装都有着不同的选择。据凤凰网 2011 年调查，对于高消费人群来说，在家庭和家人之外，生活品质是他们目前生活的主要重心和追求；其次，是对事业、财富和职业的追求。与五年前相比，高消费人群对于生活品质的理解发生了显著的变化，对于财富的强烈需求已经转换为对于健康、精神生活、家庭、家居等方面的追求。具体到服装而言，高消费人群更加需要服装选择的多元化，也就是因着装场合、活动环境等不同而产生的对于不同类别服装的需求。

在西方，穿着得体是一个人文化教养的体现，衣着打扮不分场合会被认为缺乏教养。穿着讲究时间、地点、场合，上午、下午、晚上不同时段穿着不同。如男装的燕尾服只能在下午 6 点以后的社交活动中穿着，而女装也分为晨服、午后服、鸡尾酒会服和晚礼服等；地点指社会人文环境，如办公室、会议室等工作场所，舞会等社交场所，旅游等娱乐场所；场合则是具体的生活场景，如同样是晚宴，因其正式与非正式而有着装的不同。以生活在世界时装中心的巴黎人为例，他们在服装的审美方面拥有极高的品位，他们中不仅有蜚声国际的时装大师，也有许多精通穿衣哲学的普通人。对于巴黎人而言，什么场合穿什么衣服是基本的礼貌问题。在日常生活当中你不会看到盛装出街的男女，这一点与我们不同。在我们看来，漂亮而昂贵的名牌服装是用来显示身份的，所以无论什么时候都要穿出去给人展示一番。所以，相比较西方人的穿衣品位，我们国人的着装选择就更需要一个细化的过程，让不同的服装运用在不同的场合，使之散发最适宜的光彩，而不是穿着运动装去做 OL，也不是穿一套晚礼服去 shopping，多元的生活模式带来的就是着装的多元选择。

当然，除了高消费人群，作为社会主要消费群体的大众消费更能代表社会服装消费的主流方向。随着生活品质的渐渐提升，普通民众对服装的选择亦表现出多元化的需求。

第二节　四维一体生活模式下的产品构成

四维一体的新生活模式，是荣获"第四届中国策划案例暨策划人奖"的雨辉服装品牌提出来的。四维一体的新生活模式是为了解决当时国内众多服饰品牌理念落伍、品牌内涵空洞、产品款式呆板、严重与新世纪生活方式脱离的现状。

四维一体的新生活模式的四维，即"家庭、工作、休闲、学习"。这种模式，打破了中国过去的"家庭—单位"或"家庭—运动"这种呆板的两点一线生活模式，催生出了"户外旅游—居家休闲—爱情约会—商务工作"四个领域里的多元服装产品研发新体系。这一品牌观念在雨辉某年度夏季新品主题——海韵绝艳 NEW 西兰和四大产品主题——蔚蓝人生（户外版）、璀璨情感（爱情版）、生命之约（家庭版）和鹏程之旅（商务版）的新品开发上得到了充分的展现。

（一）职业装

一个成年人至少 1/3 的时间用在职场上，因此，工作装成为人生活当中的一个重要的组成部分。良好的职业面貌得力于干练稳健的外表，符合身份和彰显品位的职业装能为人们的职场生涯加分不少。例如格纹图案的服饰使得男士具有绅士般的儒雅风度，三件式西装和双排扣经典款风衣则为男士显得稳重可靠。

职业装可以依据穿着场合的不同分为工作装、演讲装、考察交流装和公共活动装，这四种类型亦可分为两大类：商务正装和商务休闲装。

1. 商务正装

商务男装

对于男性而言，职场相当于第二个情场，只是大多数时间，他是在和自己作战。信心、意志力、专业水准、沟通能力和耐力，都是他决胜的法宝。职场门前的第一道关卡是个人魅力，个人魅力是成功的关键点之一。个人魅力与着装有关。

就商务男装而言，质地优良、剪裁合体的西装是商务男装的上选。简约的款式使人看起来更加自信干练。就西装而论，款式和剪裁永远是最先考虑的。什么样的领形、有几粒扣子往往决定了搭配风格。两粒扣的西装只需要系一粒扣子，或者不系扣子。在选择正式的套装出席商务场合时，三粒扣的西装更加适合。另外，风衣、马甲、开衫也能提供更多的搭配方式。

商务女装

高端的商务女装品牌的消费群体大多是企业高管、政府职员及企业白领等，其经济上有着相对充盈的消费能力，生活上有着更高层次的要求，精神上也有着对美的更深层次的认识。她们经常出入的场合，要求服装与身份相匹配，要求着装风格体现女士的帅气、干练、知性优雅，但不失妩媚。

2. 商务休闲装

在工作场合与同事、领导或合作伙伴一起进行公共活动时，着装可以依据所在场合而定。在较为轻松的场合，男士可以上穿休闲风格西装，下着休闲裤。出席一些时尚活动，可以选择具有设计感的西装款式。而一粒扣的西装则可以根据其领形与面料的变化作为礼服穿着。对女士来说，在进行公共活动时需穿着商务休闲女装。商务休闲女装的设计风格要符合消费者的身份，适合消费者经常出入的场合，表现出消费者的心理需求。这一部分人大多讲究服装风格的时尚、干练而又温婉；注重独特创意，低调奢华；面料要求质地优良，工艺考究；结构上在意比例与分割的协调性和线条的流畅性，对服装的品质要求较高。

（二）休闲装

休闲装起源于美国，最早的休闲装为牛仔裤、衬衣和夹克，因其耐用、舒适，在当时被作为工作服来用。第二次世界大战后，经济迅速发展，休闲装也被更多的欧美消费者接受。20 世纪 70 年代，随着弹力纤维的发明和使用，服装的分类日趋细化，休闲装因轻松随意而广受欢迎，在 90 年代成为不可阻挡的潮流，强烈影响着人们的穿衣风尚。而今，休闲装已经成为人们着装的主流。除去一些正式的场合，如宴会、大型会议、外交场合外，人们通常会选择穿着舒适、自然的休闲装。

当今社会，随着五天工作制和法定节假日、公休假等的实施，人们的劳动时间减少、休闲的时间越来越多，人们的生活方式也随之发生了很大的改变。除了许许多多的自由职业者之外，由于网络销售等原因造就了一大批在家工作者，产生了更多的可支配的休闲时间，休闲装因此越来越受青睐。

2012 年，一股回归自然的休闲风潮在休闲装领域复兴，其特点为大地色系、肌理感的面料和纱线、简洁的造型和款式，一切与自然相关的元素都渗入休闲装的设计。服装设计在面料的选择上青睐有机供应链，色彩则体现植物染料的影响，款式较为简洁，显示出以健康、自然为中心的价值追求。

具体而言，休闲装可以分为居家休闲装、运动休闲装和旅游休闲装。

1. 居家休闲装

居家休闲装主要是在居家运动、户外散步、超市购物等时间穿着，介于家居服和户外休闲服之间。居家运动的休闲服可以是舒适的瑜伽服；户外散步、超市购物时穿着的居家休闲服则应当稍稍正式一点，避免过于松垮或者随意。家居服一般不使用过于跳跃的色彩或卡通款式。

2. 运动休闲装

如今的运动服装已经从单纯的功能性向大众化、时装化的方向发展，运动风潮可谓越来越强劲。在欧洲，除非是一些必要的场合，人们的着装已经不那么正规了。这样的现象反映一种新的生活方式，即人们的价值观正趋向于"体育—健康—驱动力"。随着人们健康意识的提高，越来越多的人愿意将闲暇时间用在体育运动上，运动服装也成为人们的日常装束，进而成为在各种场合里都可以穿着的服装。例如著名的运动品牌阿迪达斯和耐克运动装，就融合了将运动装穿到街头的理念，并赋予运动装以时尚的风格，使人们在穿着时不仅感受到运动的跳跃与活力，也同时走在流行的前列。

以往，运动品牌只在体博会上展出，如今运动品牌已进入时装领域。体育时装弥补了运动服装缺少个性和高级时装曲高和寡的不足，以其随身、舒适、便于搭配、轻巧的设计和富有活力的颜色款式赢得了大众的青睐。时尚运动装因其面向的消费群体的不同而呈现出多元化的趋势：高收入者钟爱名牌运动装；青少年喜好色泽鲜艳、设计感强、清晰度高的运动装；中老年消费者则喜爱稳重简单的运动装。

我们可以看到体育服装的风格与日常正装的融合，肥大的带帽 T 恤，古典英式西服加上球鞋，是正统与顽皮的奇妙融合；明亮的色彩拼贴在套装上使文雅的绅士也变得快乐亲切。运动时尚化是近年来国际时尚圈的一大热点，许多国际知名设计师纷纷卷入风潮，这为运动品牌的延伸和拓展开辟了道路，也为休闲风格的服装找到了新的发展方向。

除了运动装的时尚化以外，随着消费市场对于服装功能和技术要求的进一步提高，运动休闲装也植入了更多的功能性，拥有吸湿性控制、温度调节、防风防雨、抗拉伸性、抗摩擦性等专业功能的运动休闲装开始进入寻常百姓家。运动休闲服装不仅是高新技术与艺术结合的产物，还具有天然纤维如棉、麻、丝、毛的透气性，又有合成纤维不易起皱、不易收缩变形的特点，同时还具有一定的功能性，如保护身体健康、提高运动成绩等。各种新型纤维的运用和各种新技术的使用使得这些需求得到充分的张扬和逐渐的实现。

3. 旅游休闲装

恰如盛唐的文人盛行漫游之风一样，当人们物质生活越来越富裕的时候，旅游就成为一项常见的休闲活动，也是用来放飞心情的最佳方式。当你徜徉于碧海蓝天的自然佳境时，一款舒适且美观的旅游休闲装会为你的游览增添许多趣味，不仅可以令人怡然融入自然，也可以在山水间留下美好身影。

旅游休闲装要求穿着舒适、透气性和保暖性俱佳，由于长时间在户外活动，还应有一定的防紫外线功能。针对旅游地的不同，旅游休闲装可以分为海滨旅游装、登山装等。海滨旅游装以棉质为主，如果是热带海滨则应注意与热带风光的自然环境相匹配，可以穿着色彩鲜艳的印花长裙，搭配宽沿遮阳帽和人字拖，亦可穿着棉质白色长袖衬衫等。登山装则要注意服装的功能性，应具有吸汗透气、防紫外线的功能。

（三）交友装

在当今社会，朋友圈子的大小往往反映出一个人交际能力的强弱，人与人之间的交往越来越受到重视，成为决定事业成败的重要因素之一。好的朋友圈能帮助现代人缓解工作压力和释放心情，而得体的着装在交友时也能够适当提升一个人的眼缘，给朋友们留下大方而优雅的好印象。交友装依据交往对象和场所的不同可以分为朋友约会装、娱乐晚会装、恋爱约会装。

1. 朋友约会装

闲暇时约上三五知己，在下午茶时光，于妙音缭绕的咖啡馆里谈天说地，或是在人头涌动的潮流地带 shopping，都是不错的选择。此时的着装应当尽量个性化、时尚化，可以穿着在其他时间与场合不能穿着的设计感极强的、较为张扬的服装，以表现真我个性为原则。

2. 娱乐晚会装

娱乐晚会装包括正式和非正式两种。正式的晚宴装即晚礼服的穿着和搭配，需要一定的美学素养。色彩的和谐、材料的对比、线条的流畅以及富有想象力的穿着方式，搭配上适当的发型、化妆和首饰，才能展现出光彩照人的晚装。百度词条上将晚宴装清晰地规定为 20：00 以后穿着的正式礼服，是女士礼服中档次最高、最具特色、充分展示个性的礼服样式。晚礼服的面料为迎合夜晚奢华、热烈的气氛而多选择丝光、闪光缎等华丽高贵的材料。在设计上，惯例的低领、露背和镂空都是为了展示首饰而预留空间。冬季可选择羊毛或羊毛混纺质地，春夏则以丝绸为主。高贵的晚礼服概念是时装周上的主旋律，LV、Chanel、Prada、Gucci 等一线品牌每一季都会推出花样繁多的晚礼服，大牌晚礼服的精工细作和限量生产、高级定制满足着众多女性成为焦点的渴望，因此，越来越多精美的晚礼服也成为诸多精英女性每年岁末的不贰之选。

非正式的娱乐晚会装主要用于晚间出席朋友的小型 Party，或是与朋友相约在酒吧等夜间娱乐场所时穿着。前者一般应穿小礼服，较正式的晚礼服随意一些，但又不是典雅风范，裙摆较晚礼服短，款式更加活泼；后者则适合穿着时尚感强又能展示身材的服装，以轻松、随意、时尚为原则。

3. 恋爱约会装

爱情是人生中一个永恒而美好的主题，每个人都希望拥有一段美妙的恋爱时光。处于热恋中的人们希望在爱人的眼中留下最为完美的印象，这个美好的愿望需要借助精心的装束来实现。很多人在描述自己遇见心爱的人的那一刻时，常常是以这样的语句开头的："我记得那天第一次看见你的时候，你穿着……看起来非常动人！"可见，着装对于恋爱中的男女是多么重要！

女性的恋爱约会装应该具有甜美、温婉的特色，不过分装饰，也应避免过于前卫和暴露。色彩上以清新明快的粉色系、淡蓝色系为主，着重体现女性温柔恬淡的禀赋；明艳的色系则能使男友眼前一亮，同时又富有春天的感觉，使人的情绪更加愉悦和轻松。

而男性的恋爱约会装则应当注意简洁利落，富有青春朝气，同时又不失稳重，这样的着装迎合女性追求自信乐观男友的心理。

当男女间的恋爱关系较为深入时，往往会希望相互介入彼此的生活，在着装上表现为风格的趋同性，这样的服装可以是风格一致的着装，也可以是同一风格分为男女款的情侣装。

情侣装是热恋的男女之间表达爱意的甜蜜方式，也反映了两个人希望最终生活在一起的愿望。分析情侣装的概念并不单纯地为了通过时装研究时尚趋势，或是为了通过时尚来谈爱情观念，目的在于：第一，通过研究女装的流行趋势，探索情侣的主导方——女性的爱好趋向，从而掌握市场消费主导者的内心动向；第二，通过研究时尚的流行趋势，揭示和表达出情侣文化的核心——表达爱情美感的要素；第三，通过研究时装的产品风格走向，发掘情侣装产品的风格要素，开发情侣新品。

（四）学习装

学习装是指人们在图书馆、阅览室、书房或者教室阅读学习时所穿着的服装。现代人已树立起终身学习的观念，工作之余，为应对激烈的职场竞争，每个人都需要及时地给头脑充电。因此，学习不再是学生的专利，而延伸到人的一生。学习装除了具备服装通常的舒适合体等要点外，最大特点在于色彩。学习装色彩以深色调为主，因为深色调往往使人心境平和，有利于集中精神阅读和思考。此外，在剪裁上应当简洁大方，避免过度装饰。

学习装的一个分支是学生装，其穿着群体以中学生和大学生为主。我国的学生装历史较短，且多数学校以运动装作为学生装，混淆了两者的概念。这与我国的具体经济状况和人们的观念有关。作为世界上最早推行校服制的国家之一，日本的学生装很受欢迎，很多人在离开学校以后仍会穿着学生装。从日本的校服可以了解日本的文化与教育内涵。日本校服制度的规范性对于解决我国目前校服设计及质量问题也有借鉴作用。追逐时尚潮流的日本校服其成功之处在于款式设计：男生校服阳刚帅气，女生校服娴雅可爱。而冬季平均5℃左右的气温让女生们无论冬夏皆可着膝上短裙，这在很大程度上帮助日本中学生树立了健康的性别意识。同时，日本的校服在设计方面一直有着强烈的潮流意识，能够随着社会的发展不断汲取流行元素，使款式变得更为时尚。这种设计有效地提高了日本新一代年轻人的审美水平，同时也与学生们积极向上的现代意识相契合。近年来，校服更是成为日本女孩们一种别出心裁的装束。许多女生在周末和放学后仍然选择穿校服，或者穿那些看上去与校服类似的衣服。即使学校没有统一着装规定，有些女孩们也会穿着自己的校服上学。东京一家以出售各种年轻人的时尚生活用品而著称的商店就抓住了这个趋势，出售各种适合校服佩戴的丝带，效益非常好。日本的校服销售方式多样，一般由校方委托专门厂家设计制作。因为校服一旦定型就多年不变，所以校方与厂家的合作关系也是比较稳固的。当然，日本校服的造价也较为昂贵，因其设计常常是聘请著名的设计师。一般而言，一套校服通常在 4 万日元左右，折合人民币 3000 多元。①

（五）居家装

"家居服"古已有之，只不过那时称作亵衣或深衣，19 世纪末才发展成"睡衣"。所以，追溯家居服的渊源，不能不提到睡衣。甚至在今天，还有很多人不明白家居服和睡衣的异同。其实家居服就是从睡衣转化而来的，但现在的家居服早已摆脱了纯粹的睡衣概念，涵盖的范围更广。

"家居服"是体现家居生活的服饰产品，因"家文化"的需求而产生，它包括传统的穿着于卧室的睡衣和浴袍、性感吊带裙，可以"出得厅堂"体面会客的家居装，可以"入得厨房"的工作装，可以在户外到小区散步的休闲装等。据调查，中国现代意义上的家居服，其正式历史不过 20 年，大发展的时期甚至只有 10 年。

家居服作为一种生活方式的载体，是一种温馨、时尚、轻松、舒适的家文化的象征，承载着人们对舒适、自由生活的追求与向往，这是它的功能所在。如果说正装因工作而出现的话，那么家居服便是因家庭生活而兴起。相对于单调紧张的工作环境而言，家庭生活显得更为轻松和个性化，因此，家居服也就顺理成章地带上了鲜明的慵懒和个性元素，而居住环境的大大改善也使得人们开始对家居服的风格有了与居室风格相匹配的愿望。加上现在的家庭越来越整洁和漂亮，卫生成为人们追求健康的一个基本指标，许多人有

349

① 缪维：《外国校服面面观》，《教育杂志》2006 年第 11 期。

了回家就换干净衣服的习惯，这也促进了家居服的发展空间。

此外，现今全新的生活方式代表着全新的文化。SOHO 对于我们已不再陌生，甚至越来越普及，成为一种趋势。这样的文化与家居服不谋而合。它的出现，让家居服设计有了更多的发挥空间，也对家居服设计有了更高的要求。

中国是一个重视亲情和传统的国家，中国的文化是以家为单位的，而非西方的以人为单位。因此，在家居服设计中，必须牢牢地抓住这一点。中国人以"家"为纽带，培养亲情、稳定社会、处理矛盾、教育后代，修身、齐家、治国、平天下，安身立命、构建社会、管理国家、治理天下、世代传承，家庭是中国社会的细胞。家文化为中华民族的世代祥和、延绵传承作出了卓越贡献。当我们热衷于仿效西方的设计模式时，不能丢掉自己最宝贵的文化核心。

家文化包括爱情文化和亲情文化。自古以来，爱情是一个永恒的话题。家居服要求具有一定的吸引力和亲和力。爱情文化催生家居服的情侣装，亲情文化催生出了最常见的亲子装。

家居服设计不是为设计而设计，而是要体现设计者的思想理念和消费者对这种理念的认知。随着人们精神层面生活的丰富，文化在各种设计中的渗透越来越重要。正是文化给予设计师以灵感，催生了各种有内涵的设计。中国家居服的设计风格和文化内涵常常结合了中国文化的特质，从中国的文化习惯出发，结合国际主导潮流的先进时尚，最终形成自己的独特风格，是家居服设计与开发极为重要的任务，也是从中国消费者的角度对家居服进行的合理定位。比如，现在中国古代传统文化备受推崇，古代的易经八卦、道家超然的思想境界纷纷成为设计师们的灵感来源。著名家居设计师蒋琼尔设计的天圆地方凳、服装设计师马可创作的"无用"系列都是以中国传统文化为灵感来源的。家居服的设计提倡实用价值，但是如果融入艺术的影子，就会从品质到内涵都有大幅的提升。比如中国的水墨丹青，西方的新古典主义，甚至日本的卡通漫画，等等。

家居服作为服装的一个品类，也和流行密不可分。虽然家居服对潮流的追逐并不像外衣那样狂热，但是流行对于家居服设计的影响也是不容小觑的。例如，当欧洲服饰掀起洛可可风潮时，人们的睡袍变得繁复和华丽起来；当新古典主义的优雅取代了洛可可式的华美时，欧洲人的睡袍也开始轻薄和飘逸。与外衣不同的是，家居服产品的流行周期更长，没有那么容易过时，甚至有的经典传统款式会一直保持下去，因此，我们经常可以看到许多著名的品牌连续几季销售同样的款式，相应调整的不过是色彩或细节而已。

穿着家居服的场合可以定义为以家为核心的所有非正式场合。根据家居服的时间地点场合不同，居家装可以分为居家主人装、居家亲子装、居家耕园装、居家爱侣装。

1. 居家主人装

在家中接待客人的着装，是家居服中最为正式的。

2. 居家亲子装

父母与孩子亲密相处时穿着的服装，整体有着相同或者相似设计元素。

3. 居家耕园装

在家进行体力劳动时的着装，比如做饭、打扫卫生、种花等，对服装的抗污性有一定要求，包括围裙、罩衣等。

351

4. 居家爱侣装

居家爱侣装分为表现伴侣间温暖的情感关系的居家情侣装和使爱侣间情感升温的私密爱侣装。前者的女主人装以碎花的温馨雅致的面料制作，体现爱侣间的柔情蜜意和家庭氛围的温馨平和；后者是私密的居家服，表现爱侣之间的甜蜜情趣，是增进夫妻情感的重要手段，包括蕾丝装饰、丝绸等柔软舒适面料制成的睡衣或家居服。居家爱侣装展现的是爱情的私密部分，由于现代女性更加开放，希望自己在卧室中具有诱惑力，看起来更加性感迷人，因此，这一类私密性家居服的设计也应该大胆和充满诱惑。①

---

① 兰奕：《家居服创新设计研究》，北京服装学院硕士学位论文，2009 年 12 月。

第三节　示范版：雨辉品牌某年度
春季新品主题设计

（一）季度流行总主题

季节流行主题的设计，既不能只考虑新兴的素雅风潮，更不能只强调炫彩靓丽，而是要在两者间找到过渡。

在概念设计时，绕开同质化严重的荷蓝色、陶瓷蓝色、焦土色、褐色、甜粉色、矿灰色、米白色等复合色与沉静色，着重以明媚自然、春意盎然、有芳草味道的薄荷绿色和闲适文静、华贵典雅的银灰色这一动一静来代表本次总主题所要倡导的两大首席色系。

主题：碧萨银狐。碧：绿色；萨：神仙、女菩萨，引申为神秘的意思；银：银白色；狐：灰色狐狸。"碧"和"萨"组合起来，给人以"悄悄来的绿色"的联想，它是刚露出土壤的绿色，就是人们通常所说的嫩绿色或薄荷绿色。这样的寓意既描绘出早春来临的意境，又揭示出品牌春季主打色——嫩绿色。"银"和"狐"组合在一起，可描绘银灰色的神秘，揭示了品牌主打色——银灰色。

主题含义为春回大地、万物复苏，美好季节即将来临，嫩绿色植物在银灰苍茫的大地上悄悄生长，同时也寓意神秘女性的特有气质魅力。

（二）四维生活概念设计

雨辉品牌某年度春季的新品研发上，以四大板块划分产品：

1. 户外版——薄荷采青

A. 款式要求：动态风格款式，占总款式的30％左右。

（1）民俗感的宽大衬衣加荷叶边或抓褶的细节，宽松的上衣，低腰的V领宽松衫，希腊女神风格的上衣，流畅内衣外露，裙型纸样化；

（2）烟管裤，七分长的百慕达裤，喇叭七分宽裤；（3）不对称的斜裙，不规则抓褶的 A 字裙，连体的上下衣，球状的蓬蓬裙；

（4）蝙蝠袖，宝塔袖；

（5）海豚图腾，楔形鞋跟。

B. 色系要求：颜色从第一梯队向后顺延，但只占总款式颜色的 15％～20％。

用薄荷绿作核心色系，统领两个辅助色系：

第一阶梯：薄荷绿、芳草绿、百慕达绿、氧化绿色、薰衣草绿；

第二阶梯：粉绿色、水墨绿、浅绿、水绿、墨绿、橄榄绿色。

2. 家庭版——雅静素妍

A. 款式要求：静态风格款式，占总款式的 20％左右。

（1）纯朴自然、舒适雅致的海岛风情印花，陶瓷蓝色单裙或挎包；

（2）宽松束腰的七分袖衬衣；

（3）假两件式；

（4）荷叶边装饰的都会装扮或轻松的家居系列；

（5）轻松的服装线条、格子洋装；

（6）艺术家风格的吊带短裤；

（7）弧型柔和的下摆、A 字形外套；

（8）复古式的高腰洋装、加宽腰带。

B. 颜色要求：颜色从第一梯队向后顺延，只占总款式颜色的 10％。

本版以陶瓷蓝作为家庭版的领头色系，是为了一方面区隔于竞争品牌，保持雨辉品牌个性；另一方面又和国际大牌 FIORA 紧密跟随，确保国际时尚性：

第一阶梯：陶瓷蓝、水蓝、薄荷蓝、灰蓝等富有层次感的蓝色；

第二阶梯：松石蓝、紫罗兰、水蓝、浅蓝色、深海蓝、黑暗蓝。

3. 爱情版——魅瑰引力

A. 款式要求：混合风格款式，占总款式的 30％左右。

（1）要求设计元素彼此之间的内在联系，强调对比和谐、奢华与平实相得益彰；

（2）以简洁为主且富含女人味，同时包含精妙的复杂、矛盾和冲突的意味（完美与粗糙、严谨与大胆）；

（3）风格以宁静精致为基调，淳朴自然、返璞归真、简约雅致。

B. 颜色要求：颜色从第一梯队向后顺延，只占总款式颜色的15％。

爱情版采用以红色为代表的爱情色系：

第一阶梯：玫瑰红、紫红色、康乃馨、胭脂红、竹黄、香蓝黄、镀金的赭石色；

第二阶梯：米黄色、芥末绿、火焰黄、甜粉红、紫色酸橙黄、珊瑚黄色、阳光黄、狂野的粉红、铁锈色。

4. 商务版——新贵时速

素雅娴静、从容简捷是年度春季的两大主题风格。

A. 款式要求：简洁风格款式，占总款式的20％左右。

（1）前后片长短略差即可，尽量以对仗工整的大幅面材料衬托简洁风格；

（2）可适量用稍有区别性的压条或织线来拉开整个版型的立体感；

（3）商务版的快捷高效应尽量体现在面料和色彩上，在款式上尽量简洁；

（4）一般情况下总体要求对仗工整，但可以在此前提下做大块料拼接，再做立体剪裁，从而体现出既简洁大方，又不失风格的独特个性。

B. 颜色要求：颜色从第一梯队向后顺延，只占总款式颜色的15％。

为了准确把握商务版并与系列版型协调，主打色采用具有国际流行色系的金属色——银灰色，取其既不失高贵典雅又有处子娴静的特点：

第一阶梯：银灰色、矿灰色、灰蓝色、黑白色、浅灰色、深灰色、米色；

第二阶梯：金银混合色、焦土色、卡其色、土壤色调、淡蓝色、天蓝色、褐色。

第四节　双轨制产品战略

双轨制产品战略是指用一个品牌开发出两种不同档次的产品，以满足两个不同消费群体的市场需求。

品牌双轨制可以使企业较大幅度地覆盖市场，提高市场总体占有率。一个品牌一种产品是不可能占领一个完整市场的。随着市场的成熟，消费者的需要逐渐细分化，一个品牌一种产品不可能同时满足几个目标。品牌双轨制在品牌文化不变的前提下，推出两种不同档次的产品，用以满足两个不同消费群体的市场需求，可以吸引更多的顾客，同时占领两个市场。

品牌双轨制可以充分满足市场需求的差异性。处于不同地区消费者群体，有着不同的文化背景、风俗习惯、审美标准等特点，他们的需求是千差万别、复杂多样的；另外，即使同一地区的消费者，个体之间也有文化、社交、生活习惯方面的差异，处于不同的消费层次；品牌双轨制产品可以分别满足这些差异化需求。

品牌双轨制可以在同一市场领域寻找不同的代理商，获得多种销售渠道，稳固一方市场。

品牌双轨制可以利用各个产品之间的独立性，利用两种策略在两个市场分别营销，降低企业经营的风险。

●高端市场和低端市场

所有行业都存在高端市场和低端市场，两者之间主要的区别在于品牌、技术和价格三个方面。我国经常出现低端市场产品过剩，高端市场产品短缺的情况。在技术含量不高的低端市场，大量企业蜂拥而入，产能急速放大，超过市场需求，导致价格战，企业盈利下降。在技术含量高的高端市场，国内企业由于没有突破技术壁垒，无法参与竞争；或者只有个别企业掌握了有关技术，导致高端市场完全或大部被国外厂商占领。

高端产品低端化，低端产品高端化，是两种不同的发展路径。高端市场的利润率永远高于低端市场。但利润总量的大小，则在高端市场和低端市场之间反复变迁。在产品的导入期和成长期的前期，高端市场无论是利润率还是利润总额都高于低端市场，实际上此时还没有低端市场，高端市场几乎就是全部。电脑、笔记本、手机、汽车等产品，在产品生命周期的前期，只有那些高收入阶层和商务人士才有能力购买，这些产品一度都是身份的象征。数字彩电崛起之后，整个数字彩电市场都可以看做高端市场，虽然在这个高端市场内，既有 8000 元的普通背投彩电，也有 3 万元以上的大屏幕液晶彩电，但从整个彩电市场的角度来看，数字彩电市场就是一个高端市场。随着行业的演变，在这个高端市场内出现分化。到了成长期的中后期，低端市场逐渐出现，其规模会大幅扩大，利润总额逐渐超过高端市场。20 世纪 90 年代后期的 PC 行业、最近几年的笔记本行业、汽车行业都处于这种状态，相信再过几年，部分低价格的背投彩电和小屏幕液晶彩电也不能再列入高端市场，而逐渐转化为低端市场，其价格也会大众化。到了成熟期的后期或衰退期，低端市场的规模达到最大，但是由于价格战等原因，产品利润率降到非常低的水平，虽然销量巨大，但是利润总额却很低，很有可能会再次低于高端市场的利润总额。这个规律性现象在彩电行业有非常明显的体现，最近几年，以背投、等离子、液晶彩电为代表的数字彩电成为彩电行业的高端市场，50 万台数字电视的利润甚至比 1000 万台普遍彩电的利润还高。

高端市场低端化，使企业能否收回研发投资成了问题。价格战会进一步加速低端市场的增长，导致低端市场的利润总额很快就超过高端市场；这种状态维持不了多长时间，价格战又会使行业平均利润率下降到无利可图的状态，这种危机感会使企业唯恐错失爆发期的机遇，又反过来加剧价格战，使价格战呈现一种不理性的特点。专注于低端市场的企业的经营风险特别大，他们会由于低端市场的利润水平的快速下滑而很快面临亏损的危机，但是他们又缺乏足够的利润积累和相对稳定的时间来投入研发，这会导致恶性循环，使企业更加关注营销而轻视技术，从而使企业更难以升级到高端市场。[1]

●产品、品牌、产业的高端化趋势

近年来，白电市场、黑电市场都喊高端化转型口号，六大国产彩电巨头相继发布"云电视"，且升级换代速度不断加快。多家厨电企业都推出高端战略，老板、德意抢先发布高端厨电技术趋势，推出了厨电创新技术和全新设计，高端竞争全面拉开序幕。

电饭煲 5000 元、饮水机 8000 多元、微波炉 1 万多元、冰箱 3 万多元，

---

① 卢强：《定价》，机械工业出版社 2005 年版。

2011 年以来高端家电层出不穷。业界认为，过去的 30 年，中国家电业已经完成了原始积累，通过大规模制造和低价格分销，推动家电快速普及；家电业必须在规模之外找到新的利润增长点，以技术创新为基础、以产品和市场的差异化细分为突破口，寻找高端化商业模式。

高端化商业模式的基础是，高收入群体的不断扩容、消费能力的不断提高、人们的生活品质及审美水平不断提升，消费者已经不仅仅满足于传统家电基本的使用功能，更多的消费者开始关注节能、低碳的环保理念，并更加注重品牌口碑、产品技术含量、售后服务等，所以，集"高科技技术含量、人性化功能及时尚外观设计"于一体的高端家电产品就受到了消费者的青睐。

2011 年，国内汽车市场关注两个相反话题：一是"以低成本带动高速发展"的"比亚迪模式"是否已到末路；二是吉利"五年内要超越现代，十年内要超越丰田"能否实现。而市场背景是，自主品牌市场占有率从前一年的 32％下滑到了 30％以下。与低迷销量相对应的，是对自主品牌的关注度和购买意向的大幅下滑。

前两年，自主品牌在国家政策的刺激之下确曾获得了长足的发展。在 F3、夏利、旗云等自主品牌车型一举闯进了轿车销量前十名的同时，比亚迪、奇瑞、吉利等自主品牌企业亦纷纷向中高端市场挺进，上演着推出高端车型、海外并购、走出国门的连场好戏。越来越多的自主品牌加快自身产品在市场的投放速度，希望通过价格更高的产品来实现品牌溢价，获取更大的市场利润。但由于自主品牌在各个业务链环节均存在差距，技术积累时间不够，研发体系不健全，产品溢价能力不足，盲目定高价注定徒劳无益，许多产品在市场的检验下不得不回调到 10 万元以内的价格区间。

●同一品牌下的双轨制产品战略

双轨制产品战略是指用一个品牌来开发出两种不同档次的产品，以满足两个不同消费群体的市场需求。

金融风暴之后，整个国际经济环境正在发生变化，原来占据高端市场的国际品牌开始向中低端市场进军。

市场是一座金字塔，高端品牌做塔尖，低端品牌做塔底。品牌内的产品组合也是一座金字塔，高端产品做塔尖，低端产品做塔底。塔尖高技术、高投入、高溢价、低速度；塔底低技术、低投入、低溢价、高速度。在硬件软件许可的前提下，双轨制产品战略不失为两全其美的选择。

至于是从高向低做，还是从低向高做，或者双管齐下，则要从企业实际条件出发。浙派企业往往选择先建品牌，占高端市场再从高端往中低端做；而粤派企业以产品冲规模，占据市场要地后，才导入其他产品；西部企业则多是摸着石头过河，走着看，到一定的发展程度了再考虑这个问题。

同一品牌下的双轨制产品，可以为客户提供两种价值主张的选择，有效地满足代理商和客户从高到低的要求，有利于巩固原有市场，并进一步扩大客户群和市场份额；也可以使代理商更加简捷地做生意。

2010 年年末，我们看到两则很有意思的新闻：美的日用家电集团微波电器将退出 300 元以下的微波炉市场，放弃低端产品的竞争，着重拓展中高端微波炉市场；而格兰仕则强调，格兰仕不会放弃 300 元以下价位的市场，"只做精品的家电企业非常少，我们不会放弃规模成本优势。格兰仕做的不是窄众，而是大众。"

在这里，我们无意评判优劣，只从"同一品牌下的产品双轨制"角度，分析一下格兰仕的战略思维。

目前，全球 75% 的微波炉是中国企业制造的：惠尔浦、博世西门子、松下、夏普、LG、三星等国际品牌的微波炉，基本都是由格兰仕或美的OEM、ODM 的。在国内市场，格兰仕市场占有率达 63%～65%，海外则在 43%～46%。

20 年前，一台微波炉要卖到两三千元，当时微波炉"心脏"磁控管技术被外国垄断，进口一个磁控管就要 1000 多元。格兰仕、美的先后破解了磁控管技术，从此获得了技术成本优势。近年来，格兰仕开发研制出的科技成果就有上千项，其中球体微波技术、微波增强补偿技术、多重防微波泄露技术、光波技术等都成为微波炉全行业的风向标。尽管微波炉不断更新换代，但格兰仕不放弃 300 元以下价位的市场，不放弃规模成本优势。即便在美国这样消费能力很强的国家，也有很低价格的微波炉，可能就相当于几个汉堡的价钱。媒体评论：2011 年，在微波炉销量榜盘踞了 13 年冠军的格兰仕并不满足于"单打冠军"，启动了"综合性、领先性白电集团战略"，首次宣布"三年内白电销售额超过 1000 亿元"的集团战略目标，空调、生活电器要尽快做到行业前三名，冰箱、洗衣机、厨房电器等种子项目要做到行业前五名。①

联想的品牌战略也是双轨制：面向发达国家的大企业客户，主打以ThinkPad为主要产品的高端品牌；面向新兴市场，推出低端产品。复出的柳传志说，联想的品牌战略核心是两点：其一是对高端品位的保持稳定，虽然受到金融危机的影响，但联想一定要保持高端产品的品位不降低，相信金融危机过去以后，大企业客户的需求也会随之起来；其二是对消费类市场的低档产品要加强，特别是国外的一些新兴市场和国内市场。尤其是政府推出的"家电下乡"政策，已经成为市场新的需求，联想在国内市场营业额和新兴营业额会更大一些。

在软件营销策略方面，双轨制也很普遍。软件市场存在着两个消费群体，一是对产品的性能敏感而对价格不敏感的用户，如政府部门用户、企业与行业用户、专业人员等；二是对价格敏感而对性能相对不十分敏感的用户，如爱好者、初学者、学生、老年人。所以，软件营销策略就是版本划分，功能较强的高端版本（如企业版）卖高价，功能较弱的低端版本（如学习版）卖低价。高端产品采取较严厉的反盗技术措施，其成本的增加对销售量并不会有显著影响；低端版本不作反盗技术处理，以低价直接与盗版进行价格竞争。甚至对于学习版、试用版（试玩版）等可以免费赠送给特定的用户群（如杂志或图书的读者），以扩大产品的影响和企业的知名度。软件产品的版本划分策略，有利于软件厂商在产品升级和服务等方面做更多投入，有利于促进技术进步，从而使所有消费者最终都能享受到物美价廉的商品。②

---

① 《格兰仕：技术创新夯筑规模成本优势》，中国网，2010年12月30日。
② 《中小企业软件营销策略》，中国贸易网，2010年5月1日。

第十六章　主题开发模式之产品创展

品牌主题开发模式是指以品牌自身的文化内涵为依据，以前沿的价值观、最新的生活方式为引领的组合性主题产品。这样的开发模式，必然拥有强大的吸引力。产品创展是品牌主题开发模式吸引力的表演舞台。

第一节　主题开发与吸引力经济

诺贝尔奖获得者赫伯特·西蒙指出："随着信息的发展，有价值的不是信息，而是注意力。"最早提出"注意力经济"概念的是美国的迈克尔·戈德海伯，他在 1997 年发表了一篇题为《注意力购买者》的文章，认为有关信息经济的提法是不妥当的，因为按照经济学的理论，其研究的主要课题应该是如何利用稀缺资源。在信息社会中，信息非但不是稀缺资源，相反则是过剩的。而相对于过剩的信息，只有一种资源是稀缺的，那就是人们的注意力。在由注意力所形成的经济状态中，最重要的资源不是土地、矿产、机械化设备、高科技工厂、资本等物质因素，而是大众的注意力，只有大众对某种产品注意了，才有可能购买这种产品，成为消费者。而要吸引大众的注意力，重要的手段之一，就是视觉上的争夺，所以，注意力经济也称为"眼球经济"。

所谓注意力，从心理学上看，就是指人们关注一个主题、一个事件、一种行为和多种信息的持久程度。它有以下几个特点：一是注意力不能共享，无法复制；二是注意力的有限性、稀缺性；三是注意力易从众，受众可以相互交流、相互影响；四是注意力可传递，受众的注意力可以由自己关注的名人传递到名人所做的广告上并最终传递到产品上；五是注意力产生的经济价值是间接体现的。

　　吸引力经济是能够通过产品自身的强大魅力引发消费冲动，从而带来经济收益的商业行为。生活在处处充满吸引力商品的消费时代，吸引力经济让我们的眼光不断追逐着更具吸引力的各色产品。

　　时下，国内男装业即将步入一个全新的发展阶段，人们再也不固执于传统的正装情结，也不沉溺于鹤立鸡群的非主流混搭，而是随着以福建、浙江、广东为代表的产品细分化、市场概念多元化的休闲男装鼎盛期的到来，迫切需要个性化和时尚元素的包装。品牌服装不再局限于满足消费者功能性穿戴和一般大众的性格区隔，而多元扩大其使用功能并着力表达品牌的精神内涵，以产品为载体来传播品牌独特性思想或前瞻性生活方式。

　　美国服饰品牌的主流设计风格是很人性化的，它们关注服装是否让穿着者感到舒适、方便、自然，是否让人有亲切感。因此他们更多考虑的是不同的消费群体和不同的穿着环境等实际需要，这也是与美国人"以人为本"的实用主义密不可分的。"衣穿人"的世界已经过去，而"人穿衣"的世界已经到来。在美国校园常见的几大休闲品牌中，最受美国年轻人推崇的是"Abercrombie&Fitch"，它是在舒适、休闲的设计中又透露出一点儿野性、叛逆和不羁的美，尤其是其贴身、低领，以及突出人体线条意图的裁剪，在给人休闲舒适的穿着感的同时，又能凸显胸、腰、臀等人体部位的性感美。因此，它的设计不仅获得了广大美国年轻人的青睐，就连明星名媛也是其忠实的追随者。而另外两大风格类似的美国休闲品牌"American Eagle"AE美国鹫和"Aeropostale"同样将美式学院风格和最新的流行元素结合起来，深受美国青年人，尤其是学生的喜爱。无论是"Abercrombie&Fitch"自由奔跑的小麋鹿，还是"American Eagle"展翅翱翔的雄鹰，都是一种象征拼搏向上、自由奔放的标志。其服饰艺术迎合了美国年轻人那种崇尚自由、无拘无束的个性。①

　　在2011年，太子龙推出"时尚中国"主题。"时尚中国"强调用一种简单完美的生活方式对中国元素进行时尚再造，展示服饰文化风采，演绎男士的儒雅内敛，释放东方男性个人魅力，以创造性的理念来诠释民族文化国际化的真谛，取得了很好的市场效果。

　　服装品牌的主题开发是针对不同消费群体的，消费群体的多元化决定了

361

　　① 汤新星：《美国大众服饰品牌的人性化设计风格解读》，《美与时代》2011年第6期。

服装主题开发的多元化，主题与风格紧密联系，形成服装产品的核心吸引力。

第二节　主题开发吸引力示范

作为吸引力经济的一部分，服装产品的主题开发是挖掘其吸引力的关键所在，目的是引导消费者更加喜爱某一服装品牌产品，在第一时间获得品牌认同。

消费心理的发生可分为认识过程、情感过程和意志过程三个方面。消费者的消费行为不仅反映了外部环境对其行为的影响，而且反映了对购买决策起决定作用的自身特点，如文化教养、心理素质等。消费者的个人基本属性对其服装购买与穿着行为、着装意识等有明显影响，其中年龄、职业、经济收入、对服装属性的重视程度、购买场所、流行采用时机和采用动机、购买与穿着行为等影响较大。不同收入的消费者在对品牌和价格的重视程度、流行采用时机和年购买服装费用等方面的差异显著。

可以说，没有一个服装品牌是适合所有消费者的。服装品牌只有适应目标消费群定位，才能够生存、兴旺和延展下去。品牌定位的进一步细化在于产品主题的开发，主题开发围绕人们生活的不同需求展开，结合吸引力经济的核心内涵，服装产品的吸引力要素可以有多种分类，这里举出七个方面：产品外观吸引力、产品体验吸引力、个性理念吸引力、生活方式吸引力、工作方式吸引力、交流方式吸引力、人文亲情吸引力。

1. 产品外观吸引力

服装产品的外观吸引力主要在于服装的款式和色彩，因为消费者在接触到服装产品时第一眼看到的首先便是其色彩，其次是款式等其他要素。

首先，服装的色彩影响着消费者的心理与感情，也直接影响到消费者对服装品牌的认可度，这是体现产品外观吸引力的第一步。

其次，服装的款式决定了消费者在被服装的色彩吸引之后，最终是否会被服装产品所吸引。符合消费者内心所追求形象的服装款式最能打动人心，这一过程体现了产品主题与消费者心理需求的碰撞与对接过程。例如内心喜欢自由生活的人们，偏好款式出位、标示特立独行的服装；而行为保守，做事中规中矩者则喜欢基本款的服装，他们很少去穿着标新立异的款式。当服装的款式在主题开发上能够很好地贴合消费者的心理时，产品就会成功售出。

再者，服装的材质所体现的肌理美是服装的视觉愉悦功能与触觉适意功能。材质的自然性能造成视觉美与触觉美，如绸缎的轻柔感、飘逸感；毛织物的挺拔感；金银色织物的华丽感；裘衣的茸毛适意感等。另外，服装加工方式造成的视觉美也值得注意，如线饰、边饰、花饰、光片饰等。服装设计师熟练地运用各种材质，相互融合，巧妙进行面料重组、再造、加饰。又如一些设计师应用对比思维和反向思维，以寻求不完美的美感为主导思想，把毛皮和金属、皮革和薄纱、镂空和实纹、透明与重叠等各种材质组合在一起，给人产生为之一振的感觉，从中领略设计的独具匠心。

2. 产品体验吸引力

体验，是主体对客体的刺激产生的内在反应。心理学上的体验常常与情感紧密联系。情绪心理学常常把感受和体验当作同一心理现象加以描述，从这种意义上讲，感性体验是一种心理活动。而心理学上的体验不仅有因感官的外在感受而引起的情绪、情感体验，而且还包括在外部情境刺激作用下带来的内心活动。即在体验过程中，不仅接收外在客体信息，而且刺激内在已有的经验、情绪等信息，从而形成独特的心理活动状态。

服装是人们用来传达内心状态和意念的一种方式，也是一种以自我实现为最高诉求的符号。服装犹如一种"语言"，向周围人们表达着穿着者的个性，暗示穿着者的品位。总之，服装总是利用它的意指功能传递着着装者的多种信息。

高科技时代的到来，使人们对服装和面料有了更高的要求，服装材料功能性和舒适性被再一次强调。大豆纤维、牛奶纤维和其他植物纤维，通过基因改性产生的彩色棉和利用虾壳开发的甲壳素纤维，运用纤维改变组分、物理改型、化学改性的方法形成诸如陶瓷纤维、微元生化纤维、莱卡纤维、碳纤维以及纳米材料的出现，在面料手感、触感及绿色环保方面起了决定性的作用，使设计师能更好地运用人体工程学，达到穿着舒适，美观实用。①

3. 个性理念吸引力

当服装为人们的自我实现需求而强调个性表达的功能时，人类的情感需求就到达了最高的审美情感层次。一般来说，个体的审美取向总是与其所受的教育程度、所处的物质文化生活环境有着密不可分的关系。服装产品应紧跟消费者审美情感的走向，因为情感因素不但清晰可见，还会给服装产品设计带来更多的灵感来源和活力。以老牌的牛仔品牌 Levi's 为例，在众多的牛仔品牌贩卖舒适、休闲的时候，Levi's 在它的牛仔裤中注入了"叛逆"的精神，主动去迎合年轻一代的消费者借助产品来表达其生活价值的主张和彰显自我情感。再如 Versace 在高级时装中虽然是后起之辈，但是能够在短时间内超越众多老牌高级时装而雄霸一方，主要是因为在传统审美为主流的高级时装中大胆地融入了妖艳性感、另类不羁等为年轻一代所推崇的现代审美观，审美情感的共鸣使 Versace 在瞬间拥有了无数粉丝。

服装既是文化的载体，也是彰显个性美的活动平台。随着生活质量的提高、生活内容的丰富、观念的变化，人们改变了以往对白领女装的"趋同"审美取向，而向着强调表达个性的方向转化。服装是人体的外包装，每个人的身材、肤色、气质等均不相同，工作环境和氛围也不同。因此，对服装的款式、色彩、材料等方面会提出种种不同的要求，希望在商店里找到真正适合于自己的服装，且不会在街头频频遇到"撞衫"的尴尬，这就是个性需要。个性化是白领女性对着装的普遍追求，也是发展方向。要达到着装的个性化，要求服装厂商不断开发新品种、新式样，形成少批量多品种的产品组合不断优化的格局。

现在的都市白领女性正在越来越多地认识和肯定自我价值，在积极工作的同时尽情享受生活，讲究生活品质。大多数白领女性认为，有品位的女人一定是精致的。她们往往要求自己从外衣到鞋子、小饰品、内衣，乃至睡衣，都要做工精良，细节完美。甚至一件衣服的一个外露的线头，都能直接

---

① 邢嫒嫒：《设计的艺术性及适用性——服装材质设计的艺术性及适用性》，《企业导报》2011 年第 6 期。

影响她们的购买行为。同时，职业女性和传统家庭女性的双重角色使她们经常感觉到疲惫，渴望释放压力，放松自我。因此，她们再忙再累也不会忘记给自己添置漂亮的衣服和昂贵的化妆品。她们渴望美好的爱情和家庭生活，喜欢一下班到家就脱下职业装，换上休闲放松的家居服。

现在青年群体的消费也越来越趋向独特的个性，希望服装与别人有所差异，不愿意听从父母的安排，具有较强的自我意识。比如美特斯邦威拥有一支130多人的自主研发团队，每年推出7000多款产品，针对青年人"讲火星文"、"听周杰伦"的特征，选择周杰伦做品牌代言人。他们是相中了其特立独行的个性：他的歌永远是懒洋洋的，好像随便哼哼便成了旋律；他的表情也总是酷酷的，带着点儿叛逆。当他穿着美特斯邦威的服装，手上自如地转动着篮球，告诉你"不走寻常路"时，他不是在代言产品，而是在代言个性。这种对于个性的塑造最终获得了青年人的认同。再如JACK & JONES以其简洁纯粹的风格吸引了全球追求时尚男性的目光，代表了欧洲最新的时尚潮流。从它的服饰产品到陈列道具，以黑白灰为基本色调，视觉冲击力强，这些都符合青年人的审美特征。

除了表达个性追求的时尚元素外，传统文化也能赋予时尚以独特的思考。在这方面，日本服装界提供了许多典范。为了打开欧洲市场，日本设计师们从传统文化中挖掘题材，其中较为著名的有三宅一生、山本耀司、森英惠、高田贤三等人。他们以独特的东方服装理念，猛烈冲击了多少年来为西方列国一统天下的时装王国，给时装赋予新的艺术概念，在国际时装界占据了重要地位。日本设计师用间接含蓄的表现方式去体现从传统文化中汲取的灵感，他们的设计作品乍一看不过是衣服上印着精美图案，但随着人的肢体渐渐展开，会感觉像中国书法的变形，并且充满着优美的律动感，耐人寻味。这样的个性色彩不仅具很强的吸引力，同时也体现了穿着者的文化底蕴。

4. 生活方式吸引力

香奈尔是一个最具当代眼光的设计大师，她曾经说："时髦并不仅仅停留在衣服上，时髦是在空气中的，它是思想方式，是我们的生活方式，是我们周围发生的事物。"她不仅仅想把自己的服装卖给客人，还希望通过她的设计来唤醒女性对于生活品位的感觉，提高她们的格调，改变她们平庸的生活，改变她们周围的物质世界。几十年后，我们称这种设计的倾向和目的为设计"生活方式"。香奈尔的这些设计思想至今仍产生着深刻的影响。在现代服装设计理念中，以设计"生活方式"为目的的人性化服装越来越被人们所接受和认可。

当绿色环保成为人们生活中越来越受推崇的一种生活方式时，绿色环保的服装也适时推出。绿色环保的生态服装在整体规划与设计上是以展示自然、崇尚自然、表现自然为主要目标和出发点，强调服装本身的绿色环保、舒适性和功能性，强调以绿色环保为主题的宣传方式，强调无任何污染的、与环境相和谐的卖场空间，强调以人为本的、可持续的服务模式，强调人类对物质材料的充分利用。绿色理念的服装设计作品，都体现出"从自然中生成的，返还给自然"的主题思想，未完成的半成品大量在服装设计中出现，运用单纯简练的设计语言，反对铺张、强调节约和废材的再利用；重视服装的机能性、功能性与效益性，摒弃装饰性。近几年的流行色主题多数是反工业污染的自然色彩，例如，海滩色、泥土色、森林色、冰川色、稻草色、麦田及非洲原始民族的自然色彩等，人们习惯称为"天然色"，各种深浅和明度的绿色不断出现在服饰上，成为出镜率极高的色彩。①

此外，时尚本身也是一种生活方式。时尚前卫的服装追求流行趋势，往往在第一时间展现最新的流行色彩与款式。在现代大都市中，追逐时尚前卫的型男潮女们是这类服装的忠实拥趸者，他们可以不在乎服装的质地如何，是否够大牌，只要是属于潮流尖端的款式，即使再抢眼前卫，他们也有足够的勇气去穿。国际著名品牌"H&M"在中国大陆市场推出的女装就主要是都市时尚系列，他们的理念是并不力争做时尚的创造者，而是努力做时尚潮流的快速跟进者。他们能够在国际流行趋势一出来的时候，迅速做出反应，并且在最短的时间内推出相应的服装款式。这样一来，他们不必绞尽脑汁地猜测易变的流行趋势，在创新这一环节上也减少了很大一部分的开销，降低了销售的风险，最重要的是还保证了服装的时尚度。

---

① 马慧颖、肖圣颖：《浅议环保主义影响下的服装设计》，《才智》2009年第6期。

5. 工作方式吸引力

在日常工作中，人们的着装因其所从事的工作内容的不同而有所差异，有的严谨干练、有的老成持重、有的跳跃新颖、有的随和亲切，有人根据工作内容将服装风格分为四个类型：

运筹计划类——干练决断、立裁简约：作为决策者，着装应当趋于稳健成熟，给人一种可信赖感。曾有企业家说，服装本不能造出完人，但第一印象的80％来自着装。以男装的衬衫为例，男性魅力的焦点集中于衬衫，它往往可以左右别人对于你个性、身份、地位、信用以及能力的第一感觉。在商务活动中，常见的衬衫领型为标准型，即长度和敞开的角度走势较为"平缓"，颜色以白色和淡色为主，给人平稳淡定的印象。就领带而言，黑色丝绢质感的用途最广，传统正式西服或休闲夹克都适用，可以挑选带有规则立体织纹且为手工缝制的领带。点状领带属于历久不衰型，总能给人古典的感觉。企业界人士在谈生意时，不宜穿过分宽的驳领，否则会给人不太庄重的感觉。

都彭全球CEO阿兰·克勒维说："在这个行业中，因为工作需要，我一般还是要穿西装，但我不想变得太正式，我喜欢随意一些，可以去各种场合，比如我不喜欢戴领带，而是戴丝巾。"

对于在工作中处于决策地位的女性而言，着装应当大气、典雅、庄重、简洁，尤以套裙为佳，春夏选择浅蓝、浅灰、乳黄等浅色调，秋冬则应选择深蓝、藏青、深灰。在职场中的女性领导者，应避免两种着装误区：一是受职场严肃氛围的影响，把自己包装得中性、强势，把女性柔美的一面给丢了；二是部分女性在职场中过度体现"性别诱惑"，职场中常常有女性穿过分时髦和繁复装饰的服装，想以此吸引更多的注视，其实这往往适得其反。职业女装，是女性与男性平等享有社会权力的一种符号，穿上职业装，女人便应该着力体现庄重和尊严。深圳CAVEN佳纷女装品牌CEO兼设计总监祝芳认为，"女人追求时尚和美是天性使然"，为了能让两方面需求兼具，她率先在业界对职业女装进行了一次时尚革命，并提出"时尚商务优雅女人"的概念，引导目标消费者及广大时尚人士更多关注职场着装文化。因此，"为职场魅力加分"这一设计原则的提出，就是要通过巧妙着装及色彩搭配

367

来实现柔美与干练、知性与优雅并存。

组织执行类——简洁利落、色彩单纯：对于从事组织执行类工作的男士，应在着装上充分体现其利落简洁、执行力强的一面，服装应当剪裁合体、设计简约、色彩简单、不杂乱。在正式的商务场合可穿西装搭配正装衬衫。正装衬衫的面料主要以高支精纺的纯棉、纯毛制品为主，以棉、毛为主要成分的混纺衬衫可酌情选择。正装衬衫必须为单一色彩。正装衬衫以无任何图案为佳。在一般性的商务活动中可以穿着较细的竖条衬衫，但必须禁止同时穿着竖条纹的西装。印花衬衫、格子衬衫，以及带着人物、动物、植物、文字、建筑物等图案的衬衫均非正装衬衫。

艺术创作类——独特夸张、色彩极端：在创意思维领域工作的人士，着装应当表现出超前和活跃的特点，给人一种永远走在潮流前沿的印象，总的款式应具有时尚服饰多元化的特点。例如男士的衬衫应当是细长略尖的领型，以体现其敏锐的创新思维。外套可穿着设计独特的夹克或者风衣，并选择围巾、眼镜等作为配饰来提升整体感觉。女性的着装应避免呆板的套装，可以用线条的设计感强的裤装来展现独特的个性。

公关策划类——时尚新颖、色彩明丽：如今，在衣着上十分流行色调一致的单色搭配。对于从事公关策划一类工作的男士而言，如果想要体现时尚感，不妨试试同一色调的衬衫和领带。在这种搭配中，领带的颜色应该比衬衫的颜色暗，但它们也可以是完全相同的颜色。

6. 娱乐方式吸引力

伴随生活方式的多样化，人们的娱乐方式也较为多样化。就大多数人而言，日常娱乐生活以看电影、K歌、欣赏音乐会、户外运动为主。如有较多闲暇，则会选择外出旅游。在这些不同的娱乐方式中，人们的着装也有所差异，可以分为运动活力型、寄情山水型。

运动活力型——松紧随度、张弛有道：运动服装具备功能性和美观性两个特点。运动服装应具有较强的透湿能力，以利于汗液及时散发，促进人体热湿平衡，面料吸湿以后，可以快速放湿干燥，汗气能够快速扩散转移。功能性运动服不仅要有较好的热学生理特性，而且应有良好的皮肤舒适感，其舒适感主要取决于织物表面结构。运动服装的尺寸讲究宽松，上衣的腋下应该有些松量。运动服应有较多的部位在对应人体曲面交界线处做成曲线形态，以符合人体形态，如袖身的前偏袖线、衣身的前后腋点下方部位、裤前后裆部位等。一般针织物的横向拉伸可达 20% 左右，如采用弹性纤维并结合适当的组织结构，可生产出弹性极强的面料，使针织服装穿着后具有造型重塑性，因此，在针织服装的结构设计时，应充分利用针织面料本身的弹性来实现立体造型。[1]

运动服装早已跨出运动场所的局限，进入其他场合。运动服的时尚化成为一种趋势，迎合了年轻人追求动感与时尚的活跃个性。运动服多采用鲜艳的红色、粉色、绿色、蓝色、紫色、明黄色等，张扬了运动服所表现的活力、动感、青春主题。

寄情山水型——山水幽姿、动静相宜：在旅游服装的设计中，个性化设计必不可少，否则，游客们旅游回来后看着优美的风景下自己的照片长叹美中不足，到处都是一样的运动装、休闲装，那个时尚的、个性化的自己在哪里呢？所谓个性化设计就是融合不同设计元素，产生与众不同的效果。将旅游的活力与服装的活力、实用性相结合，塑造有活力的人，从而带来更加美好的旅游享受。[2]

369

7. 人文情感吸引力

人类置身于商品与信息的汪洋大海之中，需要借助情感的判断来抉择事物，体现自我。每个人所承受的强大生活与工作压力，使人需要情感方面的慰藉和释放，这就是当代人们对情感、对人性化的强烈呼唤。所以，在世纪之交形成了"高科技需要高情感的补充、高智商需要高情商的平衡"的共识，"全面注重美观和情感因素的设计潮流"由此应运而生。

品牌的人文情感定位首先以目标消费群为中心，分析目标消费群的心理状态、生活期待等，挖掘其深层次情感需求，用服装为其营造一个属于自己的精神家园。

情感关怀型——怀旧经典、轻松随性：情感化设计努力将人的情感要素

---

① 徐强、甘应进、陈东生：《运动服装设计要素浅析》，《重庆科技学院学报》2010 年第 12 期。

② 姚娟、刘咏梅：《大众旅游休闲服装的开发研究》，《山东纺织经济》2007 年第 3 期。

植入设计之中，使设计作品与人之间具有很好的亲和力，并形成稳固的情感纽带，在满足人们对产品普通实用性需求的基础上，又满足了情感上的深层次需求，使用户产生个性化的情感体验。情感化设计往往与舒适感联系，舒适感表现为：具有精神放松、身体舒服、安全健康、温馨舒缓等感受。

"怀旧"是表达情感化服装设计的有效法宝。从现代服装设计的整体风貌和潮流来看，怀旧风情始终占据主导位置，时装设计师们纷纷从服装历史、民族服饰以及自然田园的怀旧情结中寻找设计灵感。"怀旧"类型的情感化服装设计可以归纳为：往事的情怀、复古的情怀、乡村的情怀、自然的情怀，等等。

还有许多服装设计作品唤起的则是人们的复杂感受，它们所表达的情感化特征也很突出，甚至于强过前者，且常常带有刺激甚或引起负面情感的体验。时装设计师通过极具情感表达力的题材要素、形式感上的对比、超常规的组合以及极端化的表现，造成人们视觉上的强烈反应，乃至于是心灵上的激烈震荡，以此达到反叛传统、标新立异、情感碰撞、深刻感悟、揭露黑暗的效果和目的，例如著名设计师三宅一生的作品，给人的视觉冲击力十分强大，所产生的情绪体验是压抑的、灰暗的和不舒服的……这样的服装设计类似于抽象艺术，发人深省，迫使人做出深层次的情感体验。总之，情感化的设计能唤起人们对服饰品牌的好感、信任、记忆和持久的向往。①

家庭温暖型——温馨快乐的亲子时光：家庭生活的最大快乐在于父母与子女之间的爱意和关怀，亲子装最能展现父母与孩子之间温馨甜蜜的情感。亲子装的出现是将情感概念通过服装的语言表达出来，让服装成为情感化设计的完美载体。作为一种新型概念服装，亲子装首先要表达的是家庭观念与服装文化的融合，通过全家人穿着同系列、同风格的服装来传递一种家庭归属感和亲情关怀，将服装升华到一种精神和文化认知范畴。

亲子装以服装为载体，间接地为家庭提供了一种质朴含蓄的情感交流方式。亲子装是在欧洲兴起，目前在欧美、韩国、日本等地比较流行。国外对亲子装的个性要求比较高，款式风格相对较丰富。中国亲子装的设计和经营与国外有一定的差距。

亲子装并非传统服装分类，是依据人与人的关系进行分类，其目标顾客

---

① 陈莹：《论现代服装设计中的情感化特征及其表现》，《丝绸杂志》2008年第7期。

定位于家庭，所涉及的服装类型包括男装、女装、童装，因此对设计能力的要求较高，也为现代设计师能力的全面提升提供了一个创意平台。亲子装设计并不是简单的款式型号的变化，而是对整个系列服装风格的设计。服装的风格有很多种，现在市场上的亲子装大多数都拘泥单一的运动休闲风格以及雷同的款式设计。服装有一定的穿着场合，不同的场合需要不同的风格搭配，而不同的人也需要不同的款式去衬托穿着者的气质。此外，亲子装也可以映射出不同家庭的价值观与素养。因此，服装的风格应该多元化发展，应更注重服装的个性化和情感内化。

　　亲子装涉及不同年龄层次的人，目前的一些仿生形态的亲子装设计就不够成熟，只考虑到孩子的因素，忽略了家长对设计的要求。所以，在款式的设计上，一定要找到父母与孩子的平衡点，去更好地实现情感的物化。个性、趣味性、创新性是亲子装设计的宗旨，图案和色彩设计方面也应重视服装趣味性和情感化的提升，亲子装应使人在穿着服装的过程中不知不觉地产生快乐的情绪，实现人与衣自然合一，而不是纯粹的物质外壳。设计过程中，一定要注重面料的舒适性、安全性，如选择棉、麻等，通过面料的人性化选择使消费者感受到温馨的情感关怀。①

---

① 李克兢、鲍礼媛：《基于情感化设计的亲子装探究》，《纺织导报》2010 年第 8 期。

第十七章　国家品牌生产力之梦幻品牌

什么叫梦幻品牌，梦幻品牌就是你自愿花钱把你和你的梦用一个品牌黏在一起。

梦幻品牌最早表现为你的玩具，它把你的现实和想象混在一起，最大化地满足你的精神需求。

你和你的梦想为什么能被别人用一个品牌黏在一起？因为人家的品牌有这个功能。品牌的价值无非感性、理性、象征性，梦幻品牌用象征性挣你的钱。

在乔布斯眼里，购买产品的人不是普通意义上的消费者，而是拥有梦想的人，乔布斯用创新产品来帮助他们拥有自己的梦想。乔布斯让电脑个人化，把互联网装到我们的口袋里，验证了他在 21 世纪初对"数字生活时代"的预见：个人电脑就是为许多改变我们生活方式、更为精巧的小玩意儿——音乐播放器、蜂窝电话、掌上电脑等配备的一个接口。科技的发展，让消费者渴望更轻便、灵活、时尚、好玩的电子智能产品。创新者的成功，就是走到消费潮头，送给大众一个充满惊喜的"伏击式礼物"。过去很多创新，是先推出产品，然后再进行营销、推广，吸引消费者，而苹果的很多产品尚未面市，大家就充满了期待，每当新产品首发，很多粉丝就如饥似渴地连夜排队。这说明，乔布斯创新带来的产品，不单纯是靠技术含量，他更重要的是通过一种文化和信息整合，把技术转化为用户的体验，帮助人们实现梦想。

第一节　人类第六需求是梦幻需求

"很多时候，我们开设一家门店，年轻女孩经过，她们也许还没到购买我们产品的年龄。她们每天上学，经过我们漂亮的橱窗，每天她们都希望有朝一日能够从这家店买点儿什么……当人们钱还不太多的时候，她们只会购买一两个品牌的产品，如果你想成为其中的品牌，就最好成为她们生活的一部分。毫无疑问，当她们需要第一套面试服装，甚至已经在事业上站住脚的时候，这就会成为她们首选的服装品牌。对一个中国女人来说，置办嫁衣就是她第一个可以在衣服上花大钱的机会，这就是她们的品牌。"这是一家品牌时装首席执行官的生财之道。

众所周知，百货公司的一条经营原则是：你将潜在顾客留在店内的时间越长，他们在这里花钱的概率就越大。这条原则可以推出第二条更深远的原则：你将未来顾客的眼球留在店内的历史越久，他们未来在这里花钱的概率就越大。

看到的是一种诱惑，长期的诱惑是一种执著的梦想；培养这种梦想就是品牌尤其是顶级品牌的功能和宗旨。

据《上海金融报》报道，中国经济体制改革研究会副会长王德培教授在"中欧2010年第二届顶级品牌高峰论坛"上谈到未来中国经济的几大特点：到2030年之前，中国每年都将新生1000多万人口；除新疆和西藏外，6小时经济圈将建成；高储蓄率和少数人掌握大量财富；高离散度的地区经济差异和阶层。上述差异使得顶级品牌必须将它的中国战略从以往的"先试点，再广告推广，最后大规模推广"和"先低端，再中端，最后进入高端"，改为齐头并进、全面铺开。因此，未来中国的顶级品牌市场将有以下特点：出现专门销售奢侈品的超市；网上销售奢侈品变得更加普遍；部分奢侈品会抵不住"诱惑"放弃自己的底限，降低品质和稀缺程度。

智威汤逊北亚区总监兼大中华区首席执行官唐锐涛博士则从儒家文化的角度解读了中国的顶级品牌消费者。他说，中国的顶级品牌消费者购买这些顶级品牌主要希望能够传达两大心理情感："我一直在提升，包括社会地位的提高和财富的积累；我不仅有钱有地位，而且我还很有品位，很有洞察力。"

他认为有四类中国消费者购买这些奢侈品。首先是位于金字塔顶端的精英，他们希望继续待在金字塔的最上端，所以要表现出自己对一切无所不知的态度，包括欣赏精致高贵的东西。其次是正在向上层"攀爬"的中国人，他们通过消费顶级品牌来表现自己的潜力和一定程度的成功。再次是一些女性。中国的女性非常喜欢钻石，钻石闪闪发亮，同时又是一种非常高贵优雅

373

的形象。最后，还有一些中国的年轻人，他们也许收入并不高，买不起 Gucci 的包，但是可以通过购买 Gucci 的手机袋，向人们宣布一个信号，就是他们开始进入这个向金字塔更高点"攀爬"的游戏。[1]

韩世友的"梦幻需求理论"认为：经济基础决定上层建筑，这是亘古不变的真理，人类社会形态的递进源于生产力的不断发展，这是不可否认的事实，也是马斯洛层次论存在的理由。激起人类激情与奋斗的源泉不是欲望，而是左右其存在的幕后操纵者——梦幻。梦幻的存在是永恒的。欲望是可以克制、灭失的，可梦幻是无法克制，也永远不会消失的。梦幻是变化的、移动的，也是容易逝去的、可以感受的，镜中生活是看得见摸不着的。可以感受的魅力的源泉是梦幻时空，梦幻时空的存在造就了梦幻需求，这就是人类最高境界的需求——第六需求。第六需求——梦幻需求是人类继生理、自尊、安全、社交和自我价值实现五层次需求之上的最高级别需求。这种需求将直接影响到今后人类社会的价值观、世界观等人文观念的巨大转变。最主要影响的将是后工业时代的整体走向。第六需求的价值是无限的，也是人类21世纪后工业时代要去全力实现的。[2]

需求层次论认为，人类的需求并不是平行和同等重要的，而呈现一定的台阶，只有低层次的需求得到一定程度的满足，阶高的需求才会成为激励因素。品牌内涵的发展是沿着"功能性—象征性—梦幻性"的途径演进的，从关注产品或服务的使用价值、满足生理、安全上的需求，到追求情感、身份、尊重，然后把目光投入"通过品牌向他人展示自我"，获得一种心理上温馨美好的记忆、感受、遐想，最后到达与品牌一起融入梦幻境界的超我感受。

●梦幻品牌与体验经济

随着经济的发展和社会的进步，体验经济时代已经来临。在这种经济形态中，消费者不仅重视产品或服务给他们带来的功能利益，更重视购买和消费产品或服务过程中所获得的符合自己心理需要和情趣偏好的特定体验。在

---

① 《顶级品牌潜力巨大》，《上海金融报》2010年4月3日。
② 韩世友：《人类第六需求——梦幻需求》，新浪博客，2007年9月。

产品或服务功能相同的情况下，体验成为关键的价值决定因素，往往是消费者的购买决策依据。这就是"全面体验消费模式"。消费者变得越来越感性化、个性化、情感化，他们的需求重点已由追求实用转向追求体验。

心理体验系统可分为感官体验、情感体验、成就体验、精神体验、心灵体验。梦幻品牌诉诸后几种体验。

成就体验。马斯洛的需求层次理论指出，人除了基本的生理、安全和社会需要，还有追求自我尊重和自我实现的需要。人在满足情感生活需要的同时，还需要得到社会的认可，需要通过拼搏奋斗来获得社会成就。成就体验有多种表现形式，但从本质上讲，社会认可无非名与利，所以成就体验的具体表现是：人的控制欲、权力欲、占有欲。

精神体验。现代心理学的研究表明，人的幸福感更大程度上在于精神的满足而不是物质的满足。在满足了物质和名利之后，精神需要更加凸显出来。精神不同于情感，它超越于物质名利之上。它表现为我们对世俗名利的舍弃，对高雅情趣的追求。精神体验与精神寄托是密不可分的。精神体验不是我们日常生活中体验的主体，但人一旦有机会超越名利的羁绊，这种体验就会到来。

心灵体验。精神体验超越了物质和普通情感的束缚，使人得到了精神的放松与满足，但精神满足并非人追求的最高境界。人们还有进一步的对真善美的追求、宗教信仰、生命思索、终极关怀等人性深层的形而上的需求，所谓宗教体验、超级体验、高峰体验。

梦幻品牌精神就是冲着这些高级体验需求来的。

●梦幻品牌与心理学

弗洛伊德认为：儿童已经具有大人所有的各种欲望，但却尚未具备大人所有的现实地满足这些欲望的能力。因而，儿童最大的愿望就是长成大人，以便能像大人一样生活。弗洛伊德认为：梦所表现的正是人在清醒的意识状态下被压抑的愿望。弗洛伊德说：幻想的动力是未得到满足的愿望，每一次幻想就是一个愿望的履行，它与使人不能感到满足的现实有关联。这些激发幻想的愿望，根据幻想者的性别、性格和环境而各不相同；但是它们自然地分成两大类，或者是野心的欲望，或者是性欲的愿望。

当我们借助想象来替代性地满足现实世界中不能满足或不能充分满足的愿望时，我们是在用想象来补偿现实生活的不足；而当我们通过想象来直接满足快感体验的需要时，我们实际上已经在用想象来拓展我们在现实生活之外的新的生存空间。在弗洛伊德眼中：作为符号化、社会化的想象活动及其产物，艺术在人类社会中所起的主要作用正是通过唤起人们的想象来使他们的不如意或不尽如人意的现实生活得到补偿，并使他们的心灵在想象所构造的虚拟世界中过上比现实生活更丰富、更精彩的生活。

如果说，弗洛伊德的艺术观可以概括为：艺术是经过改装并符号化了的可供社会成员共享的社会化的梦幻。那么，用品牌艺术的眼光看，品牌也是符号化了的可供社会成员共享的社会化的梦幻。

消费心理学研究表明，"自我价值观是影响人们消费行为的强大力量"。心理学家杰格迪什认为，"消费者的品牌选择行为受五种消费价值观（功能价值、社会价值、情感价值、认知价值和条件价值）的影响，正是这五种价值观在不同场合下的整合效应决定了消费者的品牌选择行为。"

翁向东认为，品牌核心价值可以划分为三个层次：功能型价值，情感型价值，自我表达型价值。一个具有极高的品牌资产的品牌往往具有让消费者十分心动的情感性与自我表现型利益，特别是在经济发达地区，品牌是否具有触动消费者内心世界的情感性与自我表现型利益，已成为一个品牌能否立足市场的根本。

情感性利益指的就是消费者在购买使用某品牌的过程中获得的情感满足。情感型价值的范围比较窄，无非是围绕亲情、友情、爱情三个方面展开；而自我表达型价值则可以从任何方面去诉求，因为人可以用于自我表达的元素太多了。

品牌成为消费者表达个人价值观、财富、身份地位与审美品位的一种载体与媒介的时候，品牌就有了独特的自我表现型利益。

从心理学角度出发，任何人都是不同程度的自我本位主义者，无论贫富贵贱，都希望自己的能力、价值观、情趣与品位得到彰显与表达，特别是社会精英阶层，这种心理更加明显，自我表达型的品牌核心价值能够满足人们这种心理需求。

一个品牌要想走入高端消费群体的心中，必须把自我表达型价值的功效发挥到淋漓尽致，让品牌演绎出一个无比奇妙的空间，给消费者幻化出一个无尽想象的源泉。[①]

梦不可选择，梦想可以选择，梦想产品可以选择，梦想品牌可以选择。为梦想打造的品牌，用梦想打造的品牌，打造梦一样的品牌，都可以成为梦幻品牌。

第二节　梦幻品牌的八大特质

我们首先来看梦幻品牌与一些品牌文化概念的不同。

品牌梦幻不是消费者信念。消费者信念是指"消费者持有的关于品牌的属性及其利益的知识，有了这个信念，消费者就有了一种积极情感的体验，相信这个品牌的东西能满足其需求"。

梦幻品牌是通过品牌让消费者产生遐想，这种遐想与品牌的属性及其利益的知识无关。有了这种遐想，消费者就有了一种梦幻体验。到了这一层次，梦幻品牌的功能已经实现：满足了消费者的梦幻需求。

品牌梦幻不是品牌精神。品牌精神指在消费者认为品牌的意义、象征、个性、情感、品位等文化因素的总和。

品牌梦幻不是消费者对品牌的意义、象征等具体因素的认知，而是超乎其上的说不清、道不明的精神感受。文化认同是理性的，文化感受是感性的，文化遐想是诗性的。品牌梦想是文化后现象，是真正的"化"，化为消费者的独特感受。这种体验可以基于品牌精神，但绝对高于品牌精神。

品牌梦幻不是品牌联想。品牌联想是消费者看到某一特定品牌时，立即被勾起对该品牌的感觉、体验、评价等记忆。品牌联想很具体，可以复制，可以重现，可以口述文传推广。

品牌梦幻是勾起消费者的梦想。梦幻品牌的体验是个人体验，只可意会不可言传；如果说梦幻品牌不可能没有联想的成分，我们承认，但这种联想天马行空，且总要幻化，而不是实化。

品牌梦幻不是品牌体验。品牌体验是对品牌识别进行传递从而改变目标受众的认知、态度、行为和关系的过程，其本质是对品牌与目标顾客及利益

---

①　翁向东：《自我表达型价值驱动才能打造高端品牌》，新浪博客，2010年8月27日。

相关者之间关系的管理。

品牌梦幻是基于其上但不是由其直接导出的精神感受。品牌梦幻与品牌体验有联系，是实体与虚拟的联系、主题与灵魂的联系。

品牌梦幻不是品牌忠诚。品牌忠诚指消费者对某一品牌具有特殊的嗜好，在购买此类产品只认一个品牌。

梦幻品牌基于并高于品牌忠诚。它的实质是追求由品牌特质引起的品牌梦想。品牌忠诚落实在购买上，梦幻品牌体现于精神消费中。

品牌梦幻不是品牌崇拜，品牌崇拜是绝对化了的品牌忠诚。

品牌梦幻不排斥品牌崇拜。但梦幻品牌与消费者的关系不是信从关系，而是合作创造梦想关系，如人困倦时钻进被窝，心中想的不会是什么品牌的床上用品，而是只想要一个安乐窝；梦幻品牌不限制消费者的话语权、建议权等消费权利，但更看重梦想权；梦幻品牌没有族群，只有个性化体验；梦幻品牌不排斥其他品牌的消费群，也不排斥消费者本人对其他品牌的消费。

同理，梦幻品牌也不是品牌蓝图、品牌范围、品牌价值观，不是品牌印记、品牌故事，不是品牌基因。

但是，这些品牌概念都是品牌梦幻的支持和导引。梦幻品牌不会凭空出现，它来源于品牌打造的每一层次、每一步骤。如同品牌超越于产品与服务却不能脱离产品与服务一样，品牌梦幻是品牌精神、品牌联想、品牌体验、品牌忠诚、品牌崇拜的一系列品牌境界的凝聚与升华。

那么，它究竟有哪些特点呢？

（一）梦幻品牌首先是文化品牌

据说动物也做梦，但它们无法与同类交流梦想，所以它们的梦没有文化价值。

人类从做梦、讲梦、解梦，到白日梦、梦想、梦喻，乃至创造出形形色色的梦故事、梦科学，使梦文化成为人类文化的一个饶有情趣的领域。品牌这个商业产物一旦与梦结合，会立即迸发电光石火，使平庸的商品生活平添异趣。

上面说过，品牌核心价值可以划分为三个层次：功能型价值，情感型价值，自我表达型价值。品牌核心价值包括使用价值与文化价值，文化价值大于使用价值。

所谓品牌核心价值，是指一个品牌承诺并兑现给消费者的最主要、最具差异性与持续性的价值。品牌核心价值是品牌的精髓，是品牌资产的源泉，是驱动消费者认同、喜欢乃至爱上一个品牌的主要力量。

品牌核心价值的三层主题都有文化价值，越向上文化价值越高。梦幻品牌首先是文化品牌。或者说，是文化品牌的升级版。

（二）梦幻品牌＝品牌×梦幻

品牌的理性价值、感性价值和象征性价值是梦幻品牌的实体依托；梦幻品牌的灵魂是梦想。所谓梦幻品牌，就是千方百计连通品牌与梦幻之间的通道。凡是梦幻品牌，都能使品牌文化超位发挥，个性体验随意挥洒，精神享受渐入佳境。此时品牌的实体价值已经隐退，虚拟价值极度夸张，品牌的自我表达价值充分显现，梦幻品牌功能就此兑现。

（三）梦幻品牌属于双方创造

随着物质文明进步和生活水平的提高，人们对品牌的功能利益的需求已经得到大大满足，转而追求更高层次的满足。品牌能否超越产品功能而带给消费者种种的感官、情绪或价值上的满足将变得越来越重要。简单说，就是品牌不但要具备"功能"上的效益，而且还要有"体验"或"情感"上的效益。

体验经济是继农业经济、工业经济和服务经济阶段之后的第四个人类的经济生活发展阶段。体验经济是企业以服务为舞台、以商品为道具，环绕着消费者，创造出值得消费者回忆的活动。其中的商品是有形的，服务是无形的，而创造出的体验是令人难忘的。没有两个人的体验是完全一样的，因为体验是来自个人的心境与产品和服务的互动。

品牌体验理论认为，体验分为感觉、情感、思维、行动、关系五种类型。品牌在表面上是企业产品和服务的标志，代表着一定的质量和功能，深层次上则是人们心理和精神层面诉求的诠释，可以作为一种独特的体验载体。

梦幻品牌与体验经济机制相通，梦幻品牌由品牌与消费者双方共同创造且不可复制，梦幻品牌超越产品、服务、回忆，直击精神感受。产品给人的是感官体验，服务给人的是情感体验，梦幻品牌给人的是自我实现的成就体验、爱与被爱的情感体验、超越功利心的精神体验，甚至形而上的心灵体验。

（四）梦幻品牌利益是象征性利益

梦幻品牌价值非感性、非理性，纯属象征性。象征性利益是看不见摸不着的利益，但是是最大、最高级的利益。

奢侈品消费者更看重的是依附在商品使用价值之外的象征性利益，即"符号象征价值"。如顾客购买珠宝首饰等奢侈品就是为了实现自我价值，彰显自己独特的生活方式，展示自己的能力、地位、品位。这种消费过程所起的已不仅仅是一种享受功能，而更多的是希望与外部客体世界建立直接的联系，以达到炫耀或者表达对某种生活方式的追求与体验。

品牌之所以可以成为消费者与消费者之间沟通的媒介，是因为当消费者拥有或使用某个品牌时，在消费者与品牌之间存在着意义的转移，从而使他人可以根据品牌的象征意义来理解消费者。消费者对品牌所赋予的象征性意义反映了消费者所追求的个人成就感、赢得社会或公众的赞许、满足关系对方的需要和期望、获得对群体的归属感等方面的自我意义。①

（五）梦幻品牌是私属品牌

品牌的实现必须有消费者的参与，象征性品牌的实现领域是消费者的个人精神感受。

品牌象征性即"一个品牌对于消费者来说它所代表或表达的自我概念"。

自我概念，通俗点儿说，就是人们关于自己的想法和情感的总和。国内学者符国群（2001）把消费者的自我概念划分为五个维度，即实际的自我概念（即消费者实际上如何看待自己）、理想的自我概念（即消费者希望如何看待自己）、社会的自我概念（即消费者感觉到别人是如何看待自己）、理想

---

① 崔楠、王长征：《象征性品牌形象的维度与测量》，《商业经济与管理》2010 年第 10期。

的社会自我概念（即消费者希望他人如何看待自己）和期待的自我（即消费者期望在将来某一特定时间如何看待自己，它介于实际的自我概念与理想自我概念之间）。

品牌个性与消费者的自我概念具有关联性，因为消费者希望在品牌选择中表现自己。消费者对品牌个性的认知与消费者的自我个性认知存在一致性，不同的消费者对相同品牌的个性感知也存在差异。

中国消费者在选购品牌时，主要根据实际的自我概念和社会的自我概念去感知品牌个性，并选购那些符合自己实际自我概念的品牌，同时也比较在意周围亲朋同僚的反应，而理想自我因素考虑甚少。研究表明：中国消费者与西方消费者在消费观念上存在差异。西方消费者表现为理想主义消费文化，受理想自我的影响较明显。而中国消费者则表现为现实主义消费文化，更多地考虑现实条件，关注现实需要和社会评价，理想自我的意识尚不明显。①

消费者购买的产品或者服务在满足潜意识被压抑的本能欲望的同时，其过程是与他的自我概念相一致的，因为消费者购买的产品或者服务在外部反映了消费者的形象，体现了消费者的价值观、人生目标、生活方式、社会地位等。品牌象征性的升华就是梦幻性。

梦幻品牌提供给消费者的心理感觉，因人而异、因时而异、因境而异。梦是同一类的，但梦梦不同。所谓忠诚顾客、品牌迷信、品牌崇拜、品牌拜物教，越说越过分，不过是强调专注执着。而对于梦幻品牌来说，这些只是基础。对一个品牌，不但专一的爱它、使用它，更用心灵去感受它、用遐想去丰富它、用若即若离去人性化或神性化它、用梦幻去定义它，它就是你的私人品牌。私人品牌可以与人共享，但私人感受无法与人分享，只能属于你自己。

（六）梦幻品牌是品牌的最高境界

品牌定位自下而上有五种境界：产品、概念、理念、文化、精神。

品牌定位一旦到达"精神体验"层次，追求目标就成为——使消费者在品牌消费时从中得到的精神满足和享受。当这种精神享受恍惚中升华为梦境

---

①　赵卫宏：《消费者自我概念与品牌个性间关系的调节作用》，《当代财经》2008 年第12 期。

状态时，便达到了品牌的最高境界的最高层次——梦幻品牌。

（七）梦幻品牌要你闭上眼睛感受

弗洛伊德认为，梦乃愿望的实现。梦幻品牌接近白日梦。心理学家认为，白日梦有积极作用，能开阔视野，放松心情，逃避现实，激发潜能，瞬间改变自己⋯⋯

睁着眼睛花钱，闭着眼睛享受。梦幻品牌先让你做好飘的准备。

（八）梦幻品牌的实用性可以忽略不计

"你买的是什么并不重要，它代表着什么才重要"。这是奢侈品行业的超级广告语。奢侈品在国际上被定义为"一种超出人们生存与发展需要范围的，具有独特、稀缺、珍奇等特点的消费品"。世界所有权威辞典对奢饰品含义的解释有三个重点：好的、贵的、非必需的。梦幻品牌更是如此。

当代最奢侈电脑大都是黄金镶钻石一类的，要价从 20 万～80 万美元。但是，真正高科技产品往往并不被看作真正的奢侈品，因为它们功能化太强，不能满足消费者"精神消费不讲功用"的潜意识要求。

第三节　梦幻品牌也是国家品牌

梦幻品牌以象征性为依托，以梦想为灵魂。品牌做到这个层次，自然而然成为国家品牌。

"在建筑面积近 20 万平方米的中国国家博物馆，你能看到已经泛黄的末代皇帝退位诏书，毛泽东在开国大典上使用的话筒，以及杨利伟在'神舟五号'飞行于太空时所用的圆珠笔。不仅如此，你还能看到'让全世界女人都疯狂尖叫'的路易威登限量版手提包。"[1] 路易威登专题展览 2011 年 5 月 31

---

① 杨芳：《国家博物馆悄然变化：从革命面孔到奢侈品展示》，《中国青年报》2011 年 6 月 22 日。

日在国家博物馆开展，国家博物馆副馆长陈履生说："很多人很好奇为什么博物馆要举办这样的展览。我们要反映的是历史与文化并存的概念，悠久的历史是以文化创意为支撑的，而路易威登自1854年创建以来，有很多影响旅行历史的代表性原创与体现艺术情感的各种设计。明年将迎来建馆百年庆典的国博与157岁的路易威登相比，还很年轻。"

有不少人对他的话不以为然。认为像路易威登这样的奢侈品抢占国家博物这样的历史文化的制高点，公众难以接受。

一年前，路易威登作为法国馆的四个首席赞助商之一，在2010年上海世博会以现代建筑阐释法国凡尔赛花园，巧打奢侈品品牌，尽显法式奢华。他们的行政总裁说："我们很荣幸能将我们对奢侈品的期许带到2010年上海世博会。中国是路易威登最为重要的市场之一，这里的人们懂得欣赏真正的卓越品质和精湛工艺。我们很高兴借助世博的契机，进一步加深我们与上海这座城市乃至中国人民的联系。"这些报道并没有引起什么非议。

用传统眼光来看，展现严肃文化并"禁止拍照"的国家博物馆与炫财斗富的奢侈品是不能相提并论的。"堂堂国家博物馆，供作一个商业品牌的展地，不仅屈尊，而且媚俗。"

但是，如果用国家品牌的眼光来看，政治品牌、历史品牌、商业品牌，都是品牌，搞好了都可以成为国家品牌。作为一个现代国家，哪个方面、哪一层次的品牌都不可或缺，尤其是代表国家形象的品牌。一个国家的国家文化品牌与另一个国家的国家商业品牌，在品牌意义上是平等的。当初，中国拿出乒乓球这个国家品牌，演出轰动全球的"小球推动大球"好戏，改变了外交局面。如果中美建交问题不是在那个时候解决，今天的中国崛起则无从谈起。

路易威登是世界上首屈一指的奢侈品跨国集团。它以路易威登箱包扬名，但经营的奢侈品牌，却从箱包、香水、时装到钟表，囊括了迪奥、娇兰、纪梵希、高田贤三、芬蒂等世界知名品牌，以及一些世界香槟和白兰地的顶级品牌，还有著名的法国《回声报》和贵族富豪青睐的Samartaine及左岸商场Bon Marche。路易威登集团公司以LVMH四个大写字母命名，除却人们熟悉的LV，MH分别是香槟和白兰地干邑的传奇品牌酩悦和轩尼诗的第一个字母，被称为"冒气泡的黄金"的发酵葡萄果汁，有的贵比黄金，它创造的利润，甚至高于众人皆知的路易威登箱包。

383

著名市场咨询公司明略行 2010 年 4 月发布的全球最具价值的十大奢侈品品牌中，法国品牌占据 6 席，其中路易威登以 197.8 亿美元的价值名列第一。同年，路易威登收购宝格丽，拥有全球逾六成奢侈品品牌。

路易威登从法国宫廷的御用箱包的制作者，到工业革命时期被资产阶级新贵们追捧的身份标志，再到现代的奢侈帝国的建立，经历了 150 多年。它把自己的品牌做成为奢侈品的代名词，也做成了当仁不让的国家品牌。

人民网曾发表人民时评《奢侈品中无中国品牌，呼唤国家支持》说，不得不承认，我们还没有一个举世公认的奢侈品品牌。有人说，奢侈品代表了一个国家文明的塔尖；或者说，奢侈品代表着一个国家文明水平在世界的位置，因为奢侈品总是和强势的文化、高超的工艺联系在一起。其实，历史上，中国始终在高端奢侈品市场占据着重要一席，辉煌灿烂的文明，相当一部分是令人叹为观止的奢侈品：精美的陶瓷器皿，精致的玉雕器物，昂贵的绫罗绸缎，都一度是欧洲贵族上层社会追捧的奢侈之物，是身份的象征。但愿早一天看到奢侈品市场的民族品牌。[①]

第四节　用产品展现梦想

——索尼一梦 60 年

梦幻品牌的高度不是想有就有的。但是，把梦想与品牌联系在一起，却是通过努力就能做到的事。

"不断通过创新科技引领时尚生活、激发人们对科技的梦想和对愉悦的渴望，为后代创造一个梦想成真、愉悦生活的绿色家园。"这是索尼公司在企业社会责任领域的战略方向。多年以来，索尼始终将"梦想"作为品牌内涵，并将其与"为了下一代"的企业社会责任结合，在企业文化上独树一帜。

"晶体管·梦想·孩子"，这是第一任社长井深大对梦想的解释。1946年 5 月他们的公司挂牌时，二十几个人，没一件机械设备，改锥是用从战争废墟里捡来的摩托车弹簧做成的，工作场所是一间不蔽风雨的小屋。他们最

---

① 人民网，2009 年 7 月 7 日。

初的技术资料，只是一本书上的一句话："1936 年，德国 HEC 公司在塑料上涂抹磁性材料，发明了录音机。"他们便用药臼将磁铁捣成粉末，和进饭糊中，涂在纸上，结果录下的只是噪音。经过无数次的实验，他们发现磁粉越细越好，但不知用什么技术才能将磁粉弄得更细，无奈中还求助过雪花膏公司。支撑他们干下去的是梦想。

井深大的"创立宗旨书"申明，"要充分发挥勤勉认真的技术人员的技能，建立一个自由豁达、轻松愉快的理想工厂"。井深大学生时期就以"动态霓虹灯"获得巴黎万国博览会优秀发明奖，他还有一套被称为"井深理论"的关于幼儿教育的主张，如"对于幼儿来说，有趣的就是好，讨厌的就是坏"，"把母亲的声音录进卡带，会加深亲情"，"多爬的幼儿，语言能力较强"，"有求必应，孩子会变成霸王"等 17 条。日本第一台磁带答录机、晶体管收音机等代表性产品，大都源于井深大先生的梦想。

20 世纪 50 年代，"袖珍收音机 TR—63"热销于美国，作为第一代出口的晶体管收音机，出口价格仅为 39.95 美元，在美国受到极大欢迎，出现了由于供不应求而包下日航飞机向美国大量输送的现象。现在，索尼的半导体生产技术和生产能力独霸天下。

"随身听·梦想·孩子"，是索尼第一代创业者盛田昭夫对梦想的解释。

索尼公司社长井深大是个高尔夫球迷和音乐迷，他梦想有一天能生产出一种可以边打高尔夫球边听音乐的电器，这样，那些散步、赶路、乘车的人也可以边听音乐边做其他的事。科研组根据他的构想攻关，使梦想变成了现实，一种盒式单放机研制成功了。1979 年 7 月，盛田昭夫将"随身听"Walkman 定位在青少年市场，并且强调年轻活力与时尚，并创造了耳机文化，1980 年开始在全世界销售，到 1998 年全球销售突破 2 亿台，盛田昭夫在 1992 年 10 月受封英国爵士，英国媒体称其为"Sony 随身听爵士"。

"CD·梦想·孩子"，是第二代 CEO 大贺典雄对梦想的解释。

大贺典雄是一个拥有前瞻思想的人。预测到压缩式光碟格式的未来前景，他大力推动公司向这一领域拓展。在 CD 的发展过程中，专业音乐家的本能让他坚持推出了 12 英寸的格式，让光碟能够有足够的容量空间去录制75 分钟的"贝多芬第九交响曲"，并成为 CD 的参数格式沿用至今。1982年，索尼售出全世界第一张 CD。5 年后，CD 产品在日本的销量超过黑胶唱片，改变了人们欣赏音乐的方式。这不仅给消费电子和音乐录制领域带来革命性变革，还推动了其他领域技术的发展，比如电脑存储、游戏软件。大贺典雄带领索尼一次次掀起 20 世纪娱乐业的风潮：随身听的流行，CD 的普及，CBS 并购哥伦比亚电影公司，MD 的问世及 PS 游戏机的诞生。1993年，索尼推出了在全球大获成功的"PlayStation"游戏机，奠定了索尼在游戏业务领域的地位。

"数码·梦想·孩子"，是索尼第三代 CEO 出井伸之对梦想的解释。

1995 年，出井伸之提出了"精神再生"、"数码·梦想·孩子"两个公司经营方向的愿景与主轴以迎接"数位浪潮"的来临。创始人靠梦想创造了索尼，出井伸之要让索尼公司成为梦想的创造者。索尼人必须在自己身上重新找到孩提时代所拥有的激情。出井伸之认为索尼存在的理由是创造人们的欲望，提供一种梦想。索尼卖的是个人体验，而不是维持人类生命的必需品。"我们存在的理由是创造人们的欲望，进入他们的生活，提供一种梦想，为了达到这一目的，我们得保持充满好奇和欢乐的赤子之心，给予人们一种像孩子般无忧无虑的快乐生活。""如果不发展出一个崭新的业务模式，索尼将沦为网络操作者零部件供应商。新的索尼产品就应是娱乐、电子和情感的融合。"

1998 年，索尼公司以跨入不同领域的方式，满足消费者更多的需求。承诺"当人们想要创造出自己的梦想时，索尼帮你实现"。在电子、游戏、娱乐、金融四大领域，索尼陆续推出了 CyberShot 数码相机、VAIO 笔记型电脑、Clie PDA（个人数位助理）等数位化的产品，并在市场上获得了空前的成功。在 2001 年 4 月公布的 2000 年度财报，索尼靠着 PlayStation 2 的热卖，使它获得成立以来的最高获利 25 亿美元。

索尼 1989 年曾以 60 亿美元天价买下哥伦比亚三星电影公司，创下了当时日本最大的一宗海外并购案，被美国人视为日本人入侵美国。2001 年，电影《蜘蛛人》翻身成为索尼主要的获利支柱。2004 年 11 月，并购历史悠久的米高梅电影公司，成为世界第一大电影制作公司。

好了，让我们梳理一下埋在以上信息中的思路：始于孩子教育和成长的理念——持之以恒地把技术产品与梦想和孩子联系在一起，"梦想和孩子"是永远的要素，技术产品是多变出新的要素——用世界名牌＋创新产品的品牌文化影响世界——用世界的回应丰富当初的梦想。这样始于梦想，归于梦想成真的 60 多年几代人的梦，在企业史上并不多见。

　　有人说，索尼公司开发出的多种轻便电器，彻底改变了人们听的方式、看的方式和工作方式，使人们进入一个全新的视听世界。我们说，这是一个梦想力创造的世界，一而再、再而三的梦想成真，证明创造这些奇迹的人和企业本身就是梦幻品牌。

第五节　梦回月满楼

——珠宝品牌的梦想回忆

　　珠宝不可以被时间定义，但它可以定义时间。时间对人的意义，未来的是期待，当下的是消费，过去的是回忆。期待未来如预支期货，消费当下如现金交易，回忆过去是把玩财富。人生在世，期待多时回忆少，回忆多时期待灭，往往忽略了当下。品牌既然是文化，必然反映人的时间财产，这就是期待和回忆。品牌的感性诉求，往往从这里下手。

　　美国珠宝银饰公司蒂芙尼是这样推介他们的戒指的：以18K黄金、铂金为主，镶嵌钻石、蓝宝石、粉色蓝宝石、黄色蓝宝石、红宝石或坦桑石，钻石的切割方式和镶嵌法多种多样，每一款都以其变幻莫测的形态和别具一格的切工，闪烁出无与伦比的光芒，诉说着那个只属于你的美丽故事：

　　"或许为新生，Tiffany Celebration Rings以其璀璨光芒，庆祝新生命诞生的奇迹，而耀目的蒂芙尼钻石，让你将喜获新生命的愉悦和幸福永远铭刻在心；或许为纪念日，周年纪念日是一个个意义非凡的里程碑，它记载着人生漫漫旅途上，相爱的人相携相伴，共同走过的路程。Tiffany Celebration Rings，除了记住每一次的感动，更是让我们明白，所有这一切，是多么弥足珍贵；或许为倾心付出的回报，辛勤的工作常常与他人的赏识相依相伴，这是人生非常重要的一部分，也是快乐与成就的源泉，更是值得庆祝的重要时刻。Tiffany Celebration Rings，记录您每一个目标的完美实现；或许是一个埋藏心底的美丽秘密，Tiffany Celebration Rings承载的是只属于你自己的特殊意义，也许是某件值得怀念的往事，也许是某个人，也许是人生中某次辉煌的成就……""从喜获初生婴儿到隆重的周年纪念日，每个重要日子都值得我们铭记，它为人生中的难忘时刻增色添喜。"

　　郎咸平认为，珠宝的行业本质就是记忆。

387

珠宝的消费用途包括婚庆、收藏和地位象征，其消费的一刹那是为了铭刻一段记忆。戴梦得将产品分成这样几个系列：斯渥非亚珍藏、一见倾心、两心相许、天长地久、铂金专区和永恒印记。这其实就是根据消费者在人生不同阶段的不同诉求，让原本设计差不多的珠宝能够承载这种记忆。

卡地亚50年才混出名气。50多年来，卡地亚是在积累贵族的人脉和记忆，靠岁月、靠记忆和经验凝结成了伟大超凡的设计，成为英国皇家珠宝供应商，被誉为"皇帝的珠宝商，珠宝商的皇帝"。

卡地亚的每一件作品都是会说话的，而且每件作品讲述的都是一个传奇故事。那不仅是绝世的珠宝，还铭刻着一个传奇的故事，能重温自己的记忆。跟自己过去的记忆比较，无论你当时有钱还是没钱，在购买珠宝的一刹那，所有的记忆就都凝结在里面了。卡地亚的坦克系列腕表，已经不仅仅是一件时尚的配饰，它本身已经成为一段传奇。你戴的不是表，是记忆。①

梦幻品牌存在于人的期待和回忆中。

想做梦幻品牌，先让你的产品过关、过细、过硬；再让你的品牌够靓、够大、够牛；下来，把你的品牌与消费对象的人生节点联系起来，用文化的、人性化的、个性化的故事叙述它（在这里，文化是用来迎合潜意识的；人性化是用来拉近距离的；个性化是用来说明这个故事与对方有特殊意义的）。你卖的不是产品、不是服务、也不是品牌，你卖的是期待或回忆。

第六节 明天的奢侈品

——梦想其实是某种回归

美国心理学家哈禾利费斯说，人的一生有4年的时间是在梦里度过的，占人生的1/20还多。一个人一生大约做15万个梦。但人生的绝大部分是梦外生涯。品牌也是这样。

"未来的奢侈将告别非必需品，而追逐必需品。在消费疯狂增长的影响下，紧俏的、稀有的、昂贵的及受青睐的将不再是高速汽车、金表、成箱的香槟和香水等大街上随处可见的东西，而是像宁静的时光、足够的水和空气

① 郎咸平：《谁在拯救中国经济》，东方出版社2009年版。

等基本条件。"作家汉斯·马格奴斯·恩森贝格在德国《明镜》周刊撰文论述新奢侈的未来走向，他把未来的奢侈品定义为时间、注意力、空间、闲适、环境、安全。

时间已经成为越来越贵的奢侈品，充足的睡眠消费成为伦敦商界的最新身份标志。有影响的商界人士允许自己夜里早上床睡觉，而关爱自己的人每天要保持 8 个小时睡眠。未来的奢侈消费将是这么一拨儿人：他们总有时间做自己想做的事情，能自己决定做什么或者做多少、什么时候做、在什么地方做。

注意力也是紧俏商品。在信息泛滥的时代，注意力已经所剩无几。谁能摆脱这些事情，毅然决然让电视频道的聒噪停止，才可能自己来决定什么值得真正去关注。

拥堵对于空间经济犹如日程表对于时间经济。今天，当一个房间空下来，它才显得奢侈。

闲适也是一种越来越难满足的基本需要。要想逃避无处不在的喧嚣，必须要费钱费力才能够办到。

环境，能呼吸到不呛人的未经污染的空气，喝到没有异味的水并非是天经地义的事情。从无数空调里出来的空气是经过过滤和冷却的，可这算是环境吗？法国矿泉水运到世界最偏僻的地方，这样就真实和自然吗？

安全，可能是所有生活用品中最麻烦的一个。在安全不能够得到百分之百的保障的情况下，个人需求猛增，价格疯涨……看看富人区，你立刻就会知道，将来奢侈不会带给你百分之百的快乐。因为想把自己置于安全之中的特权阶层，不但把别人隔离在安全之外，而且也把自己禁锢在安全之中。这本身就是对安全的反讽。

人们追寻物质奢华的过程，其实转了一个大圈。终有一天，奢迷心窍的人们会发现，那些丢掉的朴素，才是自己最需要的而已是可望不可即的奢侈。

世界正进入低碳经济时代，悠久如风靡西方的休闲度假，新兴如遍布中国的"农家乐"，都隐含了时间、注意力、空间、闲适、环境、安全这些"未来的奢侈品"的所有要素，只不过我们的"农家乐"档次低些，尚处于初级产品阶段，而且，会不会向劣质廉价发展，还未可知。

389

运 营 篇

第十八章 四维一体企业战略新模式

——文化领航·科技增彩·产品搭台·品牌唱戏

第一节 "文化立企，品牌立国"
与企业战略新模式

"十一五"期间，尽管我们在民族品牌国际化上做了大量探索，但是终因缺乏基础性战略研究，没有高度重视品牌与产品、文化、科技三要素的关系处理，一直不知道品牌附加值最大化的最短通道在哪里。

太子龙企业集团通过自身多年的品牌运营实践和潜心研究发现，民族品牌在走向国际化的战略历程中之所以品牌附加值低下，归根结底是因为没有树立起"文化立企，品牌立国"的发展战略，没有打造出代表中国品牌最高生产力水平的"国家品牌"。

我们必须采取用"品牌输出"代替"产品出口"的创新战略。品牌输出的是文化，而产品出口消耗的是资源；品牌输出的文化资源和创意是取之不尽用之不竭的，而产品出口依赖的资源消耗则是不可再生的终有一天会穷竭。"文化立企 品牌立国"，就是指企业必须以文化打造和科技创新为依托，民族的腾飞与崛起必须以国家品牌竞争力为标志。也就是说，一个离开文化打造和科技创新的企业就不是真正的品牌企业，一个没有国家品牌竞争力的民族就谈不上是强大的民族。

那么，"文化立企，品牌立国"具体到一个企业，应该怎么做呢？

一句话，要把"文化立企，品牌立国"战略化，或者说，把"文化立企，品牌立国"落实到企业战略中。

企业战略，是指在市场经济条件下，企业以超越对手、发展自身为目的，以争夺顾客、占领市场为内容所展开的一系列带有全局性、根本性和长远性的谋划。战略的层次从低到高可以分为基础战略、发展战略、竞争战略和指导战略。

最初的企业战略，就是好产品低价格。随着市场经济的发展和战略理论的繁复，形形色色的企业战略理论充斥耳目。有句简单话说，战略就是选择适当的产品设计在适当的时段执行适当的市场策略。都做到了，战略胜算大；都做不到，只会惨败；部分做到，听天由命。

企业战略是一个系统，由互相关联的一组要素构成，元素的有机互动使得系统运转并取得整体大于局部之和的效应。换句话说，就是在一种选定模式下，充分利用企业内外资源要素，围绕企业目标进行优选整合，形成自己的核心竞争力，为市场提供符合消费者需求的产品和服务，为企业创造效益。

波特的"价值链"理论认为："消费者心目中的价值由一连串企业内部物质与技术上的具体活动与利润所构成，当你和其他企业竞争时，其实是内部多项活动在进行竞争，而不是某一项活动的竞争。"在一个企业众多的"价值活动"中，并不是每一个环节都创造价值。企业所创造的价值，来自企业价值链上的某些特定的价值活动；这些真正创造价值的经营活动，就是企业价值链的"战略环节"。这些战略环节，可以是品牌文化或产品文化，可以是产品开发或工艺设计，可以是独有资源或核心技术，也可以是渠道或整合传播。这些战略环节与其他要素结合，构成一个有主有辅有机互动的价值链，这个价值链的长期有序运行，固定为企业独特的、不易被模仿的品牌运营模式，强化了企业的竞争优势。

那么，诸多要素的优选整合该怎么进行呢？文化领航、科技增彩、产品搭台、品牌唱戏的四维一体企业战略新模式就是一个模板。

第二节 "产品/文化"主义和 "产品/科技主义"

我们仰头看西方太久了，以至于僵化到不会垂下眼光审视他们的短板。

这里我们可以评说一下西方的两块短板：一块叫"产品/科技主义"，另一块叫"产品/文化"主义。

首先来看"产品/科技主义"。综观全球知名企业的文化建设，很容易发现一个现象，就是"重技术制造，轻思想锻造"，这中间包括了全球的500强企业。他们最多也只是硬性的企业管理规范——系统化的管理制度，制度的目的在于激发员工去努力工作，而真正能够激发员工励志成才和成就个人价值的普世价值理念，以及规范企业科学发展的哲学思想体系，依然还是凤毛麟角。

其次是"产品/文化"主义。正是因为国际企业重视制度建设和产品技术创新，所以国际品牌的文化诉求大多仅限于产品的物质功能的倡导——技术性诉求。也就是说，国际品牌关于品牌的精神功能诉求是隐性的。因为，这些大品牌在关于价值观和生活方式方面的品牌诉求，主要依赖的是市场消费者的个人联想，也就是说你自己体验到了什么它就是什么？这在国际传播学上美其名曰"无声传播"，其实本质上就是因为品牌的核心价值诉求的缺失所致。比如，阿玛尼和杰尼亚等国际知名品牌的核心文化诉求到底是什么？即使这些国际品牌的操盘手也难说清楚。

2011年4月4日《经济日报》载文："品牌价值为什么不断提升？核心竞争力在于企业文化。"指出21世纪国际品牌存在着巨大的市场空白，而这就是一个巨大的商业蓝海，它给了民族品牌和国际品牌同等的锻造自身品牌文化——国际品牌价值观和前沿生活方式这一历史机遇。近年来连麦当劳、诺基亚、奔驰等国际知名品牌在中国市场运营时，都纷纷改变了其品牌诉求的传统化模式而转为大谈价值观和生活方式，就是一个例证。

破解"产品/文化"主义和"产品/科技主义"的良药，就是科学品牌发展观。如果我们能够"在放眼全球可持续化发展的前提下，深刻把握世界的经济发展和产业运行规律，运用前瞻科学的思维方式和先进发达的技术手段，来锻造出能够引领世界人民的物质和精神等多元需求的优良品牌"；能够"先做思想，再做产品"；能够理解和坚持国际品牌的本质是民族文化的国际化；能够把责任文化作为品牌建设的必修功课，我们国家的品牌建设就会走在世界前列。

第三节　文化领航

文化领航是四维一体企业战略新模式第一要素。科技增彩、产品搭台、品牌唱戏这三个要素在品牌文化的引领下发挥各自作用和整体效应。

由于在国际范围内普遍欠缺系统性和创新性的品牌理论，所以全球的品牌运营还停留在"商标说"、"广告知名度说"、"产品质量说"、"顾客口碑说"的初级层面，大量的民族企业依据"产品质量说"或"产品技术说"的品牌观点来理解民族品牌的国际化。最后发现，即使我们完全掌握了产业的核心技术，生产出来的产品完全符合各项国际标准要求，可我们民族品牌的附加值仍然低的可怜，我们在全球化的产业链分工上还是处在最低端……这究竟是为什么呢？只有一个解释，就是我们还是在做产品，而不是在做真正意义上的品牌和国际品牌。要想让民族品牌成为国际品牌，最根本的问题在于使民族文化——价值观和生活方式成为世界民众都认可的普世文化。

众所周知，品牌附加值的核心要素只有一个，这就是品牌的精神功能——文化理念。所谓品牌的精神功能，是指该品牌能够倡导和影响消费者人生观（审美观或价值观）和行为方式（工作方式或生活方式）的能力。

文化领航，是品牌文化对其他经营要素的统帅与导向。

从产品角度看，当今市场产品的同质化趋势，使得企业单纯依靠产品功能、价格、质量、渠道等方面的差异化取得竞争优势的功效越来越弱；而蕴涵着超越物质使用价值的品牌价值理念、品位、情趣、情感等精神元素的品牌文化对消费者的影响却日见强大。先进的品牌文化，不仅仅着眼于增进消费者对品牌的好感度和联想度，更致力于倡导新生活方式、推行普世价值观，使文化真正成为品牌的核心竞争力。

从品牌角度看，品牌是基于产品又超越产品层次的符号。它以产品为载体来传播企业独特的思想或前瞻性行为。企业首先是做文化思想的，而绝非是做产品的，产品只是一种物质和媒介载体，它是手段而不是目的。思想和行为是构成文化的基本元素，但不是文化的核心元素，文化的核心元素是独特的思想和前瞻性的行为。

从国际化角度看，先进品牌文化是开放、向上、兼容、普世的文化；是个性化、人性化、可持续发展的文化；是跨越区域、国家、文化、意识形态的差异，为不同社会、经济、文化背景下的消费者所接受的文化。所以，先进品牌文化必然吸收先进的品牌理论、科学技术工艺，吸收国内外诸多先进品牌文化的长处，必须与不同文化沟通、互动、并存。

第四节 科技增彩

科技增彩是四维一体企业战略新模式第二要素。科技增彩，就是使品牌富含科技色彩。

科技，是指企业在某一科学理论或某一发明、发现的基础上，利用技术手段，开发出先进的、适用的物质产品，并通过工程化生产、商业化销售将其推而广之的整个过程。企业的活力主要表现在其产品的市场竞争力上，而产品获得竞争力靠的是技术创新。企业家通过技术创新活动，把科研成果变成新产品和品牌化产品，为人类带来了巨大的物质财富和精神享受。没有一定的科研力量做后盾，不把握好市场变化，不推出领先世界潮流的产品，企业是无法在市场上长存的。技术创新还是企业品牌战略的基础，是企业创品牌产品的技术保证。

通常认为，一个成功的品牌应该具有三要素：品牌的科技力、形象力和营销力。而科技力在品牌三要素中处于基础支撑地位。品牌离不开其商品或服务这个物质载体。没有科技力，企业就不能开发出高技术含量的商品，就不能降低商品成本，就不可能提高商品性能，改进商品外观，就不能在竞争激烈的市场上立足。

科技含量是衡量产品质量高低的重要标准。近年来，面对顾客更多、更新、更严的产品质量要求，作为第一生产力的科学技术，正在生产、流通和消费等多个领域决定产品质量，因而科技含量逐步成为衡量产品质量高低的重要标准。随着科技的进步和广泛应用，它在迅速提高产品质量的同时，也大大缩短产品信息传播的时间，加速了产品质量的更新换代频率，在产品生产中发挥着重要作用，奠定了产品质量提高的基础。当今社会，科技进步及其在物质生产领域的应用，对产品质量水平和经济增长质量的提高起着决定性的作用。

● 技术创新

美国国家科学基金会将企业技术创新定义为：企业技术创新是将新的或

改进的产品、过程或服务引入市场，最终使一个有经济价值和社会价值的新项目得到实际应用的一种行为。企业技术创新是指企业为了满足顾客和消费者不断变化的需求，提高企业竞争优势而从事的以产品及其生产经营过程为中心的包括构思、开发、商业化等环节的一系列创新活动，是企业经济增长的根本动力和有效途径。

科学是技术之源，技术是产业之源。技术创新一方面通过降低成本使企业产品在市场上更具价格竞争优势；另一方面通过增加用途、完善功能、改进质量以及保证使用使产品对消费者更具有特色吸引力，从而在整体上推动企业竞争力不断提高。

中新网 2011 年 5 月报道，面对全球领域的技术革新浪潮和产业链转移，北京中关村的一批企业纷纷从产品创新、技术创新走向中国标准，并正在成功迈向国际化标准。中关村涌现出一批以中国标准为纽带的产业联盟，并产生了一批联盟标准。中关村企业先后成立了物联网联盟、数字电视联盟、手机电视联盟、结构化信息标准促进组织（OASIS）、长风联盟等产业联盟，产生了手机电视、OASIS、公开源代码文本等标准。中关村各产业联盟申请发布的国际标准共 16 项，国内标准 160 项，行业地方标准 138 项。其中，闪联工作组制定的闪联标准，成为全球首个 3C 协同领域的国际标准。中关村产业技术联盟与欧洲、日本的地面数字电视标准进行了四轮对比测试，结果显示，中国地面数字电视传输标准全面胜出欧洲和日本标准。据悉，古巴正在筹建中国地面数字电视标准的试验示范网；中关村参与 CMMB 核心技术研发的企业已经与英特尔公司建立起战略合作关系，共同研发下一代双向交互式 CMMB 技术；以北京信威通信为核心的 SCDMA 联盟，构建了从标准到芯片、终端到运营的产业联盟，利用自主知识产权的无线宽带接入技术，在印度、尼日利亚、斯里兰卡、南非、蒙古等国家建设了商用网络，成功迈出了国际化步伐。

●科技的人文化趋势

随着时代的进步和顾客消费层次的提升，科技的人文化色彩越来越浓。贴近文化、融入生活成为产品中科技要素的引入前提。

飞利浦一向以技术创新见长，每年的专利申请数量高达 3000 项之多。

飞利浦"让我们做得更好"的品牌定位，突出其对科技的执著追求。现在，他们把"做得更好"体现在科技人文化上："飞利浦只是想让科技产品带给人们的感觉就像打开盒子一样简单"，"人不应该迁就科技，要让科技迁就人，消费者不能被科技奴役"，在将科技与人的关系拉近的同时，也拉近了品牌与消费者的距离。

同样，一直强调"科技"，但给人的印象古板、机械、冷漠的 GE，也重新塑造了有感情、有爱心、关心生活的品牌形象，使用了"将好东西带到生活中"、"梦想启动未来"的广告语。公司在全球范围的品牌战略目标是，将 GE 塑造为"具有想象力和创造力、科技领先的企业；为不断挑战自我、追求最佳的企业；由一群有梦想、有激情的人组成的企业。"以"梦想"、"未来"和"激情"来触动人们的生活理想，获得人们的价值认同。

●技术往往由品牌替代

知识经济的一大特点是，企业核心竞争力的构成，越来越快地由"产品/品牌"结构变为"技术/品牌"结构。其中的变量与变速，就是技术创新。

胡锦涛 2011 年 8 月在广州考察时说，现在汽车市场竞争十分激烈，要在竞争中站稳脚跟，最根本的还是要有自己的技术和品牌。希望你们坚持自主创新，强化研发能力，突破关键技术，努力把自主汽车品牌做大做强，为提升我国汽车行业核心竞争力贡献力量。

有文章说，华为和海尔走出了两条不同的国际化路径：一条是"技术道路"，另一条是"品牌道路"。在华为看来，作为一个制造型企业，没有自己的核心技术是决然不行的。市场竞争，归根结底是产品的竞争，而产品恰恰来自技术。所以，市场竞争到最后，其实还是技术的竞争。海尔一直是中国最具有品牌远见的企业，即使在国际市场遭遇极大阻力的时候，依然没有放弃自己的品牌理想。今天，海尔已经开始收获果实。据世界品牌论坛评估，海尔品牌价值已经超过 600 亿元人民币，成为全球知名度最高的中国品牌。有研究者预测，再用三年时间，海尔就可以完成从"区域品牌"向"全球品牌"的转型。

其实，华为和海尔走的是一条路，不同处是"技术/品牌"与"品牌/技术"之别。国际市场是一个典型的"技术品牌双主导型市场",没有技术和品牌,你永远也不可能支撑起国际企业的形象。没有走到华为和海尔这个地步的企业,大都由于没有摆脱"产品/品牌"结构。

产品科技含量的提高对消费者无疑是好事,但是,科技含量的提高又使消费者对产品的质量和特性等更加难以识别,加上产品同质化以及竞争性替代品的多样化往往使消费者无所适从,这时,什么能为消费者提供相关信息和购买的理由呢?只有品牌。品牌是一种压缩了的符号信息,它不仅代表着产品的质量、特性、功能、服务和技术等,还蕴涵着特定的文化和情感因素,它既为消费者提供了有关产品的综合信息,又传递着鲜明的个性特点并指向明确的目标顾客,使消费者很容易从众多产品中识别出来,并对它形成特定的评价,从而影响消费者的选择。

也有文章讨论品牌与技术之间的替代性问题。我们在《科学品牌发展观》中说到品牌的替代力。"品牌"这一要素,是物质和精神要素的综合体,可以使消费者在交易中最大限度地降低成本,在消费中具有安全感、品位感、荣耀感、地位感,在消费后有留恋感等精神感受。而这些又是品牌经营中的其他单一要素所不能提供的,却又是综合了其他所有单一要素才能实现的;品牌使命般的成了它们的代表,也就理所当然地具备了替代它们的功能。

所以,品牌可以代表技术,同时代表品牌内与技术同列的其他要素如产品、服务等。一个品牌的层位提高是整体性的,必须是品牌系统内各要素的分别提升及整体提升。当品牌的技术要素被强调的时候,可能它的其他要素的提升还没有跟上;当其他要素的提升跟上技术提升水平的时候,技术要素将不会被特意指出。

第五节　产品搭台

产品搭台是四维一体企业战略新模式第三要素。

●企业生产经营围绕产品进行

企业的一切生产经营活动都是围绕着产品进行的。开发满足消费者需求的产品，并将产品迅速、有效地传送到消费者手中，这便是企业营销活动的主体。

如果细分的话，产品可以分五个层次：核心产品、一般产品、期望产品、附加产品和潜在产品。产品最基本的层次是核心产品，即向消费者提供的产品基本效用和利益，也是消费者真正要购买的利益和服务。消费者购买某种产品并不仅仅是为了拥有产品实体，更是为了获得能满足自身某种需要的效用和利益。产品核心功能需依附一定的实体来实现，产品实体称一般产品，即产品的基本形式，主要包括产品的构造外形等。期望产品是消费者购买产品时期望的一整套属性和条件。附加产品是产品的第四个层次，即产品包含的附加服务和利益，主要包括运送、安装、调试、维修、产品保证、零配件供应、技术人员培训等。产品的第五个层次是潜在产品，潜在产品预示着该产品最终可能会给消费者带来更多的利益。潜在产品可以使消费者的潜在需求得到满足。

现代企业产品外延的不断拓展缘于消费者需求的复杂化和竞争的白热化。在产品的核心功能趋同的情况下，谁能更快、更多、更好地满足消费者的复杂利益整合的需要，谁就能拥有消费者，占有市场，取得竞争优势。不断地拓展产品的外延部分已成为现代企业产品竞争的焦点，消费者对产品的期望价值越来越多地包含了其所能提供的服务、企业人员的素质及企业整体形象的"综合价值"。

目前发达国家企业的产品竞争多集中在附加产品层次，而发展中国家企业的产品竞争则主要集中在期望产品层次。若产品在核心利益上相同，但附加产品所提供的服务不同，则可能被消费者看成是两种不同的产品，因此也会造成两种截然不同的销售状况。美国著名管理学家李维特曾说过："新的竞争不在于工厂里制造出来的产品，而在于工厂外能够给产品加上包装、服务、广告、咨询、融资、送货或顾客认为有价值的其他东西。"潜在产品是产品整体概念当中的最高层次，企业能做到这个层次将彻底击败所有竞争对手。

● **产品战略**

产品战略是企业对产品机遇的前瞻性认识。产品战略规划的四个层次：

一是产品战略愿景，是对方向、内容和战略的性质、时间安排和竞争定位的规定；二是产品平台战略，即共同技术要素的一个集合，特别是核心技术；三是产品线战略，是对产品平台战略的分时间段的、有条件的计划，为一个产品线确定开发产品的顺序，它可以根据对市场、竞争要求和资源状况的变化而改变；四是产品开发战略，是产品线战略的具体实施，如单项新产品的开发等。

产品开发是企业竞争的主战场。通过产品开发赢得市场竞争的胜利，关键在于企业产品创新满足市场需求的能力。

对于产品开发，洞察行业的发展，领先于对手开发满足未来需求的产品是重要的。但更为重要的是要建立一支实力雄厚的研发队伍、一个深厚的技术平台和一个科学、高效率的产品开发流程。有了这三个要素，企业才真正具有先于竞争对手推出领先产品的能力。

●产品搭台，就是质量搭台

产品搭台，就是产品质量搭台。产品质量是品牌的基石。一个品牌的成长靠的是包括质量在内的诸多要素，一个品牌的倒牌则往往是质量出了问题。产品质量是整体性的概念，它涉及战略、质量、价格、成本、生产率、服务、人力资源、能源和文化、社会、科技、环境等因素。产品质量是内在质量与外在质量的统一。产品的内在质量包括产品提供给顾客的利益、效用即使用价值，可表现为产品的功能、用途、特性等；产品的外在质量包括产品的包装、外观、造型、厂牌商标、设计特点等，是产品内在质量的表现形式。外在质量本身一般不能给顾客带来使用价值，但当它和产品的内在质量协调统一起来时便能给消费者带来各种心理的满足，起到促销的作用。企业产品质量的提高是综合实力的表现，并非某一方面、某一环节出类拔萃。所以，要充分认识到现代经济中产品质量的广泛性和整体性，树立"大质量"的观念。

美国一家咨询机构的调查表明：认为品质比价格重要的消费者，1998年比1978年提高了50%，占到调查对象的80%。强势品牌，无一不是以其过硬的质量称雄国际市场的。

产品质量应以用户满意为最高标准。所以，"客户是上帝"、"一切为了

402

消费者"就成为企业的共识。今天，"关注消费者，让消费者满意"已成为企业在竞争中取胜的关键。因此，企业作为产品的供给者，它所提供的产品或服务质量的好坏只能由消费者和用户来作出评判，用户满意是判断产品质量好坏的最高标准。

所以，名牌产品在质量标准方面必须实现两个转变：从采用国内标准为主转向以国际标准为主，从商品内在的物化指标标准转变为以满足用户要求、使用户满意为准则。中国企业必须建立水平较高的内控标准，尽快建立较高水平的管理技术和系统，以保证质量。

产品质量与形象传播的关系是"货与吆喝"的关系。产品没做好，那么以此为基础的商标设计、广告、管理水平、营销策略等做得再好也是枉然。没有优质的质量支撑，急功近利，靠花巨额资金吹名牌、争标王，可以光鲜一时，最后都会被市场抛弃。

第六节　品牌唱戏

品牌唱戏是四维一体企业战略新模式第四个要素。在我们提出的四维一体企业战略新模式中，品牌唱戏，指文化导航、产品搭台、形象传播等要素，都要落实在品牌运营中。

品牌运营，指的是品牌化决策和品牌规划等品牌战略决定以后，企业以品牌为核心的经营全过程。品牌运营，实际上是品牌竞争力的运营。品牌的核心作用就是通过满足消费者需求给企业带来尽可能多的利润。

品牌不仅是企业、产品、服务的标志，更是一种反映企业综合实力和经营水平的无形资产，在商战中具有举足轻重的地位和作用。品牌营销是通过市场营销使客户形成对企业品牌和产品的认知过程。最高级的营销不是建立庞大的营销网络，而是利用品牌符号，把无形的营销网络铺建到社会公众心里，把产品输送到消费者心里，使消费者选择消费时认这个产品，投资商选择合作时认这个企业。

品牌营销是指企业通过利用消费者的品牌需求，创造品牌价值，最终形成品牌效益的营销策略和过程。是通过市场营销运用各种营销策略使目标客户形成对企业品牌和产品、服务的认知过程。

我们在《科学品牌发展观》中提出九大品牌秘籍，就是品牌唱戏的主要原则。这些原则的应用，造就了品牌舞台上好戏连台，商业世界里迭彩纷呈。

1. 品牌向心力

调动一切品牌关系、整合所有品牌经营要素，围绕"品牌与消费者的关系"这一核心进行品牌建设和提升品牌。品牌关系是一种合力，这股合力共同指向一个方向——消费者之心。品牌关系是品牌与消费者之间通过互动而形成的亲密、持久的关系。如果品牌对于消费者没有价值，那么它对于投资者、生产商或零售商也就没有任何意义。如何留住顾客，如何维持顾客对品牌的忠诚，是品牌关系管理最重要的目标。

品牌与顾客的沟通，诉之于文化传播与情感诉求，立足于与顾客的深度沟通。品牌是通过激发顾客内心的需求或情感来促成顾客的购买行为的。品牌与顾客沟通的深度与质量决定着企业的销售量和销售质量。

品牌要求建立品牌服务系统，高素质的服务团队、完备的售后团队、购物环境都是品牌的直接媒介。不同的终端环境会给予顾客不同的心理感受；店内布局、色调、产品陈列等细节因素都影响着顾客的消费心理。品牌要求销售配套。品牌的销售，是为顾客提供愉悦的购买体验，满足其心理需求。

2. 品牌替代力

品牌代言产品质量。品牌是产品质量的见证，产品质量是品牌发展的基础。保护顾客的产品购买质量是品牌的首要任务，品牌只有完成了首要任务才能实现持久发展。品牌可以替代产品、技术、服务等其他要素的功能。

3. 品牌传播力

品牌首先发挥的是有效识别作用。品牌中蕴涵着企业信息、质量保证和文化特征，通过产品和营销传达给消费者，通过印象迭加实现品牌联想，达到企业与消费者的良性沟通。品牌运营离不开整合传播环节，包括战略的确定，计划的提出，各种工具、渠道、传播方式、媒介的组合，全程监控与反馈，长效机制与良性循环。

4. 品牌延伸力

品牌延伸力是将品牌的知名度、品质、联想和消费者忠诚度等使用到与原产品或现有产品不同的产品上，从而减少新产品进入市场的风险，以更少的成本获取更大的市场回报的能力。它是品牌资产利用的重要方式。品牌核心价值，是品牌延伸的前提。核心价值是品牌的终极追求，是品牌延伸活动的轴心，企业的一切价值活动都是以品牌核心价值而展开，这一点，在品牌延伸中更要把握到位。

5. 品牌区隔力

品牌靠区隔力存在。有了品牌，就要在一切方面，用一切手法保证品牌的差异化。现代市场有一个快速复制的特征，单纯的营销手段，如价格、渠道、促销等很难构筑起稳固的差异化壁垒，维持长久的竞争优势。企业的营销活动可以被同行业企业快速模仿，甚至模仿之后的营销活动比原创者更加精致活跃；差异化渠道通路同样可以被同行业者快速抄袭，演变成经销商争夺之战……竞争对手无法复制的唯一要素就是一个卓越的品牌。品牌因其无法复制性为企业的销售量与销售质量圈起了一个相对安全的市场销售范围，培养了一批忠诚的顾客群体。

405

6. 品牌控制力

品牌控制力就是品牌战略的制定和执行。品牌战略必须与企业总体战略一致。企业的愿景、价值观、战略规划、组织、业务流程、生产销售、管理和运营、人力资源、企业文化等，都要通过品牌战略实现。企业品牌战略是企业的核心战略，对于整个企业战略有着决定性作用。在产品、技术与服务的同质化竞争日趋激烈的环境中，企业只有将品牌作为旗帜，打造核心竞争力，才能取得竞争优势。

7. 品牌增值力

品牌资产通过为顾客增加价值增加企业的价值。品牌溢价由品牌创新而产生，一个品牌只有具备独特的"稀缺价值"才值钱。技术创新的产品可以带来较高的品牌溢价，尤其是一个新兴品类崛起的时候。在一个成熟的产业，整合与复制成熟技术，辅之于工业设计，也可获得较高的品牌溢价。

品牌本身就是资产。在企业资产中，处在顶端是企业品牌价值；处在中端的是企业知识产权的价值；处在低端的是企业的设备、不动产和流动资本的价值。当恒源祥负债累累只剩下一块招牌属于自己时，它通过品牌的无形资产带动社会上的有形资产，实现了绝地突围，并且品牌的增值速度大大超过了有形资产的增值速度。

企业家要有资本家意识，学会玩资本游戏，以企业自有的各类资本与外部资本进行流动与重组，实现生产要素的优化配置和产业结构的动态重组，使本企业自有资本不断增值。品牌运营和资本运营是现代企业在市场上求生存、谋发展的两个重要途径，是聚集社会资本的吸铁石，是企业与消费者沟通的桥梁，是企业市场竞争力的综合体现。中外企业运营趋势表明，产品经营终将升级为品牌经营和资本经营。品牌经营是资本运营的根基和条件，也是资本运营的旗帜。

21世纪，是中国品牌经营和资本经营的黄金时代，中国企业必须顺应发展需要，建立品牌经营和资本经营战略应对时代的挑战。对于竞争中的企业家来说，谁掌握现代企业资本运营的渠道、手段及方法，整合人才、产业、资本等战略资源，谁就能有效聚变企业价值，谁的企业就能及早实现跨越式发展，实现企业价值的最大化。

8. 品牌普世力

品牌普世力，就是以品牌为标志在更大范围、更深程度、更长时间上满足消费者需求的能力。品牌普世力体现于国际化品牌，国际化品牌必须跨越区域、国家、文化、意识形态的差异，为不同社会、经济、文化背景下的消费者所接受。

9. 品牌文化力

先进品牌文化的载体是国际化品牌。先进品牌文化必然吸收先进的品牌理论、科学技术工艺，吸收国内外诸多先进品牌文化的长处，必须与不同文化、亚文化兼容并存沟通互动。先进的品牌文化，是个有根的文化，有发展的文化，发展来自创新。品牌创新要求从经营理念、发展方向、价值观、核心技术、市场战略等内在要素到视觉识别、行为识别、形象整合、营销策略等外在要素都具备自主创新能力。通过创新，不断超越同行，超越自我，使品牌内涵不断丰富，境界不断提高。

第七节　兰亭序手机，验证四维
一体企业战略新模式

奥克斯集团公司，中国 500 强企业，拥有"三星"和"奥克斯"两个跨行业中国驰名商标和中国名牌产品，每年把销售收入 8% 的资金用于科技引进和高科技攻关，聚集了世界上最先进的四条手机生产线以及德国、日本的高科技设备，号称"手机设备联合国"。奥克斯手机的研发周期为 6 个月，平均每个月便有一款新机上市。经过几年的高速发展，奥克斯已经在移动通信终端上开发出了具备国内一流水平的产品如 MP3、摄像头手机、长达 60 分钟的录像手机、TV 手机等智能手机产品，高、中、低端全线覆盖，形成了以彩屏、智能全系列发展的产品矩阵。公司拥有覆盖全国的营销网络，海外市场也在不断地发展壮大。奥克斯手机始终以优秀的研发平台、完善的营销网络，勇于创新，争创国际名牌，并依托市场、新技术和先进的管理等诸多优势，努力成为全球一流的通信设备制造商，成为"全人类'最好'沟通的通信精英"。

从上面的企业介绍中，我们可以看到科技、产品、人才、营销、管理等要素，也可以看到必不可少的企业愿景、目标、规划一类要素的影子。但是，这些要素是在怎样一种思路下整合，形成怎样一种明晰的企业战略呢？

中国经济网 2011 年曾以《奥克斯通讯今年重推"兰亭序"手机，借力文化营销》为题报道：从卖产品、卖服务、卖个性，向卖文化、卖品位的层次迈进，奥克斯借力"文化营销"取得销量突破有望跻身全球移动电话十大品牌。

其实，奥克斯的战略就是"文化＋科技＋产品＋品牌"四维一体企业战略新模式。

我们不妨分析一下"兰亭序"的要素构成。

在科技方面，"兰亭序"的新品采用了 MTK 最新的 6236 平台，核心处理速度至少是普通手机的 3 倍，此外，500 万的高清自动对焦技术、全视角的高清高亮 IPS 屏及专业的雅马哈功放芯片等都成为这款手机的制胜法宝。

在文化方面，奥克斯认为，"王羲之的名作《兰亭序》是什么？是传统文化，同时也是一种召唤，我们希望在消费者手握现代科技的同时，回味传统文化的绵长幽香"，"我们并不是为了复古而复古，而是为了实现经典和时尚的自然结合"。

在产品方面，"兰亭序"下辖产品型号有 29 种。M289 只是"兰亭序"系列的一个开始，融合中国传统文化和现代科技的兰亭序各款机型还将陆续推向市场。而在类型上，"兰亭序"系列将覆盖直板、翻盖、滑盖等多种款式，在"兰亭序"文化表现形式上也将不断融入新的古典元素，而科技含量也将随着消费者的需求不断升级。目前奥克斯近 50% 的产品采用 OEM 方式生产，公司的实际产能远不能满足市场需求。为此公司投资 20 个亿建设奥克斯通讯科技产业园，首期年产能可达到 1000 万台，可以保证充足的单品数量。

在品牌运营方面，奥克斯与娃哈哈达成了异业联盟，扩大影响力，投入 2.5 亿元进行手机品牌整体传播规划，除加大媒体广告投放外，还要加大终端卖场的营销力度。

在战略目标方面，通过"兰亭序"试水中高端手机市场，打造奥克斯国际化的品牌形象，在未来跻身全球移动十大品牌阵营。目前奥克斯手机的主战场是二、三线城市。由于单价不高，这块市场的利润相对较低，加之居民消费的逐渐升级，进军中高端市场自然成为奥克斯的战略选择，这种尝试有助于国产手机的集体突围。

以上要素的整合，反映出"文化＋科技＋产品＋品牌"四维一体企业战略已经形成。

　　从元素整合来看，奥克斯迎合时尚界复古之风，把《兰亭序》的相关元素融入手机的设计理念、产品研发生产、营销推广等每一个环节，借此引导人们在享受现代时尚生活之余，停下脚步，回味传统文化的绵长幽香，享受古老传统文化给我们的集体回忆。文化、科技与手机整合，催生了现代生活精彩的新主张。"兰亭序"系列手机是奥克斯"国风雅韵，更胜一筹"品牌主张下融合经典文化与现代科技的产物。如果说以前手机品牌推广的是功能和科技感，那么"兰亭序"则是用科技阐释经典文化之美。正是这种创新，推动了手机品牌从卖产品、卖服务、卖个性，向卖文化、卖品位的层次迈进。

　　企业要想在愈演愈烈的市场竞争中站稳脚跟，并寻求一种新的过渡或转型，将"文化"注入企业战略中不失为一剂良方。文化能够提升企业的营销业绩，改变管理结构，营销管理的提升应该是诸多企业所关注的一个重要指标，而这种提升并不要求过分的精细化。奥克斯通讯强调的是在基础部分与关键点上着力，除了要梳理组织机构设置和营销流程、建立切实可行的制度及找到影响客户满意度的关键点外，将"文化"融入企业运营的最基本层面使认知清晰起来，在研发、生产、渠道、营销、客服、售后六位一体地将"兰亭序"文化贯穿始终，建立手机产品本身额外的价值体系，让消费者获得更好的体验。

409

　　其实，企业在营销产品的同时也是在营销一种文化，同样是在进行一种文化的说服与输出，文化营销成为一种既时尚且有效的营销管理模式。奥克斯能够保持快速、健康、高效的发展，依赖于不断地创新和过人的远见。2010 年，奥克斯全年销售达 800 万部手机。2012 年 3 月，总投资 20 亿元的东莞奥克斯智能手机生产项目奠基，预计 2013 年底建成投产，每年可生产1000 万部智能手机。

　　为了焕新而复古。据报道，奥克斯已将"文化"软实力纳入企业目标规划中，用"文化营销"在国产品牌手机中独树一帜，开拓出属于自己的新"蓝海"。这正是"文化＋科技＋产品＋品牌"四维一体企业战略新模式的实践验证。

第十九章　四维一体品牌运营新模式

——品牌文化·产品研发·形象传播·至尊服务

第一节　从"龙票"争议看品牌运营

2012年开年，"龙"邮票因为外形设计引起了争议。一些人说"威武庄严，一身正气"，一些人认为"凶神恶煞，霸气外露"，而设计师觉得是力量的表现。于是，主流与非主流媒体纷纷上阵：不要过于放大龙的意义；别妖魔化生肖龙票；龙票争议其实是一个很无聊的话题……

让我们再看一则没什么争议的消息：新华网惠灵顿2012年1月9日电：新西兰邮政局发行龙年生肖邮票，以庆祝中国农历新年的到来。这套邮票由4枚邮票组成，60分面值的邮票描绘的是西夏碑刻"龙"字；1.2新元面值邮票的图案为一只剪纸造型的龙，象征着繁荣、和睦与喜庆；1.9新元面值的邮票描绘的是奥克兰元宵灯节上展示过的一只绘有龙形图案的灯笼，以显示新西兰的多元文化；2.4新元面值的邮票则是达尼丁火车站图案，达尼丁是新西兰历史上最早的华人定居点之一。

两相对比，差别在于形象与概念有没有明示定义。

不要老是埋怨别人误解了我们，妖魔化了我们，检讨一下我们当初有没有做好定义。自己说不清的东西，或者自己认为没必要说清的东西，只能任人评说，然后我们辩解，向来如此。我们总会认定：问题出在信息接受者身上。

其实，如果料到这种结果可能出现，我们就会事先做好概念内涵及传播。

概念、定义、主题、思想，这些做文章的基本功，都要在文化建设、品牌运营、战略规划中厘清并放在核心位置，所谓开宗明义。这正是品牌文化的原点。

下面让我们看看太子龙的龙年主题设计。

太子龙 2012 年度品牌主题：我们是中国龙。

创意原点：从概念上讲，龙是中华民族的主体精神，可以说，龙就是中国人；2012 年是龙年，也就是全体中国人的本命年，本命年是图腾，也是转折点。龙年，呼唤责任担当，倡导龙的主体文化，实质就是锻造民族文化的核心价值体系，这样既符合时代主旋律，又顺应传统，通达民情。所以，龙年说龙，说责任担当，以此作为年度品牌文化主题，蕴藏着丰富的想象空间和巨大的商机。

由此确立品牌主题思想：太子龙的正确英译是 chinese loong，核心精神是责任担当，太子龙既是责任担当的中国龙和世界龙，又是与时俱进的时尚龙。

品牌主题关键词：责任，时尚，国际化（即普世性）。

产品开发的文化融入：产品文化的主基调：龙文化（担当精神，责任大气，时尚庄重，深沉内敛）

文化元素的表现方式：用中华文化的系列元素开发龙产品，并系统陈列展示 2012 年春夏太子龙品牌主题。

411

2012 年龙文化推广设想：

2012 年的太子龙品牌文化，要紧紧抓住龙年消费者对龙形象的崇拜心理和爱国热情这个大商机，抓住属龙消费者穿龙衣的消费心理，在品牌终端上努力展示龙元素和表现品牌新亮点；通过终端文化来充实品牌营销，大力提升终端的单店绩效，实现中国文化在太子龙品牌文化上的深度融入。

不难看出，这是一个目标明确、主题准确、要素完备、层次鲜明的设计思路。

其实，太子龙的这个年度主题，不过是整个品牌文化战略的阶段表现。品牌文化的阶段表现，早在品牌设计之初就已经形成模式，只需根据内外环境的实际情况加以调整即可。

在《科学品牌发展观》中，太子龙品牌文化支撑是新龙精神，新龙精神是指："在立足中华民族的主体文化——龙文化的核心思想——责任文化的基础上，以海纳百川的开放胸怀，整合世界各民族的优秀文化与资源，为世界人民日益增长的物质和精神需求承担更多的义务。"新龙精神，是在全面研究龙文化，弃其糟粕，留其精华，弘扬道义，造福当代的前提下诞生的。新龙精神体现为责任文化、大气文化和创新文化。新龙精神还体现在包容、担当、造福、传承等方面。由于这些文化元素，新龙精神才得以形成独立内涵。新龙精神首先体现在对龙文化的科学认识上。"龙"不应该是让人生畏的凶神恶煞形象。威力、震慑、惩罚，是传统龙形象的构成部分，但不是主流。霸气，是龙文化中应该淘汰的糟粕元素。龙文化的核心是肩负滋润万物、造福世间、保一方平安的义务和责任。无论是传统龙文化的内核——滋润万物、造福世间、保一方平安，还是新龙精神的最终目标——为世界人民日益增长的物质和精神文明需求承担更多的义务，都体现出了伟大而崇高的"责任"精神。不论是在海纳百川、开放包容的豁达胸襟和处世态度，还是在兼收并蓄、整合世界各民族的优秀文化与资源的发展上，龙文化始终都能内外兼修，博采众家之长。这也正是为什么中华龙文化始终跻身世界民族文化之林而长久不衰的主要原因。新龙精神的"内修大气、包容，外练责任、发展，为世界人民谋福祉"的内涵，赋予品牌，就是品牌的核心价值和魅力源泉。

由此可见，太子龙2012年度品牌主题"我们是中国龙"之所以准确到位，是因为他们的品牌文化是与企业文化、行业文化、产业文化、国家文化和国际环境文化相关联而形成的品牌文化，是品牌战略和品牌规划的阶段表现，是整体品牌文化的组成部分，是有核心价值、有要素构成、有系统层次、有关联互动的品牌文化体系的一个部分。

如果把生肖邮票当做品牌运作，事先有这么一套东西，麻烦就会少了许多；一套说辞设计最少管十二年，每年只需按流程微调。把这套设计贯彻到国家整个邮票设计发行系统中，在概念定义和品牌文化定位层面解决好价值观、生活方式的无抵触交流，就容易实现跨文化沟通，邮票文化所承载的中国文化元素就容易进入普世文化之林，中国邮票品牌成为国际品牌，中国邮票文化成为核心竞争力，邮票产业发展的全新局面就会迅速到来。

上面所说的，其实就是品牌运营中的品牌文化运营。

品牌运营是指企业以品牌无形资本为核心，整合并主导所有内外部资源，通过为消费者提供物质和精神服务为企业获取最大经济效益，同时兼顾品牌社会效益的经营战略。

品牌运营相对于产品经营、资本运营而言，是适应于品牌经济时代的高级营运方式。品牌经营已经成为企业经营的主流。

西方发达国家品牌经营一般分为三个阶段：首先是输出产品，通过产品销售占领市场；其次是输出资金和设备，通过技术合作、合资，在市场所在地组织当地生产销售；最后是在品牌具有一定的知名度后，采用输出品牌的方式，获取最大的利润。

第二节　品牌文化

品牌文化是太子龙品牌运营新模式第一要素。

随着产品同质化日益严重，企业通过传统的产品功能、价格、质量、服务、渠道等方面取得竞争优势，越来越困难，即就是取得一时优势，也容易被模仿、跟进和超越。在这种情况下，核心竞争力越来越多地表现为品牌文化。只有打造本品牌独有的，能整合企业内外资源的、与企业文化、行业文化、产业文化，乃至国家文化和国际环境文化关联并取得支持的品牌文化，才能形成差异化的品牌精神、品牌形象，从而拥有属于自己的，竞争对手不能复制的品牌核心竞争力。

随着社会的不断进步和发展，人们的需求逐渐由物质层面向精神层面转变。转变生产方式和经济增长模式，需要在扩大内需上做足文章。如果说过去 30 多年主要解决了物质层面的问题，那么，从现在开始，我们就要着手解决精神层面的问题。改革文化体制，文化大发展、大繁荣，就是内需驱动经济的核心动力。未来文化产业形态的培育和形成，将构筑巨大的精神消费品市场，这对提升国人的幸福感很有意义。

这是品牌文化发展和提升的大背景。

品牌文化有多种定义，一般指通过赋予品牌深刻而丰富的文化内涵，建立鲜明的品牌定位，并充分利用各种有效的内外部传播途径形成消费者对品牌在精神上的高度认同，创造品牌信仰，最终形成强烈的品牌忠诚。拥有品牌忠诚就可以赢得顾客忠诚，赢得稳定的市场，大大增强企业的竞争能力，为品牌战略的成功实施提供强有力的保障。

品牌文化是品牌价值最核心的体现，品牌文化蕴涵着品牌物质使用价值之上的价值观念、生活态度、审美情趣、个性修养、时尚品位、情感诉求等精神象征，品牌文化传达品牌价值内涵和情感内涵，把产品的物质功能和品牌的精神功能融合在一起，使消费者在获得物质满足的同时，更获得身份、地位、品位、情趣等社会归属层位上的自我实现。

随着消费者收入的增加和社会的进步，人们逐渐追求个性化和多样化的消费需求。在追求品位、彰显个性的现代品牌经济时代，品牌战略的实施是企业占有消费者的心智资源，最终赢得市场的重要保证。

企业不但要有自己的企业文化，还要有自己的品牌文化。品牌战略的核心就是通过定位占有消费者心智中的一块心智资源，从而建立自己的品牌文化，使消费者对自己喜爱的品牌形成强烈的信赖感，他们对品牌的选择和忠诚不是建立在直接的产品利益上，而是建立在品牌深刻的文化内涵上，维系他们与品牌长期联系的是独特的品牌形象和情感因素。这样的顾客很难发生"品牌转换"，毫无疑问是企业的忠诚顾客，是企业财富的不竭源泉。因此，品牌文化是形成一个企业核心竞争力的第一要素，品牌文化在构建企业核心竞争力中发挥着非常重要的作用。

品牌文化可以显现出企业发展的目标和方向，引导企业去适应健康的、先进的、有发展前途的社会需求。优秀的品牌文化可以将全体员工的思想、行为统一到企业发展的目标上来，使他们朝着企业的发展目标努力工作。企业最终的竞争力取决于它在一系列价值中如何进行价值选择。

品牌文化追求一种企业整体的优势和良好的集体感受，把激励的理论与方法落实到树立企业的整体共同价值观念上，着力塑造优越的群体意识，因此必然有益于消除企业职工个体目标之间的差异，引导他们向同一目标迈进，从而在企业中产生强大的向心力和凝聚力。

核心能力是企业的竞争优势所在，品牌文化也是企业的一种核心竞争力，它和核心能力是一种互补关系。品牌文化是维持企业核心能力的持久性因素，它是企业永续经营的关键所在。因此，企业要想持续稳定的快速发展，在行业间与企业间占有绝对的竞争优势，必须要重视品牌文化的建设，不断提升企业的竞争力，使企业处于久盛不衰的状态，成为百年企业。①

优秀的品牌文化可以生生不息，经久不衰，引领时代的消费潮流，改变亿万人的生活方式，甚至塑造几代人的价值观。优秀的品牌文化可以以其独

① 白权：《试论如何构建具有竞争力的品牌文化》，《消费导刊》2007年第13期。

特的个性和风采，超越民族，超越国界，超越意识，使品牌深入人心。优秀的品牌文化可以赋予品牌强大的生命力和非凡的扩张能力。最为重要的是，优秀的品牌文化还可以使消费者将品牌消费变成一种文化自觉，成为生活中不可或缺的内容。劳伦斯·维森特在阐述传奇品牌的成功经验时指出的，这些品牌"蕴涵的社会、文化价值和存在的价值构成了消费者纽带的基础"。

第三节　产品研发

品牌文化不是孤立存在的，它首先与产品密切关联。在太子龙品牌运营新模式中，第二要素就是产品研发。

工业时代的产品竞争规律是这样的：当产品求大于供时，以数量占领市场；当产品供大于求时，以质量占领市场；当产品供求平衡时，以新产品占领市场。创新是企业生命之所在，如果企业不致力于发展新产品，就有在竞争中被淘汰的危险。新产品竞争，不但是与竞争对手的竞争，也是与自己的竞争。市场上新产品层出不穷，企业只有不断创新，推出更好的产品，才能在竞争中取胜。

到了信息时代，新发现、新发明、新技术等科技成果不断进入市场，信息产品更新频繁，工业产品更新换代周期越来越短，产品创新要求日益急迫。在信息时代激烈的市场竞争中产品更新速度非常之快，企业只有抢占先机才能生存，才有可能获得占压倒优势的市场份额和高额利润。

进入知识经济时代，产品竞争必然与知识竞争相伴而行。高水平企业将创新优势凝聚为品牌、专利和标准等形式，建立起大量的技术壁垒，成为在激烈的市场竞争中挤垮竞争对手、获取高额垄断利润的重要手段。改革开放以来，跨国公司大量进入中国，通过运用专利、品牌、标准等壁垒，"合法"地阻压中国本土企业中已有和潜在的竞争对手，谋求获得对相关技术和市场的垄断。中国企业的产品创新门槛越来越高了。

产品生命周期理论要求企业不断开发新产品。任何产品不管其在投入市场时如何畅销，总有一天会退出市场，被更好的新产品所取代。企业如果能不断开发新产品，就可以在原有产品退出市场时利用新产品占领市场。在知识经济时代，新技术转化为新产品的速度加快，产品的市场寿命越来越短，企业得以生存和发展的关键在于创新。企业要想在市场上保持竞争优势，只有不断开发新产品。否则，不仅开发不出新市场，而且会失去现有市场。

关于产品研发的具体内容，可以参见第十一章和第十四章。

第四节　形象传播

形象传播是太子龙品牌运营新模式的第三要素。

品牌形象由有形的和无形的内容构成。品牌形象的有形内容指品牌产品或服务；品牌形象的无形内容指品牌功能性之外的独特魅力，也叫个性特征。随着社会经济的发展，人们的消费水平不断提高，人们对商品的要求不仅包括了商品本身的功能等有形表现，也包括商品带来的无形感受和精神寄托。在这里品牌形象的无形内容主要反映了人们的情感，承载着人们的身份、地位、心理等个性化要求。

奥格威说："描绘品牌的形象比强调产品的具体功能特征重要得多。"所以，企业除了保证产品与服务质量外，更要通过塑造和维护良好的品牌形象，建立消费者信心，形成忠诚的消费群体，从而使企业长时间保持竞争优势。

品牌传播的重要性不亚于一个品牌的建立。品牌传播不好，如同深屋藏娇，不为人识。没有好的传播策略和手段，再好的品牌塑造只能说完成了一半。所谓品牌传播力，实际上就是品牌整合传播的能力和效果体现。它包括战略的确定，计划的提出，各种工具、渠道、传播方式、媒介的组合，全程监控与反馈，长效机制与良性循环。

品牌传播力涵盖品牌推广力。品牌推广有两个重要任务，一是树立良好的企业和产品形象，提高品牌知名度、美誉度和特色度；二是将有相应品牌名称的产品销售出去。品牌传播不等同于营销传播，更不是单一的产品广告，它不但要卖产品，更要树形象、打品牌、培育顾客忠诚度，巩固和扩大市场份额。品牌传播力还是一种技术力。每一种新媒介、每一项新技术的运用都将极大地提高品牌传播的速度、效率和效果。

传播力更是一种战略能力。品牌形象传播是品牌战略的重要组成部分。品牌战略通过各种传播方式和传播媒体，将品牌存在的意义、经营思想、品牌文化、品牌特色与品牌个性进行整体性、组织性、系统性的传达，使品牌为广大消费者和社会公众所认知，以获得社会公众的认同、喜爱和忠诚，创造良好品牌无形资产，获得辉煌的经营业绩。品牌的有效传播，为品牌及产品进占目标市场、拓展市场奠定基础。品牌传播是形成品牌文化的重要组成部分。

●各类服装的传播主张分析

中国的服装广告有一种现象：男装不如女装，正装不如休闲装，运动装不如约会装，高档装不如低档装。原因何在？

第一，众多服装广告的通病，在于缺乏对服装的本质功能的准确定位和科学的传播主张。在《科学品牌发展观》诞生以前，没人主张"男装卖思想，女装卖时尚"的品牌功能，也很少有人从传播品牌的文化思想和提高品牌的个性品位的高度看待品牌传播。

第二，不少品牌策划人做独特的卖点创新很困难。中国的品牌服装广告老套乏味，跟不上形势。特别是男装，似乎除了"卖高档尊贵，卖霸道王气"和"自己说自己时尚"以外，就再也没有任何新的说法了。这是因为：

1. 缺乏"从尊贵的大概念中找出大气、从王道霸气中去反推出责任、从时尚前卫中探索出嬗变"的策划胆识。

2. 缺乏"只有胸怀天下，才会有大气尊贵；只有担当责任造福社会，才会有王者之风；只有以新奇特为旗帜，才会有时尚前卫的嬗变"的策划胸怀。

3. 缺乏自信、大气。中国男装喜欢王婆卖瓜，自吹"尊贵、霸气、时尚"，做不到"像周润发和梁朝伟一样的迷人微笑，像李察基尔一样的绅士举止，像李威斯一样的干练和劲爽"，所以无法赢得别人对你高雅尊贵的认同，得不到时尚大方的美称。

第三，《科学品牌发展观》对各类服装的传播主张为"男装卖思想，女装卖时尚"、"运动的本质是解放生产力"、"快乐运动决定快乐人生"、"情侣服饰——真爱的样子"等。其含义是：

1. 各类服装的传播主张，是根据其承担的社会责任与历史使命来定位和定性的，而不是依据广告主的个人偏好做随意性忽悠式广告。

417

2. 男装和正装就是要用独特前卫的理念来衬托出男人的正气和进取、责任和担当、坚强和果敢，而不是直接扔出大气、责任一类的概念。

3. 同理，运动装和休闲装不一定说时尚休闲、生命动力一类人所共知的大道理，而是通过别致的思想和做派体现出运动的本质。

我们知道，大多数人不一定坚持锻炼，而是喜欢没事坐在一个惬意的地方聊天喝茶。运动是要付出体力的，是一件累人的事，假如不是考虑到运动可以健康体魄和延年益寿，并能给人带来运动后轻松快感的话，绝大多数人都不会自动地想去运动和锻炼的。但是，只搞清运动休闲是为了健康和快乐是不够的，我们还必须明白体育运动的本质是解放生产力。道理很简单，生产力的主体是人，释放了人的活力就等于解放了生产力。因此，当我们在做运动和休闲装的广告时，只有紧紧围绕在"解放生产力"这个最高层次、最核心的运动主张周围，并通过其他更加新颖的子概念来表达这一核心主张时，我们才会把一个普通广告做成消费者高度认同的传播主张。

4. 目前做得比较好的女装广告很少，稍微有点儿名气的应该算是百丽鞋业，那句脍炙人口的广告语——百变所以美丽，令广大消费者赞不绝口。为什么那么多品牌女装都没有好的广告呢？因为没有深刻理解不同类别的产品的本质，没有在传播中阐明它所承担的社会使命。

其实，女性的服饰不像男装要表现出深刻的哲学思辨和文化内涵，而是要体现女人的生命之本——美丽，有句虽然偏颇但也不无道理的话叫做"女人是花"，因为花是美丽的，离开美丽（包括心灵美）的女人我们还能赞叹她什么呢？可是，怎样才能做到"女装卖时尚或卖美丽"呢？我们以百丽鞋业的"百变所以美丽"为例分析一下：

首先，它抓住了女人的本质需求——美丽。

其次，它抓住了美的精髓——只有时尚的才是美丽的。虽然村姑不时尚但也是美丽的，可那不是百丽鞋业的主打消费群体所想要的，因为百丽鞋业的主攻的消费群体是都市时尚白领。

最后，它抓住了时尚的本质特点——变化。我们知道时尚的东西肯定是变化最快的，变化最快的也肯定是最时尚和最前沿的。这则广告能够抓住一个"变"字，而且是"百变"，变化之快和变化之多，呼之欲出，一下子就把时尚的灵魂直接揭示出来并且省略了过程和细节。

正是因为百丽鞋业的广告符合了科学传播原理，所以这也是"百变所以美丽"这则经典式广告脍炙人口的原因。

5. 情侣装和约会装的广告必须深刻抓住一个核心传播主张——"真爱的样子"，这是因为约会是带着极其强烈的私人情感色彩的。约会时的环境氛围可以决定约会的成败。因此，从某种角度上讲，这就是"手段大于目的"，所以要做好约会装或情侣装的广告一定得把"样子"做足。

情侣装广告语"真爱的样子"基于这样的人文思索：人类最珍贵的东西是爱情；人类最想知道的秘密是爱情的真谛；人类最美丽的东西是"真爱的样子"；用一个品牌产品将这些概念承载和演绎出来，就是巧妙的广告思路。这则广告语将"爱情真谛"与"真爱的样子"用情侣装联系在一起，成功地张扬了品牌主张。

当今中国品牌男装广告的症状是"广告轰炸是金子，产品跟风是银子，品牌文化是样子，去掉商标都是孙子"。如果不真正从文化和思想做起，是难以有好的品牌传播效果的。最多一时见效，预后不良。

●作为形象传播策略的体育营销

体育营销是以体育活动为载体推广品牌的一种市场营销活动，也可以视为品牌形象传播活动。体育营销可以通过赞助活动，将运动项目形象与企业品牌形象有机结合起来，品牌文化渗透赛事活动，运动项目涵容品牌精神。体育赞助的效果自然，易于被接受。体育赞助实质上是一种软广告，由于广告并不单独出现，因而商业性及功利性不像硬广告那么明显，但其传播效果的快速高效性使众多品牌争相参与。

在品牌营销中，太子龙的一个重要策略是体育营销。体育营销要把体育文化与品牌文化有机地结合起来，以体现品牌个性。太子龙品牌内涵融中国精神、历史气魄、男人风度于一身，以"自信，自然出色"为品牌精神，以成熟男性为目标消费对象。这与体育精神丝丝合扣。太子龙通过举办"太子龙杯全国男篮八强赛"，在 CCTV-5 常年特约转播赛事栏目，赞助"亚洲杯足球赛转播"、"世界顶级足球赛转播"、"意大利甲级联赛转播"，在《体坛周报》足球栏目刊登广告，把代表年轻、健康、自信、成功、奋发向上的体育运动文化与太子龙品牌文化内涵紧密地结合在一起，使太子龙品牌的知名度和美誉度大大提高，企业形象快速提升，并得到了社会各界的广泛关

419

注。可以说，体育营销有效地塑造了太子龙品牌的性格，有力地推动了太子龙公司向文化经营迈进。

太子龙在体育营销中选择足球比赛，是因为足球已经成为当今世界最时尚、最具影响力的第一运动，牵动着亿万球迷的心。早在2004年，当得知中国要举办"亚洲杯足球赛"时，太子龙及早参与赞助赛事转播，结果达到了企业预期的宣传目标，电视收视率创历史新高，品牌知名度快速提高。在终端相关促销活动的配合下，太子龙销售网点增加到了3000余家，初步确立了行业优势地位，取得了巨大成功。接下来，太子龙继续加大体育营销的投入，连续赞助"意大利足球甲级联赛"、"世界顶级足球赛"等转播。通过系列化的体育营销活动，使体育文化融入企业的产品、品牌中，实现了体育文化、品牌文化与营销文化三者的融合，引起了消费者的共鸣，在公众心目中树立了良好的品牌形象，激发了太子龙的品牌活力，使太子龙的品牌文化得到了广泛传播。

●作为形象传播载体的太子龙文化专列

2008年，10列"太子龙文化专列"行进在客运线路上，这是太子龙集团和华铁传媒联手推出的精准营销活动。活动针对"在路上"人群，宣传"龙文化"，传播太子龙品牌形象，巩固太子龙在男装领域的领先地位。

随着国人生活水平的提高、铁路运输的大提速以及城际列车线路的增多，"在路上"人群的结构发生了根本性的变革，具有较高消费能力和文化素养的人群所占的比重越来越高。据市场监测机构调研，"在路上"群体平均年龄在20～49岁之间，大都属于企事业单位主管、白领阶层及商务人士，具有较高的素质及稳定的收入，对新生事物及商务信息非常关注，消费水平及消费观念比较超前，并且具有较强的消费决策权和购买能力，而这些人正是太子龙的最希望影响到的人群。太子龙牵手华铁传媒开动"太子龙文化专列"，就是为了使自己的品牌文化能够精准覆盖潜在目标消费者。

太子龙文化专列整合了车厢内的各种传播形式，营造出一种浓郁的品牌文化氛围，让旅客一路沉浸在太子龙品牌文化所扎根的中国文化中。对于平均时长10～15个小时的旅途而言，在封闭的车厢内，太子龙的广告是主要甚至唯一的视觉焦点。为了打发无聊的旅途时间，人们会主动地阅读海报等相关广告内容，从而保障传播效果。旅途时间相对较长，为受众提供了充分接触太子龙品牌文化的机会，反复的阅读能够有效的强化记忆，确保营销的感染力。从受众接触时间上看，一次 10 个小时的旅行，消费者的广告接触时间相当于 1200 次 30 秒钟电视广告的接触频次，而且还不会换台。文化是感性的，不是仅仅喊几句口号即可。在太子龙营销原理中，有一条是：不管你要说什么，都必须占据一个受众能持续"听"到你声音的地方。

太子龙文化专列在专有媒体上的垄断式投放、持续的信息强化输入，充分发挥了"广泛覆盖、精准传播、深度影响"的媒体优势，实现了对消费者潜移默化的影响，形成深度品牌教化，有效保证了品牌文化传播。

第五节　至尊服务

至尊服务是太子龙品牌运营新模式的第四要素。

产品与服务是一对概念，也是一体化概念。产品是指能够满足消费者某种需求的东西，包括有形的物品，无形的服务、组织、观念或它们的组合。产品一般可以分为三个层次，即核心产品、形式产品、延伸产品。延伸产品是指整体产品提供给顾客的一系列附加利益，包括运送、安装、维修、保证等在消费领域给予消费者的好处。

随着科学技术的进步，产品技术越来越复杂，消费者对企业或品牌的依赖性越来越大。他们购买产品时，不仅购买产品本身，而且希望在购买产品后，得到可靠而周到的服务。企业或品牌的质量保证、服务承诺、服务态度和服务效率，已成为消费者判定产品质量，决定购买与否的一个重要条件。做好产品服务工作，可以提高企业的竞争能力，赢得重复购买的机会。

产品服务包括售前服务、售中服务和售后服务。售前服务是指产品销售之前向顾客提供的服务，如提供各种技术咨询，为用户进行勘察、设计、产品介绍、导购服务等，以激发顾客购买欲望，强化顾客购买动机。售中服务是指产品在销售过程中提供的服务，如热情接待、为顾客精心挑选产品、解答消费者提出的有关产品的各种疑虑、操作使用示范表演等，以影响顾客心理感受，增强信赖感，促成交易。售后服务是指产品售出后向消费者提供的服务，如送货上门、安装、调试、维修保证、技术培训、提供信贷、定期保养、保证更换、实行"三包"、按合同提供配件等，以保证顾客所购商品价值的充分发挥，解除后顾之忧，提高满意程度，促进重复购买。

市场经济的特点是市场竞争，市场竞争的表现形式是多方面、多层次的，服务竞争贯穿始终。在市场经济条件下，服务理念已逐渐被企业家所重视，谁能为顾客提供优质服务，谁就能赢得顾客，赢得市场。服务竞争正是适应这一规律应运而生的，它是对传统的竞争模式的变革。

在买方市场中，企业求生存的最佳途径是提高顾客满意度，满意度在很大程度上依赖营销服务。顾客所购买的不是产品，而是期望，他们不仅要获得实体产品，更要在获得产品的同时获得心理满足。做好服务工作，以真诚和温情打动消费者的心，培养"永久顾客"，刺激重复购买，是谋求企业长远利益的上策。

服务是商品的附加价值。消费者往往认为服务应该是免费的，但实际上从来没有免费的服务，一个企业要想提供好的服务，必须有财力支持。所以说，服务免费只是把服务的价格"包"在产品里一起卖出。用户的需求决定了这种服务的价格。从对顾客的利益来说，服务是投资，它能够取得丰厚的回报。

422

第六节　整合制胜

——品牌运营新模式的生命力

品牌运营的新模式是品牌文化、产品研发、品牌形象传播、至尊服务四维一体构成的合力模式，其生命力为系统整合。

整合的原意是把一些零散的东西通过某种方式组合在一起，形成一个新的有价值有效率的系统。在系统中，每个事物、每个要素都有其存在的价值，把它们的价值有机地结合在一起，使本来孤立的事物变得有意义起来，让这些单一要素在整合中获得超值的效果。

四维一体的品牌运营新模式，是将与市场营销和品牌运营的一切活动一体化的过程。品牌运营新模式一方面把品牌文化、产品研发作为模式的核心与基础，另一方面将广告、促销、公关、直销、CI、包装、新闻媒体等一切传播活动都涵盖于营销活动的范围之内。

四维一体的品牌运营模式，永远以消费者为中心，真正从消费者的需要出发，与消费者建立一种"一对一"的互动式的营销关系，不断了解客户与顾客，不断改进产品和服务，满足他们的需要。

有效的品牌运营模式要求管理人员和实施人员认识到销售额与顾客忠诚互相之间的依赖关系，并懂得如何协调它们来制定品牌运营管理。而从整合的角度来看，品牌运营新模式从某种意义上来说，就是品牌的传播沟通，营销就是传播，因为营销的最高层次是要建立品牌忠诚，品牌忠诚要靠先进的传播和与消费者良好的沟通才能实现。

品牌运营新模式是整合的概念。过去企业习惯于使用广告手段来塑造品牌和促进销售，但我们今天已处于现代社会的信息时代，现在的传播手段越来越多，传播本身也开始分化和组合，这就要求企业在品牌运营过程中，注意整合使用各种载体，达到最有效的传播影响力。

四维一体的品牌运营模式的操作要点是：以整合为纽带，讲求系统化管理，强调协调与统一，注重规模化与现代化。

四维一体的品牌运营模式着重以消费者为中心，综合利用企业所有资源，实现企业的高度一体化运营。整合既包括品牌运营过程、运营方式以及运营管理等方面的整合，也包括对企业内外的商流、物流及信息流的整合。整体配置企业所有资源，企业中各层次、各部门和各岗位，以及总公司、子公司，产品供应商、经销商及相关合作伙伴协调行动，形成竞争优势。品牌运营活动的协调性，不仅仅是企业内部各环节、各部门的协调一致，而且也强调企业与外部环境协调一致，共同努力以实现整合优势。品牌运营新模式注重企业的规模化与现代化经营。规模化不仅能使企业获得规模经济效益，为企业有效地实施品牌运营提供客观基础。品牌运营新模式同样也依赖于现代科学技术、现代化的管理手段，现代化可为企业实施品牌运营提供效益保障。

品牌文化是品牌运营的灵魂。品牌文化在品牌运营新模式中居于整合、统领、导向地位，是系统中最重要的因素。以"先做思想，再做产品"为例，如果将品牌文化中的这一原则贯穿于品牌运营中，就要在品牌文化中阐述清楚概念的内涵和外延，梳理其中的要素及互动关系，确定阶段主题，勾画品牌文化与产品研发、形象传播、至尊服务三要素的衔接，让品牌文化指导产品研发、形象传播、至尊服务每一环节并渗透品牌运营全过程。

产品研发在品牌运营新模式中的作用，是以物质实体表现品牌文化。产品是品牌的载体，也是品牌运营的载体。产品研发的指导思想就是品牌文化的创意化、形象化、物质化、技术化实现。通过产品研发推出容涵品牌文化精神的新产品，是品牌运营的关键环节。有些企业老名牌在手，传统文化在身，一百年前就有了名气，就因为产品研发跟不上去，市场份额日减，只能依靠政策接济，抱着金饭碗讨饭吃。还有些企业产品研发与品牌文化不搭界，所谓的品牌文化是用来挂在墙上的；产品研发是就产品做产品的，与品牌文化无关，这样的产品研发做到顶也是做产品，附加值不行，可持续发展也谈不上。

形象传播在品牌运营新模式中居于枢纽位置，起到宣扬推广作用。品牌文化从核心价值到要素组织到形象化表现，都必须通过传播环节实现。

至尊服务在品牌运营新模式中居于打包输出位置，是品牌和产品的延伸环节、落地环节、附加值实现环节。品牌文化先进与否、产品研发对路与否、品牌传播到位与否，全靠至尊服务落实和延续。

品牌文化、产品研发、形象传播、至尊服务四维一体品牌运营的新模式是一个系统；系统以品牌文化为第一要素，决定和统领其他要素；四要素分工协作，不可替代，又互相关联；各要素之间的关联，密切互动，使系统有序运转；由于整合有素，系统效益大于部分之和。这个系统是开放式的，可以与系统外要素发生联系，根据需要整合品牌内外资源，调动所有品牌关系，使品牌运营模式在实践中不断发展。

第七节　太子龙的品牌运营实践

太子龙品牌以"文化立企，品牌立国"为使命，始终致力于民族品牌的战略变革与国家图腾的使命担当，从品牌战略的整体出发，整合要素，打造合力，逐渐形成了"品牌文化、产品研发、品牌形象传播、至尊服务四维一体品牌运营的新模式"，成为太子龙创新发展的成功模式之一。

●品牌文化：以民族振兴为己任

本章开始我们已经谈到太子龙新龙精神的内涵。太子和龙都是中华文化中所独有的，"龙"是中华民族的核心象征，而"太子"则寓意"胸怀天下"的大气包容、"着眼未来"的战略远见、"领航担当"民族图腾的历史大任，这也是"新龙精神"之"大气文化"和"让世界责任起来"之"责任文化"等普世文化的新注解，也是对国际上普遍误解龙文化就是"皇权独尊"、"至高无上"、"雄霸天下"的矫正。太子龙品牌在这种文化阐释过程中，自然就彰显出了太子龙男装的独特魅力——融东方民族精神、中国文化元素、现代时尚要领、商务休闲功能于一体的魅力男人气魄。

●品牌产品：高品位的文化内涵和高品质的产品形象

太子龙品牌在产品设计上，导入品牌主题开发模式，也就是"先做思想，再做产品"，其特点是定向开发，这与国内传统品牌的"先做产品，后做思想"的无序开发做法正好相反。所以，太子龙在品牌风格上充满了浓郁的民族个性特色"大气责任、内敛稳重、自信出色"的男人气概和中国风尚，因而也就自然衬托出了"太子龙"品牌的文化内涵。

在产品制造上，太子龙公司最初是以诸暨生产基地为核心，逐渐形成了以生产休闲夹克为主导，以外部贴牌加工企业为补充，配套加工西装、皮具、配件等系列产品的内外资源整合型生产制造模式。由于在整个生产管理中，企业严格按照国际质量认证体系的各项要求执行，所以从太子龙品牌诞生之初，就已经摆脱了产品质量对品牌地位的束缚。

●品牌推广，走自己的整合传播之路

太子龙在品牌文化宣传上，走出了一条区别于竞争品牌的单一化广告宣传之路。诸多的竞争品牌服饰还是在走电视广告和代言人炒作之路，这种传播方式优点是快速被认知，缺点是长此以往会给人重复呆滞之感，无益于品牌的美誉度。所以，太子龙注重品牌文化内涵的打造和艺术创新。

太子龙品牌也做电视广告，但注重内涵和系统构思、整体视觉，给人以思想嚼头。比如姜文之所以能在昂首阔步、从容洒脱地行走时吸引众多美女，就是其卓越的男人气势和风度给了人丰富的遐想余地；太子龙男装的另一位形象代言人柳云龙则代表了时尚、年轻、富有精力的新成功雅士的形象，张扬太子龙用智慧赢得尊重的时代男装魅力。广告除了在整体主题构思上精心创意外，还在画外配乐和画面清晰度上做了技术处理，赢得观众的视觉、听觉、感觉上的共鸣。

在整合传播上，太子龙的传播模式是"经济理论和品牌文化的高调开路——高尚人士的文化认同——企业硬件实力的实证——央视媒体的间歇提示——终端形象的包操围合"。创新之处在于：即使作为竞争对手的众多知名品牌再怎么有实力，未必就能锻造出具有前瞻性的学术思想，而你没有前瞻性学术理论的支持，你自然也就失去了征服高尚人士的软实力资本，而没有高尚人士的首肯与认可，引领和主导整个市场的龙头地位就无从谈起。

●品牌营销：立体协同销售模式

太子龙品牌市场占有率现在有 2500 多家，基本确立了市场主导地位。公司已从最初的市场批发阶段，发展为品牌性质定位规范、视觉形象规范、渠道管理规范、产品价格规范、终端服务规范的一体化网络连锁加盟——代理加盟、合作联营、公司直营、电子商务的立体协同销售模式，走在行业前沿。

426

第八节　文化大发展大繁荣与文化自觉

党的十七届六中全会为我们描绘了社会主义文化大发展大繁荣的壮丽图景：

"社会主义核心价值体系建设深入推进，良好思想道德风尚进一步弘扬，公民素质明显提高；适应人民需要的文化产品更加丰富，精品力作不断涌现；文化事业全面繁荣，覆盖全社会的公共文化服务体系基本建立，努力实现基本公共文化服务均等化；文化产业成为国民经济支柱性产业，整体实力和国际竞争力显著增强，公有制为主体、多种所有制共同发展的文化产业格局全面形成；文化管理体制和文化产品生产经营机制充满活力、富有效率，以民族文化为主体、吸收外来有益文化、推动中华文化走向世界的文化开放格局进一步完善；高素质文化人才队伍发展壮大，文化繁荣发展的人才保障更加有力。"文化事业和文化产业共同繁荣；先进文化、健康文化占据主导地位；民族文化与外来文化、现代文化与传统文化、高雅文化与通俗文化协调发展；先进文化与文化的高科技表现方式相得益彰；文坛艺苑百花齐放，文化新品层出不穷，人民群众不断增长的文化精神需要充分满足并不断更新；国家文化软实力大幅度增强，国际文化话语权、特别是学术思想话语权明显提升。

此前相当长时间，一左一右两大文化错觉使我们缺乏文化自信，一是文化虚无主义，二是文化自大倾向。前者否定自己的一切，所有与文化相关的东西都是西方的好；后者相反，把自己的一切吹上天，把别人的一切贬下地。但有一点两者都承认，就是我们的文化不够强。张岱年说："中国文化的发展有三条道路：第一是故步自封，因循守旧，以大国自居，自以为高明，这是没有前途的。第二是全盘西化，完全抛弃固有的文化传统，这是不应该的，也是没有前途的。第三是主动吸收世界的先进文化成就，同时保持民族文化的独立性，发扬固有的优秀传统，创造自己的新文化，争取与发达国家并驾齐驱。"

自强自信相辅相成，互为因果。两者的融合剂是文化自觉。

费孝通先生说："文化自觉是指生活在一定文化中的人对其文化有'自知之明'，并对其发展历程和未来有充分的认识。"文化自觉是"文化上的觉悟和觉醒，包括对文化在历史进步中地位作用的深刻认识，对文化发展规律的正确把握，对发展文化历史责任的主动担当。文化自觉是一种内在的精神力量，是对文明进步的强烈向往和不懈追求，是推动文化繁荣发展的思想基础和先决条件"。历史表明，一个民族的觉醒，首先是文化上的觉醒。文化自觉是通过对现在文化的认识，并在此基础上，克服以前文化的缺点而取得的进步，它是通过文化反省的途径来不断认识旧文化的不足和新文化产生的必然趋势，从而清醒地意识到自身的历史责任与使命，并付诸行动。要真正达到文化自觉，就要不断实现其文化价值。一般来说，文化的价值在于对作为历史主体的人的不断创造。

文化的大发展大繁荣，在一定意义上就是唤醒全民族的文化自觉。

文化与经济从来都是密不可分的，文化与经济是人类所创造的财富中的整体与部分的关系，即文化是整体，是物质财富、经济财富的总和，经济只是其中之一。恩格斯说过："政治、法律、哲学、宗教、文学、艺术等的发

427

展是以经济发展为基础的。但是它们又是相互影响并对经济基础发生影响。并不是只有经济状况才是原因、才是积极的，而其余一切都不过是消极的结果。这是在归根结底不断为自己开辟道路的经济必然性基础上的互相作用。"

联合国教科文组织在《文化政策促进发展行动计划》中指出："发展可以最终以文化概念来定义，文化的繁荣是发展的最高目标。"文化不仅是人类历史创造出的带有某些完成性的文明结晶与精神财富、滋养人类心智的精神形态，而且还是人类再生产的物质生产力、生产资源。于是，人们通过一系列生产性的运作将文化融入物化的商品形态，以获得直接的物质利润，进一步推动社会经济的增长。品牌文化就是商品形态的民族文化。

文化大发展大繁荣是一个系统工程，这个系统工程的动力就是全民族的文化自觉。费费孝通先生指出："文化自觉是一个艰巨的过程，首先要认识自己的文化，理解所接触到的多种文化，才有条件在这个正在形成中的多元文化的世界里确立自己的位置。经过自主的适应，和其他文化一起，取长补短，共同建立一个有共同认可的基本秩序和一套与各种文化能和平共处、各抒所长，联手发展的共处守则。"

第九节　太子龙的文化自觉

中国企业文化专家贾春峰 2011 年 9 月 24 日在首届国家品牌生产力示范基地学术研讨会暨浙江省企业文化示范基地太子龙集团现场会上讲道："从文化自觉到文化自信再到文化自强，这在太子龙的发展实践中体现出来了。太子龙的成功实践表明，还有个品牌自觉、品牌自信、品牌自强的问题，就是说从品牌自觉到品牌自信再到品牌自强。太子龙发展中的文化自觉与品牌自觉的融合，是个很重要的值得肯定的发展思路，也可说是一种发展的新思维、新趋势。"

党的十六届六中全会号召构建社会主义核心价值体系，推动社会主义文化大发展大繁荣。在企业界，让品牌文化参与构建和践行社会主义核心价值体系，是当今中国的时代潮流。

●品牌理念必须具有文化的普世性

"让世界责任起来"，是太子龙的核心品牌理念之一。

"我们选择'责任'一词作为核心理念，是因为这个词具有普世价值。"太子龙总裁助理韩世友说，太子龙作为一个要走向国际的民族品牌，就要把具有民族特色的"区域文化"上升为国际通行的"普世文化"。而民族品牌国际化的基本前提就是要担负起世界责任。"让世界责任起来"作为太子龙的企业使命，也为企业自身和品牌文化找准了可持续发展的命脉。

那么，"责任"一词又是如何与太子龙的产品——男装结合在一起的？太子龙总经理蔡冬冬一语道破：一个成功男士的妻子最怕的是什么？最怕丈夫不负责任！太子龙将"责任文化"嫁接到产品的品牌内涵之中后，最先打动的不是男人，而是男人的妻子。她们在为丈夫挑选服装时，一定会为有这种表达她们愿望的品牌产品而欣喜不已。

王培火认为，品牌附加值的核心要素只有一个，这就是品牌的精神功能——文化理念。而正是这种精神功能，影响着消费者的行为方式。"民族品牌长期得不到国际市场的认可，并不是因为产品质量有了什么问题，而是所倡导的理念、思想没从根本上获得西方国家民众的价值观认可。"王培火认为，大到一个国家，小到一个企业，如果其核心的文化理念不具有普世价值，即便一时强大，最终也会走向灭亡。比如第二次世界大战时期的德国，它的失败不是败在国力和军事上，而是它的法西斯统治违反了普世价值，最终引起了全人类的共同反抗。

●企业领导人必须有文化自觉

一个企业的企业文化如何，在很大程度上取决于这个企业的领导人是否有着高度的文化自觉。

王培火在2007年就觉得服装产业传统的劳动密集型制造模式和营销模式已经走到了尽头，不能再做"冒烟经济"，而要转型去做品牌文化和时尚产业。"但无论是品牌，还是时尚，其核心依然是文化。如果没有文化作为灵魂，品牌和时尚都是苍白的。"

2009 年推出的《科学品牌发展观》一书，在理论上和思想上构建了太子龙的品牌文化体系，提出了太子龙的"新龙精神"：在责任文化的基础上，以大气和包容开放胸怀，整合世界各民族优秀文化资源，为世界人民日益增长的物质和精神需求承担更多的义务。

《科学品牌发展观》"先做思想，再做产品"理念，使员工统一了思想和意志，因此企业战略和员工需求联系了起来，达到了个人目标和企业目标的统一。同时，企业通过文化建设，连接了企业和员工的感情，增强了企业对员工的关怀，从而增强了太子龙控股集团的凝聚力。

在先进思想的引领下，太子龙分布在全国各地的所有加盟店撤下原来的商标，代之以一个更具亲和力和时尚感的商标符号"TEDELON"。随后，太子龙投资动画片，始终贯穿的一个主角是"龙太子"，塑造了一个中国版的"奥特曼"卡通明星，这让龙太子形象更加深入人心。同时，太子龙把"新龙精神"织进旗下的一个新高档服装品牌——"RIAB"的颜色、花型、面料之中，因此使其品牌销量大增。目前，太子龙品牌男装已跻身"中国服装行业竞争力前十强"，在国内已拥有众多加盟终端，营销网络遍布大中国区的绝大部分区域。

●王培火谈企业文化与品牌文化

王培火对媒体谈过企业文化与品牌文化。他认为，企业文化是企业形成的共同遵守的价值观、信念和行为方式的总和，重点是企业价值观、企业理念和行为方式的塑造，是企业生产与发展的指导思想。他提出了企业文化的五个关键词，一是诚心，公司的一切经营活动追求真诚经营，做人求诚不设虚；二是务实，企业的一切经营活动遵循量力而行，行事求实不作秀；三是稳健，公司的一切经营活动力求稳定发展，行事求稳不盲从；四是创新，公司的一切经营活动崇尚标新立异，行事求新不追随；五是自尊，公司的一切经营活动注重自我尊严，行事求尊不亢不卑。

品牌文化以品牌个性、精神的塑造和推广为核心，使品牌具备文化特征和人文内涵，重点是通过各种策略和活动使消费者认同品牌精神，然后形成一个忠诚的品牌消费群体。企业文化与品牌文化的塑造，其根源都在于对文化的挖掘，对文化挖掘得越深、越透彻，那么越容易把握其中的真谛和关键。

在品牌资源上做文章，王培火有独特之处。太子龙企业歌是他自己做词的。这些与请姜文、柳云龙做形象代言人一样，是品牌策划中的亮点。王培火认为，企业文化是一个链条，必须要从员工精神（价值观）开始，通过产品传递到终端服务，传递给消费者。所以，企业文化中的企业歌，格言，品牌文化中的 VI，广告语，代言人，就都成了载体。有了这些不同的载体，通过品牌传播的过程，企业文化与品牌内涵才能准确地表达出来。

一般来说，企业文化是对内的，品牌文化是对外的。企业文化通过对内在本企业职工身上得以体现，反过来又反射到社会上去，获得社会的认同；而品牌文化通过对外的宣传，与企业文化叠加在一起，才构成完整的品牌形象。品牌文化不但要具备精神内涵，还要从营销策划、促销活动、广告宣传、客户关系等各个方面进行整合，让消费者能够体会到品牌的精神、个性和文化内涵，还要通过典故、故事、仪式和人物等文化载体进行传播。

核心价值是品牌的终极追求，是一个品牌传播活动的原点。企业的一切活动都围绕这个原点而展开，所有的活动是对核心价值的体现与演绎、丰满和强化。如果企业已经清晰勾勒出品牌的核心价值，那么就要在以后的十年、二十年，乃至上百年的品牌建设过程中，始终不渝地坚持这个核心价值，让品牌的每一次营销活动、每一分广告费都为品牌加码，起到向消费者传达核心价值的作用，或提示消费者产生与品牌直接关联的联想。久而久之，品牌才会在消费者大脑中烙下深深的烙印，并成为品牌对消费者最有感染力的内涵。

现在的市场，渐渐形成了以消费者为中心的市场。服装的个性化消费已是大势所趋。个性化消费的本质是消费"品牌符号"，产品的功能退居其次。"品牌符号"的价值体现在品牌内涵、文化带给客户的"品牌价值体验"上。品牌符号与产品研发、生产工艺、技术创新、人力资源、企业理念、产品策略、包装、终端、地域品牌等方面有机地联系起来，让这些内容在对外传播时，体现品牌核心价值及品牌识别，用品牌联想来丰富消费者的心智，在消费者心中形成刻骨铭心的记忆，这才是"品牌符号化"的至高境界。

在当今品牌如过江之鲫的时代，国内服装行业的"伪品牌"现象，使人触目惊心。许多从生产加工转向"品牌经营"的服装企业操盘手法如出一辙——将消费者关注的焦点从品牌价值转向价格，使众多品牌陷入价格战的恶性循环中。人们呼吁"从中国制造升华到中国创造"，但当前大家对"中国创造"的关注主要集中在"技术创新与进步"上。其实中国创造的核心就是"打造高附加值品牌"，简单地说就是让品牌具备情感，让品牌超越实体产品本身，让品牌产品在顾客心中拥有很高的感知价值。

王培火认为，打造高附加值品牌的前提应该是先提炼出品牌的灵魂——核心价值。因为消费者愿意花更多的钱购买一个品牌的主要原因是：这个品牌所能联想到的所有的信息能深深触动消费者的内心世界，并产生积极、美好、愉悦的心理体验。有了这种效果，消费者就会认同、喜欢乃至爱上这个品牌，也就自然愿意购买、花更多的钱更多地购买这个品牌。同时，触动消费者内心世界的最有力的信息就是这个品牌的核心价值，它让消费者明确、清晰地识别并记住品牌的利益点与个性，是驱动消费者认同、喜欢乃至爱上一个品牌的主要力量。[1]

●文化先行的太子龙

太子龙非常重视企业文化软件建设。早在"十一五"期间，太子龙集团首创了"高举《科学品牌发展观》的伟大旗帜，万众一心锻造《国家品牌生产力》，担当首个《中国品牌运营商》"的"三维品牌文化框架"，以及"一定二立三大四他五标六理念的品牌运营新体系"，系统地构建起了关于民族品牌科学发展的前沿理论体系和创新发展模式。同时，太子龙出品的以古代科学家的故事为题材的动漫剧，获得了中宣部、教育部和科技部的高度评价。

2009 年初，太子龙开始着力打造文化之园、创意之园和精神之园，总体规划投资 6 亿元，已经完成一期投资 3 亿元，一座时尚文化产业园，出现在"杭州的浦东"——江东新城。

根据太子龙控股集团的"5153"多品牌战略规划，到下一个五年，太子龙集团要成功运营 15 个民族品牌，其中 TEDELON（太子龙休闲服饰）、RYMA（例唛快时尚休闲品牌）、RIAB（瑞博高档休闲服饰）这 3 个品牌要成功进入国际品牌队列。

---

① 《太子龙品牌童装战略理念初探》，《纺织财富》2008 年 2 月 1 日。

让文化变成一种生产力，变成企业实实在在的利润。这是太子龙人文化建设的理想，也是太子龙打造文化力的目的。在短短的近三年时间里，太子龙控股集团先后获得了"国际企业文化学术成就奖"、"推动行业发展杰出贡献奖"等300余项国家级和行业殊荣。2011年太子龙品牌被世界品牌实验室评定为"2011年中国500最具价值品牌"，太子龙品牌的排行地位提升了41位。浙江省企业文化示范基地评审小组授予太子龙集团为"浙江省企业文化示范基地"，这也是浙江民营企业唯一的示范单位。①

433

① 许强：《太子龙是如何成为浙江省企业文化示范基地的?》，《经理日报》2011年10月11日。

第二十章　四维一体终端运营新模式

——因店组货·超凡陈列·创新促销·精准导购

第一节　终端运营必须走要素整合之路

太子龙品牌首创的"四维一体终端运营新模式",是针对众多竞争品牌在终端运营管理上"核心要素不明确,重点问题不突出,经营策略不对路,临门一脚失目标"等问题的整合解决方案,也是太子龙品牌摆脱传统品牌粗放式运作的核心秘籍。其具体内容是:因店组货(差异化终端货品管理模式)+超凡陈列(视觉营销表现方式)+创新促销(人文促销的创新策略)+精准导购(针对性导购模式)。

四维一体终端运营新模式与传统的粗放式运作有着本质上的区别。传统品牌的"产品市场导入法"不能准确地揭示本季节的流行趋势和本品牌的个性特征与艺术美感,因而也就谈不上什么品牌魅力和产品附加值。"品牌主题市场导入法"坚持"先做思想,再做产品",从一开始就在品牌魅力上做足功课,保证了产品附加值的终端实现。

四维一体终端运营新模式与传统的终端运营在销售本体上也有区别。传统品牌在终端营销上总是在价格上做文章,不是无休止地折扣和让利,就是反复强调买这个送那个。而四维一体终端运营新模式则要求形象导购人员根据消费者的独特个性和气质差异、职业特点及其生活方式,向消费者建议用什么样的服饰及搭配更适合他的职业特色和身份需要,帮助顾客选择产品。

消费者之所以要砍价,是因为他觉得你的产品不值那个价,你卖的是产品而不是品牌。如果你卖的是流行思想和生活方式以及艺术美感,消费者就不会与你乱砍价了,因为他觉得你是他的形象包装老师,你帮助他找到了他最美的一面,他会有感谢之意。这就是品牌值钱的核心秘籍。这是"四维一体终端模式"之重心，因为我们不是在卖产品，而是在帮助消费者实现个人魅力的形象化。

第二节 服装终端管理运营要素

终端的管理包括人员管理、货品管理、店堂管理、账目管理、培训管理、促销管理、信息管理、客服管理等方面。

1. 人员管理

人员管理就是对导购员的招聘、筛选、入职、上岗等相关工作的管理。各个终端根据自身店铺的大小、客流的多少、经营情况等实际情况来确定导购人员的数量和岗位。优秀的导购员可以在形象一般的店中将一般的产品顺利的销售出去；更可以让形象好、产品好的终端锦上添花。因此。选择导购员就显得相当重要。选择导购员要从年龄、形象、品德、素质、技能等方面进行甄选，还要考察他们的行业知识、品牌知识、产品知识和销售能力、沟通能力。

435

2. 货品管理

货品管理包括货品安全管理、货品进出管理、货品的上市规划、货品的销售分析、货品库存管理、货品的订货管理等方面。货品的安全管理：终端在进出货品时要仔细清点数目和产品的质量，对于能当时解决的问题尽量当场解决，如线头、整烫工作。对于有明显质量问题的产品绝不能销售出去，以免影响声誉。节假日和销售高峰时特别要注意货品安全，避免不必要的损失。货品的上市规划：根据当地市场情况和季节情况及时和公司沟通，做好货品数量、款式、种类以及上市时间等规划，以抢占先机。货品的销售分析：根据近期销售情况和市场需求情况做个汇总分析，分析销售品种、面料、花色、款式等，在第一时间对畅销品进行补货或补充类似替代货品，并对滞销货品进行退换、促销等处理。货品的订货管理：合理科学的订货既可以带动库存消化，又可以促进当季的销售。终端根据市场情况、自身货品销售分析以及货品的库存合理的预算，估计下一季度所需货品的品种、数量、款式等，在结合公司下一季度的产品开发情况，作出科学的订货指导计划。

3. 店堂管理

店堂的形象好坏直接决定了对顾客的推与拉，好的店堂形象像磁石一样吸引顾客。好的店堂干净、整齐、温馨、舒适、愉快，给人以一种对话的感觉，让人流连。店堂要做到：第一，环境卫生，干净无尘，灯光适度，卖场宽敞，行动方便。第二，产品丰富，陈列美观，色彩明快，主题明确，搭配合理；橱窗有季节性、故事性、动态化。第三，服务到位，让顾客感受温馨。

4. 账目管理

规范账目管理有利于货品销售的汇总、销售分析、货品的进出、库存管理、订货的指导、店铺的评估等。账目管理主要包括货品总账管理、明细账管理、报表管理和单据管理。

5. 培训管理

培训管理是为了培养出更多的优秀导购。导购的培训工作包括上岗培训、技能培训、服务培训等。上岗培训包括行业知识、品牌知识、产品知识、店铺运营常识等。技能培训包括陈列培训、销售技巧、搭配技巧、账目管理、信息收集等。服务培训包括仪容仪表、服务礼仪、电话礼仪、客服礼仪等。

6. 促销管理

终端根据市场需求、节假日、产品上市、季节性等因素为提升销售、消化库存、品牌宣传等制定开展相关的促销活动。

7. 信息管理

准确及时掌握信息，可以帮助终端店铺在激烈的市场竞争中占据主动，信息管理包括市场信息、品牌信息、货品信息等与终端相关的所有信息的收集和分析反馈工作。

8. 客服管理

终端店铺的运营需要一个良好的环境，需要高质量的客服管理。客服管理包括政府相关部门的关系处理和顾客客服管理。政府部门客服管理包括工商、税务、物业以及其他部门的关系处理，建立和谐良好的商业环境。顾客客服管理包括建立顾客资料、实行客户分类管理、对大客户进行节日问候和礼品赠送等关系维护。妥善处理客户有争议的事情或是投诉问题。在当地建立良好的美誉度。

四维一体终端运营新模式，就是从终端各种要素中抓住四个关键环节，带动全链，整合运营。

437

第三节　因店组货

——差异化终端货品管理模式

因店组货，是四维一体终端运营新模式第一要素。

因店组货模式是指：根据店面所在区域的不同性质，采取不同的产品供给模式。比如，商务社区、居住社区、工矿社区、旅游社区，它们对居家赋闲版、商务工作版、户外旅游版、交友聚会版、学习再造版等大类产品的功能特点、款式规格、数量的要求是不同的。这些差异，是终端组货的依据。

●差异化终端货品管理

终端货品管理是指从商品订购—商品陈列—库存管理—商品销售—信息

反馈等完整的循环过程。货品管理是终端运营中最重要的环节之一。有效的货品管理可以满足顾客的需求，有效的控制成本，提高经营效益。

货品是终端店铺的灵魂，是创造店铺销售量的重要元素之一，货品的销售实现了它从交换价值向使用价值的转换。终端店铺管理的水平直接关系经营效益。

销售理论认为，零售活动的目标是"在适当的时间，适当的场所，以适当的价格，提供适当量的适当商品"。这也是终端货品管理的原则。适当的商品是指具有能够满足各类消费者的商品种类、款式、面料、颜色、尺码等。每家终端店铺都有自己的定位和特色，同样消费者也有自己不同的感知。从某种程度上说，终端店铺给消费者留下的印象将直接决定店铺的经营状况。

差异化的终端货品管理，包括两个层面的差异化：一是终端店铺间的差异化；二是同一终端店铺内的差异化。终端店铺间，由于地域、顾客人群、文化、审美、消费习惯、时尚潮流、区域经济水平等因素，在货品提供的时间、款式、货品的组合、数量、价格等要素上进行差异布局，贴近当地市场，满足消费者需求，从而创造优异的业绩；终端店铺内的差异管理，包括在不同的季节或时间货品的陈列、空间的运用，以突出销售主题引导购买，根据员工的特长、个性对员工进行差异化管理，从而提高终端运营管理的水平，推动货品管理的效率和效益。

●差异化终端货品管理环节

终端店铺货品的管理包括货品的上市规划、上货管理、货品库存管理、货品陈列管理、货品销售分析和补货管理等。

货品的上市规划：根据当地市场情况和季节情况及时和代理商或是公司沟通，做好货品数量、款式、种类以及上市时间等规划，以抢占先机。上市前的货品规划主要做好以下几点：

1. 完善上市节奏、货品结构和颜色结构，避免结构性错误。终端销售如果出现整个批次、整个类别的货品缺失，或者整个颜色不成系统，就叫结构性错误，它会导致灾难性后果。

2. 以适度饥饿为原则，编制弹性预算，分批进货。进货计划是根据系统店铺预估销售来指定，计划水平的高低其实是纠错能力的高低。提高纠错能力的核心是编制弹性预算，分批进货。做计划时，先要有总计划，再将总计划分成几个分计划，逐步实施。

3. 价格的制定要"低中高"自成体系，并紧逼竞争对手。在营销计划中，价格计划是关键的。先根据进货成本和不同目标利润率订出理论价格，再参照竞争品牌的价格体系调整，但不宜走低价策略，打价格战，而应走跟随策略，赚取合理利润。

4. 合理安排货期，前后衔接，疏密有度。

5. 要有推广主题。

6. 翔实、及时的货品分析。建立一套完整的货品分析体系，随时分析仓库、店铺货品的走势，对于滞销货品及时进行调整，保证仓库、店铺之间的货品快速、顺畅流通。建立一套完整的店铺销售、回笼指标分析体系，随时关注店铺指标完成情况，根据指标完成情况及时调整营销策略，激励店铺销售。

上货管理：终端店铺根据市场情况和自身货品销售分析以及货品的库存合理的预算估计下一季度所需货品的品种、数量、款式等，再结合公司下一季度的产品开发情况，作出科学的订货计划。上货应该在订货计划的指导下进行。

货品库存管理：库存就是指仓库的存货。订货越多，库存就越多。从有利的方面看，库存的持有提高了企业的服务水平，即保证在顾客有需求时，做出即时反应，特别是零售店铺的库存更为明显。合理的库存在一定程度上也可降低成本。但库存也带来了许多负面作用，特别是季节性和流行性很强的时装尤为明显，一旦过季或过时，便会带来损失。因此，终端必须提高销售预测和控制库存的能力。

货品陈列管理：除了"视觉营销表现方式"我们下一节阐述外，这里主要讲货品陈列的差异化，即色彩灯光的差异化，经营道具、展架的差异化，货品陈列的差异化，等等。差异化的陈列是在同一卖场采用不同的陈列策略，或者在不同的季节、不同服装类别采用不同的陈列策略，让货架成为舞台。

货品的销售分析：终端客户根据近期货品的销售情况和市场需求情况做个汇总分析，分析销售品种、面料、花色、款式等，在第一时间对畅销品进行补货或补充类似替代货品，并对滞销货品进行退换、促销等处理。

补货管理：为了提高店铺的货品管理效率，补货的比例要尽量少。

第四节　超凡陈列

——视觉营销表现方式

超凡陈列，是四维一体终端运营新模式第二要素。

超凡陈列是指：在按面料、按款式、按色系这三大传统产品陈列模式的基础上，不断引入按生活方式陈列、按季节时序陈列、按空间布局陈列、按品牌主题陈列、按季节主张陈列和焦点展示陈列法、节日促销陈列法等别开生面的陈列策略。

●视觉营销的定义

关于视觉营销（VMD）的定义，一般认为源自英文 Visual Merchandising，有的称"商品计划视觉化"。从操作层面理解，它包含如何进行商品计划、决定商品构成、如何对色彩、尺码、形状进行有序陈列、道具、家具的摆放、卖场环境整顿、POP、照明，等等。

●视觉营销——引领民族品牌营销新境界

品牌在经历了产品营销、渠道营销、广告营销之后，迫切需要用更新的营销策略与消费市场沟通。于是，视觉营销在中国乃至全球范围内悄然兴起，甚至一些国际品牌将视觉营销提升到前所未有的高度，视其为品牌营销的领军标杆。

视觉营销从本质上讲是品牌的外在表现力和营销手段，狭义的视觉营销主要表现在营销终端上，广义的视觉营销包括平面传媒的视觉美感和立体传播的力度，以及包括终端传播在内的综合影响力。它最早源于盎格鲁—萨克逊国家，最先是在食品行业里为了"提高自选式货架陈列的有效性"这一需求，产生了技术性的视觉营销，紧接着在服装行业里也将其相关技术加以改造和应用，从而使之具备了服装营销的行业特点。

视觉营销的前提是，必须深度理解产品特征与品牌个性及其与企业战略愿景之间的关系。品牌是一个国家对外展示本民族的经济水平、地域风貌、宗教信仰、生活习惯的一揽子系统工程。在这个系统工程中，文化是土壤，产品是种子，企业是舵手，而视觉营销就是展示丰收成果的窗口。

视觉营销是彰显品牌个性、诠释品牌文化、传播生活理念的载体。视觉营销的艺术表现力在于：人们在消费物质形态产品的同时，更加喜欢消费产品的视觉形态，其原因就在于视觉营销可以帮助消费者领略品牌文化的魅力内涵，产生精神上的共鸣与快感。

视觉营销为"品牌主题开发模式"点题立意。科学品牌发展观认为，要想使品牌文化和产品表现形神合一，就必须把创新思想注入品牌内涵和视觉元素里，从设计源头显化品牌文化，并渗透到产品款式、色彩、面料、工艺版型等产品要素的外在表达上，进而与市场感受紧密结合，提升产品的视觉表现力，突出品牌个性，最终在消费者心目中形成强烈的视觉感染力。

视觉营销是引领民族品牌终端制胜的捷径。我们知道，服饰既是一种个人魅力的展示，又是一种文化内涵的释放，更是一种生活理念的传达。坚持走科学化的品牌营销之路，其根本目的就在于希望通过民族品牌文化这个大终端，让中国文化去影响世界，最终实现民族文化与世界文化的完美融合。

441

●精细化的终端陈列

新品陈列是现代终端营销的第一要素，原因如下：

1. 新品陈列是终端创新的主体

一个品牌在市场传播的效果集结于新品陈列上。要想让终端每天换一个新样子，只能靠新品陈列来完成。因为，店头门面和室内装修及道具设计不是每天都可以更换的，但新品陈列却是可以通过店外橱窗和室内空间及辅助材料的增减来陈列出不同的花样，以达到吸引大众善变求新的美感需求的目的。

2. 新品陈列的特征是新奇特

新品陈列从表面上看是布局组合和摆设陈放，实质是品牌价值观和方法论。要想让终端陈列出奇制胜，就必须打破旧习惯，在概念设计和形象构思时别出心裁。比如西方模特在走秀时竟然用坟墓的形状来武装 T 形台，让模特一个个从"坟墓"里走出来，若用这个场景来衬托——惑光魅影或古墓惊魂这个令人惊诧的概念，那就再新奇不过了。又比如用"欧洲战车"这个概念来形容男士礼宾服或骑士服时，就非常容易把男人的非凡胆识和阳刚挺拔衬托得淋漓尽致，同时也便于用铁甲、头盔、战袍、长矛、盾牌和马车等道具元素来做橱窗陈列。

3. 新品陈列主题思想是价值观写意

如果从消费者的群体类型和消费特征来分析个人思想、内心情感、生活方式等，就会发现一些带规律性的东西。比如相同阶层的价值观趋向是一致的，生活方式是相同的，如同男女相亲"门当户对"一样。"门当"其实指的是社会阶层对等，而"户对"则指的就是生活方式相当。

开展终端新品陈列时应考虑以下几点：

A. 消费群体喜欢谈论的是什么事？

B. 消费群体崇拜和接触的是什么人？

C. 消费群体喜欢读什么书？

D. 消费群体喜欢带什么装饰品？

E. 消费群体喜欢开什么车？

F. 消费群体住什么房？

G. 消费群体喜欢什么样的业余休闲方式？

●太子龙创新产品陈列

太子龙控股集团在深切领会产品主题的基础上，全员参与产品概念的提炼、主题的创意、视觉的创意，运用内外媒体的互动，准确传播太子龙产品的主题概念、产品特性、产品流行卖点等，展开视觉营销。

传统意义上的终端陈列大多集中于按面料类别陈列、按款式组合陈列、按色彩搭配陈列这三类基础陈列法，特别是男装一直固定在这三类陈列模式上，不如女装陈列的多彩多姿。其实，男装也是需要靠差异化的款式风格、多元化的复合色彩搭配、做工精湛的工艺技法来体现男人的价值观和生活方式。

太子龙终端商品陈列模式有：

1. 产品主题陈列法。指按季节主题或单款主题的陈列法，比如海韵绝艳——ENW 西兰，这个主题强调两点——大海的动感和色彩。在陈列时，着重考虑两点：一点是海的动感，另一点是海的蔚蓝。这样，在橱窗陈列时就很容易用船、桅桨、深绿色植物、大海及飘逸动感的海蓝色夏装来衬托主题。又如枫彩蜓舞——婷亚知秋，这个主题就直观地揭示出了秋天的满目枫红，蜻蜓飞舞的金色收获季节，这个主题也很容易用枫叶、蜻蜓、斗笠、牛车上装满稻草或谷物来比喻秋天收获的喜悦与厚重。

2. 个性空间陈列法。借助生活或工作、学习道具衬托目标群体的生活状态。比如，用装修豪华的办公楼、独立办公室、茅台五粮液、天价普洱、极品中华、精装《毛评二十四史》、VIP、收藏古玩字画珠宝黄金、高级会所、劳力士、路易威登奢侈品来全方位武装起来的空间，来表现黑领阶层的生活空间。

3. 故事叙述陈列法。用老唱片、老电话机、烟斗、牛皮毡帽、高腰靴、威士忌和壁炉、庄园农场来衬托旧世纪的庄园主或伯爵生活，简直就是一部讲述 19 世纪欧洲庄园主或贵族生活故事的史书。

4. 焦点凸显陈列法。如，在中导系统上刻意剪开一款西服的面料暴露出里衬，突出显示严格的质地工艺；在中导模特的肩膀上添加布制翅膀，用来体现飞翔动感的卫衣系列；在店堂中央用突出夸张的模特们的谈笑姿态，来形容愉快开心的交友氛围，突出交友版服装的功能特色。

5. 空间点缀陈列法。在不同的几何空间上，借助灯光、造型各异的塑料制品、铁或木制器具、绳索、色彩布艺等要素来点缀终端卖场，给进店客户耳目一新的惊喜感，激发客户潜在购买欲。在一组黑白系列中间，用突出的大红、橘黄、蓝色等新品作穿插，以达到缓解观众视觉疲劳、增强记忆的传播效果。香港浅水湾有家欧洲品牌店铺借助传送带让两个着装模特弯腰鞠躬，以此来达到挺拔腰身的裤感效果，以显示出该品牌独到的工艺和立体裁剪效果。

6. 品牌故事陈列法。运用场景、服装、饰物、背景和灯光等，构成季节、生活空间、自然环境、人物速描及艺术情调等故事，给人一种生活气息很浓的感受。故事陈列法注重实感的体现和情调、气氛的营造，强调艺术性和创新性，使顾客有身临其境之感，同时，凸显服饰商品的用途和特点，起到购物引导作用。

443

7. 产品系列陈列法。将商品按照系列化的原则集中在一起陈列。系列的归纳和组织可以有不同的方法，例如，功能、风格相同，款式不同的服饰；面料、款式相同，颜色不同的服饰；同一品牌下，不同品类的服饰；种类不同，但可以相互搭配的服饰；服装和能与之配套的饰品；等等。系列化陈列的特点是：通过商品组合，使顾客获得全面和系统的印象。

8. 生活方式陈列法。生活方式有时尚与个性化的含义。通过陈列展示生活方式，是按对象陈列与场景陈列的具体运用。对象陈列的含义是：通过突出产品的功能、特点，或利用广告、道具和移动造景手段，强调产品目标顾客的生活方式，使展示和宣传具有明确的目标，并且可以加强与顾客的沟通，有助于提高同顾客的亲和力，达到引起顾客兴趣和好感的作用。特点是：目标明确、主题突出、标志性强，影响力集中，使顾客具有归属感和亲切感。

场景陈列是利用商品、饰物、背景和灯光等，构成不同季节、不同生活空间、不同自然环境及不同艺术情调等场景，给人一种生活气息很浓的感受。场景陈列应注意现实感的体现和情调、气氛的营造，并且要强调艺术性和创新性，使人既得到启发和审美的享受，又有身临其境之感。同时，生动、形象地说明服饰商品的用途、特点，从而对顾客起到指导作用。

9. 随心DIY陈列法。随心DIY陈列策略给顾客更多的搭配与组合选择，可以让顾客按照自己的生活方式、穿着风格、对时尚的理解、适应不同的社交场合进行随心所欲地搭配与组合，既满足个性化、功能性需求，又能让顾客在购物的同时得到自我价值的展示与实现。随心DIY陈列策略展示给顾客的是按功能、风格、价格等分类的服装、饰品、配套商品等。这些分类摆放的商品应能体现出品牌的文化和品牌的定位，避免给顾客造成"特卖品即便宜品"的印象。

●视觉营销代表作——TEDELON 时尚中国

高密度柔软光泽的澳大利亚进口羊毛搭配沉稳、内敛的经典黑，经多道裁剪工序精雕细琢后，与纽扣线上画龙点睛的中国红结合，迸射出无限睿智的遐想，锻造出凸显人体流畅曲线并富含民族底蕴的时尚简约版型华服，它就是在北京服装纺织行业协会主办的"中国式新男装设计作品展"中一举夺得"最具市场潜力奖"的太子龙"时尚中国"。

"时尚中国"是太子龙控股集团推出的产品。该系列分为"潇洒帅气"、"冬天旅行"、"都市冒险"、"自由旅行"四个段落，递进展示生活节点式服装风采。"时尚中国"系列延续了刚毅内敛、自信时尚的品牌形象，深化了"不卖产品卖文化"的经营理念，区别于正统"经典商务系列"及休闲"商务休闲系列"，最大限度地寻找舒适潮流与经典大气的最佳活力点，让悠久的中国文化融入时尚元素的脉搏中，撞击出璀璨的国际化光彩。

在设计方面，该系列整体显示欧洲时尚风格，服装线条流畅自然，去除了烦琐的装饰，巧妙地把中国元素通过细节进行改造，如丝绸质地的扣带、"中国红"纽扣线、红色裤线等，打破了沉闷的固化格式，将太子龙经典的黑、白、灰变得活力勃发，不仅展示了男性的威严与硬朗，同时体现男士睿智、沉稳的内在气质，深度表现了男性魅力。

在版型方面，该系列不再过分强调修身纤细的款型，而是以舒适、合体为主。每一件服装都做到传统手工艺与高科技加工方法的融合，细节之处加入盘扣、刺绣等民族工艺，为男士增添一份儒雅和奢华。

在品质方面，该系列采用高端环保的面料，不论是选取、预缩、裁剪，还是缝制、半成品、成品，每一道流程都出台了相关检测标准，进行了认真检验，并严格按照 ISO 9000 国际质量管理体系保证模式进行，每一件服装均经过 10 多次检测，确保出厂产品符合国家的各项标准，并力争每一件产品成为视觉与触觉完美结合的艺术品。

"时尚中国"设计源于加盟太子龙的意大利时尚教父拉米（RICCARDO·PAMI）对华夏五千年悠久历史的理解，经韩国新锐设计师林亨镇和十数位国内资深设计师联手打造。"时尚中国"强调品牌的时尚简洁和中国文化底蕴，旨在诠释一种简单的完美的生活方式，以对中国元素的时尚再造展示服饰文化风采，以精练的生活品质来演绎男士的儒雅内敛，以独辟蹊径的视角来展示中国神韵的民族印象。它集都市精英阶层的经典、时尚的气息和中国文化的优雅精致于一体，以独到的视角来展示"世界时尚看中国"的民族情结，以创造性的理念来诠释民族文化国际化的真谛。

445

第五节　创新促销

——人文促销的创新策略

创新促销，是四维一体终端运营新模式第三要素。创新促销是指：根据不同的消费群体、不同的消费时节、不同的产品类别，推出不同内涵的促销主题和促销策略。

●商业促销和人文促销的本质差异

人文指人类社会的各种精神文化现象。文化是人类群体共有的符号、价值观及行为规范；精神是人类独有的自我关注、自我实现现象，一般表现为对尊严、价值、命运的关切和对文化积淀的珍视，它反映人的意识形态。人文促销就是以文化理念、文明概念、传统文化、文化产品等文化元素为符号，以各种文化活动形式为载体，营造文化气氛，吸引消费者注意力，从而促进商品销售的行为。人文促销形式主要有联谊会、文化广场、企业文化研讨、画展、影展、文化艺术讲座等。

人文促销与一般商业促销的不同，表现在以下方面：

1. 商业促销是商业行为，人文促销是文化行为

文化这个东西，人有时候把它看得高尚，有时候把它看得庸俗。"文化搭台，经济唱戏"到处在喊，戏唱完了，文化到哪里去了？文化产业到处在搞，大都是些文化皮毛，买些书，写些字，唱台戏，逛个庙会，文化就产业了？其实，这些都是在产品和销售意义上的文化符号应用，可以算作人文促销。

我们的商业促销，文化含量少，文化层次低；我们所谓的文化促销，往往是拿文化凑份子，问题何在呢？

人文促销应该按照文化的特性和规律来促销，而不是按照促销的特性和规律来剪贴文化。——这就是人文促销的本质。

关于文化，定义多多。用大学问家费孝通先生的通俗说法，文化包含三

446

个层次：第一个层次是生产、生活的工具，比如中国人用筷子、西方人用刀叉、印度人用手抓，都不一样，这是器物层次；第二是组织层次，社会怎样把个人组织起来，让单独的个人能够在一个社会里面共同生活，有怎样的政治组织、宗教组织、生产组织、国家机器等；第三是价值观念层次，什么可以接受？什么不可以接受？什么好？什么不好？……。三个层次不可分割，是一个有机整体。按照这种说法，文化就在我们身边，我们就被文化包围，我们的一切活动，都有文化成分。说促销是一种文化活动，理解容易操作难。难就难在找不到文化单元或层次之间的联系，认得符号，弄不清意思；有了概念，说不清内涵；好不容易搞了些文化氛围，一卖产品就不顾一切，只知道招揽顾客了。

所以，人文促销，首先得有文化背景，或者叫文化传承，就是一种文化联系。筷子，如果同饮食习惯、社交、仪式、故事、诗词联系起来，就是文化，如果涉及价值观、审美观、世界观，就是人文精神。要找到产品与文化元素之间的联系点，设计好两者的联系线，编织好人文故事，简化，美化，情景化，做到文化内涵、促销氛围与商业目的融合。这种联系要自然、有机，不能生拉硬扯，牵强附会，乱贴文化标签。

447

2. 商业促销只卖商品，人文促销"先卖思想，再卖商品"

与"先做思想，再做产品"一样，人文促销要"先卖思想，再卖商品"，也就是说，促销活动要能准确传达出品牌文化内涵。

商业促销的目的不是为了提高产品知名度，而是为了让顾客接受产品。人文促销的目的不仅是销售产品，更重视宣传企业文化和品牌文化。如果我们在产品生产阶段做到了"先做思想，再做产品"；在产品销售阶段，用适当的方法途径把这种产品思想传播出去，使产品畅销，就是人文活动准确传递了品牌思想，很好地完成了促销任务。在品牌文化的宣传上，应注意将产品与文化消费和生活方式结合起来；在产品文化的宣传上，应使客户在文化气氛中对产品的整体形象、产品质量与质量意识、产品设计中的文化因素有所了解，把卖产品变为"卖生活方式"，这就是人文促销"先卖思想，再卖商品"的规范动作。

有时候，促销活动依附公益活动等与企业、产品有一定距离的更大范围、更高层次的社会活动主题，促销活动就要相应调整思路，以宣传社会活动主题为先，找到合适的结合点，切入产品推销。

3. 商业促销是战术性工具，人文促销有战略性诉求

企业做促销的原因是因为它有效，一促就灵。但当促销活动结束时，销量往往大幅回落，于是又谋划新一轮促销，形成怪圈。其原因是消费者购买产品后，不一定再继续购买，即使再买，也有可能换成其他品牌的产品。那么，厂家通过节日促销活动获得的销量，就是短期收益。短期的销量上升是无法维系长久的市场份额的，没有什么战略价值。打折等促销活动得到的大多是一次性客户的消费，企业无法通过客户的长期消费来分摊本次促销活动的成本。

一般的商业促销最大的弊病是短视，促销目标浅近；只顾眼下，忘却长远；只顾局部，不顾全局，有很大的盲目性；不是促销频率太高、促销力度太大、就是促销持续时间太长、促销方式直接诉诸价格折扣；等等。

商业促销不以营建品牌为宗旨，只是为了让顾客接受产品。

人文促销是品牌行为前提下的产品促销。

人文促销的一大原则是前期准备充分。促销计划除了服从于年度经营计划外，还要服从于企业的整体战略，尤其是贯彻企业文化和品牌文化。人文促销围绕获得长期客户而设计促销，把促销和其他维护客户的措施整合使用，建立忠诚顾客档案，构筑强大的市场防护壁垒。

文化是一个持久的概念，是长期以来在人们心目中所形成的一个氛围。人文促销迎合人们的文化和生活习惯，把人的精神文化需求与物质需求通过产品或品牌联系起来，使促销从卖产品升华为卖思想、卖价值观、卖生活方式。

人文促销具有传承性、连续性、全息性。体现民族文化、行业文化、企业文化、品牌文化。

4. 商业促销营造买卖氛围，人文促销营造文化氛围

人文促销要营造特定的文化氛围，向消费者传递文化信息的同时，突出企业产品的文化性能，使企业形象和产品在消费者心目中留下深刻的印象。所谓"主题行动"，不但指促销要有一个主题，更指整个营销过程始终贯穿一条主线——企业文化和品牌文化。

目前市场促销，大多是打折、赠送、游戏抽奖，给消费者附赠的商品缺少文化内涵，一般还都处在只是在附赠的商品上打上企业名称。促销本身的同质化，一方面使促销成本上升，另一方面使促销效果下降，加剧了商家之间的竞争，也使消费者对促销活动失去热情。

5. 人文促销不打价格战

"萝卜 2 元/斤，宝马 130 元/斤，甲壳虫 82 元/斤，QQ18 元/斤"，这是 2010 年南京一个汽车展销会上的广告，幽默中反映出连续六七年的汽车价格战的悲壮。今天的车市已摒弃了价格战，但其后遗症仍不时显现。

价格战的消极作用在于：牺牲利润，削弱发展后劲；降低品牌价值；牺牲性能，使消费者的利益受到威胁；牺牲诚信，使消费者失去信任。降价在短期内能很快奏效，对于提高短期销量有帮助。但是频繁降价无疑会破坏品牌形象，不但影响企业品牌形象，也影响行业整体形象。价格战是个怪圈，人人都知道恶性降价是低层次的营销竞争，但又身陷其中无力自拔，被称为中国营销烦恼之最。

而人文促销立足于"先卖思想，后卖商品"，注重品牌形象，传播品牌文化，着眼长远发展，为消费者提供物质与精神享受，对产品、企业、行业都是正向作用。

449

6. 人文促销拒绝恶炒

概念炒作，就是寻找产品的差异化加以宣扬。作为促销手段，它应该是常规武器。可是，一旦为差异而差异，不从产品上找差异，只在概念上玩差异，就成了"美丽的忽悠"，这是"恶炒"之源。至于不吹第一，就吹之最，不是国际金奖，就是吉尼斯纪录；更有甚者，天上撒钱、街头泼酒，无所不用其极；楼市营销中有"广州炒设计、上海炒价格、北京炒概念"之说，总想着弄一个新奇概念出来就有人抢房。

"恶炒"是概念促销的毒药。

人文促销，概念是少不了的。概念本身就是文化的范畴。但文化毕竟是有内涵的。在概念内涵上下工夫，做好价值观、生活方式与品牌产品的结合并适度推广，才是人文促销正道。

2011 年，国内彩电企业大打"概念牌"，中国彩电巨头宣告"云时代"

到来。"云电视"成为品牌促销最新名片，姓"云"之后，价格要比普通互联网电视和智能电视贵近千元。与国内品牌不同的是，国际电视品牌则主打持续了一年多的"SMART"智能电视，LG、三星、夏普等国际品牌均未涉及"云"概念。不过，无论各厂商宣传的云电视功能有多么的强大，描述的未来"云生活"是多么的美好，在华丽的辞藻和美好的"云未来"背后，"云电视"的本质还是智能电视。在全球彩电市场集体疲软的状态下，在"云电视"等最新概念下，中外品牌企业各自也做了概念内涵功课，并在科技、技术、产品上紧抓不懈。创维提出"云电视"的六大定义，康佳发布智能电视新战略的六大方向。国内厂商在价格和营销策略方面占优势，而外资品牌在用户操作体验上领先。2011年，国内彩电企业都将研发重点转向智能电视和云电视，创维、康佳、海信、长虹、TCL等国内彩电品牌市场份额占比将近九成。中国彩电企业不遗余力地推广智能电视的确使国内品牌抢占了先机。虽然外资品牌在智能电视和"云电视"的推广上慢了一拍，但是国内彩电厂商意识超前并不代表可以一直占据优势地位。未来随着三星、LG、索尼、苹果等厂商陆续推出智能电视，对国内电视机厂商也带来了巨大的挑战。①"云电视"已经成为市场主角，应该说，行业概念牌打得不错。关键问题是不但宣传好这个概念，更要做好这个品类产品，否则，仍然摆脱不了炒作之嫌。

450

7. 人文促销轻易不树敌

促销不能避免竞争，竞争最怕口水战：你说我的产品不新，我说你技术落后；你说我掺假，我说你山寨；一些大企业、大品牌也自贬身价，变相攻击竞争对手。一旦鼓吹自己的长处变为攻击对手的短处，竞争的层次就急转直下，混战一场，两败俱伤，谁都不像人样，最终降低行业声誉，自毁长城。

人文促销是在文化层面宣扬价值观，一定要避免庸俗竞争。

---

① 《从炒概念到真竞争，看国内彩电企业领跑》，南方网，2012年4月9日。

●节日文化促销

　　节假日是最好的促销时机，节假日的销售额高过平日数倍，春节、元旦大节更是呈十倍、数十倍增长。节日最适宜做人文促销。充分挖掘和利用节日的文化内涵，结合企业本身的经营理念和企业文化，可以吸引众多的消费者，取得良好的市场效益。

　　节日促销设计，要迎合消费者轻松、快乐的情绪，让消费者感到购物是一种愉悦。针对不同节日，设计不同的活动主题和企业独特的促销主张，营造现场气氛，吸引顾客，实现销售目的。

　　我国的许多节日都有丰富的文化内涵，节日人文促销，要根据不同的消费群体、不同的消费时节，不同的产品类别，推出不同内涵的促销主题和促销策略。太子龙在2010年的端午佳节推出"子婿孝亲一拖二工程"就颇具太子龙品牌的人文关怀和促销新意。

　　范例1：端午佳节，太子龙特情钜献中国好男人——子婿孝亲一拖二工程。

　　当代城市中年男人，是夹缝中的男子汉，在父母和岳父母之间、自己的小家和父母的大家之间，闪转腾挪玩平衡的顾此失彼，委曲求全抹稀泥的里外不是人，做得辛苦而活得心酸。关注到这一细微情结，联系品牌精神和产品文化，寻找缓解这一情结的心理动机，构想以产品为枢纽的行为情境，于是，摆脱尴尬处境的好男人形象被召唤出来——

　　诉求：促销的买一赠一，解读为：节日敬老，一次购衣，同时孝敬父亲与岳父。概念："一拖二"。

　　《双面胶》之所以热播，是因为它道尽了中国男人在父母和岳父母之间、自己的小家和父母的大家之间无尽的艰难与辛酸。其实，卓越男人只需脑筋急转弯，即可蜻蜓点水地化解姻亲歧义与麻烦，妙招参见：

　　（1）端午特惠时令T恤衫，买一赠一任你选。

　　（2）泰山父亲一样亲，同等对待显真情。

　　注：特惠活动时间仅限2010年端午节当日。

　　范例2：情侣服饰——爱情示范工程·年度假日促销活动方案。

451

某服装品牌初创产品——才子佳人情侣服饰，因产品开发尚未达到按生活方式细分阶段，推广传播也就无法按照细分市场推进。可以通过节日促销推出产品，下面是该品牌某年度各节假日的促销活动安排：

1. 元旦活动：

A. SP主题：

"景飒春蕾·才子佳人"贺新禧——说准就给你。

B. SP内容：凡是消费者购买并选准才子佳人品牌春装新品男女情侣套装，并且符合套装搭配要求的，均有机会免费或半价获得第二套新品靓装。

C. 操作要求：

(1) 标准答案以《才子佳人情侣时装陈列搭配手册》为准。

(2) 选准男女套装一套者，给予半价优惠；男女都选对的给予免费。

(3) 活动仅限元旦节当天。预设半价获得者两对，免费获得者一对。

(4) 公司策划部事先制做好活动传播物料，严格做好保密工作；各店铺店长在活动当日早晨8点通知店员，并封存店员通信工具、保管好《陈列搭配手册》，以免出现泄露问题，影响活动进行。

2. 情人节活动：

A. SP主题：玫瑰香夜·才子佳人——缘分天定，情"衣"无价。

B. SP内容：凡是购买才子佳人春季情侣套装两套者，三对中必有一对免费获得价值388元礼品及星级宾馆良宵一夜，还可获得才子佳人终身VIP成员及鲜玫瑰花一束。

C. 操作要求：所谓"情'衣'无价"是指因优惠活动而带来的快乐和刺激感，让人充满遐想。

3. 端午节活动：

A. SP主题：艳遇正午——鸿运绣球只为你。

B. SP内容：凡是在端午节当天正午接到店铺活动中抛掷的绣球者，一律给予情侣5.18折夏装新品优惠套餐。

C. 操作要求：

抛掷绣球者可从参与活动的情侣购买者的女性中随选，抛掷方法、次数，视参与人数确定。

4. "五一"长假活动：A. SP主题：才子佳人双飞游，冰爽美丽看长城。

B.SP内容：凡是在4月1～15日购买才子佳人夏季新品情侣时装价值过千元的，均有机会获赠"五一"长假情侣双飞北京旅游机票，免费游长城登高望远，领略祖国大好河山。

C.操作要求：

（1）4月1日启动，目的在于配合新品上市，拉动新品销售热潮。改变消费者等待节日打折时再购买的习惯。

（2）在店门口的KT板公布的活动说明中，载明每满10个就开奖一次。刺激购买者带动亲戚朋友参与，好尽快开奖。

（3）运用好"第6个购买者"说辞。第6个购买者，暗示一轮开奖快出成果了，触发消费者参与热情。

5."七七"牛郎织女节活动：

A.SP主题：中国情人真情深，牛郎织女终相依。

B.SP内容：凡是在"七七"节前10天情侣双双购买才子佳人秋季新品情侣时装的，可享受7.7折，每推后一天折扣少2%；若三套以上购买的，还可免费享受集体300元大餐；四套以上的另外还将双双免费获得纪念性艺术婚纱靓照两套。

C.操作要求：

（1）情侣时装最低以单套购买为起点，单件不在此优惠范围。

（2）提前谈好合作的餐馆和照相馆，拿到最优惠价格。

6.中秋节活动：

A.SP主题：才子佳人赠情"依"，月靓中秋度合欢。

B.SP内容：凡是购买才子佳人秋季新品情侣时装，一次购买满880元的，即可免费获得情侣男装一套。

C.操作要求：

（1）满880元是指按吊牌价全价购买而非折扣价，不论套装还是多件购买均可。

（2）所赠送的男装和女装总价款折扣后，只要还在6折以上的即可算作是合格的买一送一式捆绑销售。

（3）这样可以避免"买一送一"给人以廉价货品的嫌疑，同时维护了情侣时装的真正内涵——真爱相"依"。

（4）送女友也是送自己，爱女友也是爱自己，符合中国人好事成双的吉利心理。

7. 国庆长假活动：

A. SP主题：真情爱侣美相伴，真爱中华游惠衣。

B. SP内容：

（1）凡是准备国庆期间出去旅游的情侣，只要购买才子佳人秋季新品任何一款上衣外套的，均可获得2.28折的本款套装裤。

（2）不选折扣价套装裤者，可获赠高级旅游背包、围巾、手套一件。

（3）若总价款达千元者，可抽奖送数码相机，也可累计返利下次购买时折抵购衣款。

C. 操作要求：

活动前，必须算清收支账，以保证活动划算可行。

8. 圣诞节活动：

A. SP主题：瑞雪圣诞冬虽寒，才子佳人衣送暖。

B. SP内容：为助推情侣圣诞激情浪漫，凡是购买才子佳人冬装套装的，均可免费获得时尚针织内搭男女各一套，购买价值满800元的，还可提前享受才子佳人超级VIP会员资格，半价购买春季新品上市靓装一套。

C. 操作要求：

（1）之所以要送成套的内搭，就是为了抓住圣诞狂欢中几乎所有青年都要脱掉外套的机会点，用产品凸显完美身材和零距离的情感诱惑，继而为接下来的激情之夜助推浪漫情感，这才是促销的核心突破口，所以一定要让店员在销售时道出"褪去厚重外套，赢得完美身段"，直接满足年轻顾客的爱美心理需要。

（2）本方案是"一举两得"的连环套操作模式，第一是可以针对冬装库存实行强有力的促销；第二是让顾客明白购买冬装不但可以获得免费内搭，还可提前享受超级VIP会员资格半价或6.8折购买春装，实现以"解决冬装库存"带动"春装入市"的热销局面。

9. 春节活动：

A. SP主题：才子佳人贺岁衣，新老会员同升级。

B. SP内容：

为感谢才子佳人 VIP 新老会员对才子佳人情侣时装的厚爱，庆祝才子佳人年度新会员加入及老会员升级换卡工作的顺利开展，特推出 20 款春季特情贺岁新装，凡是在春节期间购买才子佳人情侣时装的一律实行新会员卡优惠措施——原基础上再打 8.8 折优惠。

C.操作要求：

（1）若是新会员加入，填写个人资料后，可立即享受才子佳人新会员权利——8.8 折优惠。

（2）若是老会员，则直接在原优惠基础上再给予 8.8 折优惠。

（3）之所以要推出累计连续升级会员，目的在于不断稳固和扩大才子佳人品牌的市场占有率，形成连续稳定的客情资源。

第六节　精准导购

——针对性导购模式

精准导购，是四维一体终端运营新模式第四要素。

精准导购是指：针对不同客户推出针对性的导购说辞，一对一地促进意向客户立即产生购买行为。

导购，从行为上讲，是引导顾客促成购买的过程；从配置上讲，是导购员或导购队伍；从功能上讲，是消除消费者疑虑，帮助消费者完成购买过程。导购环节的价值凸显，是"买方市场"和"渠道经济"的必然要求。导购工作是完成整个销售工作的重要环节。

精准导购，就是把导购做到极致。与一般导购相比，精准导购能够让顾客快速将注意力集中在自己感兴趣或者较适合的商品上，缩短了销售过程，提高了销售效率。

精准导购的关键是直接沟通，一对一服务，使沟通的距离最短，效果最佳。

精准的含义是精确、到位、个性化、可衡量。精准营销理论的核心是：通过可量化的精确的市场定位技术突破传统营销定位只能定性的局限；借助先进的数据库技术、网络通信技术及现代物流手段保障和顾客的长期个性化沟通，使营销达到可度量、可调控等精准要求；用系统手段保持企业和客户的密切互动沟通，从而满足客户个性需求，建立稳定的企业忠实顾客群，实现客户链式反应增值；摆脱对传统营销机构的依赖，简化中间渠道环节，实现个性关怀，降低营销成本。

美国行为科学家明茨伯格指出："管理工作有10种作用，而沟通和人际关系占三成。"

消费者进入不太熟悉的店面，通常有三大疑虑：价格疑虑、品质疑虑和效果疑虑。导购员的第一职责就是帮助顾客打消疑虑。做到这一点需要导购员在促销过程中运用大量的促销手段和促销技巧。要详细、耐心的讲解所售产品功能，并让顾客明白这种功能正是他需要的。要有充足的理由让顾客愿意购买产品，并让顾客感到他所购买的产品是物超所值的。

导购是针对顾客的身份、生活、交际等全面资源进行导购的行为。当顾客进入导购的视线时，导购活动就开始了，整个导购过程是导购员对顾客进行辨识和认知的过程，通过用心的观察和在沟通中感悟，清晰地认知顾客的身份、地位、生活品质与方式和社交人群，从而对适合于顾客审美的服装款式、色彩、搭配、风格、品质等进行组合推荐。相对于其他导购模式，人文导购模式对导购员的要求要高一些，尤其是社会阅历、灵活性、识别的敏感性等。

导购员的主要职责就是帮助消费者作出决定，实现购买。购买之后，还要负责跟踪服务（电话为主），协助技术人员对消费者完成最后的工序，将保证卡各项内容逐步实现，从而在消费者中形成良好的口碑效应。

顾客满意与否取决于顾客期望值、顾客感知的产品价值、顾客感知的服务价值、顾客购买成本。顾客对服务质量的评价包括五个方面：可靠性、响应性、安全性、移情性、有形性。顾客如果对五个方面都满意，那么这个导购员就做到了"优质服务"。

导购团队应具备的知识结构以及导购技巧包括：

①企业知识：产品线及其长度、深度和宽度；企业文化、历史和愿景。

②产品知识：对每一种产品的性能、特点、操作演示和维护十分熟悉；对公司与产品有关的商业政策应了解和掌握。

③营销知识：懂得如何做品牌推广活动。

④心理学知识：了解顾客购买心理。

⑤公关礼仪知识：懂得如何与顾客沟通，如何展示自身形象。

导购员自己的角色定位非常重要：首先，导购员是一个服务专家、营销代表，能指导顾客购物；其次，是顾客立场的代表，为顾客的需要着想，让顾客从其一言一行感知产品是最适合他的。角色定位是导购技能中很重要的一环，成功导购员还要求掌握产品演示、操作技能、沟通技能等一系列基本技能。

●服饰美感和生活方式导购法

服装商品的美感价值是核心价值。美感导购法的关键在于关注顾客的美感需求，针对不同销售情景，采用专业性强的销售方法，最大化地挖掘服装的美感卖点，激发顾客的审美冲动，调动顾客的潜在购买需求，促进成交。

关于美感导购的方法，业内模式层出不穷。贾小艺就提出过形容词美感销售法、色彩美感销售法、体型美感销售法、美感衣橱销售法、美感亮点销售法、造型美感销售法、配装美感销售法风格美感销售法等。其实美感导购的灵魂，就在于灵活多变，看人下菜，见风使舵，因人因时而异，不必拘泥刻板的模式。

一个人在不同的场合穿着不同的服装款式就是在展示不同的个人形象。导购可以为顾客提供场合着装选择、着装搭配等解决方案和推荐服务。

服装第一吸引力是色彩。导购可以根据顾客喜好的色彩判断顾客的心理喜好，从而帮助寻找顾客喜欢的款式。当顾客面对服装款式的色彩选择犹豫不决时，导购可以通过专业的色彩知识讲解引导顾客决策。

服装搭配，或者说着装方式，反映的是某种生活方式。把这种着装方式推荐给顾客，就是卖生活方式。我们所谓的"先做思想，再做产品"，就是这个意思。配装导购，是一种通过推荐服装搭配穿着方式，来启发引导顾客的购买欲望并促进成交和连带销售的销售方法。在这里，着装方式是"做思想"，面料、色彩、图案、款式等要素环节，是"做产品"，用"做思想"带飞"做产品"，是科学品牌发展观在终端的具体体现。

衣着往往是一个人身份的象征，是其生活方式与生活状态的外在表现。一个人的穿戴，可以反映出他的身份、地位、生活品质与方式、社交人群。市场经济及生活水平的提高，使越来越多的人重视用衣着来表达自己的身份、地位，彰显自己气质和社交品位。在导购时必须充分依此进行定位，精准导购，快速为顾客提供满意的推荐和建议。

457

结语　我们为什么研究"国家品牌生产力"

一、提出"国家品牌生产力"理论的时代背景

任何一个学术理论的提出，都与时代背景和社会环境相关联。正确回答时代提出的课题，是理论创新的根本任务，也是理论创新的具体体现。特别是涉及政治、经济、文化、社会、生态环境等事关民族和国家发展的战略性问题时，该理论也就有了关乎全局的战略意义。"国家品牌生产力"理论的时代背景和社会环境因素有以下几个方面：

1. 中华传统文化缺乏自主创新的文化精神

2012 年是中国国家贯彻落实中共十七届六中全会会议精神，深入开展社会主义文化大发展、大繁荣，科学构建社会主义核心价值体系宏伟工程的起始年。

这本来是一个让人纳闷的问题：中华文明已经延续几千年了，社会主义新中国诞生都 60 多年了，为什么还没有自己的核心价值体系呢？道理很简单，因为在漫长的中华历史进程中，我们中华民族有近一半的时间是处在落后愚昧的封建社会里，特别是明清以后的中国，几乎就是在苟延残喘却又根深蒂固的封建余孽思维中昏度残阳。近代以来，与欧洲的工业革命和电子信息革命相比，中国对人类社会几乎没有什么可以称道的创新贡献。究其深层次原因，是封建社会的主体文化主要是儒家思想倡导的——皇权专治文化与感性模糊的人情面子文化。中国传统思维的基本特征是"经验综合型"的主体定向性思维，这种思维重直觉、经验，轻理性、逻辑；重综合，轻分析，因此，缺乏对超越感性经验的抽象思维及规律的认识，缺乏理论上的系统总结与提升，进而对认识对象的理解与把握更多的是直觉判断，缺少科学实证研究和方法论依据。儒家思想在文化的本质属性上是属于感性的人文式文化

范畴，它与西方的"理性科学式文化"不仅在价值观和思维方式上相反，就连方法论和实践运行等无一不是正好相反的。比如，人际关系准则上，中国人是等级制与人情圈，而西方则习惯于民主平等自由博爱；行为方式上，中国人喜欢凭感觉做事，干起来再说，而西方人追求科学尊重规律；行为准则上，中国人习惯于听领导讲话和按会议精神办事，西方则信奉《圣经》和法律制度。这种差异，总体上说各有利弊，但在工业化和商品经济时代，理性思维和科学态度显然占尽先机。

眼下，大家都说发扬传统文化。但是，传统文化最大的特色是兼容并蓄，美和丑、善和恶、是和非、进和退，相反相成，不说绝对的话。这种以模糊反精确、以感性压理性、以经验代科学的永不失言哲学，就是中庸之道。在商品经济秩序中，中庸之道只能永远看人脸色，充当跟班。2012 年 1 月 25 日，清华大学地球系统科学研究中心教授宫鹏在《自然》发表文章，就中国古代文化对中国科学研究的影响发表看法。他认为，孔子和庄子文化崇尚孤立，抑制好奇心，对科学研究没有好处。文章说，中国科研质量需要提高，目前存在的问题一个是学术不端，另一个是文化。孔庄文化鼓励小尺度和自给自足的做法，阻碍创新、商业化和技术发展。

459

有文章说得好，中华民族自古以来就追求一种适中、恰到好处的和谐，强调个人应顺从社会、人类应顺应自然，并提出"天不变，道亦不变"的法则。在对立的事物之间，讲究通过协调、均衡和妥协达到息事宁人的和谐稳定，形成了因循守旧、害怕冲突、缺乏冒险精神、党同伐异的性格，与讲究效率、敢冒风险、鼓励创新的观念形成鲜明的对照。创新实质就是破坏性创造，求新异变。因此，和谐中庸的思想对创新行为产生束缚作用。①

在全球绝大多数国家都奉行市场经济体制的今天，我们这种特色的民族文化机制，因为严重缺乏系统化和逻辑化的思维方式，导致了我们在思考任何问题时，不是以理性科学的态度去寻找问题的症结所在，继而提出科学合理的解决方案，而是在心理上抱着"无为而治"或"水到渠成"的非科学思维，或者走到另一个极端，先喊出口号，再寻找路径。在具体的行事方式上，则表现为跟着感觉走和摸着石头过河，其中最有代表性的企业管理语言

---

① 刘丽萍、王丹：《基于科学发展观构建企业创新文化系统研究》，职称论文网，2009年 10 月 8 日。

莫过于"只要结果不问过程"和"有问题不找市场找市长"。长此以往，必然导致我们本来就淡漠的科学思维方式愈加式微，本来就恍惚的文化自觉和文化自信愈加飘摇，最经典的概括就是"月亮还是美国的圆，绅士还是英国人像，汽车还是德国的好，科技还是美国最强"。缺乏文化自觉与文化自信，就很难有百折不挠和持之以恒的民族自尊心的自信心，因而也更难产生基于思想创新的超越全球的自主创新能力了。

2. 无序化思维桎梏了中国经济社会的科学发展

由于受本民族普遍盛行目的文化——急功近利和投机思维——不按牌理出牌的不良思维影响，导致了中国人在做任何事情时都是以目的为核心，也就是只要目的不要过程。所以，当中国加入世界贸易组织后，需要按西方的市场经济游戏规则来运行民族的经济时，我们才恍然大悟自己不但没有系统化的科学技术，更没有前瞻性和体系化的理论体系，拿郑永年教授的话说就是"中国社会缺乏完整的自主知识体系"。所以，我们在开展市场经济时不是手忙脚乱，就是顾此失彼。因为，市场经济本身是一项人类社会最复杂而又巨大的系统工程，它需要从目标确立、战略构想、计划制订、策略创建、体系推进等一揽子要素上完全符合科学运行规律，而不是随心所欲地乱搞一气，如同驾驶汽车一样，必须有资格驾驶、按程序启动、依规则运行，否则不会有好果子吃。

当整个国家或民族因为没有系统科学的理论指导，而陷于一种无序化的运行态势时，一国的经济与社会发展也自然难以摆脱必然的颓势和恶性问题连环不断的窘境。

3. 传统产业模式已经难以为继

中国改革开放以来，延续了30多年的传统产业普遍因为资金投入大、资源消耗多、环境污染大、品牌附加值低下的"三高一低"现状，在遭遇全球金融危机以后已经不能够再继续了。虽然中国地域很辽阔，但是自然资源却面临日趋枯竭的严峻形势，特别是在经过了30多年无序化的开采和挖掘，已经造成了大量且严重的环境污染，已经成为严重影响民族可持续化发展的战略问题。

4. 国家中长期战略呼唤国家品牌生产力

未来中国经济的战略重点与中国经济社会发展的突破点到底是什么？

众所周知，国际品牌附加值的大小则取决于民族品牌文化内涵的深度和技术外延的广度，所以十七届六中全会精神的首要目的是为了提升民族品牌附加值，其次才是为了满足人民日益增长的物质文化需要和挽救日益沦丧的民族道德。而提升民族品牌附加值是为了让未来中国少消耗本国的资源而通过打造国际品牌多赚取附加值，因为只有多赚取国际品牌附加值，才能使中国人民长期有饭吃，确保国家长治久安。

是的，改革开放尤其是进入 21 世纪以来，在市场传播和官方文件中，"品牌"二字出现的频率越来越高。但是，品牌与品牌文化、品牌与国家品牌、国家品牌与国家品牌生产力、国家品牌与国家品牌经济，这些关系到国家经济前景的关键词、主题词，即就是在经济学专家学者的著作或演讲里，也很少出现，更不用说政府文件了。为什么？重视不够。为什么重视不够？认识不到这个课题的前沿性，看不见这种生产力的先进性，不知道这种经济形态对目前所有经济形态的整合性，不懂它是产品经济前所有经济形态的殊途同归。现在我们要做的，就是认识和主动融入品牌经济时代。在这个时代，拼的是国家品牌生产力！

中国国家中长期战略主题，就是打造国家品牌生产力。要使民族品牌从根本上彻底摆脱不利局面，只有全心全意，上下同心打造国家品牌生产力。

二、研究国家品牌生产力的现实意义

（一）"国家品牌生产力"是一个战略概念

国家品牌生产力，是以科学品牌发展观为指导，以国家整体品牌为平台，以国际市场为目标的，整合生产力系统各种要素，主导品牌经济发展的物质力量。

也可以说，所谓国家品牌生产力，从广义上讲，主动担负起"文化立企，品牌立国"的民族使命，能代表一个国家或民族品牌的最高生产力水平，去积极地迎战品牌全球化新时代。它的内涵包括：在民族品牌的战略升级中能担当起示范标杆作用；有整合产业链各环节优势资源的强大整合力；

461

能主动承担起国家支柱产业协力共生的内生聚合力；可引领民族品牌科学地迈进国际化道路。

简单地讲，国家品牌生产力的核心思想和作用就是打造国家最高标准的品牌示范标杆——即打造中国品牌的"国家队"，去强力引领和推动民族品牌走可持续化的发展道路——即代表中国国家队去征战世界杯，夺取"世界品牌冠军"。

（二）"国家品牌生产力"理论属于顶层设计范畴

国家品牌生产力概念属于顶层设计范畴，是中国经济社会发展的战略核心，是国家中长期战略主题。国家品牌生产力本质是对传统经济模式和现代经济社会运行体制的战略重组与科学优化，它既是对传统官产学研传统体制的革命性重构的方向性指引，又是对未来国家品牌生产力硬件软件的实质性孵化。

（三）"国家品牌生产力"理论是中国品牌理论的灵魂

长期以来，中国品牌由于受大卫奥格威的广告学思维和菲力普—科特勒的营销学思维影响，形成了僵化的三大定式思维，最常见的三种做派是：按奥格威的广告学思想运作民族品牌的福建的体育运动用品，具体做法是长期使用品牌代言人和垄断 CCTV - 5 的广告宣传类品牌；按菲力普—科特勒的营销学思想运作的广东深圳的时尚休闲服饰，具体做法是在市场运营中擅长整合营销和创意策划的市场营销类品牌；按法国和意大利的纯产品技术和终端视觉表现力来运营的长三角时尚女装和商务男装，这类品牌的视觉表现力和产品质量都相对过硬，但是，从类别性质上划分仍然属于是产品技术类品牌。

其实，国内很多品牌操盘手不知道国际品牌的三个"代表"：第一，代表本民族的宗教信仰，比如，肯德基和苹果手机都自觉地传承着基督教义——自由（自由是创新的前提，苹果手机的诞生就是因为自由思想普遍存在的结果）和博爱（肯德基餐厅的热情祥和的氛围体现的就是和平友爱）；第二，代表国家战略意志，比如，谷歌公司代表的就是美国国家的战略意志——信息监视，文化控制，和平演变，称霸全球；第三，代表了独特的企业理念——无敌创新或以人为本。

由于这些国际品牌经过了上百年的市场历练和不断地自我完善，已经变成全球妇孺皆知的全球知名品牌，因而在常规的市场宣传中它们可以用感性无声的品牌传播模式来传播自己，正如名人出场即使不说话也等于有思想和内涵的道理一样。但是，由于我们国家一直没有一套系统科学的中华民族核心价值体系，民族信仰五花八门，民族品牌普遍缺乏对自身品牌的科学定义，缺乏对自己文化理念的提炼与坚持，在品牌文化上无法根植前瞻的文化思想和创新的生活方式，因而也就不可能锻造出引领全球消费者价值观和生活方式的国际大牌。

国家品牌生产力理论的提出，本身就是为解决民族品牌缺乏系统科学的国际品牌文化这一根本性问题而来的。

（四）"国家品牌生产力"理论是国家品牌核心竞争力所在

未来十年的中国必将成为全球关注的焦点，也就是说，未来十年是中国国家品牌逐鹿全球品牌市场，成为名副其实国际品牌的战略机遇期。

可以说，自从打开国门以来，我们的耳根子从来没有清静过。一会儿中国"威胁论"，一会儿中国"崩溃论"，几乎每一天，世界媒体上评论中国的文章，红脸与白脸相伴，捧杀与唱衰共存。除了不可告人的用心者外，更多的原因是不了解或不愿了解中国。现在情况有所改善。我们来读一篇外国人的文章：

"不难想象，到2100年，众多中国拥有或建立的品牌，将塑造全球的消费者意识。中国采取的战略，与后工业时代的美国和西欧等国毫无二致：宣传中国品牌，提高品牌所有者的知名度，规范对品牌的管理，进而提升在价值链上的位置；从更广泛的意义上说，就是建立靠服务驱动而非靠制造驱动的经济。中国的目标是要成为品牌超级强国。为达到这个目的，中国政府正在大力推动国内和国际知名品牌发展壮大。而且，中国政府会不遗余力确保实现中国品牌策略。在中国，建立自有品牌或收购国际品牌被视为事关国家经济安全和民族自豪感的大事。中国希望，它所拥有的国际品牌不仅能反映其在商业领域取得的巨大成功，也能体现出世界一流强国的地位。"[①] 这就是外部对中国国家品牌发展的一种评价，可以视为国家品牌生产力理论的一

① Karl Gerth：《世界追随中国的步伐：中国消费者如何改变一切》，转引自财富中文网。

个注脚。

　　竞技体育的比赛规则是，一个要想成为世界冠军的选手，就必须先进入国家队并成为种子选手。国际品牌之路也不例外，民族品牌要想顺利成为举世闻名的国际品牌，起码要先完成两个方面的基础性准备，第一是完成品牌自身的软实力打造——品牌普世文化的基础性建设，第二就是把握好国家整体强大以后的民族品牌国际化的战略机遇期。

　　一个能够代表中国国家意志的民族领军品牌，必须具备以下几个条件：

　　1. 能够在民族文化、品牌建设、企业理念、国家战略四要素的整合中寻找到最佳模式。太子龙集团提出的"文化立企　品牌立国"战略，就是能够既科学地实现企业战略梦想，又能主动担当起中华民族伟大复兴这一光荣使命的发展模式。

　　2. 能够建立起文化自觉和文化自信，彻底摒弃盲目自大或崇洋媚外心理，拥有既能代表本民族文化的品牌核心价值观，又能融入国际社会普世文化和国际化新思维的品牌文化。没有精神支柱的品牌不可能成为真正的民族品牌，更与普世文化的国际品牌与全球品牌无缘。一个国家必须要有能代表本民族核心价值的品牌载体，这个载体在 21 世纪的全球化时代主要体现在国际知名品牌上。

　　3. 民族品牌要想顺利成为名副其实的国际品牌，除了不断提高锻造品牌产品的科学技术以外，还要下最大的气力从品牌文化的源头上寻找民族文化与普世文化的融合点或沟通点，并由此生发品牌理念。比如太子龙集团的"让世界责任起来"理念。多年来，由于西方国家政府不负责任地过度透支民主文化，放松对金融业的监管而让西方国家经济普遍陷入难以自拔的泥潭，导致大量的公民失业，生活水平下降，民众怨声载道。显然，他们本身就存在责任问题。所以，"让世界责任起来"，不单单指向市场经济过渡的发展中国家的不规范经济行为，更指一味用标准化责任体系去指责别国而自己则钻责任体系漏洞获取利益且从不自省的霸权国家。在这个意义上，责任，是个比民主、自由、平等、博爱理念更具体的概念，争论少些，也容易标准化、流程化、普及化。

三、太子龙企业文化工程

太子龙的企业文化体系，就是以责任为核心、以打造国家品牌生产力为目的的新型企业文化体系。这个体系表现为"一定二立三大四创五标六理念"六大工程的建设。

"一定"指的是科学定位企业的战略使命：中国品牌运营商

太子龙企业发展的第一步是作坊老板的苦心经营制；第二步，上升为公司总经理负责制的团队管理制；第三步：上升为企业家的社会贡献制；第四步：树立"文化立企，品牌立国"的民族使命的责任担当，当好"中国品牌运营商"。

为此，太子龙建立了完整的品牌思想理论体系："新龙精神"、"中国品牌运营新时代"、"杰派人生"、"四维生活"、"先做思想　再做产品"、"太子龙，让世界责任起来"、"国际品牌的本质是民族文化的国际化"、"大气文化"等理论思想，构筑起了世界品牌界的《科学品牌发展观》理论体系。

"二立"指的是文化立企，品牌立国

"文化立企，品牌立国"，指企业发展必须靠系统的企业文化、品牌文化必须走民族文化的国际化之路；企业文化和品牌文化是国家品牌生产力的构成，民族的复兴在于文化复兴，国家的崛起表现为品牌崛起。企业、国家、品牌、文化，是四维一体的关系。用一句话说，就是合力发展国家品牌生产力。

465

"三大"指的是"三大战略理论"，即：科学品牌发展观、国家品牌生产力、中国品牌运营商

指导思想——价值观：科学品牌发展观；

伟大目标——方法论：国家品牌生产力；

战略使命——实践载体：中国品牌运营商。

品牌文化框架体系建设的先行者。

这个战略理论体系的主要内容有：

（1）科学品牌发展观

科学品牌发展观是以人为本，以先进品牌文化为旗帜，全面协调可持续发展的品牌观。是在放眼全球可持续发展的前提下，深刻把握世界的经济发展和产业运行规律，运用前瞻科学的思维方式和先进发达的技术手段，锻造能够引领世人多元需求的优良品牌的发展观。

科学品牌发展观强调"先做思想、再做产品"，"国际品牌的本质是民族文化的国际化"，"让世界责任起来"，这三大核心思想是品牌科学发展的价值观支撑，是品牌可持续化发展的核心指导思想。

（2）新龙精神

新龙精神指"在立足中华民族的主体文化——龙文化的核心思想——责任文化的基础上，以海纳百川的无比包容和更加开放的国际视野，兼收并蓄，整合世界各民族的优秀文化与资源，以企为世界人民日益增长的物质和精神文明需求，承担更加艰巨而光荣的责任和义务。"

新龙精神用"责任文化"取代了传统的"霸气文化"，把具有民族特色的"区域文化"上升成为国际通行的"普世文化"。

新龙精神是民族品牌国际化的基本前提。

（3）国家品牌生产力

国家品牌生产力，是以科学品牌发展观为指导，以国家整体品牌为平台，以国际市场为目标的，整合生产力系统各种要素，主导品牌经济发展的物质力量。

国家品牌生产力，广义上指主动担负起"文化立企 品牌立国"的战略使命，去积极迎战品牌全球化新时代，能代表一个国家或民族最高的品牌生产力水平。狭义上是指在产业链中能高度整合行业内外的优势资源；在产业的战略升级中能担当示范标杆；在经济社会发展中能主动承担起国家支柱产业协力共生的民族品牌聚合力。

（4）中国品牌运营商

中国品牌运营商指"以中华民族的伟大复兴为宗旨，高举科学品牌发展观的旗帜，坚持"文化立企，品牌立国"的发展战略，把锻造国家品牌生产力当成自己责无旁贷的历史使命。

（5）民族文化的国际化

民族文化的国际化指"民族品牌可持续化发展的最终结果是民族品牌的国际化，而民族品牌国际化的前提则是民族文化的国际化。因为只有当个性化的民族文化最终成为国际普世文化，才能算是民族文化的国际化。"

466

（6）让世界责任起来

让世界责任起来是指"任何一个社会组织存在的法理基础，必须是责任付出和权利享受相对称，所以，对于企业而言就是'企业因尽责而发展'。"

"四创"指的是四大专业运营模式创新

独特的战略运营新模式："文化领航、科技添彩、产品搭台、品牌唱戏的四维一体的品牌战略新模式"；

独特的品牌运营新模式："品牌文化、产品研发、形象传播、至尊服务的四维一体品牌运营新模式"；

独特的产品开发新模式："品牌主题开发模式"；

独特的终端运营新模式："四维终端运营新模式"。

"五标"指的是五大战略目标

1. 民族文化的国际化之民族愿景目标；

2. "太子龙，让世界责任起来"的企业使命目标；

3. "文化立企，品牌立国"的品牌、文化、企业、国家一体化发展战略；

4. 国家品牌生产力的企业品牌锻造目标；

5. 百年企业、百年品牌和"5153战略"运营目标。

"六理念"指的是六大企业理念

（1）企业宗旨：文化立企，品牌立国

贯彻品牌、文化、企业、国家一体化发展战略，致力于民族品牌事业的革命性实践与创造，彰显品牌哲学思想和先进生活方式，打造中国品牌经济和创意经济的龙头标杆。

（2）企业愿景：民族文化的国际化

国际品牌的本质就是民族文化被国际社会广泛认同的过程。所以，做品牌首先不是研究产品的功能，而是先要探索出国际社会上都能认可的前沿思想或最先进的生活方式。

太子龙控股集团之所以要把致力于民族文化的国际化运营作为自身的企业愿景，就是要通过对国际品牌本质内涵的理论探索和自身的运行实践，为民族品牌国际化走出一条开创性道路，为中华民族伟大复兴的国家战略作出贡献。

（3）企业使命：太子龙，让世界责任起来

国际经济一体化的前提必须是国际文化的一体化，而国际文化一体化的

467

本质其实就是普世价值观的创建与认同问题。作为世界责任的承担者和倡导者，则必定是最高普世价值观创建者和引导者，因为责任文化高于一切文化。

太子龙企业立足于国际化大视野和大胸襟，把以科学品牌发展观和新龙精神为代表的责任文化作为企业核心思想，把高度的行业责任、社会责任、民族责任和世界责任作为企业使命，从而从民族文化顺利地上升为世界民众都认可的国际文化，同时使太子龙品牌成为中国当之无愧的国际品牌践行者和领航者。

（4）核心价值观：无我实现自我

人的意义在于奉献而不是索取，如果每个人都能为民族和世界奉献一点力量和爱心，那么世界一定会越来越美好。所以要想做到为民族和世界奉献自己的力量，首先就不能把"我"——个人的利益放在首位。因为一切以自身利益为中心的人是谈不上有奉献精神的，而一个没有奉献精神的组织或个人，也是没有任何社会价值和历史意义的。所以，古往今来凡是成就大业者都是胸怀天下的，因为从来就没有一个自私自利者可以创造出惊天动地的丰功伟绩。

（5）企业精神：自信自然出色

只有充实的自我才会成为自信和自强的自我，只有自信的自我也才会有独特的气质与魅力。所以，只要中国人都有自信，也一定就会有中华民族伟大复兴的时日。

（6）经营理念：向成本要效益问品牌要价值

品牌附加值的真正源泉是：

首先，必须研究出普世的价值观和最先进的生活方式是 21 世纪国际品牌面临的全球性重大课题。

其次，如何用具象的产品来表现品牌思想的独特性和生活方式的先进性，这将是一个需要集美学、设计学、材料学、空间结构学、运动学、工艺学、传播学、管理学等高端专业学科于一体的浩大艺术工程，而不单单是一项技术含量较低的设计制造和订单处理及货品分销那么的片面和简单。

最后，组建和磨合专业化的品牌运营团队，探求独特思想和先进生活方式，产品创新。

四、国家品牌生产力，直达品牌化最高境界

品牌化是被广泛应用到有关品牌的一切运作上的一个概念。我们认为，品牌化可以分为六个阶段：产品的品牌符号化，品牌运营技术化，品牌管理战略化，品牌战略人文化，品牌行为国际化，品牌标准全球化。

品牌要进入国际市场，就得接受国际规则，取得通行证，这就是品牌国际化。通常，品牌国际化的目的是在异国他乡建立起本品牌的强势地位。因此，品牌国际化简单地说就是品牌的跨国营销。品牌的国际化行为就是品牌输出。品牌输出的初级形式是品牌随产品或服务通过国际贸易输出；中级形式是品牌随资本输出，通过投资使品牌根植于当地；高级形式通过品牌的特许使用而获取品牌收益。

品牌标准全球化，就是通常说的品牌全球化，指同一品牌以相同的名称、相同的包装、相同的广告等向不同的国家、不同的区域延伸扩张的品牌经营模式。这个阶段的品牌运营实质是实现统一化和标准化带来的规模经济效益和低成本运营，或者说是企业产品以全球接受的标准化模式进行全球营销。

能够制定和规范国际规则的品牌，才是无国界品牌，才是有话语权的品牌。此为品牌化的最高境界。

国家品牌生产力，直达品牌化最高境界。

我们研究国家品牌生产力的一切努力，就是为了这个目的。

参 考 书 目

王培火、蔡冬冬、韩世友：《科学品牌发展观》，人民出版社 2009 年版

黎芦、武志明：《冷思维与 BSG 战略》，光明日报出版社 2008 年版

张世贤、杨世伟、赵宏大、李海鹏：《中国企业品牌竞争力指数系统理论与实践》，经济管理出版社 2011 年版

张锐、张燚：《品牌学——理论基础与学科发展》，中国经济出版社 2007 年版

白万纲：《国家战略与国家管控》，科学出版社 2008 年版

吴照云等：《战略管理》，中国社会科学出版社 2008 年版

蒋璟萍：《新经济时代的品牌理论》，中国社会科学出版社 2009 年版

国家安全公民手册编写委员会：《国家安全公民手册》，时事出版社 2003 年版

廖进中：《市场领土论》，湖南大学出版社 2003 年版

［英］拉吉·帕特尔著，郭国玺、程剑峰译：《粮食战争：市场、权力和世界食物体系的隐形战争》，东方出版社 2008 年版

《马克思恩格斯全集》第 47 卷，人民出版社 1979 年版

马克思：《资本论》第 1 卷，人民出版社 2001 年版

段培君：《哲学热点问题释疑》，中国城市出版社 2002 年版

王咏梅、杨刚、林涛：《品牌战略与集群企业成长性》，经济科学出版社 2007 年版

殷群：《企业孵化器与自主创新》，科学出版社 2010 年版

卢锐：《科技企业孵化器的政策分析》，化学工业出版社 2009 年版

熊爱华：《区域品牌培植模式比较研究》，中国财政经济出版社 2009 年版

赵广华、任登魁：《产业集群品牌提升的机理与路径》，科学出版社2009年版

董桂兰等：《科技企业孵化器》，广西师范大学出版社1992年版

王咏梅、杨刚、林涛：《品牌战略与集群企业成长性》，经济科学出版社2007年版

王安德等：《论创新与企业孵化》，复旦大学出版社2000年版

李明星、台新民：《品牌创新与企业知识产权协同战略》：知识产权出版社2010年版

陈庆新：《品牌时代：中国式品牌策划·谋略与案例》，南方日报出版社2007年版

［美］大卫·瑞尼著、吴金希等译：《企业产品创新》，水利水电出版社2006年版

［英］理查德·索格、杰尼·阿黛尔：《时装设计元素》，中国纺织出版社2008年版

［美］德鲁克：《创新与企业家精神》，机械工业出版社2007年版

卢强：《定价》，机械工业出版社2005年版

郎咸平：《谁在拯救中国经济》，东方出版社2009年版

［美］戴维·莱斯特著，高静美、郭劲光译：《发迹：21个全球顶级品牌成长历程揭秘》，商务印书馆2011年版

［美］卢克·威廉姆斯著，房小冉译：《颠覆性思维：想别人所未想，做别人所未做》，人民邮电出版社2011年版

杨大筠：《视觉营销》，中国纺织出版社2003年版

［美］马丁·林斯特龙：《感观品牌》，天津教育出版社2011年版

后　记

　　在全国掀起推动社会主义文化大发展大繁荣和构建社会主义核心价值体系的热潮中，行业文化建设引起诸多行业组织和省市重视，如中国企业联合会、中国企业家协会和浙江省企业联合会、企业家协会联合举办的"全国企业文化示范基地"和"浙江省企业文化示范基地"建设活动，由中国纺织工业联合会发起的"中国纺织十大品牌文化推介活动"和由太子龙集团发起，拟联合浙江省企业联合会、浙江省企业文化促进会以及中国企业联合会、中国企业家协会共同打造的"国家品牌生产力示范基地"活动。这些活动的战略高度性、理论系统性、行业前瞻性、运营实践性，以及对中国企业和民族品牌转型升级的示范作用，得到了各级党委和政府领导、知名企业家和企业文化研究专家的好评。

　　太子龙集团通过自身十多年的运营实践和理论研究，在撰写《科学品牌发展观》、《国家品牌生产力》的同时，还完成了《卓绝领航的国际品牌文化框架新体系》第一、二、三部。本体系是全国首个从价值观到方法论，再到实践载体的品牌文化系统化思维工程；是首个从企业集团理念到分（子）公司的内部运营管理，再到诸多品牌外部传播的横向联动运营工程；也是首个以"科学品牌发展观"为价值观，以"国家品牌生产力"为方法论，以"中国品牌运营商"为实践主体的民族品牌三部曲系统化文化工程。

　　近三年来，赴太子龙集团考察品牌文化和企业文化建设的党和国家领导人、各级党委和政府领导、知名企业家和专家学者一千多人次；太子龙企业高管多次参加各类学术论坛，或应企业邀请担任企业文化和品牌文化顾问。太子龙集团希望通过自身实践和理论研究，为中国品牌的和平崛起和中华民族的伟大复兴添砖加瓦。

　　在此，我们对指点帮助太子龙集团文化研究的中企联尹援平副会长和全国企业文化泰斗贾春峰老师，以及浙江省委省政府和浙江省企联叶国坚副会长等领导、专家致以谢意！

　　由于水平有限，不足之处望专家指正。

韩世友

2012 年 6 月 28 日于北京